永乐帝

马背上的大明魂

李锦山◎著

中国文史出版社

图书在版编目（CIP）数据

永乐帝：马背上的大明魂 / 李锦山著. — 北京：中国文史出版社，2021.3

ISBN 978-7-5205-2799-6

Ⅰ. ①永… Ⅱ. ①李… Ⅲ. ①明成祖（1360–1424）—传记 Ⅳ. ①K827=48

中国版本图书馆CIP数据核字（2020）第250941号

责任编辑： 牛梦岳

出版发行：**中国文史出版社**
社　　址：北京市海淀区西八里庄路69号院　邮编：100142
电　　话：010–81136606　81136602　81136603（发行部）
传　　真：010–81136655
印　　装：北京温林源印刷有限公司
经　　销：全国新华书店
开　　本：710mm × 1010mm　1/16
印　　张：18.75　　字数：355千字
版　　次：2022年2月第1版
印　　次：2022年2月第1次印刷
定　　价：62.80元

---

preface 前言

滚滚长江东逝水，浪花淘尽英雄。

他是一个具有雄才大略和杰出军事才干的帝王。

他年仅十岁，受封为燕王。大明洪武十三年（1380年），奉命就藩于朔方重镇北平，年方二十便肩负起捍御大明北疆的重任。身为藩王，两次率师北征，招降蒙古太师乃儿不花，生擒北元大将索林帖木儿，威名远震漠北。

他曾深陷削藩危境，险恶关头，举兵自救，多次化危为安。他统率靖难将士长驱南下，每战必身先士卒冲锋陷阵。历经四年血雨腥风，终于以一镇之兵击败了建文帝举国之师，导演了震惊历史的壬午惨案。

他对政敌无所不用其极，“诛十族”、“瓜蔓抄”、剥人皮、油烹活剐，手段残忍，耸人听闻。

他勤于朝政，励精图治，开创了永乐盛世，竖起文治武功的丰碑。

他推行内阁制，委任词臣参政议政。他重视监察机构作用，建立了分遣御史巡行天下制度。他屡出重拳，严惩违法乱纪贪腐官员。

他派遣郑和六下西洋，创造了世界航海史奇迹，增强了中外交往。他任用干臣疏通京杭大运河，对南北经济、文化交流与发展产生了重要的作用。

他召集儒臣编撰卷帙浩繁的《永乐大典》，这部巨著不仅是中国之最，也是世界上最大的百科全书。

他推行移民政策，鼓励各地垦种荒废田土，完善军卫屯田制度，不但促进了社会经济恢复发展，还保障了边防粮饷供给。

他夙夜在公，念念不忘疆土安危。发兵南下，一举踏平交趾，将安南置于大明辖制。他在边疆、沿海增设卫所，构筑烽火台，遣兵防守，巩固了国防。辽东望海埚一战，全歼入侵倭寇。

他凭借铁腕手段强化专制统治，设置特务机构东厂，恢复锦衣卫。他生性残忍多疑，御下极严。

他的身世始终是历史一大谜团，有人说他并非马皇后亲生，有人说他的生母是蒙古人，还有人说他的生母是高丽人。

他妃嫔成群，美人如云，却对朝鲜贡女情有独钟。他处置妃嫔手段残忍，后宫曾发生一幕幕鲜为人知骇人听闻的惨剧。

他是个叱咤风云的马上皇帝，他的人生与征战有不解之缘。身为天子，曾五次亲征漠北，扬威于戈壁瀚海，最终猝死于塞北征途。

他具有远见卓识，举天下之力营建北京，是中国历史上首位定都北京的汉人皇帝。他在京郊天寿山大兴土木，为自己建造长陵。此后，这里形成了规模恢宏的皇家陵园——十三陵。

他是谁？他就是中国历史上赫赫有名的一代雄主，永乐盛世的开创者明成祖朱棣，被世人誉为永乐大帝。

李锦山

2012年夏初于枣庄学院古文化研究所

contents

目录

第一章

定鼎金陵，国号大明

开国皇帝朱元璋

本书讲述的主人公是明朝永乐皇帝朱棣，他是朱元璋第四子。永乐年间发生的许多事情，同洪武朝有着千丝万缕的联系，要了解这些事情的来龙去脉，不能不多费些笔墨，先从朱元璋谈起。

朱元璋何许人也？他可是个如雷贯耳的人物，是大明朝的开国皇帝。朱元璋的一生充满传奇色彩，当过放牛娃，做过和尚和讨饭叫花子。后来投身行伍，一跃成为呼风唤雨的三军统帅，只用十多年便扫灭群雄。最后入主龙殿，据金陵而君临天下。

朱元璋身世十分寒苦，据他亲自撰写的《朱氏世德碑记》自叙，朱家本宗“出自金陵之句容，地名朱家巷，在通德乡”（今江苏句容市境内）。朱元璋五世祖名叫朱仲八，娶妻陈氏，生了三个儿子，分别起名六二、十二、伯六。朱伯六排行第三，按辈分是朱元璋高祖。伯六娶妻胡氏，生有二子。长子取名四五，次子名叫四九，其中朱四九便是朱元璋的曾祖父。四九成年后娶妻侯氏，相继产下四个儿子，分别起名初一、初二、初五、初十。朱初一是朱元璋的祖父。后来初一娶妻王氏，有子二人，分别起名五一、五四。这个朱五四就是朱元璋老爸，后来有了正规姓名，叫作朱世珍。

朱五一是朱元璋伯父，娶妻刘氏，生子四人，依次为重一、重二、重三、重五。朱元璋父亲朱五四娶泗州女子陈氏为妻，也生了四个儿子，按照叔伯兄弟排行，分别起名重四、重六、重七、重八。这个名叫重八的最小的宝贝儿子，就是后来大明朝的开国皇帝朱元璋。

由于生活穷困，朱元璋祖父辈，便迁居到泗州盱眙县垦荒谋生。当时伯父朱五一12岁，父亲朱五四年仅8岁。后来祖父病亡，便葬在洪泽湖西岸迁居之地。朱元璋当了皇帝后，大兴土木，在此处兴建祖陵，重新安葬了祖父朱初一。整个陵园周长3公里，筑有垣墙三重，宏敞而又气派。明代史料中屡屡提及的祠祭祖陵，就是指这里。当时黄河、淮河交汇于淮安，淮泗一带水患频仍。每到汛期，地方官员的首要任务就是保护祖陵。

祖父朱初一死后，朱家日益贫困。于是父亲朱五四携家带口，先后迁徙到灵璧和虹县居住。后来又迁到濠州（今安徽凤阳）钟离乡。朱元璋就是在这里降生的，因为在叔伯兄弟中排行第八，所以取名重八。

朱元璋出生于元朝天历元年九月十八日（1328年10月21日），依照干支纪年，这一年为龙年。朱元璋不仅生肖属龙，而且后来还当了真龙天子，所以明代史料在记述朱皇帝生平事迹时，往往用“龙飞淮甸”“龙飞淮右”“龙飞濠梁”来形容。古代地理概念，面阳而立，左为东，右为西。淮右就是淮西，淮甸自然是指濒临淮河之地。濠梁，是指濠州，因地近濠水，故曰濠梁。这一带原为上古时期涂山国所在地，素有王者之气。传说当年夏王大禹曾在这里大会天下诸侯，执玉帛者万国。

史书记载朱元璋相貌，称其“姿貌雄杰，奇骨贯顶”。但从传世的写真画像看，朱皇帝生就一副马脸，颧骨格外突出，下巴不仅特别长，而且微微上翘，是典型的鞋拔子脸。朱元璋称帝之后，画工为他写真画像，由于过于逼真，引得龙颜震怒，连杀二人。后来有个聪明画师追求神似忽略形似，画像完成后，朱元璋感到十分满意。在传世的明太祖画像中，其中一幅面容颇像唐太宗，可能就是追求神似的杰作。

中国历代帝王在降生时，都有一段颇具诡异色彩的感生神话，朱元璋自然也不例外。有一部史料名曰《天潢玉牒》，也就是帝王家谱，出自明代大才子解缙手笔。书中这样记述：朱重八即将降生时，其母陈氏正在麦场干活。忽然从西北方向走来一个红袍道士，长髯垂膝，手中捧着一副象牙手板，还不时拨弄掌中一粒白丸。陈氏感到奇怪，便上前询问：“这是啥东西？”道士回答：“是粒大丹，你若想要，可以送你一丸。”陈氏要了一丸，刚想品尝一下滋味，不料那枚白丸竟滴溜溜滑入腹中，再看道士时已经了无踪影。不久陈氏便怀了身孕，分娩时只见一道白气来自东南，充满居室，异香扑鼻。

传言朱重八自从诞生那日起，家中便时常出现莫名其妙的火光。邻居以为朱家失火，急忙赶过去扑救。但四处巡看，又没有着火的地方，只有堂前那盏供神灯熠熠长明。此事传开，人人称奇。

显然这些离奇说法有人为编造痕迹，用现在流行的话就是炒作，以此证明朱元璋与众不同。古代特别迷信符瑞，凡是涉及帝王降生，总有一段令人啧啧称奇的异闻。其实这些怪事历代帝王都有，古人编造这些感生神话的动机，无非是宣扬君王神圣，与平头百姓命运不一样，注定将来会成就一番大事业。

由于家中穷愁潦倒，重八在幼年时就去富户家放牛，后来又扛活种地。元至正四年（1344年），朱重八已经17岁了，因为家境贫寒，三哥重七出赘到刘姓人家为婿。这一年，江淮一带遭遇十分严重的蝗旱灾害，并引发一场罕见饥疫。重八的父母、大哥还有一个侄子相继病亡。家徒四壁的朱家兄弟既无钱购置棺木，又无地安葬亲人，呼天不应，叫地不灵，只有抱头痛哭。邻居刘继祖见状为之心酸，便让出一块坟地，重八和二哥这才将亲人草草埋葬。不久二哥、三哥、三个嫂子、一个侄子又相继去世，只有大哥的儿子朱文正存活，后来他帮助朱元璋打天下，开国时官任大都督。

谁也没有想到，朱家这块不毛坟地，后来竟成为风水宝地。朱元璋由吴王到称帝，曾先后三次在此处大兴土木建造陵墓。此后，这里成为大明朝一直隆重祭祀的凤阳皇陵。陵园内除了朱元璋父母陵墓，还埋了他的三个哥哥、三个嫂子和两个侄子。整个皇陵周长28里，有城垣三重，占地两万余亩。陵园内殿宇巍峨壮丽，碑碣林立，石像生夹道。当初赠送坟地的刘继祖，因献地功劳被朱皇帝封了官爵。

朱元璋做了大明开国皇帝后，亲自为朱家皇陵撰写碑文。别以为他是大老粗不会做文章，其实他很好学。自从投戎当了将领，便努力扫盲，胸怀大志的人都知道文化重要。老朱悟性高，又十分刻苦，打仗间隙笔墨书卷从不离手，日积月累，到了做皇帝时文化水平不次于举人。读读这篇《御制皇陵碑》，简直写得如泣如诉，句句押韵，令人动容：

> 昔我父皇，寓居是方；农业艰辛，日夜彷徨。俄而天灾流行，眷属罹殃。……殡无棺椁，被体恶裳；浮掩三尺，莫何肴浆。既葬之后，家道惶惶。仲兄少弱，生计不张；孟嫂携幼，东归故乡。值天无雨，遗蝗腾翔。里人缺食，草木为粮。予亦何有，心惊若狂。乃与兄计，如何是常？兄云去此，各度凶荒。兄为我哭，我为兄伤。皇天白日，泣断心肠。兄弟异路，哀动遥苍。……

埋葬亲人后，朱重八已经无处安身，只好央求乡邻引荐，到家乡附近的皇觉寺剃发为僧。据说自从他进了佛门之后，每到夜晚，寺内就莫名其妙出现神秘红光，和尚们都感到十分惊奇。几个月之后，由于僧多粥少，难以度日，住持便打发众僧离开寺院，自谋出路。

朱和尚一袭破衲在身，一件旧钵在手，又一次面临生死存亡的考验。他开始了漂泊乞讨生涯，一走就是四年。寒来暑往，串州过县，足迹踏遍了江淮大地。有一次在旅途生了病，幸亏遇到两个神秘紫衣人悉心照料。常言道读万卷书，行万里路，定能见多识广。朱和尚贫穷，没有条件读书，但他有两只脚板，有惊人的毅力。流浪生活使他大开眼界，增长了见识，丰富了阅历，为日后应付各种意想不到的困难积累了经验。

元至正八年（1348年），年景渐好，朱和尚又回到了皇觉寺。有一天在寺院西北，遇见一个红衣道士。此人用手指着皇觉寺说："这寺中有好人，将来必定发迹。"朱和尚反复揣摩，不解其意。

史料中反复渲染的怪事，都与朱和尚有关。诸如红罗、红光、紫衣人、红袍道人、红衣道士等等，都同"朱"字暗合。还隐喻将要发生红巾大起义，改朝换代为期不远了。

不久，机会果然来了，至正十一年（1351年），江淮一带爆发了红巾军大起义。距濠州不远的颍州（今安徽阜阳）就是大起义的中心，红巾军的首领为韩山童和刘福通。第二年濠州城被一支红巾军占领，首领名叫郭子兴。朱和尚动了当兵的念头，这年他25岁，正是血气方刚的年龄。

有一天，朱元璋独自来到濠州城打探动静，把守城门的义军怀疑他是官府探子，不由分说将他五花大绑进行暴打。正要处决之际，恰巧义军元帅郭子兴从城门经过，问明原因之后下令松绑。郭子兴见朱和尚生得身材凛凛，是块当兵的材料，便把他收到帐下充当亲兵，还委任他担任十夫长。

不久郭子兴同另一个首领赵均用产生矛盾，被人劫持，锁在密室内遭百般折磨，有性命之忧。朱元璋闻讯，慨然说道："郭公是我再生父母，如今有难，不可不救。"于是手提一根铁棍，冒死闯入囚室。郭子兴获救之后，对朱元璋刮目相看，竟将养女许配他为妻。这个女子名叫马秀英，比朱元璋小四岁。从此夫妻二人患难与共，终于成就了帝业，马皇后也成为中国历史上一代贤后。

大约半年之后，朱元璋意识到濠州红巾军难成气候，于是带领手下得力士卒二十四人南下定远，谋求更大发展空间。这帮生死弟兄都是淮西子弟，铁杆老乡。他们同心合力帮助朱元璋打天下，除了战死的，后来都成了开国功臣。其中便有大将徐达，因战功赫赫被封为中山王，还与朱元璋结为儿女亲家，成为燕王朱棣的岳父。

朱元璋虽然识字不多，但颇有心计，又有超人胆量。他采用威胁加哄骗的手段，在定远轻而易举收编驴牌寨壮士三千，接着袭破横涧山，扩军两万多，又率领军队袭击元军，得到兵马七万，随即发兵占领滁阳。

在这里朱元璋遇见一个有见识的文化人，此人名叫李善长，也是淮西人，虽然手无缚鸡之力，但为人十分精明。自从跟随朱元璋后，李善长主管后勤，参与机要，办事极为得力，朱元璋将他比作西汉功臣萧何。大明开国之后，封李善长为韩国公，赐免死铁牌，位居六公之首。洪武九年（1376年），老朱将长女临安公主下嫁李善长儿子，两家结为儿女亲家。

老朱占领滁阳后，随即又攻占滁州。留在濠州的郭子兴又被赵均用等人控制，处境危险。朱元璋闻讯，设法帮他逃脱，迎到滁州奉为主帅。郭子兴性情暴躁，又是面糊子耳朵，居然对朱元璋处处提防，有时还无端责骂，甚至剥夺兵权。一旦碰到棘手事情，自己无法解决，这才找干女婿商议。

郭子兴的两个儿子也不是省油的灯，有一次竟然在朱元璋的酒中下毒，幸亏发现及时。老朱出力不讨好，偏将热脸贴在人家冷屁股上。他知恩图报，能忍受各种委屈，一旦得到可口食物和稀奇东西，总是交给马秀英，让她去孝敬养父。不久郭子兴病亡，老朱尽孝，将他葬在滁阳。后来当了大明皇帝，追封郭子兴为滁阳王，还修墓建庙，安排陵户世代守墓，按时祠祭。

至正十五年（1355年）六月，形势发生了变化。老朱挥兵横渡长江，攻破采石矶元军沿江营垒后，又一鼓作气攻克太平、溧水、建康（即后来南京）。老朱有远大抱负，他将建康作为宏图根本之地，改名应天府。

老朱已经拥有雄兵十万，在建康站稳脚跟之后，又以秋风卷落叶之势接连拿下镇江、常州、江阴、常熟、徽州、池州、扬州、严州、婺州、衢州、处州、安庆等城池，人马迅速扩充到数十万。他只要跺跺脚，整个东南大地都要摇晃。现在的老朱，我们不能再叫他朱和尚了，他已经有了一个富有寓意的名字，名元璋，字国瑞。璋是一种玉制礼器，属于国之瑞器。上古天子在重大祭祀场合所用的六瑞之器，其中便有玉璋。

朱元璋想当皇帝吗？做梦都想！早在渡江之前，他曾私下向部将冯国用征询定天下大计。国用是员儒将，当即回答："金陵龙盘虎踞，真帝王之都。愿先拔金陵定鼎，然后命将四征。倡仁义以收人心，天下不难定也。"

朱元璋当即表示：吾意正如此！正当踌躇满志之际，不料有人却泼了一瓢凉水，此人就是隐居徽州的老儒朱升。他向朱元璋献上九字秘诀：高筑墙，广积粮，缓称王。这的确是个妙招，高！高！实在是高！俗话说出头的椽子先烂。文雅的话是木秀于林，风必摧之。如果盲目乐观，分不清天下形势，贸然出头，肯定成为众矢之的。不妨让那些草头王相互残杀，我在城头观山景，暗中秣马厉兵，伺机而动。一旦时机成熟，便像雄狮一样猛扑上去，张口便咬中猎物要害。

朱元璋在应天府励精图治之时，小明王韩林儿避难来到这里。韩林儿是红巾军首义领袖韩山童的儿子。起事不久，韩山童一命呜呼，刘福通等人便拥戴韩林儿为红巾军大盟主。他在亳州（今安徽亳州）建号称帝，国号大宋，年号龙凤。龙凤七年（1361年），朱元璋接受小明王颁赐的封号，成为吴国公。

朱元璋见小明王到来，感到十分高兴，将其毕恭毕敬迎入殿堂，立刻吩咐部下安排御座，准备举行隆重的拜贺礼。

这时老朱僚属中唯独一人不仅不拜贺，还怒气冲冲发牢骚。此人就是朱元璋的谋士刘基，字伯温。刘伯温精通经史，胸怀韬略，被世人誉为诸葛亮转世。朱元璋当即将刘基召入密室询问。刘基回答："金陵自有天子之气，天命必有所归，但与韩某不相干。"朱元璋顿时心领神会。不久，小明王乘船至瓜步，朱元璋派人护送，中途竟落水神秘死亡。

卧榻之侧，岂容他人酣睡。朱元璋虽不急于称帝，但也不能容忍别人踩在自己头上厕屎撒尿。别以为都是农民起义军，没有根本的利害冲突，亲兄弟为了争家产还拼得你死我活呢，靠造反起家的人，谁心里没有小九九？下一步，朱元璋打算好好收拾冤家对头陈友谅、张士诚、方国珍了。

陈友谅有什么来头？他生长于洪湖，渔民出身。年轻时曾当过县吏，后来投入天完红巾军，在与元军交战中显露锋芒，以功升为元帅。此人狡猾险诈，铲除异己后窃据汉王。其主子徐寿辉被他挟持，后来又惨死在他的铁锤之下。陈友谅的势力范围同朱元璋毗邻，双方为了抢夺地盘曾发生多次交战，积怨甚深。猛将花云是追随朱元璋的二十四死士之一，奉命镇守太平，城陷被缚。陈友谅竟然将他绑在巨船桅杆上，用乱箭射死。

最让朱元璋无法容忍的是，姓陈的居然不知天高地厚，胆敢自立为帝。立国号大汉，建元大义，还暗中与张士诚约定夹攻金陵。是可忍，孰不可忍！于是一场长达四年的殊死较量开始了。战事先由陈友谅挑起，他自恃实力雄厚，指挥战船千艘顺流而下，大有踏平石头城之势。万万没有料到曾经念佛的朱和尚并不是吃素的，刚一交手就让渔夫吃了苦头。双方又经过龙湾、江州几次大交锋，最后将战火烧到鄱阳湖上。

至正二十三年（1363年）四月，朱元璋侄子朱文正官任大都督，奉命保卫刚刚从陈友谅手中夺取的战略重地南昌。南昌又名洪州、洪都，自古便有“物华天宝、人杰地灵”之美誉。陈友谅不甘心失去膏腴之地，他在武昌重整旗鼓，纠集六十万水师浩浩荡荡前来攻打南昌。

据《明史纪事本末》记载，为了拿下南昌，陈友谅动用楼船千艘。这是当时最为先进的巨型舰船编队，每艘战舰高数丈，几乎与城堞等高。船体分为三层，每层设走马棚，船厢用厚板封闭，外面再包裹铁皮。船内载满甲兵，均装备火铳弓矢，相互间不通声息。大汉皇帝“自谓必胜，载其家属百官，空国而来”。这场惨烈攻守战前后持续了八十五天，争夺得格外激烈。朱家军数千壮士众志成城，誓与孤城共存亡。陈友谅虽然兵力雄厚，但面对的是一道无法逾越的铜墙铁壁，经过连日激战，城下摆满了阵亡将士的尸首。

南昌攻守战最激烈时刻，朱元璋正在安丰与张士诚部将吕珍交战。由于难以分身，便派信使叮嘱朱文正，无论如何要咬牙挺住。当年七月，朱元璋统率舟师二十万，会合刚从庐州火线调回的战将徐达、常遇春，沿江逆流而上，直驶鄱阳湖口。陈友谅得知朱元璋水师增援，立刻放弃攻城，东出鄱阳湖迎战。

双方在康郎山水面遭遇，立刻摆开决战阵势。朱元璋仔细观察敌阵，看出破绽：姓陈的巨舟首尾连接，不利进退。于是将舟师分为二十队，叮嘱将士全力逼近，先发火器，然后用弓弩，一旦贴住敌船，便展开短兵搏杀。

这一招果然奏效，徐达身先诸将，出手便击败敌船先锋。部下奋力出击，杀敌1500余人，还缴获一艘巨舟。将领俞通海乘风发炮，焚毁敌舟二十余艘，敌兵溺水死者甚众。激战之际，徐达战船燃起大火，他一边指挥扑火，一边与四面包围上来的敌舰交战。

朱元璋见状，立刻发舟师前来救援。万万没有料到，所乘大船竟然意外搁浅。危急时刻，部将立刻用身体将他遮护，其中一名牙将急中生智，说："我愿效仿古人，杀身以成仁。"他急忙换上朱元璋的衣冠，面向敌兵奋身投入水中。对方见状，以为老朱走投无路而自尽，便放缓了攻势。这时突然一阵大风吹来，搁浅大船居然移动，众人奋力杀开血路，保护主帅脱离险境。一仗下来，朱家军阵亡了几员将领。老朱担心盘踞在江淮的张士诚乘机攻袭建康老窝，急令徐达连夜带兵回防。

第二天双方又在湖面对决，陈友谅将所有巨舟连锁为阵，"旌旗楼橹，望之如山"。朱家军舟船太小，相比之下，犹如小艇对阵航母。刚刚接近，楼船居高临下火器齐发，朱家水师吃了大亏。朱元璋站在船头督战，令船队轮番仰攻。经过几次三番交战，都被陈军击退。

老朱不由心中窝火，连斩手下队长十余人，依然不见起色。他还想杀人，部将郭兴急切说道："我等不是不想拼命，双方舟船不在一个档次。眼下只有一个办法，必须使用火攻。"一句话提醒了朱元璋，他立刻令常遇春调集渔舟，每条船都装满干芦苇，里面再埋藏火药。这时老天开了眼，东北风一阵紧似一阵。朱元璋安排七条战船，每条船上都扎满草人，套上盔甲，插上兵器。又挑选敢死之士操舟，后面再跟随许多草船，顺风驶向敌阵。

朱家军敢死之士"乘风纵火，风急火烈，须臾抵敌舟"。陈军发现情况异常后为时已晚，巨舰全都用铁链相连，慌乱之际难以掉转。一场火攻过后，"焚水寨数百艘，烟焰涨天，湖水尽赤，死者大半"。陈友谅弟弟陈友仁、陈友贵和几十名将领全都命丧火海。这时朱元璋下令乘胜出击，又斩首二千余级。陈友谅万万没有料到，天天同湖水打交道，如今却在水里吃了亏，气得几乎吐血。

陈友谅重整旗鼓，决意同老朱拼死一搏。第三天得到情报，知道朱元璋所乘指挥船以白色桅帆为标志，于是集中兵力发动攻击。这天老朱十分被动，好像一块臭豆腐叮满了苍蝇，始终摆脱不了围攻。他恍然大悟，当夜便将所有船只都换成白色桅帆。天亮之后，只见水面上白帆一片，陈友谅顿时傻了眼。

当日继续大战，双方杀得难解难分。老朱和心腹谋士刘基共乘一船。这时刘基突然发现险情，急请朱元璋换乘船只。二人刚移到另一艘船上，当先所乘船只已被火炮击中。陈友谅居高临下，遥见敌船被击碎，兴奋得差点晕过去。但是笑声还未止息，忽然看见老朱又出现在另一条船上指挥战斗，他一下子愣住了。这时朱家军战将廖永忠、俞通海、汪兴祖等人带领六艘战船深入，在几十艘敌舰之间穿梭游动，玩起了猫捉老鼠游戏。朱家军将士见了，欢声雷动，勇气倍增。

朱元璋感觉这种战术不错，下令更多小船驶向前去，于是便出现了戏剧性的一幕。由于敌舰巨大，各层之间不通信息，朱家军将士陆续登上巨舰，各个击破，将敌兵几乎杀尽。可笑的是，陈友谅船工竟然没有察觉，仍然齐声呼号，奋力摇橹。朱家军纷纷放火焚舟，将船工全部烧死。战至午时，敌军船阵大乱，“弃旗器杖，浮蔽湖面”。陈友谅失利后仓促退往鞋山，当了缩头乌龟。

转眼到了八月，鄱阳湖上秋风萧瑟，陈友谅日子越发难熬。三年前老陈自称大汉皇帝，设都于武昌，构建宫殿十分华丽。臣下恭献祝文，有首贺词云：“扶桑拥出一轮红，光被海隅开寿域，衮衣端拱帝王宫。”万万没有料到，如今竟然陷于穷途末路，命运真会开高级玩笑。无奈之下，陈友谅决定放手一搏，绕水路驶往下流，寻找机会逃遁。

老朱接到情报之后，立即挥兵跟进，在鄱阳湖上演了一出宜将剩勇追穷寇的好戏。追兵尾随陈军，纷纷放出火舟、火筏冲撞敌船，一口气追击数十里。陈友谅仓皇逃到泾江口，岂料那里早有老朱的水师设防，陈军突然遭到迎头痛击。老陈注定命丧于此，正在他仓促指挥战斗时，忽然迎面飞来一支流箭，恰巧射中眼睛，贯穿头颅，登时毙命。

朱家军将士闻讯，越战越勇，一仗下来，俘获敌兵五万余人。陈友谅部将张定边趁夜幕掩护，用小船装载陈友谅尸首和他的次子陈理，星夜逃归武昌。不久又拥立陈理为帝，改年号为德寿。

古人云：诗言志。有抱负的人到了大悲大喜时，往往用诗歌来抒发胸襟。别看老朱识字不多，作起诗来真比那些酸腐秀才无病呻吟好得多。他在鄱阳湖取得骄人战绩，掩饰不住喜悦之情，居然也作起诗来：

马渡沙头苜蓿香，片云片雨渡潇湘。
东风吹醒英雄梦，不是咸阳是洛阳。

老朱不给对手喘息的机会，随即挥师进逼武昌。至正二十四年（1364年）二月，武昌在被包围六个月后，陈理走投无路，只好衔璧肉袒（口中衔玉璧，赤裸上身）来到朱元璋大营乞降。小皇帝俯伏于地，吓得浑身战栗。老朱俯视脚下幼童，脸上浮现开心笑容。他很会作秀，拉住陈理的手安慰：“孩子别怕，俺不治你的罪。”朱元璋很慷慨，当即封陈理为归德侯。

洪武五年（1372年）春，老朱派人将他押送到遥远的藩国高丽，吩咐高丽国王代为监管。据《朝鲜李朝实录》记载，陈理夫妇在流放期间生活相当艰难，曾屡次向朝鲜国王申请救济，最终因贫病交加，死于异国他乡。

大战结束之后，朱元璋班师应天府。他总结此次大捷经验：陈友谅剽悍而轻狂，张士诚狡诈而文弱。如果先攻打士诚，友谅必然以倾城兵力赶来救援，我们将同时面临敌人夹击。先打陈友谅，张士诚肯定不会倾力相助，所以我先对付最难啃的骨头。此贼败亡，扫平天下不足虑矣！

两个月之后，天朗气清，朱元璋在应天府即吴王之位。接下来，他要让张士诚见识见识马明王几只眼啦。

张士诚是泰州白驹场（今江苏大丰西南白驹）人，小名九四，原先是个私盐贩子。至正十三年（1353年），他与弟弟士义、士德、士信及李伯升等人率盐丁起兵。次年正月，在高邮自称诚王，国号大周，建元天佑。元朝丞相脱脱统领大兵前来讨伐，高邮危如累卵。但张士诚命不该绝，恰在这节骨眼儿上，脱脱遭到罢免，元军顿时自乱阵脚。士诚乘机发兵出击，大获全胜。至正十五年，张士诚由通州（今南通）渡江，次年初攻占常熟、平江（今苏州）、松江、常州等地，定都于平江。

商贩秉性，最看重的是银子，爹亲娘亲不如银子亲。不久，张士诚又投入元朝怀抱，换取了一顶太尉官帽。他趁机出兵，将浙西大片土地纳入自己的势力范围。至正二十三年又沐猴而冠，自称吴王。为了巴结元朝皇帝，刮尽地皮，每年向大都运送粮米十几万石。他还与遥远的高丽国王搭上了关系，双方信使往来，相互馈赠物品。

俗话说，一个槽上拴不了两头叫驴。老张和老朱地皮相连，鸡犬之声相闻，为了争夺地盘早就结下了梁子。当初老朱刚渡江尚未站稳脚跟，主动向张士诚示好。岂料老张根本没把朱和尚放在眼里，不但将信使扣押，还发兵攻打镇江。朱和尚恼羞成怒，既然敬酒不吃吃罚酒，休怪俺无礼啦，于是双方兵戎相见。镇江一战，张士诚没讨到便宜，接下来徐达奉命攻打常州，张军再次大败。张士诚领教了厉害，立刻矮了半截，急忙派信使求和，愿意每年贡献粮米20万石、黄金500两、白银300斤。

老朱不是小商小贩，这点蝇头小利打动不了他。朱家军继续南下，一口气端了长兴、常州、泰兴、江阴、常熟等地。老张惶惶不安，只得搬来元军帮忙。于是双方又在余杭、诸暨、江阴、湖州、建德、绍兴、杭州等地展开争夺战。此后老朱调兵遣将，全力对付陈友谅，张士诚趁机攻占了淮北大片土地。现在老朱灭了陈友谅，大获全胜归来，是要给姓张的一点颜色看看了。

至正二十五年（1365年），朱元璋发布讨伐文告，令徐达、常遇春等将领率马步舟师水陆并进淮东。次年四月，相继攻占苏北和淮河地区全部土地。他列举张士诚八大罪状，发兵江浙，一举攻克湖州、杭州、绍兴、嘉兴等地。朱家军对张士诚老巢平江形成包围，胜利正朝老朱招手，死神步步逼近老张。

至正二十七年六月，张士诚已处于四面楚歌之中，数次突围未成，又连番损兵折将，亲信部将纷纷倒戈投降。当年九月，平江城门被徐达、常遇春攻破。老张见大势已去，挥泪逼众妻妾投缳自尽，然后自缢。人到倒霉的时候，喝口凉水都塞牙。老张虽然想早死，老天却偏偏让他受辱，还没断气便成了俘虏。

数天之后，张士诚被押送到应天府（今南京）。两个吴王见面了，一个是胜利者，一个是阶下囚。此时的张吴王五花大绑，屁股坐在地上，双眼紧闭，脑袋耷拉到胸前。朱吴王倒剪双手，缓缓踱到他面前，忽然厉声喝道："为何不敢看我？"张吴王有气无力回答："太阳照你不照我，看你又有何用！"朱吴王呵呵冷笑，将手一挥。张吴王随即被护卫拖出殿外，用弓弦绞杀。

当年九月，朱元璋派遣朱亮祖、汤和挥戈浙东，兵锋直指方国珍。方国珍是浙江台州人，未发迹前也是一名盐贩。此人最大特点是有奶便是娘，反复无常。当红巾军如火如荼之际，他却端起元朝的饭碗。如今面对朱家军强大攻势，只能节节败退，最后困守舟山，只坚持了一个多月便率部投降。

现在的老朱已经粮草丰足，兵强马壮，没有了后顾之忧。他踌躇满志，把目光投向整个神州大地，命令廖永忠、朱亮祖南征闽广；令大将徐达、常遇春挥师北伐。老朱头脑迅速膨胀，他不想当吴王了，要当就当皇帝，黄袍加身，万国朝仪，举朝山呼万岁。

至正二十八年（1368年），这年也是吴二年。当日正值正月初四，连续多日的雨雪阴霾终于结束，金陵城上空天朗气清，惠风和畅。朱元璋带领举朝文武官员来到钟山之阳，庄严告祭天地，即皇帝之位于南郊，定国号曰大明，建元洪武。他向天下郑重宣布：

> 海内土疆，豪杰分争。朕本淮右庶民，荷上天眷顾，祖宗之灵，遂乘逐鹿之秋，致英贤于左右。……
>
> 今文武大臣，百司众庶，合辞劝进，尊朕为皇帝，以主黔黎。勉从舆情，于吴二年正月四日恭诣太庙，追尊四代考妣为皇帝皇后。立大社稷于京师。布告天下，咸使闻知。

分明是自己急切要做皇帝，却说是众人反复恳请，万不得已才顺应民情，勉强答应，老朱真会作秀！接着，他以皇帝名义颁布一道道圣旨，其中最主要的有：册立王妃马秀英为皇后，立世子朱标为皇太子。文武大臣均论功行赏，分别晋封相应官职。以李善长、徐达为左右丞相，分居文武两班之首。

朱元璋的国号为何叫大明呢？其中自有缘故。

原来反元的红巾军信奉白莲教，当年韩山童祖父活着时，就经常聚众烧香拜佛。韩山童揭竿造反后，便扬言天下即将大乱，“弥勒降生，明王出世”，改朝换代的日子就要到了，因而很快便聚集起众多信徒。

白莲教自唐宋时就在中国民间流行，其教义崇尚光明，认为统治世界的势力分为明暗两种，彼此相互斗争。经过初际、中际和后际三个阶段的较量，最终代表光明、善良和理智的力量战胜黑暗、罪恶和贪欲。一旦明王出世，大家都能过上有吃有穿的好日子。韩山童儿子韩林儿号称小明王，自认为是明王出世。

朱元璋自从投靠红巾军以来，一直奉行韩林儿的龙凤年号，还接受他委任的官职。如今大功告成，将国号命名为大明，显然是想盖过小明王一头，以此证明自己才是应运而出的明王。另外依照自古相沿的春秋大义，诸侯建国不称小，没有哪个开国皇帝会主动矮化自己。“明”字还有另外一层含义，这个字拆开后分别是日、月，在中国传统文化中被视为吉祥符号，象征日月交辉、日月相照，预示天下大治，国泰民安，丰衣足食。

大明的基业是众将士一刀一枪拼来的。朱皇帝最重哥们义气，从当初带领二十四人闯荡到如今兵强马壮，若没有强大的凝聚力，傻子才为你流血拼命。现在得了天下，自然要追封死去的弟兄，活下来的也都论功赐爵。凡是开国功臣，根据贡献大小，分封为公、侯、伯三等爵位，赏赐铁券，上面铸有“开国辅运”等字样，俗称免死牌。凡享有公侯世袭待遇的功臣，除了犯谋逆重罪不赦外，若犯其他大罪，本人可免除二死，其子免除一死。

俗话说君无戏言，但老朱不久便食言了，免死牌只是聋子的耳朵——摆设。在他看来，大开杀戒铲除功臣名正言顺，为了巩固大明江山，为了子孙后代顺利接班掌权，必须采取极端手段。老朱将自己的儿子都封为藩王，拥有实封疆土。开国元勋功劳再大，也只能死后获得追封，只是名义上的王。

朱皇帝大封功臣以武夫居多，开国打天下嘛，靠的就是一刀一枪玩命。当然也离不开张良一类谋士，运筹于帷幄之中，决胜于千里之外。但知识分子肚子里弯弯绕绕毕竟太多，一得意便翘尾巴，惹麻烦，须随时提防。朱皇帝晋封的开国功臣都是哪些人？在下用几句顺口溜概括：

苦大仇深吃过糠的，淮西勇士扛过枪的。
敢打敢杀敢骂娘的，斩将夺旗负过伤的。
危难关头救元璋的，夹紧尾巴不张狂的。
出谋划策有奇方的，忠心耿耿伴吴王的。

洪武元年（1368年），朱元璋刚登基不久，捷报便纷纷传到京师：春三月闽地全境平定；河南尽收囊中。四月踏平湘桂广东，七月海南归附。七月底元大都不战而克，元顺帝如惊弓之鸟仓皇逃亡。朱元璋闻讯，心潮澎湃，挥笔书写了一首七律，派星使驰往漠北，让元主断绝死灰复燃念头。这首诗如下：

金陵使者渡江来，万里风烟一道开。
王气有时还自息，圣恩无处不昭回。
信知海岳归明主，亦喜江南有俊才。
归去诚心烦为说，春风先到凤凰台。

自此，中国历史进入了新纪元，大明王朝开了一个好头。

贤后马大脚

朱元璋的结发妻子名叫马秀英，作为大明朝的第一夫人、国母，这个名字的确很平常。无论城乡，叫秀英、秀云、兰英之类的女人太多了，闭着眼睛一抓一大把。你看人家汉武帝原配，名叫陈阿娇，只听其名就是个金屋藏娇的美人。还有东汉开国皇帝刘秀的皇后，名叫阴丽华，不但名字华丽，论相貌也是个美人胚子。难怪刘秀第一次见到阴美人时便生发无限感慨："为官当作执金吾，娶妻当得阴丽华。"

马皇后同这两个前朝皇后相比，无论名字还是相貌，简直毫无半点优势可言。但要论起人品和行事，历代皇后之中几乎无人可以同她相比。一个成功男人的背后总站着一个伟大的女性。马皇后是公认的贤妻良母，缔造大明朝的军功章有老朱的一半，也有马秀英的一半。史书对马皇后的评价是"仁慈有智鉴"，"诚足母仪天下"。这个评价很高，能让眼光挑剔的史家发出由衷赞扬，说明她的确是一位难得一见的贤后。

其实对于马皇后的名字，知道的人并不多，但提起马大脚来，知名度就大了。

正是这副天足，在民间留下了许多美谈。我们不去猎奇，还是从马大脚的坎坷身世谈起。

她生于元至顺三年（1332年）八月初八日，比朱元璋小四岁。八月八日是个吉利数字，用现代人观念衡量，意味着一个人好命运的开始。然而马大脚在降生后却遇到严峻考验，很小便失去母亲，未能体味到母爱的温暖，尤其生逢乱世，注定童年时期便饱受磨难。

马大脚是宿州（今安徽宿州市）闵子乡新丰里人，与朱元璋的家乡很近。她的父亲和母亲都没有留下名字，史书分别称作马公、郑媪。多年以后，朱元璋得了天下，出于对贤内助的感激之情，便将早已故世的岳父封为徐王，将岳母封为王夫人。还在马公老家大兴土木，修建徐王坟，设立祠祭所，令地方官员春秋祭祀。明朝历代皇帝凡途经此地，都要派专人到徐王坟祭奠。

马公排行第三，人称马三。他生性豪爽，臂力过人，是个爱打抱不平的主。平时又喜欢仗义疏财，结交朋友，因而原本比较殷实的家境便破落下来。马三交游甚广，每次出远门，便将幼小的女儿撇在家中，因此马秀英打小就有独立能力，十分懂事。

大家都知道，自南宋以来理学日益盛行，人们的审美观念逐渐向畸形发展，认为妇女裹脚是一种美德。脚越小越有魅力，三寸金莲最性感。到了元代，世俗更以女子天足为耻，这种病态审美观导致许多女子变成了半残废。马秀英生长在这样一个单亲家庭，自然幸免于裹足之苦。

后来马三因杀人避难到定远，在那里结识了郭子兴，便将女儿托付给他养育。老郭是乱世豪杰，从来都不受礼教约束。后来起兵造反，马秀英随他生活在军旅中，有了这双大脚板反倒带来许多方便。

当初朱元璋投奔到郭子兴帐下后，由于作战勇敢，办事干练，深得子兴赏识。那时马公已病逝多年，养父养母便做起主张，将马大脚许配给朱元璋为妻。这年朱元璋25岁，马秀英21岁。从此夫妻二人患难与共，相濡以沫，结下了深厚的感情。在激情燃烧的岁月里，有了糟糠之妻的搭救，老朱多次化险为夷，一步步向龙椅迈进。在美女如云的后宫里，马大脚始终稳坐第一把交椅，其国母地位无人能够撼动。

艰难玉成的马大脚属于那种拿得起放得下的女人，她性格开朗，识大体，顾大局，有主见。要是换一个鸡肠鼠肚爱拨弄是非的女人给老朱当内助，慢说打胜仗，脑袋掉了都不晓得咋回事。古人说：婚姻者，祸福之机。娶一个品行不端的老婆，等于埋下了祸根；娶一个毫无主见而又柔弱的老婆，能把老公累趴下；娶一个马大脚那样的好老婆，那是福气，芝麻开花节节高，日子越过越顺。

常言道功高招嫉。老朱作战勇敢，出类拔萃，自然遭到其他将领的嫉妒。当年追随郭子兴时，他曾受了不少窝囊气，多次蒙受冤屈。郭子兴虽是红巾军首领，但性情暴躁，气量狭小，容易听信流言蜚语。一受到别人挑唆便爆发驴脾气，不但当众责骂朱元璋，动不动还要捋了他的兵权。

马大脚聪明，知道养父宠爱次妻小张夫人，便经常去讨好她，请她出面缓和气氛，这一招往往能收到立竿见影的效果。生活经验告诉我们，越是色厉内荏的男人，越是骨子里怕老婆。

郭子兴的部将外出打仗，凡缴获战利品，总要挑选最好的东西献给主帅。老朱是一根筋，有了战利品统统分给部下，结果惹得老郭大发雷霆。每逢这种尴尬关头，总是马大脚出面，将自己那份献给养父，声称丈夫带兵在外不便回来，托付她代为转交，孝敬岳父。

还有一次，正值酷热夏季，老朱因一件事冒犯了郭子兴儿子，被关入牢房，严令看守不许送饭。马大脚心疼老公，亲自动手烙饼。她生怕别人发现，便将刚出炉的热饼贴胸揣在怀中，偷偷送到牢房，结果烫得皮肉起疱溃烂。老朱娶了这样一个贴心女人，想不做皇帝都难。

朱元璋转战和阳期间，马大脚同他风雨相伴。战场敌情万变，经常没有时间埋锅造饭。马大脚生怕老公饿坏了身子，便随身携带简易干粮，一旦肚子造反，便及时给他补充能量，自己却饿得前心贴着后背。朱元璋率部抢渡长江时，将领的家眷全都留在后方，部下心存后顾之忧，生怕妻小被元军追杀。正忐忑之际，没料到马大脚相机行事，及时带领所有眷属渡过大江。

还有一次作战失利，敌军紧追不舍，老朱已筋疲力尽。危难关头马大脚出现了，她背起老公，快步如飞逃出虎口。这种患难感情，朱元璋一辈子都忘不了，登基以后，便让画工把这个难忘的场面绘成一幅图画。

老朱生性多疑，登基以后，往往因为一点小事便诛杀大臣。有一天太子进谏："父皇处罚大臣过于严厉，再这样下去，恐怕引起天怒人怨。"朱元璋当时没吭声。第二天他把一根长满棘刺的木棍扔到地上，命令太子捡起来，太子感到为难。老朱意味深长地说："怎么样，不敢拿吧？老爹帮你把这些尖刺统统削除，这棍子就好拿了。小子，你还嫩点，许多事情看不明白。有些大臣就同这棍子一样，自恃功高，头上长角，身上带刺，你碰都不敢碰一下。老爹今天帮你削平硬刺，赶明儿你当皇帝就安稳啦。"

岂料太子竟冒出一句："上有尧舜之君，下有尧舜之民。"这句话的潜台词就是上梁不正下梁歪。老朱登时大怒，端起座椅便向太子砸去。太子急忙躲避，老朱紧追不舍。情急之下，太子从怀中取出那幅马大脚救夫图展示。老朱触图生情，不由热泪夺眶而出。

当年朱元璋在鄱阳湖同陈友谅大决战时，留守在金陵的马大脚主动担当起总后勤角色。她组织所有眷属，日夜缝制军衣鞋袜，一针针一线线，绣出一片新天地。在那些难忘的峥嵘岁月，马大脚双眼熬得通红，甚至累得晕倒在地，但她无怨无悔，竭力为老朱的宏伟事业做贡献。为了鼓舞士气，她还将后宫收藏的金银财宝、绫罗绸缎拿出来犒劳将士。这样优秀的女人，打着灯笼都难找。

老朱每次统兵外出打仗，马大脚总是小心叮嘱："定天下以不杀人为本。"这话同孙子兵法暗合。孙子说："上兵伐谋，其次伐交，其次伐兵。"意思是用兵的上上之策是斗智，不战而胜；其次是分化瓦解敌军；使用刀枪大杀大砍乃是下策。

马大脚虽然不懂兵法，但她是女人，具有女性博大的仁慈胸怀。她明白一个道理，虽然枪杆子里面出政权，但还是不战而胜最佳。天下的人是杀不完的，倘若把人都赶尽杀绝，只能激起更强烈的反抗。

马大脚虽贵为皇后，却仍然保持着艰苦朴素的本色，衣服穿旧了舍不得更换，总是洗了又洗。她率先垂范，号召嫔妃养成节俭风气，还和大家一起纺纱织布，将缝制的衣物分别送给孤寡老人。她这样做，就是想让后代知道耕织艰难。皇宫中有大片闲地，太监想栽种花花草草。马皇后本是农家出身，当然不同意，她建议种植蔬菜，供宫中食用。

人总是有怀旧情结的，皇帝也不例外。朱皇帝经常同臣下忆苦思甜，一提起往常那段峥嵘岁月，便不由自主地将马皇后比作"芜蒌豆粥""滹沱麦饭"。这是一个典故，与东汉开国皇帝刘秀有关。

当年刘秀行军打仗，来到饶阳芜蒌亭。那日天气特别寒冷，他感到又饥又累。恰在这时，部将冯异不知从何处弄来一盆豆浆，刘秀喝了之后饥寒顿解。

后来军队又行至南宫地面，遇到大风雨，刘秀躲到路旁一个空房里。又是冯异出头，寻找到一些干柴为刘秀生火取暖，烘烤湿衣。他还设法讨来麦饭和野菜，供刘秀充饥。朱皇帝打这个比方，用意就是让臣下明白，马皇后为打江山做出了重大贡献，总是在最困难时刻化解燃眉之急。

朱元璋时常当着群臣面夸奖马皇后，将她比作唐朝的长孙皇后。这个女人是唐太宗李世民皇后，素以勤俭贤惠闻名。马大脚听到这些赞美，并没有冲昏头脑，总是私下给老朱敲警钟："妾闻夫妇相保易，君臣相保难。陛下不忘妾同贫贱，愿勿忘群臣同艰难。"

有一句老话：太平本是将军定，将军不得享太平。历朝历代皇帝功成之后，铲除功臣的事太多了。宋太祖还是比较好的，登基之后没有诛杀功臣，玩了一招"杯酒释兵权"的把戏。如今朱元璋已不同往日，手操生杀予夺大权，有些规劝根本听不进去。听不听是你的自由，反正人家马大脚该说的都说了。还好，朱元璋虽然刚愎自用，却从来没有当面训斥过马大脚。

明军攻克元大都后，将元宫中大批古玩珍宝运到应天府。朱元璋本是穷小子出身，哪里见过这些稀罕物，便叫来马皇后一同开开眼界。岂料马皇后话中有话：就是因为这些玩意，元朝才败亡。陛下自有宝物，你可要好好珍惜呀！

老朱暗暗思忖，恍然大悟："对对！你说的是治国理政的人才吧？不错，这才是最宝贵的。"马皇后见老公醒悟，开心地笑了："妾与陛下同起于贫贱，如今虽已荣华富贵，但我心中始终担忧。骄纵生于奢侈，危亡起于细微，不能不时刻注意啊！妾唯一心愿就是希望陛下多重用贤人，帮你共理天下。"

古人云：马上得来天下，焉能马上治之？

朱皇帝明白这个道理，打天下靠的是枪杆子，治天下离不了笔杆子。他虽然对知识分子处处提防，但又知道知识的重要，不但设立了太学，还经常前去巡视。有一次马皇后问："太学有多少学生？"老朱说有数千。马皇后说："人才确实不少，听说这些人的伙食都由朝廷包了，可他们的妻儿又由谁来养活呢？"幸亏马皇后提醒，为此朝廷专设"红板仓"积贮粮食，用来解决太学生的后顾之忧。

据《明史·后妃传》记载，马皇后"有智鉴，好书史"，说明她曾接受过文化教育。老朱打天下时，文化程度还处于扫盲阶段，军中书信、花名册、账簿、文件等物，都由马大脚掌管，保存在一只大箱子里。一旦老公急用，她很快便能找出来。你看，人家不仅是老朱最亲密的战友，还是一个称职的私人秘书。

马大脚当了皇后勤于内治，有空便阅读史书。她把历史当作一面镜子，时常用古人古事古训来教导嫔妃宫人。她认为宋朝出的贤后最多，有助于借鉴，便吩咐女史将这些言行家法摘录下来，汇编成册，令后宫朝夕学习。有人说宋朝行事过于仁厚，不值得效仿。马皇后却说，过于仁厚总比刻薄好。

在中国古代，宦官专权始终是乱国乱政的祸胎。马皇后喜读史书，意识到这个问题的严重性，她及时给老公提醒。朱元璋当政时期，对宦官约束最严，专门在宫门前竖立一面铁牌，上面铸有醒目大字："内臣不得干预政事，犯者斩！"这一警示，确实起到了震慑作用。

还有一件事，不能不佩服马大脚有远见。老朱打下江山，皇后劳苦功高，为了报答她的功劳，老朱想对马家亲戚进行封赏。对此，马皇后态度坚决，一再谢绝。她说："爵禄私外家，非法。"

这正是一个女人的聪明之处。历代皇亲国戚干政乱法的事太多了，他们依仗同皇后沾亲带故的关系，狐假虎威，骄奢淫逸，凭借特权违法乱纪，甚至篡权谋逆，到头来不但乱国乱民，还落个满门抄斩的可悲下场。马皇后聪明，她可不愿让这悲惨的一幕在自己家族重现。

老朱称帝后，一应饮食都由马大脚打理。女人心细，生怕有人下毒谋害最高统帅。有一次她送上一盏羹汤，当时老朱正全神贯注批阅文件，等到喝时已经有些发凉。他心中正为一件事情窝火，突然犯了驴脾气，扬手将瓷盏儿朝马大脚掷去。结果羹汤洒了马大脚一身，耳朵还被擦破。当时马大脚神色自若，没显露半点委屈，返身又重新热了一盏献上。

你觉得老朱性情古怪吗？这要看对谁。他在马大脚面前偶尔使使性子，有点像孩子撒娇。开国领袖日理万机，心理压力大，需要找点机会释放。马大脚是他心灵的港湾，在最亲密的人面前，不需要做任何伪装。

在老朱心里，马大脚始终占据最重要的位置，他绝不容许任何人有损国母的光辉形象。举个例子，老朱喜欢微服私访，有一年正月十五元宵节，京城处处火树银花。老朱来到一家门口，见许多人正在围观一盏走马灯，走马灯纱罩上绘着一个大脚女人，怀中抱着西瓜。老朱看了，心中登时大怒，这分明是在咒骂皇后！走马灯隐含皇后姓氏；大脚妇人是影射皇后的天足；怀抱西瓜暗喻淮西，而皇后马大脚正是淮西人。朱元璋当时没显露半点声色，暗暗记下这户人家所在位置和门前标记，回宫之后，立刻派出锦衣卫，将这户人家缉拿到案，满门抄斩。

朱元璋妻妾众多，儿女生了一大窝，马皇后毫无妒忌之心。对于后宫诸位妃嫔，她始终以老大姐身份率先垂范，时时处处体贴关心她们，带领大家从事女红针凿。综观整个明代后宫，独数这一时期后妃之间相处最为融洽。马皇后以博大无私的母爱对待每个皇子、公主，把他们全都视为自己的亲生子女。

朱元璋自从当了皇帝，逐渐显露偏执狂症状，冷酷多疑，嗜杀成性，往往借某些事端大开杀戒。首任宰相李善长，曾经被他比作西汉开国功臣萧何，竟因莫须有罪状被满门抄斩，全家死了70余口。

胡蓝党案有5万多人受到株连成了无头鬼，其中被处死的公、侯、伯功臣近50人。许多官员朝不保夕，如临深渊，如履薄冰。仁慈宽厚的马大脚看在眼里，急在心头。老公定下的规矩，后宫不得干预朝政。尽管如此，她还是尽自己最大的能力进行周旋。她知道老公是个犟驴性子，有时直言适得其反，所以常常采取迂回手段，保全了不少人的性命。

学士宋濂是大明开国初期著名知识分子，和刘伯温同时得到朱元璋重用。此人文笔极佳，被誉为天下文章第一，朝廷许多重要典章制度都由他删定。他还是太子的老师。洪武十年（1377年），已经68岁的宋濂告老还乡，回到浙江青萝山隐居。临别之际，朱皇帝亲自把酒饯行。宋濂十分感动，说道："老臣只要不死，每年都要来京为皇上祝寿。"此后连续两年天寿节（皇帝生日），宋濂都风尘仆仆赶到京师贺寿，但是到了洪武十三年，宋濂竟然爽约。

世界上怕就怕"认真"二字，而老朱就最讲认真。当时宋濂孙子宋慎正在京城任职，老朱派人询问，得到的消息是宋濂病了。老朱生性多疑，立马派人赶到青萝山暗中打探，得知宋濂无病无恙，于是这件事便在老朱心里结了一个疙瘩。

不久发生了左丞相胡惟庸谋逆案，宋慎竟然牵涉此案，被朱元璋处死。年迈的宋濂也难脱干系，被逮至京师，论罪当死。太子闻讯涕泪交流，恳求父皇网开一面。老朱登时大怒，说道："等你当了天子再赦免他！"太子感到无比绝望，纵身投河，幸亏被左右救起。关键时刻马皇后出面了，她口气委婉地进谏："老百姓为孩子延请老师，尚且以礼数保全始终，何况作为万民之首的天子。宋先生远在老家，深居简出，对谋逆之事肯定不知情。"

岂料老朱犯了驴性子，谁劝都不听。当晚回到后宫进膳，见马皇后摆了一桌素食，老朱感到奇怪，询问为何不上酒肉。马皇后垂泪回答："宋先生旦夕必死，妾这是为他摆斋祈福。"听了此言，老朱不觉恻然心动，放下筷子离去。次日下令赦免宋濂死罪，将他流放到茂州安置。

还有一件事，也可以看出马皇后仁慈之心。建国不久，老朱扩建宫室。这天他和马皇后一起到工地遛弯，看到壮丽巍峨的建筑，感到很开心。一向不苟言笑的朱皇帝居然玩起了幽默：当年投身行伍，只是想玩一把，没想到胡做乱做竟然成就一番帝业。话刚出口，忽然发现脚手架上站着一个油漆工。老朱顿时变了神态，这话要是让役工听见传到宫外，皇帝江山是玩来的，岂不有损国君形象。他当即起了杀心，发话让油漆工下来。

老朱脸上的阴晴变化，马大脚早看在眼里，心中暗暗替工匠性命担忧。当时她正站在老朱身后，急忙用双手捂住耳朵示意。油漆工聪明，硬着头皮装起了聋子。马皇后趁机说道："别喊了，他听不见。"老朱见役工没有反应，以为真的耳聋，便转身离去。

古语说，糟糠之妻不下堂。朱元璋最大优点就是敬重结发妻子，在登上权力顶峰之后没有嫌弃发妻。老朱的妃嫔很多，其中不乏国色天香的美人。在他看来，妃嫔的作用只是满足皇上的生理需求，而马大脚才是他一生中最忠诚的生活伴侣。朱元璋时常对臣下说："家有贤妻，犹国之良相。"可见马大脚在他心目中的位置。作为马大脚来说，正是凭借自身优良品德吸引了朱皇帝。

洪武十五年（1382年）八月，积劳成疾的马皇后卧病不起。群臣闻讯，纷纷建议“请祷祀，求良医”，均被马皇后婉拒。她说：“人的生死都是命运安排好的，向神灵祈祷祭祀没有任何作用，医术再高明的人，也无法救治垂死病人。如果服药不见疗效，医生必然遭受惩处，不能因为我连累了人家。”

马大脚太了解老公的秉性了，当年以慈悲为怀的小和尚，如今已变得多疑嗜杀，冷酷无情。谁为自己治病，谁就会担当被杀头的凶险，一只脚迈近病床，另一只脚便迈进了鬼门关，她不愿意再让医生成为朱元璋的刀下鬼。

马皇后病危之际，在病榻上叮嘱太子：“赏当功，罚当罪，任贤能，无妄杀人，子孙必大吾家。”在生命最后时刻，朱皇帝询问马皇后还有什么嘱咐。她留下了简短遗言：“愿陛下求贤纳谏，慎终如始，子孙皆贤，臣民得所而已。”

当年八月初十，这是一个令朱元璋刻骨铭心的日子。他的久经考验的最亲密战友，大明王朝的缔造者之一，马秀英皇后与世长辞，终年51岁。铁腕皇帝再也抑制不住悲痛，失声恸哭，“遂不复立后”。

九月庚午，是马皇后下葬的日子，这一天雷电交加，风雨大作。朱元璋情绪低落到了极点，他将宫廷高僧宗泐召到御座前吩咐：“皇后即将出殡，你来宣偈。”宗泐略一思索，当即宣唱四句偈语：

雨降天垂泪，雷鸣地举哀。西方诸佛子，同送马如来。

马屁拍得真巧妙，让谁听了都感到舒服。反过来讲，也可以看出马皇后在众人心目中的地位。听了这四句偈语，朱元璋心情立即由阴转晴，不再为“迅雷风烈必变”而担忧，当即赏赐宗泐白金百两。又过了片刻，京城上空雨过天晴，发丧队列浩浩荡荡，护送大行皇后的柩车迤逦穿过城门。当天，马皇后被安葬在神烈山孝陵左侧。追谥为孝慈皇后，后世又尊称为孝慈高皇后。

马皇后风风雨雨陪伴朱元璋走过了三十年，她究竟生了几个儿子？各种史书说法不一，在明朝便有几个不同版本。其一说她命中无子，只生了两个女儿。其二，说她生了两个儿子。其三，生了四个儿子。其四，也是最流行的说法，马大脚生有五个儿子。

作为一朝国史，在这件大事上居然莫衷一是，本身就是件令人感到十分诧异的事情。

其实，不仅此事是个未解之谜，洪武朝还留下了许多谜团。

由于朱元璋驾崩之后，皇室发生了争夺帝位的靖难之役，伴随着最高权力的更迭，同时也出于政治需要，洪武年间保留在皇宫的许多原始资料和档案，遭到了别有用心者的篡改和销毁。现在我们能够读到的有关洪武、建文年间的史料，大都出自永乐朝删削改写或重新编撰。尤其《明太祖实录》，在永乐年间曾先后进行过两次重修和复修，人为造成了许多历史谜团。

朱元璋的妃嫔和儿女

据《明史·后妃传》记载，朱元璋的配偶除了马皇后之外，还有孙贵妃、李淑妃、郭宁妃。只有一妻三妾，你相信吗？

民间闲谈历朝后宫生活时，常用“三宫六院七十二妃”来形容，这并非空穴来风。当一个帝王拥有了至高无上的权力时，恨不得占尽天下美女，即使一个性无能的皇帝，也要将妃嫔匹配齐全，以此充分满足自己的占有欲。中国封建社会延续了两千多年，几乎每个帝王都拥有众多妃嫔，出于礼制需要，这些陪伴在皇帝身边的女人，被冠以五花八门的位号。

《明史》在提到朱元璋的妃嫔时有些闪烁其词，即便如此，仍能隐约得知老朱的后宫里还有贤、庄、敬、惠、顺、康诸妃。这样的话，他就拥有10个大、小老婆。但是我们仍然不能完全相信正史，因为一部正史就是一部帝王将相史，编撰者在记载某些事情时，往往采用春秋笔法。

什么是春秋笔法？其原则就是为尊者讳，为贤者讳，为亲者讳。该写的写，不该写的不写，尤其对于某些特殊人物，喜欢采用多贴金、少抹黑笔法。老朱虽然不是色魔，但也绝非清淡寡欲不近女色的皇帝。

据清初史学家谈迁《国榷》记载，朱元璋共有妃嫔19位。但这个记载仍然保守，各种资料显示，老朱的妃嫔至少有46人。佛家素有八戒之说，其三曰戒色。老朱虽然做过和尚，但人家还俗了，可以不受佛门清规戒律的束缚，何况已华丽转身为威风八面唯我独尊的帝王。自古英雄爱美人，但和皇帝相比只有羞死的份。

笔者根据手头掌握的资料，简单介绍一下朱皇帝身边的佳丽。老朱后宫里的妃嫔，主要来自五个方面：其一，老上级的女儿；其二，部属的姐妹或女儿；其三，江南民间美女；其四，从死对头张士诚、陈友谅那里掠夺的妃子或宫女；其五，从元顺帝宫中俘获的妃嫔。下面分别作一简介：

地位排在马皇后之后的女人，首推成穆贵妃孙氏。孙贵妃是陈州人，元末兵乱，父母俱亡，她和二哥孙蕃在扬州避难，地方武装青衣军攻破城池，孙氏落入元帅马世熊手中，被他收为义女。此后马世熊归附朱元璋，当时孙氏已年满18岁，被老朱看中收用。称帝以后，将孙氏册封为贵妃，地位在众妃之上。孙贵妃死于洪武七年（1376年）九月，享年32岁，没有子息。

淑妃李氏，寿州人。其父李杰为大明开国功臣。洪武初年，李杰任广武卫指挥，随同大将军徐达北征，在战场阵亡。洪武十七年（1384年）九月，册封李氏为淑妃，命掌管六宫事务。她是继马皇后、孙贵妃之后，又一位后宫女当家，不久去世。另有异说，谓李淑妃为朱元璋殉葬。

宁妃郭氏，濠州人，同朱元璋是老乡。其父郭山甫善于相面，老朱当年在濠州当兵吃粮时，曾路过郭家门口。郭老头眼光老辣，认定朱元璋将来必有一番作为，且"贵不可言"。他不但让儿子郭兴、郭英跟随老朱一起闯荡，还将女儿搭进去侍奉未来的皇帝。果然两个儿子后来都因战功卓著封侯，女儿也封为大明宁妃。李淑妃死后，郭宁妃担当起统领六宫大任，后来因事被处死。

郭惠妃，她是老朱当年造反时顶头上司郭子兴的女儿，生身母亲为小张夫人。至正十五年（1355年）转战和阳期间，统帅郭子兴病亡。老朱当仁不让，不但合并了岳父的兵马，还将郭妹妹纳为侧室。

胡充妃，凤阳人，其兄胡泉官任都指挥。胡氏因貌美受到殊宠，但没料到竟飞来横祸。某日内侍在后宫河中发现一个死婴，怀疑是胡充妃私下堕胎。老朱闻讯震怒，将胡充妃处死，投尸于城外。胡充妃儿子楚王来朝，求尸不得，号哭痛泣。在寻找遗物时得到一条练带，迎葬于藩国。后来老朱怒火日渐平息，追谥胡氏为昭敬皇妃。

李贤妃，父亲为扬州卫指挥。据说贤妃出生时白气亘天，都指挥朱晟感到惊奇，将此事上奏朝廷。李贤妃入宫之后，"事上有礼，抚下有恩，遇事有断"，被老朱比为班婕妤（汉成帝妃子，才女，有美德），委以后宫内政。还提拔她的哥哥为金吾指挥，与锦衣同掌诏狱。

洪武三十一年（1398年）朱元璋病危之际，对李贤妃说："你日夜侍奉左右，已有十二年，今日可以出宫同兄长见一面，叙叙兄妹亲情。"贤妃明白，皇上是想让她殉葬，当即哭泣下拜说："没必要，臣妾自有主张。"于是紧闭房门，投缳自尽，死后殉葬于孝陵。史料还有一种说法，认为李贤妃在朱元璋健在时，由于获罪被处死。

葛丽妃，生平不详，因触怒朱元璋被处死，极为凄惨。

瓮妃，蒙古人，出自元朝大臣瓮吉剌带族系。洪武二十五年（1392年）某日，朱元璋阅读元史，当读到瓮吉氏部落盛况时，向侍臣询问其族有无后代。恰巧该族有个后人官任大明南海卫正千户，家中有个14岁的女儿。老朱便将翁氏纳入后宫，自此受到宠幸。朱元璋病危之际，瓮妃和李淑妃在病床前伺候，老朱有意试探，问二人能否永远在身边服侍。二妃没明白意思，只得口称万岁，不料竟被赐予白色练带。二妃被迫自缢后，殉葬于孝陵。

达定妃，原是陈友谅宫妃之一，有的史料说她与阇妃是同一人。当年老朱同汉军在鄱阳湖大战，陈友谅中流矢身亡，朱家军乘胜夺下武昌，尽获老陈宫中珍宝美人而归。老朱在自撰的《大诰》中毫不讳言：朕攻克武昌之后，因恼怒陈友谅屡屡起兵相犯，故夺其美妾而归。

碽妃，高丽人，其生平始终是一大谜团，自明朝到现在，史家围绕她发生许多争论。人们之所以对这个美丽妃子深感兴趣，原因在于她与永乐皇帝的身世发生了联系。碽妃究竟是不是朱棣生母，这个问题足可吊起许多人的胃口。其中诸多疑问，笔者将在相关章节介绍。

老朱还有两个美貌妃子，即周妃、韩妃，都是高丽国人。周妃父亲周英赞，官任高丽缮工寺判事，其女以贡女身份进入元宫。明军攻入元大都后，将她俘送应天府明宫，被朱元璋收用。韩妃生平不详，也是从元宫得到的战利品。当年徐达统兵围攻大都时，元顺帝弃城仓皇北逃。除了皇后和几个心爱妃子随行，许多妃嫔和宫女都被他抛弃在深宫，结果让老朱捡了大便宜。

胡顺妃，功臣胡美之女。其父原为陈友谅部将，鄱阳湖大战期间，率部归降。此后胡美在征伐中屡立战功，于洪武三年（1370年）封为豫章侯，赐免死牌。洪武十三年改封为临川侯。

美人张玄妙，山东人。朱元璋病危时，责令诸妃殉葬，因张美人所生女儿尚幼，因此免除一死。据史料透露，永乐年间张美人仍然存世。

除了以上介绍的妃嫔，老朱的后宫还有赵贵妃、郑安妃、刘惠妃、万丽妃、崔惠妃、余妃、杨妃、美人郜氏等等。此外还有许多宫妃，生前供朱皇帝享受艳福，死后连姓名都没有留下。古诗说侯门一入深如海，如果同皇帝的后宫相比，简直差老鼻子啦。

老朱是个充满了乐观主义精神的人，即使战斗失利，仍不忘记传播种子。有一次打仗落败逃入民家，他见这户人家的女儿有几分颜色，于是便施展手段展开攻势。那女子知道老朱是个落魄英雄，日后必出人头地，便委身于他。第二日清早老朱辞行，那女子恋恋不舍问："奴家万一怀孕了怎么办？"老朱二话没说，留下一只木梳作为凭证。后来女子果然怀孕，生下一个儿子。

老朱当了皇帝后，那个女子携带着儿子，长途跋涉来京师寻夫，老朱命人在宫外另建一处住宅，安排母子居住。后来又将这个皇子封为藩王，派人护送母子俩一同到封地生活。

朱皇帝妃嫔成群，对身边这些女人管束极严。他曾多次表态，妃嫔只是皇上的性伙伴而已，主要任务就是侍奉皇帝，绝对不许参与朝政。他惩治犯事妃嫔的手段，简直到了丧心病狂的地步。

据《罪惟录·皇后列传》记载，当年郭宁妃、李贤妃、葛丽妃因事触怒老朱，被施以酷刑处死，三具尸体被装在一个大筐内，埋在京城太平门外。

后来，老朱感觉三个妃子死得有些冤枉，便吩咐制作三具棺木，将三人分开埋葬。由于尸体已经高度腐烂，三具尸骨堆聚一起难以分辨，只好又重新掩埋，在地面立了三个坟堆。

当时李贤妃的儿子已经封为唐王，闻知噩耗后悲痛万分，但不敢前去祭奠，只得暗中派人潜入京城，寻找到葬处偷偷祭祀。

中国历史上无论哪个朝代，经过长期战乱都面临人口耗减的状况。那时不仅没有计划生育政策，反而鼓励多生多育。老朱是开国皇帝，在人口增长方面率先垂范，做出了突出贡献，这些妃嫔宫人共为他生了26个儿子，16个女儿。

然而老朱在生育方面贡献越大，人民的负担便越重。这些皇子都要分封到全国各地做藩王，全部消费都由当地老百姓负担。按照当时俸禄规定，官位一品的丞相每年俸禄不超过一千石，而藩王每人每年却高达5万石（后来减为一万石）。这些粮米布匹以及大量生活用品从哪里来？当然是民脂民膏，是纳税人付出的血汗。另外，每个王府还设置官属机构，配备一应文职武职人员。王府护卫甲士少者3000人，多者至19000人。养这么多人，只能加重老百姓的负担。

朱元璋得了天下，首先考虑的问题是确保国运长久。常言道，肥水不流外人田。老朱借鉴历史经验，决心和儿子们一起守御江山。他活了71岁，在位31年，临死之前分批将儿子们封为亲王，陆续派到藩国居住。

下面简单介绍老朱这26个儿子的情况。

朱标，朱元璋长子，元至正十五年（1278年）生于太平（今属黄山市）陈迪（此人后来任礼部尚书）家中。洪武元年（1368年）立为皇太子，二十五年因病去世，年仅37岁，史称懿文太子。朱标原配常氏，开国功臣常遇春女儿；还有继妃吕氏。朱标共有5个儿子和4个女儿，长子雄英早亡。次子朱允炆，即后来的建文帝，为继妃吕氏所生。靖难之役结束后，朱标子孙遭受到残酷的政治迫害，不但失去了皇位继承权，而且苗胤灭绝。

朱樉，朱元璋第二子。洪武三年封为秦王，十一年就藩西安，二十八年因病去世，享年40岁。正妃为元将王保保妹妹，次妃是开国功臣宁河王邓愈女儿。

朱棡，朱元璋第三子。洪武三年封为晋王，十一年就藩于太原，三十一年三月因病去世，享年41岁。王妃谢氏，为开国功臣永平侯谢成女儿。

朱棣，朱元璋第四子，即本书将要叙述的主人公。洪武三年封为燕王，十三年就藩于北平。朱元璋死后，朱棣发动靖难之役，与侄子朱允炆争夺帝位，最终黄袍加身，入主龙殿。

朱橚，朱元璋第五子。洪武三年封为吴王，十一年改封为周王，十四年就藩于开封。周王与燕王系一母同胞，建文帝推行削藩，将朱橚押解京师禁锢，靖难之役后获释。洪熙元年去世，享年65岁。正妃冯氏，开国功臣宋国公冯胜之女。

以上四王的身世和生母，明清史家说法不一。比较流行的观点认为，四人和懿文太子朱标，均为马皇后所生，但疑点多多。

朱桢，朱元璋第六子，生母胡充妃。洪武三年封为楚王，十四年就藩于武昌，永乐二十二年去世，享年61岁。正妃王氏，为功臣定远侯王弼之女。

朱榑，朱元璋第七子，生母达定妃。洪武三年受封为齐王，十五年就藩于青州。建文帝即位，以图谋不轨罪逮至京师。朱棣上台后恢复其王位，不久又废为庶人。宣德三年与三个儿子同时暴亡。正妃吴氏，功臣安陆侯吴复之女。

朱梓，朱元璋第八子，生母达定妃，洪武三年受封为潭王，十八年就藩于长沙。王妃于氏，为前军都督佥事于显女儿。洪武二十三年，于显父子因胡惟庸案受到牵连，被处以极刑。朱梓闻讯，精神崩溃，和于妃一起纵火自焚。

朱杞，朱元璋第九子，洪武二年出生，次年受封为赵王，洪武四年夭亡。

朱檀，朱元璋第十子，生母郭宁妃，洪武三年出生，封为鲁王，十八年就藩于兖州。因迷信长生术，服食铅丹而导致双目失明，二十二年身亡。王妃汤氏，开国功臣汤和之女。

朱椿，朱元璋第十一子，生母郭惠妃，生于洪武四年，十一年封为蜀王，二十三年就藩成都，永乐二十一年去世。王妃蓝氏，凉国公蓝玉之女。

朱柏，朱元璋第十二子，生母胡顺妃。洪武十一年封为湘王，十八年就藩荆州。建文元年削藩，被人诬告谋反无以自明，遂纵火焚王宫。王妃吴氏，江阴侯吴高女儿，随朱柏一起自焚。

朱桂，朱元璋第十三子，生母郭惠妃。洪武十一年封为豫王，二十四年改封代王，次年就藩大同，建文元年废为庶人。朱棣即位，恢复其亲王身份，正统十一年去世。代王王妃是徐达次女，即永乐帝皇后徐仪华之妹。

朱楧，朱元璋第十四子，生母郜妃。洪武十一年封为汉王，二十四年改封肃王，二十八年就藩于甘州，建文元年移封兰州，永乐十七年去世。王妃孙氏，为指挥使孙继达之女。

朱植，朱元璋第十五子，生母为高丽美女韩妃。生于洪武十年，次年封为卫王，二十五年改封辽王，就藩于广宁。建文时改封荆州，永乐二十二年去世。王妃郭氏，为开国功臣武定侯郭英女儿。

朱㮵，朱元璋第十六子，生母余妃。洪武十一年出生，二十四年封庆王，二十六年就藩韦州古城，建文三年移居宁夏，正统三年去世。朱㮵有文学天赋，著述甚多。王妃孙氏，为指挥使孙继达次女。

朱权，朱元璋第十七子，生母杨妃。洪武二十四年封为宁王，二十六年就藩于边地大宁。永乐初改封南昌，正统十三年去世。朱权自称大明奇士，又号臞仙、丹丘先生等。其人多才多艺，生平著述丰富，涉猎范围广泛，尤其精于戏剧创作和戏曲理论研究，有多部著作传世。在靖难之役中被燕王绑架，参与反叛朝廷活动，以善谋闻名。王妃张氏，兵马指挥张泰之女。

朱楩，朱元璋第十八子，生母周妃。洪武二十四年封为岷王，二十八年改封云南。建文元年废为庶人，幽禁于漳州。永乐初恢复王位，因触犯法禁被削除护卫官属。明仁宗时徙居武冈，死于景泰元年。王妃袁氏，后军都督袁洪之女。

朱橞，朱元璋第十九子，生母郭惠妃。洪武二十四年封王，二十八年就藩宣德，此地古时为上谷郡，所以称作谷王。靖难时奉命守卫南京金川门，燕王兵临城下，遂开门迎降。朱棣即位后将他改封于长沙，因劣迹斑斑遭到废黜，长期禁锢于京城。宣德三年和两个儿子同时死亡。王妃周氏，兵马指挥周铎之女。

朱松，朱元璋第二十子，生母周妃。洪武二十四年封为韩王，受封后仍居住在京师。死于永乐五年，葬南京安德门外。王妃冯氏，右都督冯诚之女。

朱模，朱元璋第二十一子，生母赵贵妃。洪武二十四年封为沈王，永乐六年就藩于潞州，宣德六年去世。王妃张氏，指挥张杰之女。

朱楹，朱元璋第二十二子。洪武二十四年封为安王，永乐六年就藩平凉，死于永乐十五年。王妃徐氏，为开国元勋徐达第三女。

朱桱，朱元璋第二十三子，生母李贤妃。洪武二十四年封为唐王，永乐六年就藩于南阳，死于永乐十三年。王妃吴氏，黔国公吴复孙女。

朱栋，朱元璋第二十四子，生母刘惠妃。洪武二十四年封为郢王，永乐六年就藩于安陆，死于永乐十二年。王妃郭氏，武定侯郭英女儿。

朱（㰘），朱元璋第二十五子，生母葛丽妃。洪武二十一年出生，二十四年封为伊王，永乐初就藩洛阳，死于永乐十二年。王妃刘氏，左军都督刘贞之女。

朱楠，朱元璋第二十六子，生于洪武二十六年，刚满月便夭折。

俗话说老子英雄儿好汉，那是欺人之谈。老子英雄，儿子是窝囊废的多啦。老朱生了一大堆儿子，在“超生游击队”里可谓名列前茅，但有出息的没几个。凡是躺在老爹功劳簿上颐指气使的人，没几个有出息的。

你注意到没有？老朱这26个儿子的名字，都是木字偏旁，这其中有一定讲究。原来他为儿孙起名，均依照五行相生原理，那就是木生火，火生土，土生金，金生水，水生木。老朱亲自为儿孙们拟定班辈，从孙辈开始用双字命名，每个支系都是20个字，代表20代。双名中的一个字为老朱钦定，另一字要体现五行特色，每一辈统一使用相同的偏旁。

例如第四子朱棣这个支系，朱元璋拟定的20字是：高瞻祁见祐，厚载翊常由，慈和怡伯促，简靖迪先猷。朱棣名中有木字偏旁，他的儿子的名中自然要有火字偏旁，加上老朱拟定的“高”字，因此起名为朱高炽。依次类推，朱棣孙子叫朱瞻基，曾孙叫朱祁镇，玄孙叫朱见深。五世之后又循环使用五行偏旁，例如明孝宗朱祐樘，最后一字又是木偏旁。其后各代分别同“厚载翊常由”搭配，如明武宗朱厚照，明穆宗朱载垕，明神宗朱翊钧，明光宗朱常洛，明思宗朱由检。这样排序，即使子孙再多也不会乱了辈分。老朱简直太有才了！

中国古代对公主称谓有一定区别，根据称呼可以得知公主辈分。皇帝的姑妈称作大长公主，皇帝的姐妹称作长公主，皇帝的女儿称作公主，公主的老公封为驸马都尉。朱元璋共有16个女儿，个个都是金枝玉叶，除了两个早年夭折，其他均下嫁开国功臣之子或才学出众的官员。

老朱家这16位公主依次是临安公主、宁国公主、崇宁公主、安庆公主、汝宁公主、怀庆公主、大名公主、福清公主、寿春公主、第十公主（早夭）、南康公主、永嘉公主、第十三公主（早夭）、含山公主、汝阳公主、宝庆公主。其中宁国公主、安庆公主为马皇后亲生，其余都是妃嫔所生。汝阳公主和永嘉公主为一母姐妹，含山公主的生母韩妃，为高丽国人。还有几位公主在洪熙年间晋封为大长公主，寿命较长的是宁国公主，薨于宣德九年，享年71岁。含山公主死于天顺六年（1462年），享年82岁。

朱元璋亲手缔造了大明帝国，为了使国运长久，将儿子们分封到具有战略位置的地方做藩王。他还煞费苦心建立了五军都督府，这种军制最大特点是，五军都督只有调兵权没有指挥权，带兵的将帅只有统兵权没有调兵权，可以相互制约。然而随着老朱寿终正寝，天下再次出现兵戈扰攘的局面，而打破太平局面的，恰恰是自己的儿孙。

皇子中的佼佼者——燕王朱棣

洪武十三年（1380年）三月十七日，20岁的朱棣奉父皇之命，千里迢迢来到封地北平。从现在开始，他正式进入了燕王角色，坐拥一个亲王所有的权力、荣耀和责任。

朱元璋将燕山中、左二护卫赐给朱棣，其侍从将士共计5770人。随同燕王一起就藩的，除了燕府众多辅佐人员，还有一位燕王最亲密的女人，她就是美丽的王妃徐仪华。

朱棣出生于元至正二十年（1360年）四月十七日，成年之后身材魁梧，相貌奇伟，几乎所有明代史料都记载燕王髭髯甚美。《明史纪事本末》说燕王鬓髯过脐。《石匮书》说得更神："上状貌奇伟，眉如刺猬，鼻准隆起，长髯，颔下髭两道如龙鬣。"这话如果不是拍马屁，朱棣倒是个充满阳刚之气的美男子。这种男人荷尔蒙分泌旺盛，除了阳刚外，往往还透溢着几分霸气。《明太宗实录》说："上貌奇伟，美髭髯，举动不凡。有善相者见上，退谓人曰：'龙颜天表，凤姿日章，重瞳隆准，太平天子也。'"

显然，这是古代流行的天命观作怪，将人的长相同未来命运相联系。《明太宗实录》完成于宣德五年（1430年）。宣德皇帝是朱棣嫡亲孙子，而《实录》的监修人是靖难功臣英国公张辅，总裁是杨士奇、杨荣、金幼孜等人，这些人都是朱棣称帝后的宠臣，所以在《实录》中极尽阿谀奉承之辞。抛去这些过誉文字，朱棣相貌威武应该是可信的。

燕王妃徐仪华是开国元勋徐达长女，比朱棣小两岁。朱元璋很会算计，为了坐稳江山，选择儿媳妇大都是功臣的女儿。他听说徐达长女不但相貌出众，而且品行贤淑，便召见徐达，提出结为亲家的要求："朕与卿，布衣交也。古君臣相契者，率为婚姻。卿有令女，其以朕子棣配焉。"徐达闻言，当然只有顿首叩谢的份。洪武九年，15岁的徐仪华被册立为燕王妃。

一个是风华正茂胸怀抱负的皇四子，一个是端丽贤淑的功臣之女，年轻伉俪风尘仆仆来到陌生的大北方，将在这里开始全新的生活，面临各种新挑战。北平曾是元朝京城大都所在地，占尽形胜风水之利。如今元朝已经灭亡，这个遭受过战争创伤的城市正敞开怀抱，迎接新主人的到来。谁都不曾想到，20多年后燕王居然龙飞幽燕，和徐王妃一起成为大明王朝新的帝后。永乐十九年（1421年）正月，明成祖正式从南京迁都，北平随之又恢复为帝都。

明朝确立封藩制度，缘于开国皇帝朱元璋的伟大构想。常言道打江山易，守江山难。老朱凭借一刀一枪打下了锦绣河山，一心想把江山传之百世、千世乃至万世，而能够为朱家守江山的接班人，当然是自己的子孙。

在历代帝王中，老朱最欣赏的人是汉高祖刘邦。有一次他到新落成的帝王庙祭祀，依次向诸帝牌位上酒，当走到刘邦牌位前时，微笑着说："刘公，咱们两个都起自布衣，没有任何背景，完全凭借个人能力得了天下，朱某多敬你一杯。”

这就是惺惺相惜，同气相通。当年刘邦为了让大汉江山永存，将自己的儿子分封到全国各地当王，老朱自然深受启发。大明朝的皇位理所当然由嫡长子和嫡孙继承，其他皇子统统裂土分封，共守天下，共享富贵。

洪武三年（1370年）四月，朱元璋率领群臣到太庙祭祀，他对身边大臣说：“治天下之道，必建藩屏，上卫国家，下安生民。今诸子既长，宜有封爵，分镇诸国。朕非私其亲，乃遵古先哲王之制，为久安长治之道。”

说得真漂亮，分明将国家当成了私人财产，却说是天下为公。

接着，朱元璋颁布诏书，公告天下：“朕荷天地百神之佑，祖宗之灵，当群雄鼎沸之秋，奋兴淮右，赖将帅宣力，创业江左。曩者命大将军徐达总率诸将，已定中原。不二年间海宇肃清，虏遁沙漠。大统既正，黎庶靖安。……朕惟昔帝王之子，居嫡长者必正储位，其众子当封以王爵，分茅胙土，以名其国。朕今有子十人，即位之初，已立长子为皇太子。诸子之封，本待报赏功臣之后，然尊卑之分，所宜早定。”

这次封藩除了太子之外，只封了十人，因为其他皇子还没有出生。饭得一口一口吃，造人也得一个一个造。此次分封的亲王有秦王、晋王、燕王、吴王、楚王、齐王、潭王、赵王、鲁王，另外还有侄孙靖江王。建国刚三年，老朱便迫不及待将儿子都封为藩王，而那些为他出生入死打天下的功臣，此时还坐在冷板凳上眼巴巴等着封爵呢。

老朱聪明，说出话来滴水不漏：咱本来打算先封爵功臣，但凡事得讲究尊卑上下，这是原则。等封完皇子接着再敕封功臣，有福同享，一个都不少。

朱元璋在位31年，自建国初首次分封后，其他儿子又相继出生，老朱于洪武十一年、二十四年分批将这些皇子封为藩王。他将所有亲王的待遇进一步提高，各王府设置的官署级别仅次于京师，每个王府拥有护卫精兵16000名，亲王冕服和车骑规格仅次于皇帝。朝廷大臣即使贵为太师、丞相、公侯，与诸王相见时一律伏地拜谒。

凡是亲王，一律授予金册金宝，王妃只授金册。金宝就是大印，它是权力的象征。明朝官印制度，即使位居一、二品的高官，只能使用银印，三品以下官员统统用铜印。朱元璋允许亲王使用金宝，意在显示皇子尊贵。

他还规定，亲王的长子称作世子，亲王的其他儿子都封为郡王。凡亲王、郡王的世子必须是嫡长子，不允许以庶夺嫡（嫡子为正妻所生，庶子为姨太太所生）。如果正妃年满50岁还不生子，可以立庶长子为王世子。

朱棣排行第四。大哥朱标是朱元璋当然的接班人，居住于京城皇宫。二哥朱樉封为秦王，王都设在西安。三哥朱棡封为晋王，王都设在晋阳。

在所有封藩当中燕王封国最为重要。

一是地理位置举足轻重，背靠华北大平原，面对漠北，是大明国的北大门。我们知道，自商周以来，朔方游牧民族一直都是中原政权最大的威胁。如商代的鬼方、周代的猃狁、春秋战国时的戎狄、汉代的匈奴、魏晋时的五胡、宋代的契丹以及此后的蒙古等。草原民族入主中原已成为历史规律，牢固镇守北平，其重要意义不言自明。

二是燕王宫室华丽宏敞，远比其他各王府气派。洪武三年朱棣刚被封为燕王时，朱元璋便下令将元大都内殿设为燕王府。次年又着手改建北京城，参照南京模式，将大都外城北城墙向南收缩3公里，使其规模小于南京的大明京城。

据《皇明大事记》卷九记载，燕王所居王城共设有四门，东曰体仁，西曰遵义，南曰端礼，北曰广智。在城内中轴线上依次分布承运殿、圆殿、存心殿。承运殿两侧又有左右二殿翼护，正殿后面是前中后三宫。王城之外还建有外城，设防严密，整个王府共建宫殿堂室811间。

根据另一部史书《鸿猷录》说法，燕王府在建造时并没有大兴土木，只是对元朝宫殿略加改造利用，更换了殿瓦颜色。为何更换殿瓦？因为黄琉璃瓦为帝王专用，亲王不能越制，只能使用绿琉璃瓦。洪武十一年十一月，朱元璋制定诸王宫城制式，除燕王府仍然沿用元朝旧有宫殿，其他王府不得引以为式。

三是燕王所节制的兵马数量，远比其他亲王为多。

朱元璋为何这么看重皇四子？当然是出于边防大计考虑，他要选择能够挑起大梁的儿子镇守朔方，为大明北大门安装一把坚固铁锁。据《明实录》记载，老朱曾对大臣说："诸子中燕王仁孝有文武才略，能抚国安民，吾所属意。"

后来发生的事实证明，朱元璋眼光确实敏锐，重用燕王的确是聪明之举。然而凡事有一利必有一弊。老朱死后，恰恰就是自己最倚重的皇四子，"据幽燕形胜之地，乘建文羸弱，长驱内向，奄有四海"。出现这个结果是朱元璋始料未及的，真应了那句老话：聪明反被聪明误。

朱棣出生时大明王朝还没有建立，他在兵戈扰攘的岁月中降生，幼儿时便经历了战火洗礼。同其他皇子相比，朱棣更喜欢习兵练阵。如果说没有文化的军队是愚蠢的军队，那么，没有文化的皇子同样是愚蠢的皇子。朱元璋吃够了没有文化的苦头，所以才孜孜不倦地自学苦学。在得了天下后，他延请最有才学的老师教授皇子们读书，因此朱棣自小便接受了良好的教育。

一个人如果同时具有文才武略，等于在身上安插了双翅，一旦有合适的机会，便会脱颖而出，充分展示自己的才干和抱负，一鸣惊人，一飞冲天。

朱棣在北平做燕王的经历，是他人生中一笔宝贵的财富。只有经过磨炼意志才会更坚定，只有经历风雨羽毛才会更丰满。朱棣正是经历了沙场磨炼和漠北风雨考验，才成为众多皇子中的佼佼者。

明代初期天下大势，东西南北中，最不安定的地方就是北部边疆，最大威胁来自北元残余势力。

至正二十八年（1368年），明军大将徐达、常遇春之所以势如破竹攻占北方大片土地，轻而易举占领元朝京城大都，除了明军占有方兴未艾优势外，还有一个重要原因是元军内部产生了矛盾冲突。当时元军各部拥兵自重，相互之间号令不一。元顺帝虽为一国之主，却被权臣摆弄，整日沉湎于长生之术和奇巧宝器。天时、地利、人和均向明军倾斜，这才使老朱的军队捞了便宜。

当徐达挥师逼近元大都时，元顺帝妥懽帖睦尔压根儿没有进行任何抵抗，而是采取弃城出逃的策略。他逃往上都（今内蒙古多伦上都河北岸）之后，打算略作喘息，再伺机反扑，但是历史没有给他机会。

元顺帝逃离大都并不意味着元朝政权灭亡，因为他仍然掌握精兵数十万。在漫长的北方地带，还有许多元军未被消灭。元顺帝和他的子孙在漠北负隅顽抗数十年，政权传了5代，蒙古君臣仍然沿用大元国号，史称“北元”。

妥懽帖睦尔的汗号是乌哈噶图，又称作元惠帝，庙号惠宗。“元顺帝”是明朝强加的，老朱认为元朝国君顺应天命，能够主动避让大明军队，所以在元惠帝死后，赠以“顺帝”谥号。

蒙古属于草原民族，用形象的话说是一个马背上的民族，骑兵骁勇善战，机动性强，在当时堪称快速部队。当年成吉思汗正是凭借狂飙般的骑兵横扫亚欧大地。元顺帝逃往漠北后，又找回了马背上的感觉，试图重新入主中原。他的骑兵经常南下边塞，将大明朔方骚扰得不得安宁。

面对新的挑战，老朱采取稳守反击战略，命令军队不要轻易出击，一旦抓住机会，该出手时就出手。当时，大将军徐达奉命坐镇北平，按照既定方针，按兵不动，静静等待时机。

洪武二年（1369年），明军终于等来机会，大将军徐达统兵出塞击敌。

双方交锋之后，元顺帝战败，仓促逃往应昌（今内蒙古克什克腾旗）躲避。次年，明军乘胜进逼应昌，危难关头，元顺帝竟患了痢疾，不治身亡。儿子爱猷识里达剌即位，称必力克图汗，建号宣光，史称北元昭宗。

此时，应昌已被明军包围，形势岌岌可危。不料长生天格外眷顾蒙古人，爱猷识里达剌居然在险境中寻到一线生机，率领残部成功突围。他退守老巢和林（今蒙古国哈尔和林）后，在名将扩廓帖木儿（即王保保）协助下，重整旗鼓，众志成城，一举击败明军，从而使北元政权转危为安。在这次激烈交战中，曾被朱元璋誉为“万里长城”的明军统帅徐达，居然损兵数万，大败而归。

此后，明军不再轻易出塞，双方僵持了八年之久。

洪武十一年（1378年），元主爱猷识里达刺身亡，由儿子脱古思帖木儿继承汗位，建号天元。他依然与明军为敌，将天元政权维持了十年。就在脱古思帖木儿继承汗位的第三个年头，年轻有为的燕王朱棣来到了封国北平。

朱元璋对燕王期许甚殷，授予他节制北平诸卫的权力，目的就是让他肩负起守御北大门的重任。燕王不负众望，日夜诵读兵书，排兵演阵，操练军马。

光阴荏苒，十年转瞬过去，燕王对边关地理形势和敌情已了然于胸。经过多年历练，他变得更成熟了，也更自信了。机会总是青睐有准备的人，而有准备的人也善于把握机会，一旦出手就不同凡响。

这期间北元越玩胆子越大，不时挑起事端。丞相咬住、太尉乃儿不花、知院阿鲁帖木儿等人屡屡纵骑犯境，大明边患日益加剧。

洪武二十三年（1390年）正月，朱元璋命令晋王、燕王兵分两路，同时率师北征。明军以颍国公傅友德为征虏前将军，南雄侯赵庸、怀远侯曹兴为左右副将军，定远侯王弼和全宁侯孙恪为左右参将。其中王弼率领的山西兵马归晋王麾下节制，其余兵马均归燕王节制。

30岁的燕王成竹在胸，跃跃欲试，他迫切想在北元骑兵身上一试牛刀。三月初的塞外依然寒风凛冽，燕王率军出长城古北口，当获悉乃儿不花等人正屯驻于迤都时，便催赶兵马，火速向敌营挺进。

草原天气说变就变，突然之间大雪如席，漫空飞舞，部将打算天晴之后再进军。燕王明白，战机万变，稍纵即逝。他说：“天降大雪，敌人疏于防备，绝不会想到咱们会冒雪出击。既然老天爷帮忙，理应火速挺进。”于是明师急行军来到迤都（今蒙古苏赫巴托之达里甘戛附近），与敌军只相隔一个山包。

燕王居高临下，观察敌情之后，派遣指挥使观童前往元营麻痹敌军。观童与乃儿不花有旧交，二人见面之后相互拥抱，正寒暄之际，明军突然逼近敌营。乃儿不花大惊失色，牵过一匹战马便想逃走。观童上前劝说：“你如今已被大军包围，如不投降，只有死路一条。我领你去见燕王，他是最讲信义的人。”乃儿不花权衡利弊，只得随同观童来见燕王。

燕王很会套热乎，和颜悦色地同乃儿不花交谈，还斟了一杯酒为他压惊。乃儿不花大喜过望，当即表示归顺，将数万人马和数十万头骆驼牛羊聚集一处，随同燕王一起入塞。

燕王没费一兵一卒便完胜而归，说明他知兵，玩的是心理战术，这是用兵打仗的最高境界。同时出塞的晋王由于畏首畏尾，前怕狼，后怕虎，最终落得空手而归。燕王获胜捷报传到京城后，朱元璋兴奋到极点，他说了这样一句掏心窝子话："肃清沙漠者，燕王也！"

此次大胜后，老朱对燕王一百个放心，多次让他统率诸将提兵出征。洪武二十九年（1396年）春，宁王朱权报告封国附近发现敌情，朱元璋命令燕王统率精兵至大宁击敌。燕王北上彻彻儿山，一举击败元军，擒获元将索林帖木儿等数十人。又乘胜追击，在兀良哈秃城击败北元大将兀剌兀海。

当时大明北部的漫长地带共封有六个藩王，分别是晋王、燕王、代王、辽王、宁王、谷王，还设置不少戍守边境卫所，配备相应兵力驻防。老朱倚重燕王为干城，敕令他"节制沿边兵马，总帅诸王边防"。燕王果然不负众望，用才干证明了自己，消除了大明北顾之忧。

洪武三十一年五月，已经垂垂老矣的朱元璋自知时日不多，他向燕王表达了殷殷期望："朕之诸子，汝独才智。秦、晋已薨，汝实为长。攘外安内，非汝而谁？"是啊，太子早已去世，两个兄长秦王、晋王也相继永诀，皇子之中只有燕王为长了。老朱的托付意味深长，耐人寻味。

燕王是个不甘心久居人下的人，老爸驾崩后侄子朱允炆上台。无论以后是否出现削藩事件，叔侄俩终究要爆发一场冲突和殊死较量。一部帝王史，就是一部血淋淋的争权史。纵观中国历史，儿子弑父、叔侄火并、兄弟同根相煎的悲剧曾一次次上演。

朱棣绝不满足仅仅做个燕王，他要凭借个人的能力杀出藩国，杀过淮河、横渡长江，他要拥抱整个赤县神州！

第二章 两个人的战争

洪武帝驾崩

洪武三十一年（1398年）闰五月十日，积劳成疾的大明开国皇帝朱元璋驾崩于京师（应天府，即后来的南京）西宫，享年71岁。

人总是要死的，但老朱之死犹如大地发生了一场地震，犹如大海掀起了海啸。为什么？因为他是大明王朝的开创者，是新生政权的顶梁柱和主心骨。多年来，文武百官已经习惯按照他的思维逻辑和既定方针治理国家，如今舵手永远离去，谁能担负起安定国家社稷的重任？

《明史》评价朱元璋："帝天授智勇，统一方夏，纬武经文，为汉唐宋诸君所未及。""太祖以聪明神武之资，抱济世安民之志，乘时应运，豪杰景从，戡乱摧强，十五载而成帝业。崛起布衣，奄奠海宇，西汉以后所未有也。"

朱元璋走了，大明这台庞大的机器还得继续运转，而新的操作员就是朱元璋的孙子朱允炆。

朱允炆的生身父亲是太子朱标，史书称作懿文太子。至正二十四年（1364年），朱元璋即位为吴王，立嫡长子朱标为世子。洪武元年（1368年），老朱即皇帝之位，遂册立朱标为皇太子。洪武二十五年（1392年）四月，身患重病的朱标去世，只活了37岁。据明代才子祝允明《前闻记》记载，朱标生前曾作一首《新月诗》："昨夜严陵失钓钩，何人移上碧云头。虽然未得团圆相，也有清光遍九州。"后人评价此诗颇佳，但"未得团圆相"一句，已经预示不祥，是春秋不永、难以继承皇位之兆。这真是一语成谶。

朱标有两个妃子，正妃常氏，是开国元勋常遇春之女；继妃吕氏，其父是太常卿吕本。朱标有五个儿子，其中长子虞怀王朱雄英、第三子吴王朱允熥为常妃所生。次子朱允炆（建文帝）、第四子衡王朱允熞、第五子徐王朱允熙都是吕妃所生。按照常理，太子朱标既然已死，皇位理应传于嫡长孙朱雄英。然而雄英也是一个短命鬼，他死在父亲朱标前面，于洪武十五年（1382年）五月薨，年仅八岁。这样，既非嫡生又不是长孙的朱允炆捡了一个大便宜。

洪武二十五年（1392年），太子朱标刚刚去世，朱元璋便发布天下，册立朱允炆为皇太孙。

朱允炆幼年时脑袋发育不饱满，别的孩子头顶圆鼓，而他的顶骨竟微微凹下去一块，形成半月状凹坑。朱元璋为此老大不高兴。有一天，他轻轻抚摩孙子头顶，叹称

“半边月儿”。别看朱允炆长相不理想，却怀有一颗孝心，14岁那年，老爸朱标脊背上生出一个脓包，痛得日夜号叫不止。这种病称作背疽，不但令患者苦不堪言，而且十分危险。历史上许多名人都死于此病，例如西楚霸王项羽的亚父范增、抗金大臣宗泽、南宋巨奸秦桧，还有明朝开国元勋徐达，都因疽发于背呜呼哀哉。

朱允炆确实是孝子，为了减轻父亲痛苦，日夜守在病榻前抚摩患处，甚至用嘴吸吮脓血。父亲病故后他居丧守孝，多日不吃不喝，终日以泪洗面。老朱知道此事后心疼孙子，前去抚慰：“你是个至诚孝顺的孩子，但成日悲伤，有损身体，难道就不为我着想吗？”朱允炆不但敬事尊亲，还关心手足兄弟，朱标死后，他将三个年幼的弟弟接到宫中，同自己一起居住。

史书评价朱允炆，认为他“仁柔少断”，也就是缺乏主见，软弱无能。他在文才方面也很平庸，毫无浪漫气质。有一次朱元璋出了句上联，让他对下联，谁知憋了半天，才冒出一句不伦不类的下联。老朱听了，极不满意。于是让燕王也来属对，结果燕王略微思索便对出下联，老朱感到很不错。

朱允炆虽然没有文学方面的天赋，但喜欢阅读典制文书。有一天朱元璋交给他一部《大明律》，让他熟悉熟悉大明律典。朱允炆仔细阅读后，感觉其中有些条律过于严苛，便更订了五条，结果得到老朱颔首称赞。他又遍考礼经，参照历朝刑法，将洪武刑法中畸重者改订七十三条。朱元璋阅罢十分高兴，说道：“朕当乱世，刑不得不重；汝当平世，刑不得不轻。”这个观点很辩证。制定刑法的目的，就是为了打击犯罪活动，维护国家的安定，任何刑律都应该同具体的社会环境相适应，乱世投以猛药，盛世济以宽松。

朱允炆的最大优点是为人宽厚仁义。但是，仅仅怀有仁义慈孝之心是不能够治理好国家的，作为大明朝最高领导人，应该具备很强的综合能力。往大处说，武足以定国，文足以安邦，能够高瞻远瞩，驾驭全局。往小处说，起码不能书呆子气，遇事能够压得住阵脚，还得会玩弄权术。如果一遇到事情便六神无主，朝令夕改，全凭臣下摆布，那他这个皇帝只能被人牵着鼻子走。

朱元璋夸奖朱允炆仁孝，并不等于认可孙子具有治国才干，这只是出于长辈对后代的关爱。究竟立谁为接班人，这个重大问题一直萦绕在老朱心头，令他摇摆不定。如果按照立嫡不立庶、立长不立幼的标准衡量，燕王朱棣和太孙朱允炆都有资格继承皇位，但也都有不能作为继承人的理由。从亲缘关系方面说，朱允炆虽是老朱的孙子，但并不是长孙，亦非嫡出，只是在嫡长孙病亡后才轮到他。朱棣虽是朱元璋第四子，但在老朱去世时，他的三个兄长都已相继病逝，将皇位传给第四子，可以说也是名正言顺。

中国有句老话叫子承父业。历史上皇位继承，基本依循父死子继、兄终弟及这一惯例，儿子们都活着，将帝位直接传给孙子似乎不正常。关键问题是，燕王朱棣究竟是不是马皇后亲生，这始终是明朝的一个大疑案，只有老朱本人最清楚此事。从个人能力方面说，叔侄俩压根儿不在一个档次，一个雄才大略，一个优柔寡断；一个经历过大风大浪的洗礼，一个是没见过世面的雏儿；一个有驾驭部下的能力，一个只能充当傀儡；一个能斩将夺旗，一个手无缚鸡之力；一个遇大事稳如泰山，一个碰到问题便掉泪水。

朱元璋虽然册立了朱允炆为皇太孙，但也多次透露对燕王的期许。马皇后健在时，朱元璋曾说过这样的话："异日安国家必燕王也。"懿文太子生性柔弱，当年处理一些事情时常与老爹顶牛，老朱对他并不满意，有一次对马皇后说："朕与尔同起艰难成帝业，今长子不称吾意如何？"马皇后回答："天下事重，妾不敢与知，唯陛下审之。"老朱又说："诸子中燕王仁孝有文武才略，能抚国安民，吾所属意。"马皇后立刻提醒："幸勿泄言，恐祸之也。"马皇后为何担心？自然是害怕将来发生皇位争夺的惨剧。

朱元璋对朱棣倚重，还表现在封藩方面，他将最具有战略地位同时又是元朝都城的北平封给第四子。许多明代史料透露这样一件事，洪武二十五年（1392年）懿文太子病亡后，老朱感到十分悲伤，他在皇宫东角门流着眼泪对大臣说："朕老矣！太子不幸至此。古云国有长君，社稷之福。朕第四子贤明仁厚，英武似朕，朕欲立为太子何如？"

当时翰林学士刘三吾立刻进言："陛下言是。但置秦、晋二王于何地？"那时皇二子秦王朱樉，皇三子晋王朱棡都还活着，皇位继承牵涉到国本，岂能乱了伦序？刘三吾话中有话，自然让朱元璋无言以对。洪武三十一年五月，距朱元璋驾崩不到一个月，老朱通过书信向远在北平的燕王传递心声："朕之诸子，汝独才智，秦、晋已薨，汝实为长，攘外安内，非汝而谁？"

从这些蛛丝马迹观察，在继承人问题上，朱元璋显得很矛盾。他本是一个处事果断颇有主见的帝王，但偏偏在这件事情上举棋不定，这一切都为日后发生的内乱埋下了一颗定时炸弹。

朱元璋生命垂危之际，他的众多儿子都远在藩地，病榻前只有22岁的皇太孙朱允炆。老朱病体沉重，临死之前究竟能不能说话？即使能说话，都留下哪些遗言，这些情况外人均无法知道。当时朱允炆身边最亲近的大臣是黄子澄、齐泰、方孝孺等人。皇太孙虽然幼稚没有主见，但他身边的人都是老油条，在政坛混迹多年。谁能拍着胸脯信誓旦旦保证，这些人都是大公无私的忠臣？碰到这种难得的机会，谁不想捞取拥戴之功？谁不想博取功名富贵？

朱元璋刚刚断气，朱允炆便公布了大行皇帝遗诏：

> 朕膺天命三十有一年，忧危积心，日勤不怠，务有益于民。奈何起自寒微，无古人之博智，好善恶恶，不及远矣。
>
> 今得万物自然之理，其奚哀念之有。皇太孙允炆仁明孝友，天下归心，宜登大位。内外文武臣僚同心辅政，以安吾民。丧祭仪物，毋用金玉。孝陵山川因其故，毋改作。
>
> 天下臣民，哭临三日，皆释服，毋妨嫁娶。诸王临国中，毋至京师。王国所在文武吏士，听朝廷节制，惟护卫官军听王。诸不在令中者，推此令从事。

这道遗诏明确表示，将由皇太孙朱允炆继承帝位，夸奖他“仁明孝友，天下归心”。值得注意的是这样一句话，“诸王临国中，毋至京师”。这个遗嘱确实令人生疑，父皇死了，却不让诸皇子奔丧，让他们老老实实待在封国，显然与老朱一向标榜的重视儒学、倡导孝悌的理念相违。

这是朱元璋亲口留下的遗言吗？反正又没有外人守在病榻前，做没做手脚谁也不知道。依照常理，朱元璋本人当然希望在临终之前，能够同众皇子见最后一面。他肯定有临终遗言嘱咐儿子们，更希望他们在丧仪中为自己执绋出殡，尽孝尽哀。

事实证明，朱元璋病重期间，确曾令人召燕王来京。他在咽气前一直苦苦巴望燕王赶过来，还反复询问左右：“第四子来未？”但是没人敢回答。老朱想见燕王只是一厢情愿，其实皇太孙压根儿就没通知。燕王从其他渠道得知父皇病危消息后，星夜赶往京师。当行至淮安时，齐泰等人接到报告，立即让朱允炆下了一道命令，派使者前去阻止。燕王只好悻悻返回，心中却升起一团疑云。

更戳人心窝的是，大行皇帝的遗诏中还有这样一句话，“王国所在文武吏士，听朝廷节制，惟护卫官军听王”。用意十分明显，凡是处在各王国范围内的地方官员、驻扎于当地的卫所部队，均由朝廷统一指挥，藩王只能控制调动自己王府内护卫军士。

朱元璋生前曾授予藩王统领边地兵马权力，尤其燕王，曾得到老爸的特别委命，“节制沿边兵马，总帅诸王边防”。也就是说，大明北部边防线上所有卫所驻扎的兵马，都由朱棣节制，分封在沿边地带的六个藩王，其防务也由燕王统一筹划管理。目的是统一指挥，有效加强边防。如今遗诏中居然剥夺了诸王军权，这才几天呀，赫赫一国之主竟然出尔反尔，确实令人感到意外，疑窦丛生。

究竟是谁最担心亲王拥有重兵？当然是即将接班的皇太孙朱允炆。

更令人生疑而且引起藩王普遍不满的是，朱允炆居然不遵循传统礼仪，匆匆忙忙埋葬了太祖皇帝。老朱驾崩于洪武三十一年闰五月癸未日（1398年6月24日），当月辛卯日（6月30日），举朝匆匆举行出殡仪式，将大行皇帝葬入孝陵，谥曰高皇帝，庙号太祖。从断气到安葬，前后只有七天。就在下葬当天，朱允炆举行登基大典，颁诏以明年（1399年）为建文元年。

按照周礼丧仪规定，天子死后，须停丧七个月方能下葬；诸侯死后，五个月后下葬；大夫死了，三个月后下葬；即使一般士人死亡，也要停丧两个月。朱元璋是谁？他可是天下至尊，大明朝赫赫开国皇帝，是新即位皇帝的祖父。当时国家并未发生任何不可抗拒的异常情况，停丧如此短暂，太不正常了。

直到朱元璋下葬后一个月，各地藩王才陆续接到正式讣告，才知道老爹已经归天。朝廷在通知皇帝死讯同时，严禁亲王赴京奔丧。人已经入土，就是允许奔丧也来不及了。这接二连三的反常举措说明什么问题？只能证明建文心中有鬼，只能说明那一班参与策划的大臣心怀鬼胎。

有人说这是朱元璋临终前的刻意安排，又引《皇明大政记》“即位而葬，同日并举，皆高皇遗命”为据。《皇明大政记》作者是朱国桢，生活于万历年间。朱元璋遗诏公布之初就疑云重重。试问，150年之后的朱国桢，又是如何得知这一系列举措皆出于高皇遗命？显然，这只是他个人推测。

刑事侦查学特别注重犯罪动机，我们也可以将这种方法运用到历史疑案中。朱允炆公布太祖遗诏之后，便匆匆处理丧事，此事究竟对谁有利？当然他自己是最大利益获得者。凭借这道遗诏，他堂而皇之登上了皇帝宝座，将老爸朱标追尊为孝康皇帝，庙号兴宗。又尊生母吕妃为皇太后，册封配偶马氏为皇后。自己的三个兄弟皆封为藩王，还册立皇长子文奎为皇太子。心腹谋臣齐泰、黄子澄也都获取了既得利益，一个被建文帝提拔为兵部尚书，另一个则升为太常卿，授权共同参与军国大事。

那么谁又是遗诏的受害者？当然是朱元璋的儿子们，因为遗诏中有这样一句话：“诸不在令中者，推此令从事。”这句话耐人寻味，伸缩性很大，等于为朱允炆以后收拾自己的叔父开了绿灯。即使有遗诏，也可能经过别有用心的篡改。朱允炆没有本事干这些事，他有幕后策划者，而参与其事者正是齐泰、黄子澄、方孝孺等人。

果然，朱元璋尸骨未寒，建文帝便急不可待地向叔父们兴师问罪了。

朱允炆打起了削藩的如意算盘，而推波助澜的正是心腹齐泰、黄子澄等人。人一旦得意便忘乎所以，常犯的毛病就是过高估计自己，过低估计对手。俗话说兔子急了还咬人呢，何况是人，何况是历练多年的燕王。

朱允炆万万没有料到，搬起石头竟然砸了自己的脚。他想玩火，但忘了“玩火自焚”这句至理名言。

削藩引发的祸端

有一部书名曰《奉天靖难记》，完成于永乐年间。书中提到，朱允炆被册立为皇太孙后，某日在皇宫东角门同心腹黄子澄密语。朱允炆说：“我非先生辈，安得至此？爷爷万岁后，我新立，诸王年长，各拥重兵，必思有以制之。”黄子澄回答：“他日处置不难。”朱允炆请教方略，黄子澄说：“诸王虽有护卫之兵，仅足自守。朝廷军卫犬牙相制，若有事，以天下之重兵临之，蔑不破矣。汉之七国，岂不强大，卒底灭亡。要之以大制小，以强制弱，无足忧也。”

朱允炆有理由忧虑担心，各地藩王都是他的长辈，每个王府都拥有许多护卫兵马，将来自己做了皇帝，诸王会服从命令听指挥吗？一旦出现拥兵自重各行其是的局面，他这个皇帝的日子肯定不好过。

黄子澄却不以为然，在他看来，简直是小菜一碟，自信能将诸王玩于股掌之中。假如姓黄的具有为君谈笑靖狼烟的本事，或者是柳营春试马的周亚夫，掌上千秋史，胸中百万兵，对付各地藩王确实能胜券在握，可惜他出身于书生，没有这么大的本事。自视甚高的人，往往自吞苦果。

黄子澄提到汉代七国之乱，究竟是怎么回事？原来汉高祖得了天下后，将那些战功卓著的将帅分封到各地做诸侯王，这就是汉代史料所说的异姓王。这些封王自恃功高，骄纵难驯，十年之内相继发生九次谋反。刘邦为了平息叛乱，提兵四处奔波，忙得焦头烂额，堂堂大汉开国皇帝，倒像个消防队员。他吸取了惨痛教训，不敢再封异姓为王，只将自己的兄弟、儿子、侄子分封到各个王国。以为都是刘氏血脉骨肉，不会再发生谋逆作乱的事了，可惜事与愿违。

俗话说当局者迷，旁观者清。汉文帝时有个大才子贾谊，清醒意识到封藩制潜在危险，他一针见血地指出：“夫树国，固必相疑之势也。”只要裂土建藩，分封逾制，势必造成朝廷同王国之间的隔阂、矛盾和相互猜疑。久而久之形成尾大不掉的局面，藩国不听号令，自行其是，朝廷变成了空架子，导致祸患无穷。

汉景帝时有个大臣晁错，力主采用强硬手段削藩，结果引发七个分封国同时叛乱。这七国的藩王都是汉景帝同宗叔父兄弟或子孙，他们是吴王刘濞、楚王刘戊、胶西王刘印、赵王刘遂、济南王刘辟光、淄川王刘贤、胶东王刘雄渠，史称吴楚七国之乱。他们打着“清君侧”的旗号，招兵买马，相继举兵，朝廷费了九牛二虎之力，最后才平息叛乱。

朱元璋欣赏刘邦，照搬西汉初年的封藩制度，将儿子们封到各地为王，无非是想充分调动他们的积极性，共同捍卫大明疆土。老朱的主观愿望无可非议，但没有预见到不良后果。在他活着的时候，儿子们的确不敢轻举妄动，一旦两腿一蹬，撒手人寰，什么样的情况都可能发生。

当初朝廷刚实行封藩时，有个儒学训导叶居升便敏锐地察觉到封藩的危害，上书陈言：分封逾制，祸患立至，臣恐数世之后，尾大不掉。如再想削地夺权，必然引发诸王怨恨，要么恃险对抗，要么举兵入朝，后果将不堪设想。朱元璋读罢奏疏勃然大怒，将叶居升打入大牢囚禁而死，吓得百官噤若寒蝉，再也没有人敢发表不同意见了。

现在朱允炆做了皇帝，面对这些握有重兵的叔父，他整日吃饭不香，睡觉难眠。这天将黄子澄召到宫中问道：“先生还记得往日在东角门说的话吗？”黄子澄回答：“不敢忘。”他明白建文帝的意思，出宫之后，立即同齐泰密谋削藩。齐泰认为燕王兵力最强，素有大志，应该先拿他开刀。黄子澄却说，燕王久有防备，又有智勇，不好下手，一旦打虎不成，反被虎伤。柿子要拣软的捏，周王与燕王最亲近，先削夺周王，等于砍掉了燕王的手足，然后再全力对付燕王，大事可成。计议已定，便命令曹国公李景隆调兵擒拿周王。

李景隆有什么背景？他可是响当当的皇亲国戚。

景隆祖父李贞，微贱时娶朱元璋姐姐为妻，后来老朱成为红巾军首领，李贞举家投奔。老朱做了皇帝，追封姐姐为曹国长公主，姐夫李贞便成了硬邦邦的驸马爷。景隆父亲李文忠，是南征北战立下汗马功劳的开国元勋。朱元璋特别喜欢这个外甥，赐他国姓，故史书又写作朱文忠。大明建国之后，封爵曹国公。文忠死后，被追封为岐阳王，由儿子李景隆袭封公爵，皇亲国戚，家世显赫。建文帝派遣李景隆执行削藩任务，可见对他十分倚重。

倒霉蛋周王朱橚，是朱元璋第五子。据正史记载，他和燕王系一母所生，封国设在开封。虽然李景隆的本事同老爹相比差老鼻子了，但是对付周王绰绰有余。为了生擒周王，他放了一颗烟幕弹，假称奉命统兵防守边境，途经开封地面。

周王见曹国公到来，嘘寒问暖，热情接待。谈笑风生之际，朝廷重兵出其不意包围了王府。李景隆忽然变脸，不费吹灰之力将周王擒获，连同世子妃嫔统统押解到京城禁锢。建文帝随即将周王废为庶人，把他迁移到云南管制。不久，又将他再度押回京师，打入监狱严加看守。

接着建文帝趁热打铁，将矛头又对准了代王。代王朱桂是朱元璋第十三子，封国在山西大同，因地处边陲，手中握有重兵。从地理位置上讲，燕、代互为犄角，面对辽阔的草原。代王与燕王既是兄弟又是两乔，二人关系紧密，势必成为朱允炆的眼中钉肉中刺。代王性情残暴，行为不检，建文帝要动他随便找个理由就行。结果朝廷没费吹灰之力便将代王拿下，以加强管束为借口，将代王迁移到遥远的蜀国，与蜀王共居（蜀王素有贤名），不久又把代王废为庶人，幽禁于囚室。

建文帝接连祭起削藩杀威棒，朝中有人担心激变，急忙上书献计献策，建议采用西汉贾谊主张，“欲天下之治安，莫若众建诸侯而少其力”。这也是汉武帝时主父偃提出的推恩法，比如一个藩王拥有一块封地，如果他没有后代，将来死亡之后，这个封国自然被废除。如果他有若干子孙，可以将封国内土地分成若干块，分别封给藩王的子孙，朝廷不必再另行封赐土地。藩王子孙越多，每人获分的土地便越少，几代下来，藩王之权不削自弱，对朝廷便构不成威胁。

再不然就采取远封方法，将西北藩王的儿子分封到东南，将东南藩王的儿子分封到西北，彼此阻隔，分散其力。即使他们图谋不轨，由于远隔千山万水，也难以结伙抱团。千万不能效仿汉景帝时晁错的削夺之策，一味强行削藩，逼得狗急跳墙，极有可能引发藩王同时反叛。

建文帝头脑已经发热，将臣下建言置之不理，只想快刀斩乱麻，把藩王统统踩在脚下，以使自己的宝座坚如磐石。他加快了削藩步伐，于建文元年（1399年）四月动手收拾岷王。

岷王朱楩是朱元璋第十八子，封藩于云南。建文帝暗中指使人告发岷王不法行为，趁机革除王府护卫，诛杀指挥宗麟，将岷王废为庶人，幽系于漳州。湘王朱柏是朱元璋第十二子，封藩于荆州。建文帝借口湘王私造宝钞，派使者提兵前去捉拿。朱柏不愿受辱，纵火自焚，王妃宫人均葬于火海。齐王朱榑，朱元璋第七子，封藩于青州，曾数次率兵随同燕王出塞北征沙漠。建文帝以齐王图谋不轨为名，将他逮至京师禁锢，废为庶人。

朱元璋死后不到一年，先后有五个亲王遭到不测。朱允炆高扬削藩利剑，一时间风声鹤唳，黑云压城，藩王无不心惊肉跳，人人自危。在这个节骨眼儿上，压力最重的就是燕王。据《皇明大训记》记载，朝廷为了削藩，列举了燕王八大罪状：

其一，指责燕王府三护卫指挥官超编。其二，指责燕王无事操练军马。其三，指责燕王私下在各卫所选用军官。其四，指责燕王私养鞑靼健卒。其五，指责燕王招致各地异人术士，日夜在府中策划阴谋。其六，指责燕王府四个城门戒备森严。

其七，指责燕王府宫室越制。其八，指责燕王次子高煦路过涿州时，擅自鞭笞朝廷驿官。

这八大罪过，其中几条明显是罗织罪名。例如操练军马，这是朱元璋活着时给藩王定下的规矩，除了刮风下雨，亲王每月必须操练十次，最少不能少于五六次。再如私养鞑靼健卒，这是燕王出征沙漠时归附的北元兵将，人家投降，难道再把他们驱逐回去？至于王府城门戒备森严，也是无端指责，那是人家燕王自己的领地，为什么不可以防守？难道敞开大门任歹人自由出入？至于指责燕王府宫室越制，更是鸡蛋里挑骨头。燕王府是利用元朝宫室建立的，这是当初朱元璋特准的，只有燕王府如此，其他王府不得以此为例。

欲加之罪，何患无辞。燕王心中委屈，接连向建文帝上了四道书信表白，但是人家根本不理睬。

建文帝已经磨刀霍霍，下一步他要调兵北上，集中全力啃燕王这块最硬的骨头了。有句古老歌谣这样唱："发如韭，割复生；头如鸡，割复鸣。"小鸡临死前还要扑腾几下呢，何况是大活人，哪个甘心情愿任人宰割？破釜沉舟，死中求生是唯一的出路，要么玉石俱焚，要么杀出一条生路。

果然，燕王反了。他已经被逼到了悬崖边，跳下悬崖是死，返身扑向敌人也是死，与其自投死路，不如奋力搏杀，或许能杀开一条生路。燕王义无反顾举起造反大旗，这次搏杀果然杀出一条血路，由北平一直杀到了金陵。建文帝动用举国之师对付区区一镇之兵，可谓泰山压顶，弱肉强食。可是谁也没有想到，胜负局势竟然发生了大逆转，建文帝玩火自焚，最终把自己送上了不归路。

燕王未反时，明宫中传唱着这样一首宫词："莫逐燕，逐燕日高飞，高飞上帝畿。"原来，建文帝的皇宫中燕子特别多，筑巢于殿檐下，每日翩飞鸣叫，扰得宫中不得安宁。于是太监们便多了一样活计，整日忙忙碌碌持长竿捣鸟巢，驱逐燕雀。天下竟有这样的巧事，这首宫词后来竟应在燕王身上。

建文帝之所以没有笑到最后，首先与自己优柔寡断的性格缺陷有关。作为一国之君，处理事情缺乏主见，全凭几个心腹摆布，一旦让人家牵着鼻子走，只能盲目掉入死胡同，及至发现前面没有通路，想回头都来不及了。

被建文帝倚为心腹的几个人，都是没有闻过血腥味、没有见识过残酷战争场面的文人。老朱驾崩之日，天下承平已久，数十年没有出现兵戈场面，秀才们只知道削藩，却对战争毫无思想准备。

兵部尚书齐泰，洪武十七年（1384年）应天府乡试第一，次年为进士。让这样一个素不知兵的人执掌兵部，简直是天大玩笑。太常寺卿兼翰林学士黄子澄，于洪武十八年中会试第一，肚子里虽有弯弯绕绕，但见了战阵恐怕要尿裤子。翰林侍讲方孝孺诗文俱佳，为时人所推崇，又有一腔愚忠。但他绝没料到，削藩会引发如此惊心动魄的战争，简直天摇地动，自己也会死得无比惨烈。

建文帝懦弱无知，重用的大臣都是理想主义的文人，在当时被人戏称为“秀才朝廷”。什么是政治？政治就是不流血的战争。反过来讲，战争是政治的继续，是流血的政治。战争不是请客吃饭，不是做文章，不是绘画绣花。战争是一场暴力游戏，是一个政治集团推翻另一个政治集团的暴烈行动。一旦爆发大规模战争，秀才们顿时吓傻了，没了主意。

建文帝试图削藩没有错，以当时发展趋势分析，朝廷与藩国已经潜伏着各种矛盾和危机，当火山能量积聚到一定程度时，总有一天要喷发。削亦反，不削亦反，只是迟早而已。建文帝的过失在于盲目乐观，轻率冒进，过于性急，又不讲究策略。他刚刚即位，脚跟还没有站稳便重拳出击，结果自己倒先闪倒了。

史家评论建文削藩之失，“考其时，周王、岷王都被掩捕，齐藩、代藩并皆幽废，宁邸护卫见削，湘王阖宫自焚。数月之内，大狱屡兴，案验未明，葛藟不芘，必有托苍天以报仇，生皇家而勿愿者”。

燕王聪明，他起兵反击，就是打着奉天靖难的旗号，高张清君侧大帜。他善于把握机会，能够将劣势转化为优势，将优势转化为胜局，最后成功了。

机深叵测的燕王

建文元年（1399年）正月，虽然已过了立春节气，但处于朔方的北平依然寒风凛冽。低温天气伴随着严峻时局，愈加增添了冰冷肃杀的氛围。

明眼人隐隐感觉到，一场猛烈的风雪将要袭击故都，洪武爷刚刚升天，他的子孙们就想大动干戈了。自从蒙古人退出大都后，才过了几天太平日子，又要遭受战争蹂躏。人们感到恐慌、压抑、焦虑，生怕再出现兵荒马乱的局面。

北平城里同往年明显不同，大街上频频出现调防军卒，从旗号可以辨识是朝廷新增派的兵马。一向热闹的燕王府，如今城门紧闭，门可罗雀。

去年年底，建文将削藩矛头对准了燕王，他私下征询兵部尚书齐泰意见。齐泰当即献了一条釜底抽薪的计策：如今边塞时有北元骑兵出没骚扰，皇上以加强边防为名，派遣将士戍守开平，同时诏令燕府护卫全部出塞御敌。如果燕王不遵命，就有抗旨之罪。若派遣护卫出塞，正好借此良机剪除他的羽翼，趁燕府空虚，一举成事。

建文当即采纳了这条妙计，任命工部侍郎张昺为北平左布政使，又以谢贵为都指挥使，密令二人随时观察燕府动静，相机行事；同时加封魏国公徐辉祖为太子太傅，与曹国公李景隆同掌六军，相互协调，共同图燕。

徐辉祖是何人，为何得到建文帝器重？

他是开国元勋徐达长子，是燕王妃徐仪华的亲弟弟，也是燕王朱棣的内弟。徐达死后，他顺理成章袭封了魏国公爵位，照理说他同燕王有这样一层亲戚关系，应该说对朱棣有利。你想错了，关键时刻，谁不为自己打算？冠冕堂皇的说法，那是忠于皇帝，报效朝廷，在国事、家事、公事、私事面前，自然以国事、公事为重。说得不好听，谁肚子里没有小九九，为了个人荣华富贵，慢说是姐姐、姐夫，就是亲爹该舍弃也得舍弃，在名利面前，亲情比纸还薄。

自从朱允炆登上皇位，徐辉祖就坚定不移地站在天子一边，经常密报燕王府内动静，因此深得建文帝信用。燕王府有个长史名叫葛诚，朱棣派他到京师奏事，为自己申述表白。此人双脚刚踏入宫门，便投靠了建文帝，将燕王府内事情全盘托出。建文打发他回去，让他充当内应。

这些小儿科手段岂能瞒过机警的燕王？但凡对立双方，都是你中有我，我中有你。在建文帝宫中，也有朱棣安插的耳目，如果他连这些事情都无法应对，那只有束手待毙了。燕王识破建文调虎离山之计，朝廷让他出兵，他满口答应。声称自己患病，让部下出征边外，王府只留下八百名军士护宅。长史葛诚自京师回来后，一直神色不对，燕王早已察觉其中变故，但表面仍然不动声色。北平都指挥使谢贵派出部众，成日在王府外招摇挑逗，企图挑起事端。燕王干脆紧闭王城大门，称病不出。

燕王心情焦虑吗？当然十分焦虑，忐忑不安。但是有城府的人就是同常人不一样，虽然心中不安，表面仍能沉得住气，做出稳如泰山的模样。

燕王称病一个月之后，又变被动为主动。建文既然即位，理应前去朝觐，如果不去京城入觐，朝廷肯定会拿这事大做文章，他们会指责你目中无君，蔑视礼法，甚至说你心中有鬼，图谋不轨，心虚不敢面君。

明知山有虎，偏向虎山行。建文元年（1399年）二月，燕王大摇大摆来到京师朝觐新君。这是一步险招，硬着头皮也得去，或许可以险中求生。燕王到京师后，不仅没有显露任何卑恭慌张之态，相反居然经由皇道进入宫殿，面见皇帝时登陛不拜。他这样做有个人理由，因为他是皇帝叔父，是长辈。

这个举动一下子便将朝中百官震住了，书呆子们没了应对办法，建文帝一时也没了主意，更没有当场翻脸的勇气。事后有人放起马后炮，劾奏燕王不敬，还有人密奏，趁燕王在京，立刻实施削藩，将他移封到南昌以绝祸根。但是建文帝都没有采纳，不知道他究竟顾虑什么，是不是脑子进水了？最难对付的人自投罗网，这真是天赐良机啊！

建文帝的踌躇不决和妇人之见害了他。一个月后，燕王居然毫发无损平安返回。鳌鱼摆脱金钩钓，摇头摆尾不再来。正是这次放虎归山，导致日后建文帝落个悲惨下场，一失足成千古恨。

燕王回到北平后，形势越发严峻，建文帝已开始紧锣密鼓地部署。为了有效监视燕王府的动静，打着采访使分巡天下的幌子，派遣都御史暴昭来到北平。朝廷怀疑北平按察使同燕王暗中勾结，下令将他逮捕，发配到广西。番骑指挥关童曾随同燕王出征漠北，二人私交不错，为防范二人暗中勾结，下令将关童调离朔方，置于京师严加控制。建文帝还令都督宋忠统率精兵三万屯驻开平，节制已调出北平的燕府护卫，这等于是在燕王后背插了一把尖刀。同时还命令都督耿瓛、徐凯分别练兵于山海关和临清，又密令北平左布政使张昺、都指挥使谢贵严加戒备。

建文帝摆好了车马炮和过河卒，只要一声令下，就可以里应外合，将燕王府连锅端掉。事已至此，建文依然犹豫不决，还想进一步搜集燕王谋反的证据。这正应了那句古话：当断不断，反受其乱。

转眼到了朱元璋周年忌日，按照大明礼仪规定，凡朱家子孙都要赶赴京师孝陵祭奠。朱棣毕竟有头脑，他知道这次赴京定然凶多吉少。自从一个月前脱离虎口归来，他一直托病不出，还不断放出口风，声称病情日益加剧。燕王既然不能赴京，他的儿子们必须去。王府亲信担心发生意外，极力劝阻。燕王说，不去会让人感觉有鬼，只能加重朝廷的怀疑。明知山有虎，偏向虎山行，咬紧牙关也得让三个儿子往虎口里钻。

朱棣三个儿子分别是世子朱高炽，即后来的洪熙皇帝；次子朱高煦，后来封为汉王；三子朱高燧，后来封为赵王。

果然不出所料，儿子们进京后，齐泰提议将三人扣押充当人质。这真是一个狠招，有句成语叫作投鼠忌器，燕王能耐再大，心肠再狠，敢拿儿子们的性命豪赌吗？他只要敢反，儿子的小命就丢了，哭都没地方哭去。魏国公徐辉祖更阴毒，他说这三个外甥，数朱高煦最勇悍无赖，如果不先下手，他日必为大患。

幸亏徐仪华远在北平，没听到徐辉祖这番话，否则会伤透心肝。天下竟有这样狠毒的舅父，一心想让姐姐断子绝孙。

关键时刻，建文帝脑子又进了水，竟为三兄弟开绿灯放行了。

他的思维方式确实与臣下不同，建文帝担心扣押之后，反而加速燕王谋反。建文真是个十足的糊涂虫！你要的不就是燕王谋反的证据吗？他敢谋反，你就有了讨伐的理由。何况燕王不是低能儿，他会把儿子往断头台上推吗？有了人质，就有了主动权，想制服燕王易如反掌。犯一次错误可能是失误，连续犯相同的错误，只能证明建文是个十足的傻瓜。

三兄弟获得自由后，火速离开了京城。这时建文帝忽然又感到后悔，急忙派人前去追赶，可是已经晚了。建文帝万万没有料到，由于自己三番五次失策，死神正一步步向自己逼近。

自从三个儿子进京之后，燕王一直提心吊胆。什么是父子亲情？危急关头就看出来了，无情未必真豪杰，怜子如何不丈夫？为了儿子们能安全归来，朱棣还得将假戏唱下去，还得继续装病，还得忍辱负重。偏偏这时，雪上加霜的事情又发生了。燕山护卫百户倪亮上报朝廷，揭发燕王府官校于谅、周铎私下密谋，准备反叛。朝廷下令将二人押解京师问罪处斩，还颁下诏书谴责燕王管束不严。

燕王明白，这是杀鸡给猴看，朝廷正一步步向自己脖颈套紧绞索。

这天闹市突然传来消息，燕王疯了。只见他披头散发踉踉跄跄出现在北平街道，一会儿哭，一会儿笑，狂呼大叫，语无伦次，还跑到店铺抢夺酒食，狼吞虎咽。以后数日，燕王天天出现在闹市，有时横卧街头，一躺就是一整天。有时又扑倒在泥水里，翻来覆去打滚。看来，燕王爷病情已日益加剧。

这天北平左布政使张昺、都指挥使谢贵来到燕王府，声称探视病情。时值盛夏，只见燕王身裹裘袍围着炭火盆取暖，浑身直打冷战，还连声说天气太冷了，简直把人冻死！寒暄片刻，张、谢二人告辞离开，燕王颤巍巍起身相送。只见他手扶拄杖，步履蹒跚，有气无力。谢贵连夜将这些情况密报朝廷，许多人都以为燕王确实患了重病，可能活不了多久了。

燕王的精彩表演终于奏效，三个儿子平安归来，悬在他心中的一块石头也落了地。但是假戏还得唱下去，因为火候不到，天时地利人和还不具备。有城府有谋略的人都懂得坚忍，知道委曲求全的重要性，小不忍则乱大谋，该当孙子的时候就当孙子。那种狗肚子里盛不下二两香油，一遇到事就火性爆发或者两眼抹泪的人，永远成不了大事。

不久，新的考验再次降临。燕王派王府护卫百户邓庸到朝廷奏事，兵部尚书齐泰不相信燕王真的患有重病，将邓庸拿下严刑拷问，邓庸招架不住便吐露了实情。朝廷发觉受了蒙骗，立即签发兵符，派使者前去捉拿燕府官属，同时密令谢贵、张昺相机行动，让燕王府长史葛诚、指挥卢振充当内应，又密敕北平都指挥使张信负责擒捕燕王。

张信与燕王有交情，接到密令后心中十分忧虑。老母见儿子行为反常，再三追问，张信只得道出实情。张母忙说：“万万不可，燕王智勇双全，凭你的本事拿不了他。弄得不好，咱全家遭殃。”人们常说“女人头发长见识短”，又用“妇人之见”形容目光短浅的人，这都是习惯思维，有时女人的直觉比男人更敏锐。

正当张信迟疑拖延之际，使者已前来催促动手。张信急了，私下乘坐一辆妇人小车来到燕邸求见。进屋之后，见燕王躺在病床上胡言乱语，张信拜于床下，低声说：“殿下不要再装疯卖傻了，有啥心事，不妨直言。”燕王说：“我哪是装病，能活几天都不知道。”张信说：“皇上马上就要对你下手了，殿下旦夕受擒。你若相信臣，就请告诉实情，没有过不去的坎。”话说到这份上，燕王感觉张信的确有诚意，急忙翻身下拜：“感谢你救我全家性命，永生不忘，将来一定报恩。”当即命人将王府僧人道衍请来，共议应对之策。

这个道衍和尚究竟有何来历，居然能够参与燕王秘事？

原来，道衍俗名姚广孝，是苏州长洲人。据史书记载，他生得身材胖大，双眼特别有神，如同炬火熠熠闪射。姚家世代为医，但姚广孝不愿医人，他想医国。14岁时削发为僧，取名道衍，他曾向当地一个小有名气的道士学习太公兵法和占卜术，后来又游历嵩山少林寺。朱元璋当过和尚，对僧人自然另眼相看。洪武四年（1371年）下诏，访求天下名僧，僧人经礼部策试合格后可以为官。当时由于道衍正在患病，错过了改变人生的机会。

不久，朝廷设立封藩制，朱元璋亲自为儿子们物色辅佐人才。他不用世俗之人，而是从名僧中选择，每个封国配备一名国傅。道衍闻讯，私下面见燕王，说出话来极有诱惑力：“殿下若能用臣，当奉一顶白帽子与大王戴。”这话虽然隐晦，但仔细琢磨，确实让人激动心跳，王上加白，不就是一个“皇”字吗？燕王心领神会，于是向老爸请求，指名要道衍担任燕国师傅。

道衍来到北平后，马皇后病逝，他便在庆寿寺设水陆道场，日夜为马皇后斋荐超度。此后长居燕邸，赞画机密，成为燕王倚重的心腹之一。有一次天气严寒，燕王在王府设宴，席上出了一句上联：“天寒地冻，水无一点不成冰。”道衍应声对出下联：“国乱民愁，王不出头谁作主。”燕王闻之大喜。

正当燕王同张信等人密议之际，忽然风雨大作，竟将正殿檐瓦吹落。燕王认为此乃不祥之兆，面色顿时十分沮丧。不料道衍反而呵呵大笑，连声说吉利。燕王怒气冲冲说：“和尚胡说八道，怎么吉祥？”道衍解释：“《易经》说，飞龙在天，从以风雨。殿下是条龙，正要大风大雨，方能得势冲天。今檐瓦坠落，这是上天有意为殿下易换黄屋。”在礼制社会，黄色为帝王专用，皇帝穿的龙袍称作黄袍，皇宫上覆盖的瓦全部使用黄琉璃瓦。燕王听了这话，立刻转忧为喜。

几天之后，形势更为严峻。谢贵等人调集北平七卫兵马以及屯田军士，将王城团团包围，又在王城各门设立木栅，禁止所有人员通行。这时，朝廷颁布的削爵和逮捕燕府官属的诏令也传递到北平。谢贵有恃无恐，命令围兵鼓噪谩骂，并且布置弓弩手，接二连三向王府发射羽箭。

谢贵只是一员武官，往常见了亲王都是一副低三下四模样，如今耀武扬威，蹬着鼻子上脸，不就是后面有人撑腰吗？这种势利小人最可气，狗仗人势，有机会便想抖抖威风，一旦失势，身子立刻矮下去半截。

王府护卫见谢贵气焰如此嚣张，无不义愤填膺，摩拳擦掌，要同对手决一死战。护卫指挥张玉、朱能面见燕王，流着眼泪说："如今幼主昏昧，奸臣掌权，谋害宗藩，实在让人心寒。殿下居国无任何过错，居然遭受天大陷害。现在事危势迫，再不动手，祸不可测。臣等死不足惜，只是冤屈了殿下，一旦国除身灭，受屈万世，将来谁为您雪冤？"

燕王颇有心计，听了这番话，还想进一步试探军心，于是叹道："今日朝廷兴师问罪，天大事情由我一人承担，你们千万不要轻举妄动。否则连累各位，招来灭门之灾。"张玉等人慷慨表态："谁都不愿意送死，如今已处在生死关头，臣等宁愿死于殿下面前，不愿死于奸贼拷掠刀锯之下。殿下只要发句话，我等赴汤蹈火心甘情愿。"

燕王知道人心可用，说道："果依二位之言，我们可以自救。只是敌兵布满全城，王府之内只有区区八百人，恐难成事。"朱能说："擒贼先擒王，只要先擒杀谢贵、张昺，其余便无能为力。"燕王颔首，于是又同二人仔细计议一番，决定出其不意将谢贵制服。

这天一大早，燕王声称病体已经痊愈，御临东殿，接受王府文武百官入殿拜贺。燕王事先将壮士埋伏在大殿左右和端礼门内，派人通知谢贵、张昺来王府处理公事。二人竟端起架子，显得傲气十足，不理不睬。燕王又派内官前往，声称已将王府官属集合一处，请谢张二人带上犯事人员花名册，按名单捉拿罪犯。谢贵、张昺这才动身，带领众多兵士耀武扬威来到王府大门。守门护卫将众人拦在门外，只准许谢、张二人进入。

燕王虽已被朝廷削去王爵，毕竟还没有正式宣读诏令，再说王府禁地，并不是任何人都可以随意闯入的。谢贵、张昺没在意，在他俩眼中，燕王如今已变成一条可怜巴巴的小毛虫，而自己却是威风凛凛的老虎、狮子。待会儿小毛虫见了老虎、狮子，肯定战战兢兢，服服帖帖。二人将卫兵留在门外，大摇大摆来到大殿。

燕王见二人到来，立刻扶杖起身，招呼入座。接着摆宴行酒，又让下人端来几盘切好的甜瓜。燕王笑着说："今日刚进了一些新瓜，与二位一起品尝。"于是自取一片，送到嘴边咬了一口。忽然之间，燕王变了脸色，满面杀气，怒气冲冲骂道："如今齐民百姓都懂得互敬互爱，我作为天子亲属，性命却旦夕难保。朝廷既然这样对待我，还有何事做不出来？”说完将甜瓜投掷于地，埋伏在左右的护卫一拥而上，登时将谢贵、张昺捆翻在地。王府两个内应卢振、葛诚还在发愣，也被护卫四蹄八攒捆了。

燕王扔掉手中拄杖，推案而起，厉声说道：“我有什么病？都是被你们这些奸贼逼的！”当即命令将谢贵等人推出去斩首。谢贵已经吓傻眼了，刚才还趾高气扬，现在已尿湿了裤裆。冰凉的钢刀架在脖颈，才知道阎王爷厉害，如今想哭也没用了，只有死路一条。

谢贵、张昺带来的卫士待在大门外苦等，直到日头西斜还不见人出来，感到又饥又渴，便悄悄散去。那些包围王城的兵士得到消息，知道头儿遭遇不测，平时他们只归谢贵、张昺指挥，如今没了领头的，顷刻间作鸟兽散。

北平都指挥彭二闻变，立即聚集起一千多人马，跨马提枪赶往端礼门。他以为自己是力挽狂澜的英雄，岂料竟白白送死。刚奔到大门前，迎头撞见王府健卒庞来兴、丁胜，二人手起刀落，将彭二斩落马下。燕王身边这些将士久经沙场，听见厮杀声便来了精神。反观朝廷官兵，已经多年没有动过真刀真枪，见了鲜血就心惊胆战。彭二尚未交手便横尸街头，兵士见状，立刻树倒猢狲散。

燕王趁热打铁，随即命令张玉等人率兵连夜出击，攻夺北平九门。八百壮士都明白这是一场生死之战，赌上性命也要决一胜负。当年太祖皇帝曾率领二十八人打天下，今日八百壮士就是八百只猛虎，只要迈过这道坎，前面就有生路。

战至黎明时分，已经攻克了八门，唯独西直门未下。这时燕王叫过指挥唐云，悄悄耳语一番。于是唐云赤手空拳，单骑前往西直门。他向守门军士喊话：“你们不要自寻苦头，现在朝廷已经下诏，允许燕王自制一方。给你们最后一个机会，赶快下来，谁下来晚了诛杀勿论。”守门军士顿时没了主张，一哄而散。

都指挥使余瑱见事机不妙，仓促带领部下退守居庸关。都督指挥马宣同燕兵展开巷战，可惜手下无用，一触即溃，只好东走蓟州逃命。屯驻开平的都督宋忠听说北平出事，统兵三万赶来支援，走到居庸关不敢前进，只得退守怀来。

北平布政司参议郭资、按察司副使墨麟、都指挥同知李濬、陈恭等人见风使舵，纷纷向燕王投降。

燕王只用三天便控制了北平，指挥八百壮士打了一个漂亮仗，王府护卫无不以一当十。古话说上下同心，其利断金，又说置之死地而后生。燕王的胜利反衬出朝廷将领的无能，纸老虎是不能上战场的。那些能征善战的开国将帅已经不在人世，建文帝无将可用，派遣窝囊废去削藩，不败才怪呢。

燕王扫清北平城里残余敌对势力后，随即任命王府护卫指挥张玉、朱能、丘福为都指挥佥事，又提拔李友直为布政司参议。有人管军，有人理政，有人负责维持治安，北平迅速恢复了平静。

燕王是见过大场面的人，常年在漠北争战，磨炼了斗志和意志。他有一副冷静头脑，不会因为牛刀小试得手而沾沾自喜。他清醒地知道，前面还有刀山火海等着他去闯，还有遍地荆棘和血雨腥风的考验。

叔侄俩的生死较量（上）

燕王知兵，既然破釜沉舟，就要一反到底。已经摸了老虎屁股，无论纸老虎还是真老虎，它都会张牙舞爪反扑，与其坐以待毙，不如先下手为强。

稍事休整之后，燕王在北平举行庄严的誓师仪式。他以诛讨奸臣齐泰、黄子澄为名，废除建文年号，改建文元年为洪武三十二年。千万不要忽视这一举动，年号是什么？它是当政皇帝继承大统的合法标志，废除了年号，就是宣布朝廷是非法的，等于不承认你这个非法皇帝。

天日昭昭，神人共鉴。燕王面对众多将士，发表激昂慷慨的宣言：

> 我太祖高皇帝、孝慈高皇后嫡子，国家至亲。受封以来，惟知循法守分。今幼主嗣位，信任奸宄，横起大祸，屠戮我家。
>
> 我父皇母后创业艰难，封建诸子，藩屏天下，传续无穷。一旦残灭，皇天后土，实所共鉴。《祖训》云：朝无正臣，内有奸恶，必训兵讨之，以清君侧之恶。今祸迫予躬，实欲求生，不得已也。义与奸邪不共戴天，必奉行天命讨伐，以安社稷。罪人既得，法周公以辅成王。天地神明，照鉴予心。

这个宣言等于给建文帝下了一道战书，你既然背离了正确路线，我当然要拨乱反正。这不是造反夺权，而是顺应天命，为国为民除奸。事成之后，定然效法周公，辅助幼主治理国家。当年周武王刚刚得了天下便驾崩，成王年幼，即位不久面临诸侯叛乱和奸臣乱国祸患。叔父周公出于公心，承担起辅弼幼主的重任。他忍辱负重，南征北战，终于平息叛乱，铲除奸臣，重振朝纲，吐哺握发，废寝忘食，终于使周王朝步入太平盛世。

燕王确实聪明，慷慨激昂，引经据典，为举兵寻找合理借口。历史往往有惊人相似之处，聪明人都会借古喻今，鼓动民众，最大限度争取军心民心。

从这天开始，叔侄俩的较量正式拉开了帷幕，不是东风压倒西风，就是西风压倒东风，没有任何调和余地。史称这次内战为靖难之役、革除之役。靖难，是说朝廷出现了巨奸，祸国殃民，国难当头，燕王挺身而出，义不容辞平定祸乱。革除，当然是革除建文年号，废除各种弊政。在燕王一方，声称奉天靖难，表明自己所作所为代表了上天意志，名正言顺。

建文帝失败后，同情他的人将这个历史事件称作“建文逊国”，意思是主动让国退位。文人善于玩弄辞藻，分明是被赶下了台，还搞精神胜利法。

当时还有一个插曲，将士们听了燕王义正词严的宣言和鼓动后，无不为之感动、激动，甚至有许多人流下了热泪。由于时值炎夏，天气说变就变，忽然间阴云密布，天地昏暗，相距数尺看不见人影，众人心中顿时笼罩了一层阴影。那时人们迷信，认为天变与人事有密切联系，天气突然阴晦，预示大不吉利。但老天似乎有意帮助燕王，片刻之后，忽然又云开日出，一片光明照彻天地。将士们立刻欢呼雀跃，认为是燕王的至诚和正义感动了上苍。

燕王誓师立刻在周边地区产生了积极影响，通州卫指挥房胜率领部众献城归降，接着遵化卫指挥蒋玉、密云卫指挥郑亨相继献城归附。逃到蓟州的都督指挥马宣不甘心失败，还想杀个回马枪建立奇功。燕王马上派遣张玉提兵攻打蓟州，一战便擒杀了窝囊废马宣。

北平失守后，都指挥使余瑱退守居庸关，燕王感到这是最大威胁。居庸关地势险要，是北平襟喉，百人当关，万夫难窥，拔掉这颗钉子，燕兵就没有了后顾之忧。燕王决定趁余瑱立足未稳，夺取雄关。他派遣指挥徐安、千户钟祥前去夺关。二人不辱使命，果然一战告捷。余瑱弃关出逃，跑到怀来投奔宋忠。

燕王得了居庸关，深知险关要隘在军事上的地位，命令千户吴玉死活牢控雄关。他对众将说：“宋忠拥兵怀来，必然前来争夺居庸关，趁他还没有行动，咱们先发起攻击。”众将认为敌众我寡，这样做太冒险，主张以逸待劳阻击。兵法说兵无常势，水无常形。用兵打仗，不能一味按照常规出拳。燕王用兵最讲究灵活机动，他对将领们说：主动出击不是硬碰硬，而是以智取胜。贼众新集，其心不一，宋忠轻躁寡谋，刚愎自用，趁其不备，击之必破。

于是燕王亲自率领马云、徐祥马步精锐八千，偃旗息鼓抄小道急行军，突然出现在怀来城下。宋忠军士中有不少人家在北平。宋忠欺骗部下，说现在北平已经血流成河，你们的家人都被燕兵杀害，水沟里填满了尸首。是个汉子，就一定要报仇雪恨！

事先燕王曾擒获宋军间谍，已得知宋忠危言耸听，这次突袭怀来，带了宋军将士的家人前往。燕兵到了怀来城下，守军家人纷纷向城头喊话，军士们看见家人格外惊喜，城上城下，相互寒暄问候。怀来守军感觉上当受骗，纷纷发牢骚，继而激起怒火，竟然打开城门倒戈投向燕王。

宋忠慌了神，急忙聚集部分人马出城迎战。列阵未稳，燕王迅速果断发起了冲击。没料到宋军一触即溃，掉头逃入城内，拥挤践踏中伤亡不少人马。城门还没有关闭，燕兵已夺门而入。宋忠吓慌了，仓促钻到臭烘烘的茅坑里藏身，最后还是被燕兵搜出。这一仗斩获首级数千，缴获战马八千余匹，擒获都指挥俞瑱，另外两个都指挥彭聚和孙泰都死于阵前，其余将士纷纷缴械投降。

燕军获胜后，将领们个个喜形于色。燕王头脑却十分清醒，他告诫部下："宋忠是个蠢材，靠行贿得官，这种骄纵庸碌的小人，在我眼中只是个鼠辈。今日获得小胜，你们就这样高兴，如果击破大敌，岂不被胜利冲昏头脑？"燕王拿下怀来后，开平、龙门、上谷、云中守将陆续归降。燕王又派遣指挥孟善引兵至永平，守将赵彝、郭亮献城投降，接着又攻克滦河。

不久，在遵化驻守的燕军将领蒋玉告急，报信说大宁卫都指挥卜万和部将陈亨、刘贞引兵进犯，号称甲兵十万，已出松亭关。大宁是宁王朱权封国，地近北元，朝廷在那里驻有重兵。燕王接报后，亲自统兵前往救援。

卜万闻讯，退入松亭关坚守不出。对这三个将领的情况，燕王知根知底，卜万有智勇，是个铁杆保皇派；陈亨虽有归附意愿，但慑于卜万淫威，不敢轻举妄动；刘贞虽然久经战阵，毕竟已年迈。燕王正筹划退敌方略时，部下抓获了两名大宁兵卒，朱棣立刻来了灵感，决定使用一招离间计。

他给卜万写了一封密信，言辞极尽恭维，十分肉麻，又对陈亨肆意诋毁。然后亲自为一名俘虏松绑，和颜悦色，赏给酒食银两，将密信缝到俘虏衣领中，又仔细叮嘱一番。

对另外一个俘虏则冷眼相加，故意让他偷窥，然后将二人同时放归。那个遭到冷落的兵卒心中生疑，回去后立刻向陈亨、刘贞打了小报告。二人当即将传信兵卒拘押，果然从他身上搜出了密信。陈亨、刘贞认为卜万私通燕军罪证确凿，立刻发兵将他逮捕。燕王一封离间信导致敌兵内讧，遵化险情随之化解。后来卜万被朝廷投入大狱，家也遭到抄没，到死都不明白是咋回事。

燕王起兵才一个月，四处出击，连连告捷。坐在龙殿的建文帝沉不住气了，决定重拳出击。当年八月，建文帝任命长兴侯耿炳文佩大将军印，以驸马都尉李坚（妻子是朱元璋女儿大名公主）为左副将军都督，宁忠为右副将军，统兵大举北伐。另外还调遣十几名侯、都督级战将，各率偏师步骑数道并进，总兵力号称百万。

耿炳文将三十万大军驻扎于真定，徐凯率十万兵马驻河间，潘忠驻莫州，杨松率先锋九千据雄县。一时间大军压境，钲鼓相闻。双方兵力悬殊，这等于重量级拳击手同业余选手对决，根本不在一个档次。

燕王害怕吗？他要是害怕就不是燕王了。兵书说得好：兵者诡道也。打仗并不是靠人多就能取胜，这其中有许多变数，关键在于指挥者是否会用兵。善用兵者能将劣势化为优势，笨蛋用兵，只能重蹈战国时败将赵括覆辙。

燕王听说敌军已逼近北平，便令张玉前去打探敌情。张玉回报：炳文军无纪律，已显露败象。潘忠、杨松扼控南路，应该先打掉这两个蛇头。燕王当即身披甲胄，点齐人马赶往涿州，在娄桑稍事休息，然后急行军涉渡白沟河。

将士们此时心中疑惑，仓促出兵，孤军冒进，敌众我寡，这可是兵家之大忌啊！燕王见部将不明白，便揭开了谜底：今夜是中秋佳节，敌兵饮酒作乐，必然疏于防备，我兵出其不意，必能一举破敌。

夜半时分，燕兵悄悄来到雄县城下。此时皓月当空，城头寂静无声，果然不出燕王所料，明军都已酣然入睡，醉入梦乡。燕兵神不知鬼不觉缘城而上，突然杀入敌营。杨松和九千兵士从醉梦中惊醒，仓促迎战，被燕军一阵砍瓜切菜，收拾得干干净净。一战下来，缴获战马八千多匹。这时燕王突然又语出惊人："好戏还在后面，我一定要生擒潘忠。"

将士们不解其意，此时潘忠正在莫州，怎么才能将他擒获呢？原来燕王胸中已有成算，雄县有警，潘忠必然引兵来援，正好打他一个伏击。燕王令谭渊领兵千余渡月漾桥，头顶苇束隐伏水中，又命军士数人隐藏路旁，一旦发现敌兵过桥后便举炮为号。一切布置就绪，静待敌军上钩。

果然没有多久，隐隐传来马蹄声，遥见潘忠率领人马急匆匆赶来。燕王立刻进兵迎击，隐藏路边的军士见敌兵过了月漾桥，立即举放号炮。这时水中伏兵突然杀出，将桥牢牢控制。潘忠仓促同燕军接战，一触即溃，再想掉头退回，不料已经没有了退路。在燕军前后夹击之下，敌兵战死过半，剩下的落入河中溺水身亡，潘忠只好乖乖受擒。

燕王从潘忠口中得知，莫州还有敌兵万余留守，于是率领骑兵直捣莫州，突袭敌营。莫州敌军见主将潘忠已经就擒，只好打开城门，全部投降，燕军尽获城中马匹辎重。

燕王接连打了几个漂亮仗，又移兵白沟河，打算攻打真定。他是不是被胜利冲昏了头脑？真定是什么地方，那是龙潭虎穴，是耿炳文主力所在，三十万大军正张着大嘴。就凭燕军这点兵力，还不把你生吞活剥了。

原来燕王拿下雄县后，耿炳文手下有个部将张保，因受了责罚一气之下前来投降。据他透露，炳文虽然统兵三十万，但先抵达真定的兵力只有十三万，分别驻扎于滹沱河南北岸。燕王胃口大，岂能放过这个机会，决定用鸡蛋去碰碰石头。他吩咐张保回去，诈言兵败被擒，趁燕兵看守困顿才得以脱身，又让张保向炳文报告雄县、莫州已经失守，燕兵旦夕将进攻真定。

燕军众将感到大惑不解，兵贵神速，既然要攻打真定，理应严守机密，打敌人一个措手不及。放张保回去透露我军动向，这不是让敌人预先做好准备吗？燕王见状，细说原因，解开了大家心中疑惑。

燕王说，当初不知道真定虚实，想冒险采取突袭战术。现在既已掌握敌军兵力和驻防情况，当然要改变战术。敌军知道我军动向，肯定会调动南岸之兵，全部移驻于北岸，这正是我所希望的，如此便可将敌军一举全歼。故意让敌人知道雄县、莫州之败，这是先声夺气，在决战之前，先挫抑敌军士气。如果采取突袭战术，虽然可以战胜北岸敌兵，但我军已疲劳，没有把握再胜南岸敌兵。常言说疑人不用，用人不疑。张保既然前来归附，理应推诚相待，万一他出现反复，失掉一个张保，我军没有任何损失。

数日之后，燕军来到真定城外二十里地方。燕王亲自率领轻骑，到东门外侦探敌情，擒获两名小卒。从他们口中得知，滹沱河南岸敌军果然已全部移驻到北岸，扎营于西门外，一直连营到西山。

燕王闻讯大喜，亲自带领轻骑数千冲击，连破二营。无巧不成书，这时耿炳文正好送明朝使者出城，被燕王一眼瞧见，带领骑兵飞马追赶。耿炳文差点被活捉，连滚带爬过了护城河。城头上有个明将气急败坏，竟然破口大骂。相距二百余步，燕王取弓搭箭，引如满月，一箭射去，敌将应弦而毙。

耿炳文虚惊之后，恼羞成怒，点齐兵马出城接战，燕军将领张玉、谭渊、朱能、马云等率众奋击。燕王带领一支奇兵迂回，突然从敌人背后杀出，循城夹击，横透敌阵。朝廷这些兵将已经多年未经历战阵，今日才领教北兵厉害，顿时乱了阵脚，丢戈弃甲掉头逃窜。溃兵在城壕前发生拥挤践踏，城门堵塞难以关闭。耿炳文急了，命人自斩乱军，这才关上城门。

留在城外交战的朝廷兵将越发不支，心中更加惊慌。左副将军都督李坚，接战时被薛禄一枪挑落马下。李坚吓破了胆，没人腔大叫："我是李驸马，不要杀我！"薛禄手下留情，将他活捉。右副将军都督宁忠、左军都督顾成、都指挥刘遂也都被生擒。一仗下来，燕军斩首三万余级，缴获战马两万余匹。朝廷军士的尸首填满了城壕，淹死在滹沱河的已无法统计，还有数万人缴械投降。

耿炳文逃入城中后，一下子变成了缩头乌龟，再也不敢出城迎战。提起这员老将，也曾名震一时，不仅战功显赫，而且是大明开国功臣，被封为长兴侯。当初同蒙古军队交战，屡立战功，但，同英勇善战的燕王相比，只能甘拜下风。经过真定一战，他已经没有了骄气、傲气，只有丧气。

燕军围城数日，无仗可打，任凭叫骂羞辱，明军不敢出城应战。燕王不是傻瓜，他明白一时半刻难以攻下坚城，时间久了，白白消磨士气。兵书上说师老勿用，正是此意。于是传下军令，班师北平。

真定之战是场大战硬战，是燕王举兵以来在战场上同声势浩大的朝廷军队发生的生死较量。从奇袭雄县到滹沱河畔交锋，前后只有十多天，南军败得没有一点面子，连耿炳文这样的老将都一触即溃，真是令人不可思议。

败报传到京师后，建文帝又犯了愁，他把心腹黄子澄召入宫中，紧急商议对策。岂料书呆子黄子澄根本没当回事，他轻松回答：胜败乃兵家常事，不足忧虑。今天下全盛，士马精强，兵甲饶富，粮饷充足，取之不竭，用之有余，区区一隅之地，岂足以当天下之力？再调兵五十万,四面攻之，必败之矣。

这真是书生之见，以为凭借人海战术就能取胜。朝廷兵马再多，也不能这样瞎折腾呀。战争是什么？战争就是要死人，要破坏社会经济，要毁坏田园，要引起民怨沸腾。书呆子自以为饱读诗书，便觉得自己无所不能，其实他是在葬送国家。

建文帝又请教派遣谁担任征讨统帅，黄子澄说，曹国公李景隆可以当之，上次如果不派遣耿炳文而用曹国公，肯定不会失利。建文听了立刻转忧为喜，仿佛捞到了一根救命稻草。

曹国公不是救星，他那点本事，只能吓唬乳臭未干的毛孩，遇到燕王照样草鸡。不信咱们拭目以待，李景隆将输得更惨。一代名将李文忠若泉台有知，他会发出绝望悲鸣：将门出庸才，一代不如一代。

叔侄俩的生死较量（下）

李景隆临行那天，建文帝亲自在长江边为他饯行，除了赏赐通天犀带，还赐予一柄斧钺。别小看这件东西，它象征着征伐大权，谁拥有它就拥有了生杀予夺之权。此物又称作黄钺或玄钺，上古时出征，帝王左仗黄钺征讨不驯服的诸侯，大将则手持玄钺讨伐叛逆。

李景隆受命之后，乘坐驿站专车星夜赶赴德州，将耿炳文撤回。他一面收集朝廷败逃将卒，一面火急征调各路军马五十万，接着将队伍火急开进到河间。为了配合李景隆行动，江阴侯吴高、都督耿瓛、杨文等人，带领辽东兵马率先行动，将永平团团包围，燕军守将郭亮派人到北平告急。

燕王分析敌情后对部将说："李九江（景隆小字）是个白吃干饭的家伙，志大才疏，色厉内荏，从未习兵见阵，将五十万兵马交给他指挥，等于自掘坟墓。汉高祖知人善用，自称只能指挥十万甲兵，九江何等本事，竟敢统兵五十万。兵法有五败，景隆全占了：其一，政令不修，上下离心。其二，北方早寒，南兵衣单，兵马虽行，但粮草不继。其三，不熟悉地形，轻易深入。其四，刚愎自用，治军不严。其五，好谀喜佞，专任小人。五败俱全，他来进攻是自投死路。"

燕王决定发兵救援永平，将领们听了都感到吃惊。因为永平城池坚固，粮草充足，暂时无忧，北平是根本之地，应该死守才对。燕王说，我就是想让李景隆来攻打北平，如果坐镇家中，李景隆肯定有所顾虑，不敢轻易来攻打，咱们也丧失了主动权。出兵在外，可以机动灵活打击敌人，救援永平是假，引敌上钩是真。北平城池高大坚固，短时间内难以攻克，围兵久攻不下，必然饥疲交加。咱们先解决了永平之敌，再回过头来收拾李九江，一举两得，可收全功。

于是，燕王率领主力驰援永平，有将领提议分兵扼守卢沟桥。燕王笑道："天寒结冰，随处可渡，死守一桥无法阻止敌军。"放弃守桥，就是让敌军产生骄傲情绪，将敌人引到坚城之下打消耗战。

江阴侯吴高听说燕军逼近永平，一下子变成草鸡，还没交战，便撤兵退保山海关。燕军轻骑追击，斩首数千级。永平解围之后，燕王提出攻打大宁。前面已提到，大宁是宁王朱权的封国。在朱元璋众多儿子中，燕王善战，宁王善谋，文武双星，是老朱家的骄傲。大宁地近北元，朝廷为了加强边防，让宁王节制重兵。燕王起兵后，建文帝担心二王联手，便削夺了宁王三护卫精兵。燕王盘算，如果把宁王拉到自己阵营，便可消除燕军东北之忧。

燕军将领认为，进军大宁必须经过要隘松亭关，那里有朝廷指挥使刘贞、陈亨把守，一旦交战，难以速战速决。如果迁延日久，北平必然陷入危险境地。燕王已胸有成竹，说出自己谋划：不强攻松亭关，由刘家口抄近路直驱大宁，虽然道路艰险，但数日便可到达。如今敌兵全部驻守在松亭关，大宁城中只有家属老弱，我军不费吹灰之力便可破城。手中有了人质，松亭关明军不降即溃。

计议已定，燕王令将士偃旗息鼓，由崎岖山路翻越刘家口，出其不意来到大宁城下。城中果然没有重兵设防，燕军轻而易举攻破西门。明军都指挥朱鑑仓促迎战阵亡，另一个都指挥房宽被活捉。松亭关守将陈亨、刘贞听说大宁失守，急忙引军回援。走到半路，陈亨突然发动兵变，老将刘贞惊慌失措，只得单骑落荒而逃，陈亨带领全部人马归降燕王。

燕王占领大宁后，单枪匹马进入宁王府，试图说服宁王加入同一战壕，但宁王顾虑重重，难下决断。燕王决定釜底抽薪，暗中与三卫将领联系，大家都表示愿意归附。几天之后燕王辞别，宁王出郊外饯行，这时伏兵突然云集，将宁王活捉。宁王是个文人，写文章做学问确实是行家里手，玩阴谋诡计显然不及燕王，到了这个地步，已经身不由己，只能乖乖地随同燕王前往北平。

燕王不费一兵一卒得了大宁，又平添了许多兵马，实力益发强盛，接着分遣薛禄等人出击，接连拿下富峪、会川、宽河诸处。

再说曹国公李景隆，得知燕军主力离开北平东去后，心中暗骂燕王笨蛋，丢了西瓜去捡芝麻，立刻催军进逼北平。当经过卢沟桥时，没见到一个燕兵，不由仰天大笑：北兵不守此桥，可见朱棣愚蠢到家了。当即将北平团团包围，在九个城门外面高筑营垒，待一切部署到位，便夜以继日发起攻坚战。

为了博取战功，李景隆亲自上阵，督兵主攻丽正门，双方攻守相当激烈。

在北平保卫战最危急时刻，城头上出现了一支娘子军，首领就是美丽的燕王妃徐仪华。王妃虽已徐娘半老，却仍然英姿飒爽，风采依旧。她的血管里涌动着中山王徐达的血液，秉承了父亲坚忍顽强的意志。她带领王府所有女人投入了战斗，向敌人抛掷砖瓦石块，倾泼沸水，为守军送饭送水，包扎伤病员。她的声音极有鼓动性，她的行动颇具感召力，她是北平城头一道亮丽的风景线。

李景隆急切中攻不下北平，又分兵攻打通州。他担心燕王回兵救援，在郑村坝安扎九座大营，严令各营不得随意移军。等待多日，不见燕王动静，景隆又跑到北平城下督战。堂堂三军主帅，乱碰乱撞，活像个没头苍蝇。

在北平保卫战中，燕王世子朱高炽的表现可圈可点。他是个肥仔，几天下来瘦了一圈。危难关头，他同守城将士并肩作战，日夜部署防务。为了骚扰城外围兵，他还组织一批敢死队员，时常在夜深时分缒下城墙，摸入敌营偷袭。南军一夜数惊，无法休息，只得退营十里。

南军有个都督叫瞿能，十分骁勇。有一次战斗，他和两个儿子率领精骑千余杀入张掖门，因为后继兵马没有跟上，只好勒兵等待。心胸狭窄的李景隆生怕瞿能夺取头功，居然传令停止进攻。守城北兵得以喘息，连夜修补城门，又往城墙上倾泼冷水，天寒冰结，城墙变得一片溜滑。第二天南军再发动攻城时，已经无法攀登。经过一个多月的攻守大战，北平经受住了考验，守城将士士气高昂，誓与城池共存亡。南军久攻不下，逐渐产生厌战情绪。

燕王回师来到会州卫，为了提升战斗力，立即整顿改编兵马，设立五军，将大宁归附之众分编到各军，分别任命张玉指挥中军，朱能指挥左军，李彬指挥右军，徐忠指挥前军，房宽指挥后军。改编之后，燕王随即向北平杀了个回马枪。

当年十一月初，大雪初霁，北国一派银装素裹。当燕军行进到孤山时，探马来报：李景隆扎营郑村坝，白河尚未结冰，无法涉渡。燕王心中万分焦急，默默向苍天祈祷："天若助我，河冰即合。"

我们从不迷信神灵，但世界上有些事情偏生出现巧合，似乎真有神灵暗中帮助燕王。当天夜晚，燕军经过长途跋涉来到白河东岸，谁也没有料到，河水居然封冻，燕军得以顺利过河。当时，南军都督陈晖率领一万多骑兵来河边巡防，竟同北兵擦肩而过，当得知燕军渡河后便紧追不舍。燕王闻讯，立即带领精骑掉头迎击，陈晖难以招架，和败兵一起逃向白沟河。南军正蜂拥抢渡之际，忽然河冰大面积开裂，淹死无数兵卒。燕王没费吹灰之力，便缴获两千多匹战马。

李景隆为了阻击燕军，严令郑村坝九营将士在冰天雪地日夜防守。这些南兵素来怕冻，又身着单衣，肚中无粮，及至燕军逼近时，冻僵冻伤者已有十之七八。许多兵卒双手僵硬如石，难以握持兵器，还被管营将领喝骂训斥，他们心中抱怨，暗暗骂娘。不爱兵的人想让士兵卖命，那是异想天开。

燕王掌握了敌情，率领大军列阵挺进，老远便望见敌营已经出现骚动。燕王暗喜：贼乱而嚣，可以击也。立刻指挥精骑冲击敌阵，顷刻间连破敌军七营。后继大军及时赶来，又向敌军发起全面攻势。自午时一直厮杀到酉时，大战四个时辰，敌军大败，旷野撇下数万具无头死尸，鲜血将白雪染红，还有数万明军跪地投降。战到天黑时分，燕王下令收军回营。

当天夜晚，天气格外寒冷，有个将领找来一副破旧马鞍，为燕王点燃一堆篝火。有几名甲士难耐寒冷，也都围上前来取暖。卫士见状，急忙呵斥驱赶。燕王立刻阻止：这都是出生入死的壮士，你忍心赶他们？我身穿皮袄还扛不住，他们衣着单薄，身上更冷。我恨不得将所有将士都叫过来，同大家一起取暖。

燕王这几句话，任谁听了都感觉温暖。身为王爷，天潢贵胄，设身处地体贴士兵，部下打仗能不卖力气吗？什么叫患难与共？就是有福同享，有难同当，即使做不到，有几句热心话也能让人满足。

有些官员不明白这个道理，平时不体贴部下，颐指气使，抖威风，脸翘到天上，有福自己享，有难众人当。一旦到了危难时刻，这才想起部下。这种眼睛只看上不看下的小人，部下能死心塌地为你抛头颅洒热血吗？当兵的最苦，出力最多，危险最大，成天将小命系在腰带上。他们没有奢望，能得到几句安慰就心满意足了。李景隆同燕王相比，仅凭这一点就注定失败。

李景隆知道不是燕王对手，为了保命，将所有辎重抛弃，当天夜晚便脚底抹油，带领残兵败将溜之大吉。他这一退，便退到了八百里开外的山东德州。

郑村坝一战，燕王又得到许多战利品，仅战马就有三万多匹。他没有追击穷寇，立即提兵赶往北平。此时包围北平的南军还蒙在鼓里，不知道主帅已经南逃，士兵日夜站在城下雪地里戒严，天天都有人冻死。许多人的手指已经冻掉，无法操持兵器，便将戈矛插在雪地上。燕军突然兵临城下，立即发起攻击，一鼓作气连破四营，南兵伤亡惨重。围兵见败局已定，无心恋战，四处逃亡。

这一仗，燕王又取得大胜，获得大量兵资器械。这时北平城门大开，燕王率领北军将士，神采飞扬进入城中。他传下命令，休息士马，犒劳众位将士。

经过几场大胜，将领们对燕王用兵已口服心服。有人说，当时我等一致主张先攻打李景隆，然后再出兵永平，只有殿下独持己见。后来事情发展，果然都在您的预料之中，真是太神了。

燕王头脑清醒，又会照顾部下情面。他说："这只是中策，没必要大喜过望。当初各位的主张都是万全之策，我这样做确实有些冒险，此策不能常用，还是稳妥为好。古人说常胜则气盈，气盈则志骄。我不担心不能取胜，只担心获胜后骄傲大意。允炆接连失利，决不会善罢甘休，必将动用天下之力对付北平一隅，大战恶战还在后面，咱们千万不能掉以轻心。"

建文帝听说朝廷军队再次战败，心中拔凉拔凉的，急召黄子澄了解情况。黄子澄心中有鬼，故意隐瞒实情。他说："听说景隆交战已经数胜，因为天寒，暂时回师德州，等到来春再大举进攻。"为了瞒天过海，黄子澄私下派人给李景隆送去密信，叮嘱他千方百计隐瞒败绩。

建文帝真是昏庸透顶，被人玩弄于股掌之中还不醒悟，他这是不见棺材不掉泪。还有这个误国害民黄子澄，当初力主削藩还有一丁点公心。现在一心想保住乌纱帽，已变成十足卑鄙小人，国家就是毁在这班唯利是图的小人手里。

当年年底，燕王接到谍报，李景隆又在德州调集各处兵马，准备来春卷土重来。燕王不是傻瓜，不会坐视对手磨刀霍霍，他要设法调动对手，让敌人不得片刻消闲，这一招兵法上称作不战而屈人之兵。

建文二年（1400年）正月，燕王发兵广昌，守将汤胜以城降。接着围攻蔚州，用霹雳车飞石震裂城墙，守军指挥王忠、李远献城归降。北兵又大张声势，挥师西进攻打重镇大同。李景隆接到急报后，果然长途跋涉前来救援，出紫荆关奔赴大同。没料到燕王虚晃一枪，又由居庸关回到北平。李景隆千里迢迢来到大同，没见到一个敌兵。由于天气严寒，一路上冻死、病死许多兵卒，还有十分之三兵卒冻掉了手指头，沿途丢弃的铠仗随处可见。

转眼到了四月，天气变暖。李景隆坐镇德州，会兵北征。令武定侯郭英、安陆侯吴杰等率先进兵真定。

建文帝仿佛喝了迷魂汤，竟然把宝全部押在李景隆身上，又派太监送去斧钺旌旄。不料太监在横渡长江时，忽然天昏地暗，风雨大作，渡船竟沉入江底，斧钺旌旄不知去向。建文帝不死心，再次派遣太监携物前往德州。李景隆得了权节信物，顿时牛气冲天，由德州北上河间，与郭英、吴杰等人联络，约定会师白沟河，然后合兵同进。

就在南兵北伐之际，燕王也整饬部伍，祭旗纛出师，屯兵于固安。战史上有名的白沟河大战即将拉开大幕，谁是英雄谁是狗熊不久将见分晓。

大战前夕，燕军大将张玉提出请求，愿带所部人马先往白沟河驻扎，以逸待劳。三日之后，南兵前锋都督平安也抵达白沟河。此时，燕王统率主力推进到苏家桥扎营。当天夜晚风雨大作，平地水深三尺，北军营帐中竟出现球状闪电。燕王大喜，认为是天示胜利之兆。不久，李景隆与郭英、吴杰等部会合，拥兵六十万，号称百万，列阵于白沟河。李景隆离开德州后，建文帝生怕他大意轻敌，派遣魏国公徐辉祖带领京军三万，日夜兼程殿后，说是增援，其实是督战。

这日一早，南军前锋平安率领精兵万余骑主动挑战。

平安小名保儿，是朱元璋养子，数年前曾随同燕王出塞扫荡沙漠，经历过战场洗礼。此人骁勇善战，熟悉燕王用兵套路。双方刚一交锋，平安便挺矛一马当先，勇不可当。还有上次大战，一度攻入北平张掖门的瞿能父子，也都奋勇争先。有了这几个打仗不要命的将领，南军所向披靡，杀伤许多燕兵。

燕王府中有个内官名叫狗儿，也是个拼命三郎，率领千户华聚左冲右突，一时杀声震天。交战多时，平安越战越勇，北兵出现退却迹象。燕王见状，立刻改变战术，稳住阵脚之后，先用百余骑兵试探敌阵，刚一接触便退回，如此反复多次。这样做目的就是牵制敌军，引起敌阵不断移动。此间隙，燕王率领一支人马绕到敌后，突然发起迅猛夹击。这一招果然奏效，燕军斩首五千余级，生擒都指挥何清。

杀退平安之后，燕王挥师跟进，此时李景隆列阵以待。燕王故伎重演，仍然派数十骑驰向敌阵反复试探，主力随后发起攻击。双方混战在一起，杀到天黑依然难解难分。南军装备精良，频频发射火器。北兵借助闪烁光亮辨认敌兵，哪里有光亮便杀向哪里。南军又在地面布置火器，此物俗名一窝蜂，弹药喷射时犹如蜂鸣，击中人马立刻洞穿。双方鏖战到夜深，都已筋疲力尽，各自收兵退回。

燕王毕竟戎马多年，胆量过人，他令大军先退，自己殿后，身边只有亲随三名。

由于夜色漆黑，竟迷失营地所在。燕王来到河边，下马伏地观察，根据水流辨识方向，渡河之后，终于寻找到大营。

次日黎明，北军马步兵十几万全部渡过白沟河，誓与南军背水一战。燕王令张玉统中军，朱能统左军，陈亨统右军，充当先锋。丘福率领骑兵殿后。燕军刚布好阵角，勇将瞿能父子便向房宽阵地发起攻击，平安在侧翼掩护。到底是上阵父子兵，打起仗来格外玩命，顷刻之间，房宽手下数百人头颅落地，阵形一下子大乱。中军主将张玉见房宽失利，面上隐隐显露一丝惊惧。

燕王见状，立即稳定军心，他说胜负乃兵家常事，敌兵虽众，不过午时，保准为诸君破敌，随即指挥精锐数千突入敌阵左掖。燕王次子朱高煦也率领张玉等军齐进。朱高煦虽然年轻，但性格酷似其父，自幼习武，上了战场就发飙，比他老爸还凶悍。

根据战场敌情变化，燕王又玩起老鼠逗猫的游戏。他派出七骑驰击敌阵，忽进忽退，逮住机会就杀几个敌兵。这一招看似无聊，其实是在消磨对方锐气。敌军果然恼了，一阵飞矢倾泻之后，撒开人马上前交战。在战事最紧张时刻，燕王始终身先士卒，坐骑三次中箭倒地，又接连换乘三匹战马上阵。

燕王是一面迎风飞舞的旗帜，旗帜不倒，军心就稳如泰山。燕王驰骋于战阵间，接连向敌兵发箭，三菔羽矢全部用尽，又提剑劈砍击杀，直至剑锋折断。后来坐骑也在河堤边累趴下了，只得弃马步战。南军骁将瞿能见是良机，立刻催兵上前擒拿，他太想建立不世之功了。

燕王毕竟是燕王，机智多谋，临危不慌。他疾步登上河堤，在危险关头使出诈招。只见他注视瞿能片刻，突然回转身子，连连挥动马鞭，似乎在召唤河堤内伏兵。瞿能见状，心中迟疑，居然呆愣在河堤下。这时，成事不足的李景隆又自作聪明，认定堤内必有埋伏，传令立刻退军。恰在这时，朱高煦带领精骑数千赶来，燕王转危为安，率兵再次杀入敌阵。

再说白沟河另一处战事，北军将领陈亨、徐忠同平安杀得难分难解。平安擅长使用枪刀，已经练到最高境界。陈亨、徐忠与他格斗，接连挂彩，二人不是孬种，依然带伤奋战。又交战了几十回合，平安手起刀落，将陈亨斩落马下。徐忠两根手指被砍，还有皮肉连着，他毫不含糊将断指拽落，裹创再战。

双方战到午时，仍然未见胜负，旷野中杀声震天，血流成河。瞿能父子似乎永远不知疲倦，好像上足了发条的钟表。父子三人引众踊跃上前，口中狂呼扫灭燕贼，连斩燕兵百余人。南军越嶲侯俞通渊、陆凉卫指挥滕聚都有不俗表现。交战双方你进我退，我进你退，都杀红了眼。

无巧不成书。上天似乎又在暗中帮助燕军，这时平地忽然卷起一股狂飙，竟然将南军帅旗折断。古人迷信，战阵间折断帅旗预示大不吉利。正当南军将士惊疑不定之际，燕王率领劲骑绕出敌后，突然杀对手一个措手不及。朱高煦抓住战机，立刻从正面夹击，将瞿能父子斩于阵前。明军越嶲侯俞通渊、陆凉卫指挥滕聚全都战死。拼命三郎平安与燕将朱能交战，居然也失败了。南军阵列渐渐开始动摇，出现喧哗溃退迹象，转眼之间如同山崩洪泄，谁也阻挡不住。

燕王挥兵掩杀，追到敌军营盘，乘风纵火，营垒顷刻间化为火海。武定侯郭英等人惊慌失措，狼狈西逃。明军主帅李景隆见大势已去，带领残兵败将向南逃窜，战场上丢弃的器械辎重堆积如山，战死和溺水而亡的南兵有十余万。燕军乘胜追击，一直追到月漾桥，敌军因落水、践踏以及被追杀而死者又有数万，横尸百余里。李景隆欲哭无泪，匹马单骑逃回德州。激战发生之前，魏国公徐辉祖帅军殿后，只有他的三万京军全数而归。

宜将剩勇追穷寇，不可沽名学霸王。两日之后，燕王挥师长驱八百里，直捣德州。李景隆虽然败归，手下还有十余万兵马，完全可以抵挡一阵。然而败军之将，何以言勇？他已经被吓破了胆，听到燕兵追来的消息，跑得比兔子还快，双方尚未照面，便主动放弃德州，逃到济南躲避。

燕军没费一兵一卒开进德州城，获得军粮百万余石。燕王留都指挥陈旭镇守德州，大军继续南下济南。李景隆不能再退了，否则无法向建文帝交代，他带领十万兵士硬着头皮应战，不料还没摆好阵脚，便遭到燕军精骑冲击，顿时又败得一塌糊涂。景隆只得撇下将士，单骑逃跑，燕军遂将济南团团包围。

负责守卫济南的官员是山东参政铁铉，此人虽是个文官，但有一副义胆忠心。他立下誓言，必与城池共存亡。铁铉率领城中驻军和百姓，日夜守御城头。朝廷得知景隆再次战败，知道此公是扶不起的阿斗，下令将他召回，同时任命左都督盛庸为大将军，右都督陈晖为副帅，升任铁铉为山东布政使。

李景隆还朝后，遭到朝野一片痛骂，恨不得将脑袋钻到裤裆里。骂得最起劲的人是黄子澄，他痛哭流涕地向建文帝进言："景隆出师观望，怀有二心，如不马上诛杀，何以谢宗社，励将士！"人的嘴，两张皮，好话坏话都让他说尽了。李景隆当初不是你推荐的吗？你当时对建文帝说曹国公李景隆可以胜任，如果不派遣耿炳文而用曹国公，早就打了大胜仗。如今口口声声要求砍李景隆脑壳，分明是在推卸罪责。建文帝念及李景隆是功臣之后，又是皇亲，居然既往不咎。

再说燕兵围困济南，转眼已经三个月。济南是大明山东行省省城，城池坚固高大，粮米储备充足。燕王攻打济南，一是想把此城纳入自己控制范围，与建文朝廷分南北而治，二是想将其作为屯兵屯粮据点，为日后攻打金陵铺平道路。燕王久攻不下，便向城头发射书信促降，又在城外筑堰拦水，企图水灌泉城。面对日益严峻的局面，城中军民无不产生恐惧情绪。

为了保城保民，铁公经过冥思苦索，决定用计谋退敌。他命人打造铁板藏于城垛后面，又在城门桥柱做下手脚，让守城士卒昼夜哭泣发泄怨言，还让居民出城，跑到燕王面前乞降："如今奸臣当道，劳驾大王餐风饮露，日夜为社稷担忧。您是高皇帝亲子，俺们是高皇帝臣民，愿意举城向大王归降。只是城中百姓从未见过兵戈，如今见大军压境，生怕被聚而歼之。恳请大王退兵十里，以消除居民恐惧，然后再单骑入城，俺们打开城门热烈欢迎大王。"

燕王闻言大喜，竟没产生丝毫怀疑，下令退军十里，次日坐跨蒙古骏马，张打伞盖，只带几名亲随过了护城河桥。这时城门打开，门洞内出现众多迎接者高呼千岁。这是一句暗号，城头壮士听到呼声，立刻奋力放落铁板。燕王命大，滑落的铁板居然没有砸中他，却将马头砸得浆血崩流。燕王大惊，急忙换乘随从马匹。桥下伏兵见时机已到，便仓促破坏桥梁，万万没有料到，事先锯断的桥柱竟难以移动，眼睁睁看着燕王催马逃走。

燕王脱险之后震怒异常，立即重新包围城池，调来火炮轰击城墙。铁公急中生智，命人书写许多太祖高皇帝神牌，悬挂到城墙上，燕兵望见不敢发炮。又围困多日，铁公更加活跃，招募敢死队员深夜缒城，频频偷袭燕军兵营。

军师道衍和尚头脑清醒，见济南久攻不下，派人向燕王进言：出师久征，人马俱疲，士气低落，请暂还北平，以图后举。燕王纵使心有不甘，也只好撤围北归。铁公和盛庸乘机尾追骚扰，轻松收复了德州。捷报传到京城，建文帝大喜过望，立即提升铁铉为兵部尚书，赞理大将军军事。

燕王在济南受挫，这是举兵以来遇到的最难啃的骨头，也是最丢面子的一次军事行动，已经产生了很大的心理暗影。以后发兵南下，他有意绕开济南。正是由于这次较量，导致了两年后铁铉惨烈死亡。

燕军撤离济南后，朝廷趁机调兵北伐，任命大将军盛庸总领平燕诸军。战事初期，双方主要在冀中、冀南展开战斗，燕王依然采取运动战同敌军周旋。

建文二年（1400年）年底，战火又一次烧到山东地面。燕王率兵长驱汶上，接着攻略济宁。盛庸、铁铉尾随燕军后面，扎营于东昌，令先锋孙霖驻兵滑口。燕将朱荣、刘江袭击孙霖获胜，擒获都指挥唐礼，又兵指东昌。盛庸、铁铉接报，举行誓师仪式，在城外布置火器毒弩严阵以待。燕军因屡胜产生轻敌情绪，见南军背城列阵，立刻鼓噪冲击，结果被火器撂倒一大片。这时勇将平安提兵赶来，与盛庸军队会合，军力益发壮大。

燕王求战心切，率领精骑冲敌左掖，杀入敌阵中央，盛庸立刻集结重兵，将他重重包围。燕王反复冲击无法突围，燕将朱能、周长率领番骑猛攻东北角，趁敌阵松动，奋力杀入阵中保护燕王脱险。大将张玉不知燕王已经突围，杀开血路冲入阵中，结果死于明军火器乱枪之下。南军乘胜攻击，擒斩燕兵万余人。燕军大败，仓皇北奔，又有许多人死于追兵刀下。东昌之战是燕王起兵以来最大一次失利，失去了最得力的战将张玉，而死对头中又有铁铉。

据史书记载，此次燕王出师南下，道衍和尚送行，曾说过一句令人费解的话："师行必克，但费两日耳！"燕王失利后回到北平，道衍揭了谜底："两日，昌也，自此全胜矣！"这是告诉燕王，理当有东昌失利一劫。昌又含有兴盛之意，以后会节节顺利。道衍和尚能耐再大，不会未卜先知，想必是史家故意渲染。

回到北平，燕王为张玉举行了隆重的追悼仪式，他将自己的王袍焚烧，声称为阴间的张玉遮风挡寒。什么是患难感情？在燕王身上已充分体现出来，尽管有作秀嫌疑，毕竟让将士们为之动容。两年后燕王做了皇帝，赐封靖难功臣，钦定张玉功劳第一。你真心对待部下，部下才为你卖力，你赠给部下一滴水，部下回报你一片海洋，死了也心甘情愿。

时光荏苒，转眼到了建文三年三月。自从燕王退还北平后，保定以南大片土地又被朝廷控制，盛庸统兵二十万驻扎滹沱河北，副帅吴杰和勇将平安师出真定。自东昌获胜后，盛军傲气十足，部下携带金银箔器，身穿锦绣衣袍，扬言"破北平，张筵痛饮"。面对南军的嚣张气焰，燕王决定出兵应敌，教训教训盛庸。于是双方在夹河一带相遇。

南军布下坚阵，阵旁设火车、大铳和强弩，正面排列密集长盾遮蔽，刀箭难入。燕王驰马到阵前观察敌情后，令军士赶制一种特殊兵器。这种器物类似标枪，顶端横贯铁钉，钉尾有倒钩。燕王让勇士人手一杆，奋力投向盾阵。长杆命中盾牌后便难以拔掉，只要一盾移动，整个盾阵便乱了套。燕军趁机发起攻击，此招果然奏效，尚未接战，敌军自乱阵脚。燕王率领劲骑绕出敌后，前后夹击，南军败退，损失数员战将，有个叫"皂旗张"的悍将也战死。

第二日继续交战，自早晨杀到午后，突然刮起了东北风，飞沙走石，尘埃蔽天。该当南兵倒霉，他们面迎飓风，根本睁不开双眼。燕军乘风奋勇冲杀过去，一直追到滹沱河边，南兵伤亡不可数计，这一仗又是老天爷帮了忙。燕王战罢回营，满面灰尘，许多将领已经认不出他，听声音才知是燕王。

南将吴杰和平安师出真定，本想与盛庸会合，听说盛庸已逃回德州，只好又退回真定。燕王不愿攻城，设计引蛇出洞，双方在滹沱河畔摆开战阵。吴杰排列方阵迎敌，燕王布兵三面佯攻，亲率精锐攻击东北隅。南军乱箭如雨，将燕王的帅旗射得犹如刺猬，许多燕兵中箭身亡。勇将平安在阵中搭设瞭望架，登高指挥战斗，燕王带精骑奋力冲击，平安急忙从高架跳下躲避。

这时又刮起了大风，拔树摧旗，风势又一次对燕军有利。南军溃败，燕军一口气追到真定城下，斩首六万余级。获胜之后，燕王命人将那面插满羽箭的帅旗送到北平，嘱咐世子：好生珍藏，让后世不要忘记今日艰险。燕王聪明，懂得忆苦思甜的重要性，他要让子孙牢记，燕家军的旗帜上有血染的风采。

当年五月，燕军驻扎于大名。吴杰、平安发兵，成功截断燕军粮道。燕王以牙还牙，以其人之道还治其人之身。他已探明，朝廷供给前方将士的物资，全部通过漕道运输，徐、沛一带运河是漕运必经之地。燕王派遣都指挥李远，率领轻骑六千星夜南下，全部改换为南军服装，背插柳枝作为记号。数日之后，李远率部突然出现在济宁谷亭，将朝廷囤积在那里的军用物资全部焚烧。

与此同时，丘福、薛禄带领另一支人马攻破济州，然后潜行至沙河、沛县一带，那里停泊朝廷粮船数万艘。燕军抵达后，护漕官兵正在睡觉，突然一场大火烧起，将数百万石军粮和器械化为乌有，连河水都烧得滚烫。这一招顿时让德州大本营断了粮饷，京师为之大震。李远在返回路上，遭到盛庸部将袁宇三万兵力阻击，结果反被燕兵诱入林中伏击，白白丢了一万多兵卒性命。

燕王精明，靖难之役尚未打响前，他便收买了明宫中一些太监，让他们充当内应，秘密为自己通风报信。建文三年年底，燕王班师刚回到北平不久，朝廷内应派人送来密信，说金陵空虚，防备松懈，应抓紧时机直捣京师。

燕王当即与军师道衍密议。道衍和尚建议："毋下城邑，疾趋京师。京师单弱，势必举。"这个建议正中燕王下怀，同朝廷开战已经三年，燕军总是处于被动应战地位，长此下去终不是长久之计。燕王经过深思熟虑，决定改变战略，接受心腹建议，整顿兵马，挥师南下直捣黄龙。燕军行军时尽量避开沿途坚城重镇，不同守军过多纠缠，以免无谓消耗。

这是一步险招，也是一步奇招。但险招奇招往往会转化为胜招。

燕王这个决策无疑具有战略意义，具有转折意义。究竟鹿死谁手，不妨拭目以待，最后的胜利已经向燕王遥遥招手！

第三章

冰火两重天

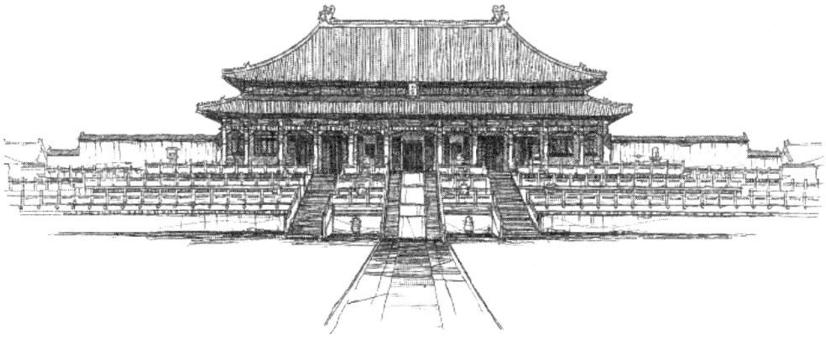

长驱南下

建文四年（1402年）正月，还没等燕王出兵，朝廷已经行动，命令魏国公徐辉祖率领京军支援山东。燕王也不含糊，当即师出北平，令李远率领轻骑充当前哨。

李远兵至藁城，恰巧遇见敌军前锋葛进带领马步兵万余涉渡滹沱河，双方立刻发生激战。一仗下来，李远破敌，斩首四千余级。与此同时，另一路燕军轻骑由朱能率领行至衡水，与南军都督平安部将贾荣遭遇，朱能发起攻击，斩敌七千余人，生擒贾荣。燕王率领主力南下，由馆陶渡河进入山东。这次他们不会停止征战步伐，一路向南！向南！向南！

行军途中有个小插曲，燕王见一名病卒躺在路旁，立刻让他骑上自己的备用坐骑。护卫不同意，认为一个小卒不配骑王爷马匹。燕王说："人命重要还是马重要？打仗时让士兵卖力，得了病便丢弃不顾，这样做是爱人不如爱马。"将士们听了这几句话，心中顿时感觉热乎乎的。

两日后燕军攻破旧县，斩首三千余级，生擒守将。接着拔东平，生擒指挥詹璟，又破汶上，擒都指挥薛彭。北军经过曲阜、邹县时，燕王严令将士不许入境骚扰，"有犯及一草一木之微者，杀无赦"。燕王不是白痴，这里是举国闻名的孔孟之乡，历代帝王都尊孔尊孟，用孔孟之道治国。燕王若想成事，也得遵守这个游戏规则。他这样做是在争取人心，证明自己不是祸国殃民的叛逆。燕军奉天靖难，讨伐国奸，是名副其实的正义之师，威武之师，文明之师。

燕军抵达沛县，知县颜伯玮自缢身亡，指挥王显投降，随即进兵徐州。

徐州自古便是兵家必争之地，当年西楚霸王项羽、谋士范增曾将这里作为大本营，三国时三让徐州故事也发生在这里。徐州城池高大坚固，守官风闻燕军到来，早已将城门紧闭，做了缩头乌龟。

燕王无心纠缠，打算驱兵南下。这时部将报告，有部分士卒外出取粮，如果赶不上队伍，有被守军掩杀危险。燕王决定缓行，伏兵于九里山下。此地是昔日楚汉大决战战场，古典名著《水浒传》开篇诗云："九里山前古战场，牧童拾得旧刀枪。春风吹动乌江水，好似虞姬别霸王。"诗中所说九里山，就是指这里。

燕王想在这里吓唬一下敌军，于是令数骑往来于城下引诱。守军不敢轻易出动，诱骑便挑逗谩骂，又往城头射箭挑衅。守军忍无可忍，发兵五千出城追击。燕军诱骑见敌人中了圈套，便继续引逗，忽紧忽慢，将追兵引入伏击圈。突然一声号炮，燕王亲率甲兵断了敌军后路。伏兵杀出，一阵砍瓜切菜将追兵收拾得干干净净。城内守军再也不敢出来，燕军顺利南下。

再往前行便进入宿州境，那里有徐王坟，是马大脚的父母马公和郑媪埋葬之处，也是燕王的外公外婆。别以为燕王是横戈跃马的粗线条人物，这些事他仔细得很，专门派都指挥李让前去祭奠，并且赏赐亲族宝钞万锭。

燕军南进宿州，必须渡河，这时有敌兵万余尾随而来。燕王故布疑阵，令都指挥金铭带游骑百人殿后，故意放慢速度，敌兵以为前方有埋伏，不敢追赶。燕军顺利渡河后，又留数骑隐伏河南岸，掩护金铭渡河。待敌军接近北岸时，南岸立刻发炮，追兵不知道虚实，慌忙退兵。

燕军抵达宿州后，又进兵蒙城、涡河等地，这时南军勇将平安率领四万兵马追来。燕王决定打伏击，亲自率领精骑二万，每人带三日口粮，急行军来到淝河附近设伏。他命令军士多准备火把，一旦夜晚同敌军接战，立即点燃所有火把，敌军见火炬众多，必然未战而先行惊溃。谁知等了三天，口粮已尽，依然不见敌人身影，将领们都沉不住气了。

燕王心中有数，知道平安是个拼命三郎，肯定要来交战。果然傍晚时分骑哨来报，四十里外发现敌情，明日一早敌军必来。燕王命令王真、刘江各领百骑前去诱敌，又准备一些布袋，里面塞满束草，伪装成丝织品载于马背。如果与敌兵交手，便佯装败退，敌军要是前来追赶，就将布袋丢弃。敌兵一旦发生争抢，必然引起混乱，伏兵可乘机杀出。

事情发展果然如燕王所料。次日早晨，敌军被引入伏击圈，一场大战下来平安惨败，带领三千残兵夺路逃生。燕王率数十骑阻挡。平安部下偏将火耳灰者是员番将，十分骁勇，见前面出现阻兵，拍马挺槊上前欲刺燕王。危急时刻，燕将童信一箭射中对方坐骑，马惊蹶后将火耳灰者掀翻在地，被燕兵擒获。

洪武年间，火耳灰者曾在燕王帐下效命，后来随同平安到了南方。火耳灰者就擒后，燕王居然不计前嫌，让他带刀宿卫，做自己的贴身护卫。部将惊疑，认为这是引狼入室。燕王坦然说："你们没有必要担心，也不必大惊小怪。火耳灰者是个壮士，我以前待他不错，如今又留他一条命，他肯定知恩图报。"

你看，这就是燕王，不但有胆量，而且大度，敢于用人。要是换了你，深更半夜，敢让一个提着明晃晃钢刀的人，站在卧榻之侧吗？何况，还是来自敌方阵营的人。燕王果然没有看走眼，火耳灰者以后表现不俗，还立下战功。燕王将他升任为都指挥，统兵打仗。

燕军获胜后向临淮进发，南兵在宿州集结，准备再战。燕王决定出奇兵断敌粮道，派遣部将谭清突袭徐州漕道，击杀运粮军兵。得手之后又南至五河，一把火烧了敌军运粮船只。燕将陈文、李远奉命打前哨，二人率兵赶至淮河，一举击败南军守兵数千。

初夏四月，燕军主力来到小河北岸。这条河流虽然名曰小河，其实并不小。燕将陈文率兵扼守要处，搭造一座浮桥，步卒和辎重先过河。次日一早，大部队继续过河。岂料对岸突然出现朝廷兵马，总兵官何福列阵十里，张左右翼围拢上来，燕将陈文迎战，不幸阵亡。悍将平安卷土重来，将燕将王真团团包围。王真杀得遍体鳞伤，始终无法突围，只好自刎于马上。

燕王率骑迎战，意外与平安相遇。平安二话没说，举槊便刺，燕王仓促闪躲。恰在紧急关头，平安坐骑竟然马失前蹄，燕王侥幸逃过一劫。燕将王骐见情势危急，跃马上前保护燕王。这时张武率兵从林间杀出，与燕王骑兵会合，在交战中生擒南军指挥丁良、朱彬。一战下来，双方没分出胜负，南军驻扎于桥南，燕军驻扎于桥北，一连数日，形成僵持局面。

这天燕王登堤观察敌情，发现对岸南军士兵正在挖掘野菜。燕王知道敌军已经缺粮，于是留兵千余守桥，主力沿大堤下悄悄移军三十里。到了半夜时分，挥师渡河，神不知鬼不觉绕到南军背后，天亮时突然发起攻击。

出乎意料的是，恰巧徐辉祖也率领京军赶来，双方在齐眉山下展开大战。战至黄昏时分，燕军骁将李斌等人先后阵亡，燕军一些将领产生畏惧情绪，认为已进入雨季，孤军深入，天时地利均不利，建议移军后方休整兵马。燕王说："兵事有进无退，如果这时退兵，定然瓦解军心，功败垂成。"将领们依然苦劝。燕王说，凡是想继续南下的站到左边，想退兵的站到右边，结果大多数将领站到了右边。燕王终于发火了，抛下一句话："你们自己看着办吧！"

关键时刻，大将朱能坚定不移地站在燕王一边。他说："大家不能泄气，当年汉高祖十战九败，最终还是得了天下，无论如何，千万不要后退。"

也许这是燕王施放的烟幕，故意制造军心不稳流言，意在迷惑敌军。

果然，消息传到南军，将士无不弹冠相庆。有廷臣向建文帝进言："燕兵即将北归，京师不可无良将。"建文帝千不该万不该，不该听信这种短见言论，居然下令将徐辉祖和京卫部队召回。他这一走，使何福立刻陷入孤立无援的境地。京剧《沙家浜》有句台词："有利的情况和主动的恢复，往往产生于再坚持一下的努力之中。"谁能坚持到最后，谁就能迎来转机，胜利就会向他招手。

又僵持了数日，南军缺粮日益严重，只得移营于灵璧。这时朝廷运来粮食五万石，由平安率领马步兵六万护送。燕王获悉消息后，当即决定，由自己带兵前去劫粮，令朱高煦带一万壮士埋伏于树林中，随时阻挡敌人援兵。

没过多久，燕军便同护粮军相遇。粮食就是命根子，平安岂肯拱手相让，立刻下令向燕军放箭，顿时矢发如雨。箭雨过后，燕王令步兵纵击，将护粮军拦腰截为两段。何福遥见军粮遇劫，急忙引军出壁垒赶去救援，与平安奋力合击，伤亡燕兵数千，向灵璧营垒且战且退。高煦见敌军已经疲劳，出其不意从树林中杀出，同燕王一起合击。南军顿时大乱，死伤一万多人，丧马三千余匹。余众抛弃军粮，仓皇逃入营垒闭门坚守，五万石粮食全部被燕军夺走。

何福不甘心坐以待毙，传令次日凌晨，听到号炮三响，全军立即突围。燕王料定敌军无粮，难以坚持，必有突围打算，于是身先士卒，连夜攻打营垒。

燕王打仗，从来都是一马当先，难道不怕发生意外吗？

这其中自有缘故。原来建文帝怕落下杀叔罪名，被天下议论，靖难战争刚一爆发就颁发严令，只准生擒燕王，不许致命。这真是妇人之仁，帝位之争本来就是你死我活，谈不到血肉亲情。燕王把准了建文帝脉搏，每次同南军交战，总是冲锋陷阵，退兵时一人殿后。但话又说回来，战阵之间，什么样的情况都有可能发生，毕竟乱箭不长眼啊！就拿攻打灵璧营垒来说，深更半夜，黑灯瞎火，又是乱刀乱箭，谁能认出你是王爷？还有像平安那样的一根筋，一腔愚忠，在他的眼里只有对手，没有王爷，下手从不留情。

当天夜晚，趁敌军饥疲困倦，燕王带领众将率先登上营垒，军士们也都蚁附而上。无巧不成书，燕军攻占营门后，立刻震炮三声。南军误以为是自家发出的突围号炮，纷纷蜂拥向营门，不料遭到燕军迎头痛击。惊恐之下，又立刻掉转屁股回奔，结果同后面涌来的人马撞在一起，顿时相互拥挤践踏，搅成一锅粥。

燕军紧随乱兵之后大杀大砍，一举攻破营垒。一战下来，南军指挥宋垣、参赞军务礼部侍郎陈性善、大理寺丞彭与明都丢了性命，副总兵陈晖、平安，参将都督马溥、徐真，都指挥孙晟、王贵等人均被擒获，只有主将何福逃脱。

燕王见了平安，亲自为他松绑，不经意问了一句："那天在淝河边交战，如果没有马失前蹄，你会怎样？"平安毫不犹豫回答："我一枪挑了你！"燕王沉默片刻，突然发出一声长叹："不愧是高皇帝养育的壮士！"对于平安这种勇将，燕王舍不得杀掉，派人将他送到北平软禁。

灵璧大战之后，朝廷陷入守势。黄子澄闻讯，捶着胸口失声痛哭："大事去矣！我辈万死，难赎误国之罪！"死到临头，总算说了一句人话。他想到自己误荐李景隆，悔恨不已，提笔写了一首七律：

仗钺曾登大将坛，貂裘远赐朔方寒。
出师无律真儿戏，负国全身独汝安。
论将每时悲赵括，攘夷何日见齐桓。
尚方有剑凭谁借，哭向苍天几堕冠。

诗中没有一点自责，而是把责任全都推到了李景隆身上，看来他还是患得患失。已经到了生死存亡关头，痛哭无用，作诗也无用，秀才就这点本事。

当年五月，燕军至泗州，守将周景初献城投降。这里是老朱家祖陵所在，燕王亲自到陵园谒拜，接着挥师淮河北岸，做渡河准备。南军为了阻挡燕军，已在淮河沿岸设防，令盛庸领马步兵数万，战舰数千列阵于南岸。

淮河不比北方一些河流，水势浩大，水流湍急。尤其淮安、泗州一带，处于淮河下游，又是黄河、淮河交汇之处，水流更为汹涌。当年朱元璋曾目睹这一震撼场面，在述记中形容“其势若万马奔驰，其状若天地轰雷，其湍流之速，一息莫视”。此时淮河已进入汛期，流量更大，水势更猛。

燕王手中没有一条渡船，要涉渡长淮难度极大。困难吓不倒英雄汉，燕王组织人力赶造了许多木排竹筏，扬旗鼓噪，大张声势，摆出千军万马即将强渡淮河的阵势。兵法说：不战而屈人之兵，善之善者也。燕王这样做，意在先声夺人。

据《国朝典故》记载，燕王知道抢渡淮河困难，事先准备了一些干猪脬，用时将气充鼓，又挑选一些水性好的勇士，将猪脬环系于腰间，到了深夜，神不知鬼不觉泅渡到对岸，偷了十几条小船回来。

燕王大张旗鼓赶造木排，操练水师，只是为了迷惑吸引南军，暗中却密遣丘福、朱能、狗儿等人率骁勇数百人，西行二十里，等到夜深时驾小船渡河。黎明之前，勇士们接近敌营，突然举炮呐喊冲杀过去。南军见燕兵杀来，不知虚实，顿时乱成一团，纷纷丢戈弃甲奔逃。

盛庸闻讯，急忙赶来压阵，却被乱军冲撞得无处安身。没有办法，只有逃命要紧，偏偏两条腿不听使唤，颤抖得难以上马。护兵急忙将他扶上船，驾驶单舟逃走。燕军轻易获得全部战舰，将大军全部渡过淮河，当天又一举攻下盱眙。这就是兵法说的声东击西。燕王知兵，简直到了炉火纯青的程度。

当时燕军所处位置，右侧是凤阳，左侧是淮安。凤阳为皇陵所在，不能惊扰祖父祖母地下安宁。淮安高城深池，兵强粮足，由驸马爷名将梅殷镇守，发兵攻打必旷日持久。燕王当机立断，乘胜直趋扬州，由仪真横渡长江。

扬州守将王礼听说燕军逼近，打算举城投降。此时，巡视江淮监察御史王彬正坐镇扬州，倚重指挥袁刚等人，日夜操练，誓死保卫扬州。二人得知王礼有异谋，先下手为强，将他逮捕打入监狱。

燕军兵临扬州城下后没有强攻，而是向城中射入书信，声言凡有擒获王御史者授官三品。王彬身边有个护卫大力士，能够力举千斤，众人胆怯，不敢轻易下手。王礼弟弟王宗为搭救兄长，重金贿赂大力士老妈，让她设法将儿子从王彬身边调开。恰巧这天王彬解除衣甲，在室内洗澡。千户徐政、张胜等人冲入室中，将他五花大绑地绑起来，随即救出王礼，打开城门归降。

燕王得了扬州重镇，派人把守。又派兵马北上高邮，高邮指挥使王杰不敢抵抗，献城投降。燕王挥师继续南下，成功占领长江边重要渡口仪真。水道既然打通，燕军舟师沿淮扬运河顺流而下，畅通无阻直达长江。一时间战舰数千艘，旌旗遮天蔽日，江淮大地钲鼓相闻。

现在燕王兵强马壮，百万大军只要将马鞭投入长江，足可以断流。

胜负的天平已经完全向燕王倾斜。

钟山风雨起苍黄

燕军距金陵只有一江之隔，百万雄师过大江的时刻就要到来。面对虎视眈眈的靖难之师，建文朝廷发生了地震，开始地动山摇。

金陵城里文武百官无不忧急万分，惶惶不可终日。许多官员为了保命，都想尽早逃离京城，纷纷要求外出任职，都城为之空虚。建文帝匆匆忙忙派遣侍中许观、翰林修撰王叔英到广德等地募兵，又派出都御史练子宁到杭州募兵。民间有句俗语：上轿才想起扎耳眼——晚了。

建文帝感到了恐惧，感觉有把凉飕飕的钢刀正架在自己脖子上。他颁布了罪己诏，低声下气承认自己的过错，恳请上苍和老百姓原谅，又派出使者紧急赶往各地，征调地方部队来京师保驾勤王。你想，谁还会在这种时候出头？除非脑子有毛病。就是有人想勤王，事情已经火燎眉毛，来得及吗？

这时谋臣方孝孺又献上一计：事情已万分紧急，必须使用缓兵之计，火速派人到燕王那里，允许割地为界，拖延数日。一旦东南募兵到来，便可以同燕军决战长江。北兵不习水战，胜败尚在两可之间。这真是书生见识，新招募的兵能打仗吗？长江虽是天堑，但历史上它又挡住了哪些大军？

建文帝认为方孝孺言之有理，立即以吕太后（朱允炆生母）名义，派遣庆城郡主前去议和，提出割地分南北为界的条件。

燕王断然拒绝了议和要求，他说："父皇封我的土地尚且难保，还谈什么割地分治，这都是奸臣主意。只要得到奸臣，我立即拜谒孝陵，朝见天子。一旦恢复洪武旧制，赦免诸王之罪，立刻返回北平做我的藩王，没有其他奢望。"

燕王确实敏锐，一眼便看穿了方孝孺的缓兵把戏。庆城郡主见议和无望，只得告辞。燕王将她送出大营，一再叮嘱："回去后请转告天子，朱家骨肉相亲，血浓于水，我举兵没有其他用意，只是不想看到他被奸臣蒙蔽。顺便向各位弟妹捎句话，幸亏宗庙神灵保佑，我才到了这里，相见之日不远了。"

建文帝见郡主空手而归，急得一筹莫展。方孝孺得知议和落空，顿时面容失色，心中忐忑不安。当建文帝再次向他求计时，他居然又壮起胆子口出狂言："长江可挡百万兵，北师岂能飞渡。不出十日，燕兵自退。"死到临头了，还心存侥幸，自我安慰，在当时便遭到许多人嘲笑。

江淮六月，正是炎暑天气，燕军将士的求战欲望更为热烈。

渡江前夕，许多大臣为了个人利益，纷纷派出亲信，向燕军秘密传递情报，献计献策。朝廷派遣都督佥事陈瑄统领舟师，加强长江防务，没料到他竟率领舟师归降燕军。兵部侍郎陈植督师江上，被一个姓金的都督杀害，然后举众投降。眼下长江南岸只有盛庸指挥的海船防守，盛庸的本事燕军已经领教，淮河一战，他吓得腿肚子转筋，将上千艘战舰拱手让给燕军。让他在长江防守，真是瞎了眼，然而不派他又派谁呢？

六月初二日，燕王祭大江之神，宣誓渡江。次日微风轻扬，长江不波，宽阔的江面上舳舻相接，旌旗蔽空，金鼓大震。燕军以不可阻挡之势横渡大江，朝廷水师不战自降。船刚抵岸，燕王便率领诸将先登，以精骑数百发起冲击。岸上敌军一触即溃，逃的逃，降的降。盛庸还没同燕兵照面，便单骑逃遁。

燕军没有立刻沿江西去攻打京城，而是先拔掉咽喉重地镇江。燕王令归降的海舟张帆东驶，船上张挂黄帜，在镇江江面往来游动。城上守军望见，知道朝廷海舟整军投降，长江天堑已经无险可据，将士们无心防守，举城投降。

建文帝接到海舟和镇江投降急报，心中如焚，急忙升朝，召方孝孺问计。秀才已乱了方寸，劈手抓住李景隆，大叫道："坏陛下事者，此贼也。马上把他砍了，以谢天下。"

话音刚落，大臣们呼啦啦全都围上来，对着李景隆一阵拳打脚踢，几乎把他殴死。众人还不解气，一致请求立刻诛杀李景隆。

别以为这些大臣正义，其实是在推卸误国责任，想把屎盆子全扣在李景隆身上。

李九江固然无能，难道你们就比他强？燕王起兵将近四年，哪一个为建文出过一条定国安邦的良策？景隆虽然是个草包，好歹还上了战场，你们只知道花天酒地，跑到秦淮河泡妞。如今火烧屁股了，全都不顾斯文，居然在金銮宝殿当着天子面上演武戏，真是旷古奇闻。

建文帝没有心思诛杀李景隆，只想要退敌良方。最得力心腹黄子澄、齐泰以征兵为由，躲在外地迁延不归，只有方孝孺成了主心骨。他绞尽脑汁，又出了一个馊主意：城中还有劲兵二十万，城高池深，粮食充足，可以死守。不如将城外居民全部撤入城内，坚壁清野，燕军没有粮草接济，日久必然退兵。

燕军拿下镇江后，沿长江浩浩荡荡进军金陵。胜利已经在向燕王招手，他距离迈入龙殿只差最后一步。

靖难大军抵达京郊后，在外围布下围兵游骑，切断城内同外部联系。燕王驻扎于京城东北龙潭。他没有立刻下令攻城，因为心中明白，京城不比州县城，是天下最坚固最高大的城池，可谓铜墙铁壁，固若金汤。燕军虽然善于野战，但缺乏攻坚经验，去年围困济南，长达三个多月都没有攻克。如果强攻京城，肯定会造成重大伤亡。燕王不急，他要静观其变，耐心等待，自然有人献城乞降。

大军压境，建文帝惶惶不安，终于抓住最后一次机会。

他屈身折腰，请来几个逗留在京师的藩王，委托他们前去讲和。这些王爷身受削藩之害，有的差点丢掉性命，巴不得建文帝早点垮台，谁会真心实意为他出力。藩王们来到龙潭同燕王见面，兄长弟短，亲热非常。燕王说，允炆提出割地议和，鬼才相信，他这是玩缓兵之计。亲王们同声说："四哥的确洞若观火。"燕王摆下酒宴，兄弟几个举杯痛饮，畅谈往事，直到午后才告辞。

建文帝苦苦巴望，得知议和没有任何结果，竟然当着大臣的面恸哭起来，边哭边骂黄子澄、齐泰："事情都是这两个祸害挑起来的，如今招来大祸，他两个却丢下我跑了，我该怎么办呀！"

危急关头，建文帝只有一根救命稻草，就是加强京城防御。他将几个藩王分派到各城门，协同将领们一起守城。他天真地认为，这几人都是燕王兄弟，燕军会手下留情，简直荒唐。

六月十一日，距靖难大军渡江后仅十天，燕王开始行动了。他命先锋刘保、华聚带领骑兵一千，逼近京城东面的朝阳门试探虚实。在得知防守并不严密后，便下令整师推进，屯兵于城北金川门外。

看来，燕王是要攻打城门了。建文帝生怕守将动摇，他要杀鸡给猴看，将左都督徐增寿押解到左顺门腰斩示众。据郑晓《吾学编·建文逊国记》记载，当时建文帝亲手砍了徐增寿，他还想杀李景隆，但是没达到目的。

徐增寿是徐达幼子，哥哥是魏国公徐辉祖，姐姐是燕王妃徐仪华。燕王起兵后，徐家兄弟站到了两个阵营，徐辉祖铁心保建文皇帝，徐增寿却暗中同燕王联系密切，经常派人传递情报。建文帝发觉后，将他关入大牢。徐增寿万万没有想到，在即将同姐夫燕王相见之时，却身首分离。

建文杀了徐增寿，但效果却适得其反，情势马上发生逆转。

当天（六月十三日）金川门守将便打开城门，迎接燕军进城。守御城门的是谷王朱橞和曹国公李景隆。谷王同燕王是同父兄弟，建文要削藩，谷王岂能幸免，他会死心塌地忠于朝廷？还有李景隆，靖难兵起把他推到了前线，没有功劳也有苦劳，数日前差点被大臣们打死，如今事态危急了又让他守城。这还不算，朱允炆还想亲手要他的命，傻子才去卖命哩。

城门洞开之后，燕军潮水般涌入。执迷不悟的徐辉祖铁心要当力挽狂澜的英雄，急忙率领人马迎战，就好比蚍蜉撼大树，刚一过招便土崩瓦解。燕王进城之后，带领一千骑兵首先去解救周、齐二王，兄弟三人在牢房相见后抱头痛哭。接着，燕王与周王、齐王并辔回到金川门，登上城楼观战，只见皇城后宫已经燃起熊熊大火，双方胜败大局已定。

半个时辰过去，城内已经平定，没有发生任何武装反抗。

朝廷一些文武官员相约，来到金川门外乞降。他们卑躬屈膝，战战兢兢，恭请燕王殿下入城进宫。燕王扫视这些匍匐在脚下的百官，开怀大笑，笑声中充满了鄙视。他纵身上马，意气风发地进入金陵城。

经过四年血雨腥风的较量，燕王终于等来了这一天，终于以胜利者身份来到了京城。现在，他最关心的是朱允炆的下落。内官禀报，建文帝见大势已去，将后宫大门紧闭，逼迫妃子们自缢，然后亲自纵火，和皇后马氏一起葬身火海。

据王世贞《弇山堂别集》和万斯同所撰《明史》记载：建文有两个儿子，太子文奎才七岁，城破后下落不明。次子文圭只有两岁，刚到牙牙学语之年，被人丢弃在宫门附近，落入燕兵手中。朱棣将他废为庶人，长期幽禁于凤阳老朱家皇陵广安宫，史称建庶人。直到明英宗天顺年间，才允许他自由外出，每年只给一点养命口粮。那时文圭已经57岁，被囚禁了55年之久，见到牛马之后，居然不知是何物。文圭只做了两年自由人便去世了，真是悲惨人生，令人一掬同情之泪。皇室斗争就是这样残酷，居然连吃奶的孩子都不放过。

燕王来到着火的后宫，大火已经熄灭，还散发着焦煳气味。灰烬中摆放着一具烧焦的尸体，经内官指认就是朱允炆。燕王忽然垂下两行热泪，哽咽道：“小子无知，乃至此乎！”《明太宗实录》记得更精彩：燕王望见宫中烟起，急忙派人前往救助，赶到那里已经来不及了，只好将尸体从火中移出。燕王听到建文帝自焚噩耗后，哭着说：“傻孩子，我来这里，就是为了辅佐你治理天下，你怎么想不开呀，偏偏寻了短见。”

《明太宗实录》出自永乐帝宠臣之手，其可靠性要打个问号。

燕王刚刚进宫，朝廷大臣茹瑺便率领大批京官赶来，向燕王叩头拜见，同声恭请即皇帝之位。在这些官员中有吏部右侍郎蹇义、户部右侍郎夏原吉、翰林编修杨荣、待诏解缙、给事中金幼孜、吴府审理杨士奇等。这些人因劝进有功，后来都成了永乐王朝的大臣或宠臣。

官员们劝进，燕王当然高兴，这是他做梦都想得到的。当年道衍和尚的话在他心头藏了多年，为了在“王”字上戴顶“白”帽子，为了易换黄屋，他忍辱负重，九死一生，如今黄袍加身的机会就在眼前，能不心跳吗？然而燕王毕竟能沉得住气，该是你的，谁也抢不去。火候不到，还要做做姿态。

三日之后，文武百官再次劝进，燕王依然婉转回绝。

他说，我起兵靖难，目的就是铲除奸恶，匡扶社稷，效法周公辅弼成王。没想到少主不体谅我的一片苦心，竟然自绝于天。今继承大业，治理国家，应该选择德才兼备者，我还不够条件。

百官把头叩得嘭嘭响，齐声说：“天生圣人，为社稷生民做主，天下不可一日无君。殿下是太祖嫡子，功在社稷，众望所归，宜正大位，使万世洪业永有所托。”马屁拍得真让人感到舒服，但燕王还是沉住了气，继续作秀。

第二天，众位武官将领来到宫中，呈上奏章，磨破嘴皮，苦苦劝进，又被燕王婉拒。次日，几个在京的王爷匆匆入宫，呈上表章，再次劝进，声称代表所有藩王表达心愿。燕王仍然声称自己不够格，再三推辞。诸王、文武百官同燕王摽上了劲，反复入宫劝进，伏地叩头硬是不起。

谢天谢地！燕王终于勉为其难，答应做大明朝皇帝了。

在登上至尊宝座之前，有件大事燕王必须要做，而且刻不容缓。自己既然是大明开国皇帝嫡子，既然奉天靖难，恢复洪武先帝旧制，少不了要告祭先帝在天之灵。他在文武官员簇拥扈从下来到神烈山（钟山）孝陵，举行庄严的拜谒高皇帝陵寝仪式。返城之后，步入皇城奉天殿，即皇帝之位。这天是建文四年（1402年）六月十七日。在登基仪式上，诸王和文武群臣山呼万岁，上表称贺。

大明新皇帝要做的事情很多，他要拨乱反正，使天下大治，要通缉祸国殃民的奸臣，要封赏靖难功臣等等。其中有几件事必须马上就做：

（一）废除削藩逆令，立即恢复周王、齐王等人封爵。

（二）清宫三日，凡建文宫中女官、内官、宫人一律诛杀，曾得罪建文帝者除外。

（三）以天子之礼厚葬建文（出于策略，不得已而为之）。

（四）恢复宫城各殿门旧名。

（五）废除建文生父朱标的兴宗孝康皇帝庙号。

朱棣虽然厚葬了建文帝（文献记载厚葬，至今找不到墓葬），但并没有给他上庙号、谥号。直到南明弘光年间，才上庙号曰惠宗，谥号是：嗣天章道诚懿渊功觐文扬武克仁笃孝让皇帝。清代乾隆年间，赠谥号为恭闵惠皇帝。

当年（1402年）七月初一，朱棣在京城南郊举行隆重的祭天、祭地礼仪，向天下庄严宣告：大明朝有了新皇帝，受奸臣压迫的人从此站起来了！正式废除建文年号，将当年纪年改为洪武三十五年。以明年为永乐元年（顾名思义，永乐永乐，普天同乐，长乐未央）。

永乐元年，朱棣追尊明太祖朱元璋谥号：圣神文武钦明启运俊德成功统天大孝高皇帝。诸事俱备，步入正轨，国家机器开始正常运转。

大明这艘巨舰在新舵手指挥下，乘风破浪，继续前进。

一边是冰雪，一边是火焰

据明代郑晓《吾学编》记载，当年朱元璋曾让朱标父子以新月为题，各作一首诗。朱允炆诗作与老爸手笔异曲同工："谁将玉指甲，抓破碧天痕？影落江湖上，蛟龙不敢吞。"朱标诗中有一句是"未得团圆相"，允炆诗中"影落江湖上"，后人认为都不吉利。朱标短命，没有即位；允炆逊国，落魄江湖。当然，这都是谶纬观念作怪，读者不必当真。

燕王入京之后，最急迫的事情便是通缉捉拿奸臣。当初这些人摇唇鼓舌，怂恿建文削藩，恨不得把燕王打翻在地，再踏上一只脚。如今燕王得了势，能轻易饶了他们吗？就是钻到地缝里，也要把他们抠出来。政治权力斗争，历来没有调和余地，不是你死，就是我活。冤有头，债有主。不是不报，时候未到，时候一到，全部不饶。

燕王令人在全城发布告示，张贴榜文，大张旗鼓地悬赏捉拿奸臣。榜单上开列的奸臣，29人赫然在目。列在首位的就是太常寺卿黄子澄，其次兵部尚书齐泰。另外还有礼部尚书陈迪，翰林院侍讲方孝孺，副都御史练子宁，礼部侍郎黄观，大理寺少卿胡闰、寺丞邹瑾，户部尚书王钝、侍郎郭任、卢迥，刑部尚书侯泰、侍郎暴昭，工部尚书郑赐、侍郎黄福，吏部尚书张紞、侍郎毛太亨，给事中陈继之，御史董镛、曾凤韶、王度、高翔、魏冕、谢升，前御史尹昌隆，宗人府经历宋征、卓敬，修撰王叔英，户部主事巨敬。

告示中标明赏格，凡文武官员军民人等，绑缚奸臣，为首者升官三级，为从者升官二级；绑缚有罪官吏，为首者升二级，为从者升一级。凡是知情不报或窝藏奸臣者，都要获罪。

通缉名单中，户部尚书王钝，工部尚书郑赐、侍郎黄福，吏部尚书张紞，前御史尹昌隆等人虽然举错了旗，站错了队，但能够悬崖勒马。燕军破城之际，他们主动归顺，跑到金川门欢迎燕王。鉴于这几人的实际表现，燕王将他们从奸臣榜上除名，官复原职。另外又增加徐辉祖、铁铉等50多人为通缉要犯。

俗话说鸟为食死，人为财亡。放着升官发财的机会，谁想错过？再说榜单上开列的这些要犯，无论是不是奸臣，与老百姓有何相干？他们死心塌地保的是建文皇帝而不是平头老百姓，无论谁当皇帝，老百姓照样完粮纳税，照样生活在社会底层。那些死保建文的人就不同了，他们口口声声削藩，其实是为了个人既得利益，老百姓犯不着为这些官迷承担风险。

通缉榜单发布后，一场群众性的检举揭发运动开始了。你想，城外有军队封锁，城内已经戒严，没有人会冒着杀头危险窝藏他们。通缉犯上天无路，入地无门，只能待在家中乖乖受擒。何况其中一些人书读多了，认准了死理，根本就不打算逃跑，只想慷慨就义，死后万古流芳。

武臣和文官不同，没有那么多迂腐气，城破之日全都归附燕王。他们心中明白，无论谁当皇帝，还是老朱家天下，国旗没有改变颜色。只有一人例外，他就是魏国公徐辉祖，城破之后受擒，被投入大狱，死活不肯归顺。朱棣亲自提审国舅爷，他一言不发，提笔写下一句话：父为开国功臣，子孙免死。

永乐帝大怒，想杀他又有顾虑，毕竟是徐皇后亲弟弟呀！徐增寿刚死，再死一个，生怕徐仪华经受不住打击。永乐帝在龙柱下徘徊良久，还是将他放回家中，革除俸禄，闭门思过。几年之后，徐辉祖不明不白死亡。

朱允炆的三个兄弟，在建文当政时都被封为藩王，赐予膏腴之地。朱棣掌了大权，当然不会让他们安生。他发布圣旨，将吴王朱允熥降封为广泽王，衡王朱允熞降封为怀恩王，徐王朱允熙降封为敷惠王。数年之后，三人都非正常死亡，懿文太子这一支便绝了后。

朱棣最痛恨的两个人就是太常寺卿黄子澄、兵部尚书齐泰。当燕军抢渡淮河时，建文帝迫于巨大压力，将二人罢职，暗地却派他俩到外地招募兵马。燕王占领京城后，二人都在外地。

古语云，覆巢之下，岂有完卵。各郡县官员见建文帝垮台，纷纷归附大明新皇帝，黄、齐二人虽在外地，其实并不安全。起初黄子澄跑了几个地方，没有招到一兵一卒，又想同苏州知府姚善谋划勤王，也没有着落。到了这种时刻，谁还想出头送死。燕王即位之后，发布擒拿奸臣的告示已贴遍各府县，黄子澄躲在苏州太仓，被当地武士汤华擒获，立即押解到京城。

黄子澄虽是文人，骨头却挺硬，没有丝毫卑躬屈膝。我们往往认为草莽汉子意志坚强，刀架脖子不怕死，读书人生性软弱，一见了刑具就打哆嗦。其实不然，草莽汉子更容易变节，给他几句甜言蜜语，让几个漂亮大妞搂着他脖子，嗲声嗲气唤几声爷，再送几锭元宝，不怕他骨头不酥，双膝不软。读书人不同，有种人软硬不吃，文斗武斗都不见效，只要认准了理，九头牛也拉不回。你用美女金钱去利诱，这种小儿科根本不起作用。你砍他的头，他只当是风吹帽。当时列在通缉名单上的要犯大都是这种人，因为在壬午年（1402年）被处死，所以史书称之为“壬午殉难”。

据《明名臣言行录》记载，黄子澄被押解到京城后，永乐帝同他有过言语交锋，但无论软硬，都被黄子澄挡了回去甚至挖苦一番。朱棣令人端上笔墨，让黄子澄写服罪书，黄子澄抛下最后几句话：“我是先帝文臣，没有尽到职责，建议削藩过迟，养成今日凶残，后世一定要引以为戒。”

永乐帝大怒，令人砍去黄子澄手脚，百般折磨之后，将他磔死，就是民间常说的零刀子剐了，又将他的家族65人、亲戚380人全部斩首。

兵部尚书齐泰死得也十分悲壮。当时他正在广德募兵，一无所获，听到京城陷落消息后，准备到别处起兵勤王。他骑的是匹白马，生怕路人认出，便用墨汁将马涂黑，岂料马经过奔波后全身流汗，又显露原色。有人认出是尚书齐泰，便将他活捉，押解到京城领赏。

齐泰见了朱棣宁死不屈，被处以极刑。堂兄弟敬宗、齐宰都被处死，叔父时永、阳彦等人充军。儿子只有六岁，也被发配到遥远的边疆。

死得最惨烈的是方孝孺、铁铉等人。方孝孺是饱学之士，极有文才，当初朱棣兵出北平时，道衍和尚曾经跪请：“南有方孝孺者，素有学行，武成之日，必不降附，请勿杀，杀之则天下读书种子绝矣。”

朱棣攻入京师之后，打算召用方孝孺，不料他竟披麻戴孝，一路恸号来到皇宫。朱棣将他投到大狱，他宁死不屈，又让他执笔代写即位诏书，他依然一身孝服来见。朱棣微笑着说：“我此次进京，没有他意，无非是效法周公辅成王。”孝孺大声质问：

“成王何在？”朱棣说：“他已自焚而死。”孝孺又问：“那你为何不立成王之子？”朱棣耐住性子说：“治理国家需要年富力强的人。”方孝孺依然步步紧逼：“为何不立成王之弟？”朱棣强压火气说：“这都是我们家中的事，先生不必操劳。”

于是，朱棣让左右递上笔墨纸张。谁知方孝孺吃了秤砣铁了心，居然在纸上大批数字，随即掷笔于地，边哭边骂：“死即死耳，诏不可草。”

他把弓拉得太紧，逼得朱棣没有一点退路。笑容终于从朱棣脸上消失，朱棣大声喝道：“你死了，难道就不顾及九族？”岂料方孝孺声音更大：“就是灭门十族，又能把我怎么样！”朱棣终于爆发了，令人将钢刀插入他的口中，将两腮割开，一直割到耳根。又施加重刑折磨，直到奄奄一息，重新关入大牢。

朱棣还不解气，派人四下捉拿方孝孺九族亲人，每捉到一人，便当着孝孺面处死，又掘了方家祖坟，焚骨扬灰。这天抓到他的小弟方孝友，绑缚京城，即将斩首之际，方孝孺望着幼弟，泪如雨下。孝友当即口占一诗：“阿兄何必泪潸潸，取义成仁在此间。华表柱头千载后，旅魂依旧到家山。”

孝孺有两个未成年女儿也被捉拿，在押解途中路过秦淮河时，双双投水而死。你想，已经到了这个份上，方孝孺还会回心转意吗？他已经心如顽石，宁可负亲人，决不负国家。虽然一介书生，却铁骨铮铮。

朱棣见方孝孺宁死不屈，又拿他的朋友和门生开刀问斩，合成十族。最后轮到方孝孺，将他捆绑在聚宝门外寸磔。什么是寸磔？就是凌迟，俗语叫作千刀万剐，手段极其残忍，每次从身上割下一寸长肉条，直到将人剔成一副血淋淋的骨架。临死之前，孝孺高吟一首绝命词，慷慨就义。这次屠戮，仅因方孝孺一人，就有873人受到株连而丢掉性命。

兵部尚书铁铉死得更壮烈。他虽然身在外地，但天下已经为朱棣拥有，就是插翅也难逃夺命之灾。当年燕军靖难经过济南时，他险些要了燕王性命，朱棣可以放过任何人，但绝对不会放过他，就是掘地三尺，也要把他挖出来。

铁铉被押解到京城金陵后，卫士令他陛见大明新天子，他不但不理睬，反而将后背朝向宝座，骂不绝口。朱棣令人割去他的鼻子耳朵，又让卫士割去他身上一块肉，烤熟之后硬塞到嘴里，问香不香？铁铉厉声说：“忠臣孝子肉有何不香！”朱棣令手下对铁铉施加寸磔酷刑。

铁铉惨死之后，朱棣仍不解气，让人抬来一口巨大铁锅，往里面注入油，然后架火烧得滚沸。铁铉尸体被投入油锅，顷刻间炸成焦炭。朱棣命内侍用铁棍夹持焦尸反转过来，使面孔朝上。既然活着不肯陛见，死了也得让你朝拜。显然朱棣已经心理变态，成了报复狂、虐待狂、杀人狂，经过几年的压抑，他要扬眉吐气，要采用极端方式发泄。说来也怪，正当内侍手忙脚乱夹持焦尸时，滚油竟溅出锅外，登时将围在锅旁的几个内侍烫伤，接着焦尸又反转过去。

铁铉死时37岁，父母均已年过八十，被押送到海南管制。两个儿子还是少年，一个发配河池充军，一个充当苦力，不久都遭到杀害。妻子和两个女儿被发送教坊司。所谓教坊司，名义上是教习乐舞的机构，其实就是官办妓院。这些女人掉入火坑后，除了从事苦力劳动，肉体还日夜遭受壮汉们轮番凌辱，精神饱受摧残，简直生不如死。铁铉虽然惨死，但浩气长存人间，后人为了纪念他，在济南大明湖畔建造了一座祠堂，春秋祭祀，这就是铁公祠。

礼部尚书陈迪也是块硬骨头，铁杆保皇派。当年朱元璋挥兵渡江，懿文太子朱标就出生在他家中。朱棣将陈迪父子六人绑缚市曹，令人割下陈迪儿子的鼻子和舌头，硬是塞入陈迪口中。陈迪愤然吐出，厉声大骂。陈迪父子都被处以凌迟酷刑，宗亲180人发配边疆。陈迪死后，从他衣带中搜出一纸绝命诗：

三受天皇顾命新，山河带砺此丝纶。
千秋公论明于日，照彻区区不二心。

左佥都御史景清曾在北平任职，与朱棣有一面之交。朱棣即位后，仍让他官任原职。景清效忠建文，日夜想着为先帝报仇，常在怀中藏一把匕首，一心要效仿战国时期敢死之士豫让、荆轲。这天早朝之后，朱棣刚步出御门，景清突然奔向前来行刺，被护卫们制服。景清厉声痛骂，朱棣命护卫将他满口牙齿敲掉。景清口含鲜血，奋力朝朱棣喷去，染得龙袍上血迹斑斑。

朱棣大怒，命人当场杀死景清，剥下人皮，里面再填上干草缝合制成人皮囊，悬挂在长安门上示众。某日朱棣从门下经过，吊绳竟莫名其妙断落，人皮囊险些砸在身上。朱棣吃了一惊，命令立刻将人皮囊烧了。从此便时常做噩梦，梦见景清深更半夜前来索命。朱棣心中恐惧，派兵到景清家乡，将景氏族人全部杀光，又株连到当地乡邻，一个都没有放过，称之为瓜蔓抄，结果村庄变为一片废墟。

右副都御史练子宁也是列在通缉名单上的“奸臣”。京城陷落时，他正在外地募兵，被临安卫指挥刘杰活捉，绑送到京师。练子宁宁死不屈，朱棣将他的舌头割掉，声称自己效法周公辅成王，志在铲除朝中奸臣。练子宁用手指蘸着舌血，在地上书写“成王安在”四字。朱棣大怒，把练子宁千刀磔死，还将他的宗族151人绑缚街头处死，并祸及亲家九族，抄家之后，数百人发配边疆充军。

以上只列举几个例子，有关壬午惨案，正史和野史中都有许多记载，其残忍之状，令人发指，骇世听闻。清初史学家谈迁在《国榷》中评价这次事件，用了这样一句话："齐黄方练之惨，千载下为之魂悸！"

对于死难者而言，他们自信死得其所，因为这些人正统观念根深蒂固，认为建文是合法接班人，他们为建文帝而死，就是为国家献身，为正义牺牲，借用文天祥的话：孔曰成仁，孟曰取义，而今而后，庶几无憾。他们认为朱棣是篡国篡政的乱臣贼子，是野心勃勃的巨奸，因此在两条路线斗争中旗帜鲜明，立场坚定，誓死捍卫正确路线。

什么时候最考验人？当然是生死存亡关头。民间有句俗语：叫唤的猫不逮老鼠。平常海阔天空慷慨激昂都不算数，关键时刻才看出一个人的意志。有些人平时唾沫飞溅夸夸其谈，俨然一副追求正义敢于赴汤蹈火的模样，一到了关键时刻就掉链子，成了草包。有些人平时不起眼，三扁担打不出一个闷屁，一旦到了生死关头，往往能够做出惊天地泣鬼神的举动。

燕军刚入金陵时，朝中几个官员到吴溥家中聚议，在座的有胡广、解缙、金幼孜、杨士奇、王艮、周是修等人。大才子解缙首先陈说大义，表示宁为玉碎不为瓦全。胡广更是慷慨激昂，声言愿用一死效忠建文皇帝。其他在座者也都披肝沥胆，出语不凡，只有王艮和周是修默默流泪，不发一言。

这些人离去后，吴溥的儿子说："解叔、胡叔为人仗义，肯定会舍身殉国。"吴溥说："不见得，依我观察，只有你王叔、周叔会死。"话音刚落，便听到隔壁院中胡广吩咐仆人："外面乱得不得了，仔细把圈中猪看好。"吴溥私下笑道："一头猪都割舍不开，难道会抛舍个人性命？"又过了一会儿，王艮家中突然传出哭声，原来他已经服毒自尽了。

周是修回到家后留下一封遗书，然后服装整洁地来到应天府学宫，先拜至圣先师孔子，而后从容自经身亡。几天之后，胡广、解缙、杨士奇、金幼孜都卑躬屈膝地向朱棣投诚，这些人后来成了永乐帝的红人。数年以后，杨士奇为周是修撰写传记，他对周是修儿子周辕说："当时我要是和你爹一起自杀了，今天谁来为你爹作传记？"闻知此事的人无不暗中发笑。

一朝天子一朝臣。燕王当了皇帝，忘不了那些跟随他出生入死的将领，没有他们抛头颅、洒热血，自己早就玩完了。谁都知道在热炕头上搂着婆娘舒服，砍砍杀杀危险。这些壮士将脑袋系在裤腰带上，不就是想图个封官得爵、荣华富贵吗？当年洪武皇帝大封功臣，按照功劳大小划分公侯伯三等爵位，每人都赐有铁券文书，被授予"开国辅运"荣誉称号，其子孙可以世袭爵禄。永乐帝照搬老爹这一套，只是将荣誉称号改为"奉天靖难"，突出了时代特色。

洪武三十五年（即建文四年）九月，朱棣登基后刚刚三个月，永乐朝廷便举行了隆重的封赏赐爵仪典。经过将近四年的生死较量，保皇派败了，保王派胜了；保皇派哭了，保王派笑了；保皇派跌入万丈深渊，保王派飞黄腾达。一边是冰雪，一边是火焰。

奉天靖难功臣中，当属老将张玉功劳第一。他原先是燕王府都指挥佥事，危难关头坚决拥护燕王发动靖难自救，在历次战斗中其表现可圈可点。东昌大战为了搭救燕王，奋勇杀入重围，不幸壮烈牺牲。永乐帝追封他为荣国公，以后又追封为河间王。张玉儿子张辅也参加了靖难战役，被封为信安伯。明仁宗、明宣宗在位期间，张辅重权在握，忠心辅弼幼主，成为朝廷中流砥柱。

朱棣小舅子徐增寿因暗通燕军被建文帝处死，在即将看到胜利曙光时永远离开了人世，新生政权血染的战旗上也有他的风采。朱棣为表示怀念壮志未酬的功臣，追封徐增寿为武阳侯，此后又晋爵为定国公，徐增寿可以含笑九泉了。

功劳可以同张玉并列的是朱能，在燕王府护卫将领中，他和张玉是燕王的左膀右臂。此人战斗勇敢，指挥得当，在政治上从来没有犯路线错误。每当最困难时刻，总是挺身而出，坚定不移地站在燕王一边。靖难功成，他被封为成国公，官至太子太傅。永乐四年（1406年），朱能佩征夷将军印征讨安南，病死军中，追封为东平王。

丘福，原为燕王府都指挥佥事，在靖难战役中表现抢眼，是个打仗不要命的猛将，因屡立战功，被封为淇国公。此人最大弱点是有勇无谋，性情急躁，喜欢饮酒，一旦灌了几杯猫尿后就容易误事。永乐七年，丘福佩征虏大将军印，率军出征漠北，因轻敌导致全军覆没，战死沙场，被削夺爵位。

姚广孝，即道衍和尚，虽是出家之人，但没有断绝俗根尘念，依然向往尘世的花花绿绿。此人胸有谋略，自从跟随燕王后，参与机密，筹划帷幄，促使燕王野心不断膨胀。又推荐江湖术士袁珙相助，导致燕王宏图大志愈加坚定。功成之后，永乐帝任命他为太子少师，此后又封爵荣国公。

此公有些做作，永乐帝封爵时，他死活不愿受封，自称出家人无意做官，居住在京城寺院里。某日早朝，百官按班站位，等待皇帝临朝，道衍因为没有职务，只能站在最后排。他同最前排某位尚书打招呼闲聊，但龙殿之上不能大声喧哗，只好凑身向前，说完后又退回原位，如此反复数次，顿时感觉自己矮了半截，心中酸溜溜的不是味道。

退朝之后，朱棣见他依然站在大殿上，徘徊不定，欲言又止，知道他有心事，便近前询问。道衍立马面孔通红，张口要官。朱棣呵呵大笑："当初给你官你不要，今天知道做大官的好处了？"道衍不久便官拜资善大夫、太子少师。传世的道衍画像，身着绯红官袍，没有戴官帽，脑袋秃光发亮，一看就不是善茬。

公爵之下是侯爵，获封者均战绩突出，在靖难之役中有汗马功劳。这些功臣是：城阳侯张武，武安侯郑亨，镇远侯顾成，武成侯王聪，泰宁侯陈珪，保定侯孟善，成安侯郭亮，靖安侯王忠，永康侯徐忠，隆平侯张信，安平侯李远，同安侯火真，思恩侯房宽。以上十三侯，除房宽世袭指挥使，其他均世系侯爵。

侯爵之下是伯爵：封徐祥为兴安伯，徐理武康伯，李濬襄城伯。谭渊为新宁伯，由于阵亡，其子谭忠袭封。唐云新昌伯，孙岩应城伯，房胜富昌伯，赵彝忻城伯，陈旭云阳伯，刘才广恩伯，刘荣广宁伯，陈懋宁阳伯，王通武义伯，王友清远伯，陈贤荣昌伯，张兴安乡伯，陈志遂安伯，袁容广平伯，李让富阳伯，李彬丰城伯。以上功臣除了唐云、房胜、刘才世袭指挥使，其他均世袭伯爵。

朱棣认为袁容、李让、李彬功劳大，永乐元年又将这三人升为侯爵。

原来袁容和李让都是燕王府中姑爷，分别迎娶了燕王的长女（即永安郡主）和次女（永平郡主）。如今燕王做了皇帝，两个女儿也都名正言顺成了公主，自然对驸马爷格外照看。李彬虽然不是燕王府中金龟婿，但在靖难之役中多次充当前锋，征战有功，所以再次提拔。

曹国公李景隆因为献城有功，不但保留了原来的爵位，还给他增加俸禄一千石。兵部尚书茹瑺虽是建文帝任命的高官，但能够顺应潮流，带头劝进拥戴，不仅照样当官，还被封为忠诚伯。都督王佐、陈瑄二人，在何去何从关键时刻反戈一击，分别被封为顺昌伯、平江伯，子孙世袭指挥使。这几人确实眼皮活，见圈就跳，无论谁掌权，都有饭吃。

还有驸马都尉王宁，他的老婆是怀庆公主（朱元璋和成穆孙贵妃所生）。王宁掌管建文后军都督府，曾密谋拥立燕王，遭到建文帝残酷迫害，万幸没有被砍头。出狱后被朱棣封为永春侯，子孙世袭爵位。

除了这些靖难功臣，其他将士也都按照职位和贡献大小逐级提拔，分别赏赐银两、宝钞和布匹等物。朱棣聪明，他才不干那种卸磨杀驴的傻事。

什么是特权？世袭爵位官职就是特权，除非犯了重罪被剥夺，只要不严重违法乱纪，就可以饭来张口，衣来伸手。荣华富贵的背后是血汗，是刀光剑影，是先辈提着脑袋换来的。他们的子孙可以躺在祖辈的功劳簿上享清福，可以向旁人夸耀门第，可以滔滔不绝自吹自擂，可以不思进取。正因为这样，老子英雄，儿孙却没有几个成器的。

上穷碧落下黄泉

建文帝究竟是不是被大火烧死了，永乐帝一直吃不准，这成了他心中无法解开的一个疙瘩。心有千千结，自然吃饭不香，睡觉不安稳。

当初刚杀入金陵时，朱棣站在烧成废墟的奉先殿前发呆，恰巧建文朝兵部尚书茹瑺前来劝进，朱棣说了一句掏心窝子话："茹瑺，如今我把祖宗神灵全都得罪了。"茹瑺却说："殿下奉天靖难，伸张正义，何罪之有！"朱棣听了这话，才稍微放宽了心。

无论奉天靖难为国锄奸，还是吊民伐罪以安洪武社稷，这些都是朱棣的说辞，无非是自我宽慰、自我解脱。打了将近四年仗，死了那么多人，尤其是那些惨遭凌迟、剥皮、油烹的官员以及受株连的族人获得了世人的广泛同情。这种大屠戮简直惨绝人寰，这种惨状简直空前绝后。正如明末一些史家所说，虽百年之后，仍令人心有余悸，倒抽寒气。朱棣虽然是个报复狂，但也有恐惧心理，每到夜深人静的时候也会心惊肉跳。

按照封建正统观念，凭借暴力手段把宝座上的皇帝赶下台，这就是谋逆、造反，大逆不道，十恶不赦，任凭你百般辩解，哪怕把顽石说开了花，公道自在人心。活着的人尤其同情建文帝的人心灵深处留下了伤痕。朱棣虽然做了至高无上的皇帝，但日子也不好过，他的心中也有阴影。

如果建文帝确实死了，随着岁月流逝，人们的憎恨心理和复仇心理可能会逐渐消磨。怕就怕建文帝还活着，只要他活着，就是一面复辟旗帜，就具有无声的号召力，那些不甘心失败的人，就会陆续聚集在这面旗帜下闹地震，死灰复燃，卷土重来。永乐王朝就得不到安宁。

俗话说怕什么来什么。朱棣登基不久，偏偏就听到了不好的风声。宫中个别太监私下议论，说那具焦尸根本就不是建文帝，而是建文帝的皇后马氏。这时民间也有一些传言，有的说建文帝还活着，隐藏在民间，居无定处，行无踪影。还有消息说，建文帝已经泛舟逃到了海外。虽然这都是小道消息无法证实，但足以引起永乐帝的警觉，他明白斩草除根的道理，宁可信其有，不可信其无。

为了寻找建文帝下落，永乐帝撒开人马各处打探，但效果并不理想。朱棣担心一旦把事情闹得沸沸扬扬，只会增加寻找难度。思前想后，他决定把这件大事交给两个心腹办理，这二人就是内廷太监郑和和都给事中胡濙。郑和率领船队多次扬帆海外，远赴海邦岛国明察暗访；胡濙则带领密探常年奔波于全国各地，一旦发现情况，直接向永乐帝密报。

郑和，就是大名鼎鼎的三保太监，原姓马，小名三宝。他是云南昆阳人，出生于回族家庭。洪武十三年（1381年）冬，明军征伐云南，年仅10岁的三保被掳入军营，送到京师金陵，随后遭受阉割，分派到燕王府当了一名小太监。郑和自幼习武，因而博得燕王朱棣赏识，靖难之役爆发时，他正值血气方刚的年纪，随同燕王征战，表现十分抢眼。

朱棣能够登上皇帝宝座，有两种人为他立下汗马功劳，一类是张玉、朱能、道衍这些人，或者在战场奋勇搏杀，或者出谋献策。另一类人便是太监，有的太监潜伏在建文宫中向他暗通情报，有的太监则跟随他浴血沙场。郑和就属于披挂上阵打仗玩命那类太监。

朱棣在金陵即位后，亲赐马三宝郑姓，又改名为和。为什么改为郑姓？有两种说法，一是因为马皇后姓马，宦官不能和开国皇后同姓；二是当时明朝有宫禁规矩，马不能进入内廷，即使人姓马，也犯了宫廷忌讳，所以改姓为郑。不管哪种说法，能够得到当朝天子钦赐之姓，这是一种莫大荣誉。

永乐帝为了奖掖郑和靖难从征的功劳，任命他为内官监太监，官秩四品。别小看这个内官监，它是明朝内廷十二监之一，排名仅次于司礼监，凡是国家营造宫室、陵墓并铜锡妆奁、器用及冰窖诸事，都由其主管，同时还掌管米盐库、营造库、皇坛库等库藏。郑和是内官监一把手，权力当然很大。

永乐三年（1405年），朱棣风闻建文逃到了海外，他打定主意，就是跑到天涯海角，也要把他铲除。经过慎重考虑，朱棣将这个重要任务交给了郑和。此事在《明史·郑和传》有记载："成祖疑惠帝亡海外，欲踪迹之，且欲耀兵异域，示中国富强。"惠帝就是朱允炆，由于政治问题，一直没有谥号和庙号。直到南明时，偏安皇帝朱由崧才追尊他为嗣天章道诚懿渊恭觐文扬武克仁笃孝让皇帝，庙号惠宗。到了清代，乾隆皇帝又追谥为恭闵惠皇帝。

按照明初制度，宦官没有带兵权。永乐三年，郑和奉命出海寻找建文帝，永乐帝破例授予他领兵权。《明史·职官制》明确记载："（永乐）三年，命郑和等率兵二万，行赏西洋古里、满剌诸国，此将兵之始也。"

永乐帝为何将这个重要任务交给郑和呢？主要原因在于，郑和不但是朱棣的心腹，而且了解海外情况。郑和先祖赛典赤·赡思丁是元初来自中亚的色目贵族，曾任云南行省平章。曾祖父伯颜在元大德年间任中书平章。祖父米的纳哈只、父亲马哈只都袭封滇阳侯。由于祖辈信仰伊斯兰教，他的祖父和父亲曾经到伊斯兰教的圣地麦加朝拜，所以熟悉海外各国情况。郑和自小便从长辈言谈中获得海外各国地理概况和风土民情知识，永乐帝选择郑和出使海外，应该说是最合适的人选。事实证明，郑和确实能够担负起航海重任。

郑和先后七次下西洋，其中六次在永乐年间，最后一次是宣德年间。

永乐三年六月十五日，郑和奉命首次航海，由南京龙江港启航，经太仓出海，历时两年多，于永乐五年九月初二回国。据《明史》记载，郑和这次下西洋，“将士卒二万七千八百余人，多赍金币。造大舶，修四十四丈、广十八丈者六十二。自苏州刘家河泛海至福建，复自福建五虎门扬帆，首达占城，以次遍历诸番国”。

这次远航共出动240多艘海船，其中最大的船舶称作宝船，“宝船高大如楼，底尖上阔，可容千人”。船体上下四层，有9根桅杆，可张挂12个帆，仅铁锚就重达几千斤。这种宝船是当时世界上最大的海船，堪称一流巨型船舶，难怪英国著名科学技术史学者李约瑟博士这样评价：“明代海军在历史上可能比任何亚洲国家都出色，甚至同时代的任何欧洲国家，以致所有欧洲国家联合起来，可以说都无法与明代海军匹敌。”

朱棣确实是个好大喜功的皇帝，从郑和率领的规模庞大的远航舰队便可以看出永乐天子的气魄。他要征服海洋，扬威世界，在寻找建文踪迹的同时，将中华文化传播到天涯海角。郑和这次远航，先后到达占城（今越南南部）、暹罗（今泰国）、爪哇、苏门答腊、三佛齐（均为印尼古国），又经满剌加（今马六甲）抵达天竺（今印度）、锡兰山（今斯里兰卡），北上印度洋西岸柯枝、古里、加尔各答（均在印度），又抵达忽鲁谟斯（今伊朗阿巴斯港），然后返航回国。

永乐五年九月（一说十一月），郑和率领船队第二次出航，先后到达文莱、泰国、柬埔寨、印度等地，在锡兰山迎请佛牙后，于永乐七年夏回国。

同年九月，郑和第三次出海，由太仓刘家港启航，到达越南、印尼、马来西亚、印度等地。回国途中再访锡兰山，于永乐九年六月回到中国。

永乐十一年十一月，郑和第四次出航，绕过阿拉伯半岛，航行至东非麻林迪，于永乐十三年七月回国。

永乐十五年五月，郑和率大明船队第五次远航，途经泉州，先后抵达占城、爪哇，又远航至东非木骨都束、卜喇哇、麻林等国，历时两年多，于永乐十七年七月顺利回国。

永乐十九年正月三十日，郑和第六次下西洋，同时护送前来中国访问的十七国以及地区使者回国，又前往榜葛剌（孟加拉），因遭遇飓风中道返回，随船搭乘十六国赴明使者1200人，于永乐二十年八月回到祖国。

永乐二十二年，郑和奉命准备第七次远航，不料永乐帝突然驾崩，航海活动暂时中止。直到宣德五年六月，永乐帝嫡孙、宣德皇帝朱瞻基为了保持同海外诸国联系，令郑和继续出海远航，这是他第七次远航。船队从南京龙江关启航，先后到达占城、爪哇、满剌加、锡兰山、忽鲁谟斯等十七国。宣德八年（1433年）四月，郑和在印度西海岸古里病逝。

郑和的一生，有将近一半时间在蔚蓝的海洋上度过，七次航海到达30多个国家。大明船队屡次出航的主要动机，就是奉永乐帝之命寻找建文下落。建文是死是活尚不得而知，退一步说，即使真的逃到了海外，用这种方法寻找无异于大海捞针。然而多次出海远航成就了郑和航海家、外交家和探险家的历史地位。虽然没有打探到建文帝下落，但在其他方面却有颇多收获。远航宣扬了大明国威，扩展了海外贸易，加强了文化交往，使中国更加了解世界，世界也更加了解中国。

就在郑和率领船队寻找建文帝同时，永乐帝也加强了在国内的搜寻，因为当时传闻确实不少，都说得有鼻子有眼。对于朱棣来说，哪条消息都值得重视，但哪条消息都难以坐实。为了避免打草惊蛇，朱棣命令胡濙专门负责此事。

据《明史·胡濙传》记载："惠帝之崩于火，或言遁去，诸旧臣多从者，帝疑之。五年遣濙颁御制诸书，并访仙人张邋遢，遍行天下州郡乡邑，隐察建文帝安在。濙以故在外最久，至十四年乃还。"

胡濙，字源洁，武进（今常州市武进区）人。建文二年举进士，授兵科给事中，靖难之役结束后归顺朱棣，于永乐元年升任户科都给事中。永乐帝察访建文下落，为何选派胡濙担当此任？无非有两个原因，一是认为胡濙可靠，据史书记载，胡濙办事稳重，喜怒不形于色。二是胡濙懂得医学，既然充当秘密侦探，完全可以乔装打扮，以游医身份深入民间，只有不暴露形迹，才有可能获得真实可靠的信息。

自从永乐五年奉命打探建文下落，直到永乐十四年暂告一段落，整整十年时间，胡濙一直奔波在全国各地，尤其湖湘川桂黔滇等地是他秘密寻访的重点地域。他这种寻找并不是一个人孤身行动，还有许多乔装打扮的探子充当接应，负责联络，传递消息。必要的话，还可以通知当地官府帮助。

胡濙的任务是察访建文帝下落，为什么又要寻访张邋遢呢？

原来这是他施放的一个烟幕。张邋遢就是张三丰，武当山有名的道士，是个奇人、怪人，名气很大，明代史籍和野史笔记都有关于他的记载。此人籍贯辽东懿州，本名通，又名三丰子等。由于不修边幅，长年一副脏兮兮模样，所以人称张邋遢。据说此人生得身材伟岸，"龟形鹤背，大耳圆目，须髯如戟"，无论寒暑只穿一衲一蓑。他精通辟谷术，几天不吃饭，甚至数月不进米粒，一旦吃饭，食量惊人。平时居无定处，云游四方，言谈诙谐。

至于张三丰的寿命，更是传得神乎其神，有人说他在元朝初年与僧人刘秉忠同师，此后又在鹿邑太清宫学道。到了明朝，朱元璋闻其大名，曾派人到处寻找，始终神龙见首不见尾。后来一度居住在宝鸡金台观，某日自言当死，但又死而复活，此后游踪不定。

据《明史·方术列传》记载：“成祖遣给事中胡濙偕内侍朱祥赍玺书香币往访，遍历荒徼，积数年不遇。乃命工部侍郎郭琎、隆平侯张信等，督丁夫三十余万人，大营武当宫观，费以百万计。既成，赐名太和太岳山。”又据明代郑晓《今言》记载：“成祖遣礼科都给事中胡濙名求邋遢，实访故君。”也就是说，胡濙打着寻访张三丰的幌子，其实暗中察寻建文下落。

那么，永乐帝为何大兴土木营建武当山道观呢？

原因在于武当山自古便是道教圣地，早在宋代，道教就将真武神与武当山联系在一起，称这里是真武神飞升处。所谓真武神，即玄武真君，尚未人格化的形象就是龟蛇复合体。朱棣未称帝前是燕王，兴起于北方，而在道教中真武神就是主掌北方的神灵。据《鸿猷录》《奉天靖难记》等书记载，朱棣当年在北平起兵时，便以真武显灵号召部众，激发斗志。他和道衍共同玩了一个把戏，举兵当日，天空突然出现一团乌云，道衍附会为真武显灵。“众见空中甲兵，其师玄武像也，成祖即披发仗剑应之。”朱棣如今当了皇帝，能不崇拜玄武真君吗？

胡濙暗察建文帝下落一直没有进展，只得暂时放弃。到了永乐十七年，又到江浙湖湘诸府打探，直到永乐二十一年还朝。这时永乐帝正进行第四次北征，兵马驻扎在宣府（今河北张家口市境内），胡濙赶去禀报情况。“帝已就寝，闻濙至，急起召入。濙悉以所闻对，漏下四鼓乃出。先濙未至，传言建文帝蹈海去，帝分遣内臣郑和数辈浮海下西洋，至是疑始释。”

显然，朱棣对胡濙的到来极为重视，已经就寝了，又急忙起身召见胡濙，而且密谈到深夜。史书没有披露密谈内容，但肯定与建文有关，经过这次交谈，朱棣的疑虑彻底消除了。看来，永乐帝已从胡濙口中获得真实情况，无论建文是死是活，已经对永乐王朝难以构成威胁。长期压在心中的石头终于落了地。

但是，史书记载还是模棱两可，后人永远无法得知历史真相。

失踪的建文帝

建文帝的下落始终是历史谜团，不仅困扰着永乐帝，也困扰着许多人。自从那日宫中火起到现在，时间已经过去了600多年，谁也搞不清楚，当时建文帝究竟是死是活。

关于建文帝下落，史书主要有三种说法：一是举火自焚身亡，二是逃到了海外隐居，三是出家当了和尚，其中较流行的说法是出家为僧。

《明史纪事本末》综合相关资料和传闻，专门辟有《建文逊国》一卷，作者认为建文没有死，而是故意制造自焚假象，借以金蝉脱壳。据书中披露：金川门失守那天，宫中少监王钺告诉建文，高皇帝（朱元璋）临死之前，曾在奉先殿里藏了一只铁皮箱子，嘱咐危急关头打开。

建文令人寻找箱子，自己亲自在宫内纵火。箱子打开后，里面放有三张度牒（僧人身份证），分别写有三个法号，一个是应文，一个是应贤，另一个是应能，还有白金十锭和袈裟、鞋帽、剃刀等物。箱内留有秘言，叮嘱从御沟逃出，到了城外神乐观有人接应。建文纵火时，还有几十名亲随在场，纷纷要求伴驾，建文担心人多坏事，只留下九人。因为自己年号建文，便取了署名应文那张度牒，吴王府教授杨应能同署名应能的度牒相符，监察御史叶希贤自然就是应贤。三人匆匆剃度后，和其他几个亲随一起潜入下水道，出城之后来到河边，恰巧有条船在那里等待，迎接者正是神乐观道士王升。

这段记载故作神秘，一看就有人为编造的痕迹。第一，朱元璋本事再大，不可能未卜先知，预知此次祸乱。第二，三人名字与度牒暗合，将度牒法名相联就是应文贤能，显然是“允炆贤能”谐音。第三，没人通风报信，神乐观道士怎么得知建文由此处出逃，事先在这里接应？第四，朱元璋以和尚身份起兵得了天下，建文则以出家方式逊国。显然，这是故弄玄虚，编造因果关系。

当晚，建文和随从在神乐观过夜，第二日一早，准备到外地避难。随员史彬步行到中河桥寻找运载工具，恰巧驶来一船，正是史彬老家派来的船只。几个人将建文接到船上，取道溧阳，行驶到吴江黄溪史彬家中躲避。不久，朱棣令礼部行文到各州县，凡是建文任命的官员，都要追缴诰敕文书，苏州府责令吴江县丞巩德来到史彬家中追夺。巩德说，听说建文皇帝藏在这里。史彬矢口否认。

巩德离去后，建文觉得这里不安全，于是和持有度牒的杨应能、叶希贤，还有化装为道人的监察御史程济一起离开史家，当天是八月十六日。四人乘舟来到京口，过六合，陆行去湖广。当年十月来到襄阳，住在兵部侍郎廖平家中。只待了几日，发现当地有朱棣派出的探子，于是起程前往云南。

永乐元年（1403年）正月，四人来到云南永嘉寺，感觉比较安全，便在寺中落脚。次年正月离开云南，由重庆抵达襄阳。当年八月又来到吴江史彬家中，打算次日离开。史彬苦留，建文说：“几天前，在半道遇见朝廷派出的公差，其中一人是我的旧臣。当时他反复打量我，说不定会向官府告发。”史彬见四人衣履破旧，立即让家人赶制新衣新鞋。三日之后，建文等人离开，作两浙之游。在杭州停留二十三天，又到天台山、雁荡山游历三十九天，因天气转冷返回云南。

永乐三年二月，建文至重庆大竹善庆里隐居了一段时间，此后回到云南。永乐四年四月来到西平侯沐晟家中（家在滇南），留居旬日，随即在白龙山结庵长住。此时朝廷正紧锣密鼓侦访建文踪迹，建文帝在白龙庵隐居了四年。永乐七年正月，朱棣派遣郑和航海，到各国察访建文下落，胡濙也以访寻张三丰为名，多次来到云贵一带。建文感觉有危险，再次来到重庆善庆里。五月复至襄阳，因旧臣廖平已举家迁往蜀地，只好悄悄回到白龙庵藏身。

永乐八年至十五年，建文一直躲在云南。他认为白龙庵不安全，又在浪穹鹤庆山结庵，取名大喜庵。永乐十年，杨应能和叶希贤相继去世。次年五月，建文一度南下缅甸，六月返回。永乐十三年八月，游历衡山，两个月后返回。永乐十五年二月，史彬远道来到云南，竟鬼使神差与建文重逢于大喜庵。当年十一月，建文游历衡山，于永乐十六年到贵州隐居。

永乐十八年十月入蜀，登峨眉山。次年到广东，游海南，年底回到鹤庆大喜庵。永乐二十一年与程济入楚登章台山，游汉阳，登晴川楼，七月至大别山小住。永乐二十二年二月东行，十月又同史彬在旅店意外相遇。获悉朱棣出塞北征，在回师途中病死于榆木川。于是三人结伴，来到史彬家中，数日后离开，至宁波莲花洋。

洪熙元年（1425年）正月，到普陀潮音洞谒拜观音大士，五月由闽、粤返回鹤庆山大喜庵。此时，刚刚即位的明仁宗又病亡，建文心中总算安稳下来。

宣德二年（1427年）八月，因云南发生寇乱，建文和程济入蜀，先后游历神女庙、黄牛矶等名胜，当年十月到汉中。

宣德四年正月来到成都，五月返回云南鹤庆山中。宣德六年前往陕西延安，七月南下入蜀。宣德七年正月入楚，经公安至武昌。八月下九江，九月游杭州吴山，十一月游天台山。宣德八年正月在赤城，次年五月，和程济再次来到史彬家中，而后游浙江会稽。宣德十年三月前往粤西。

明英宗正统元年（1436年）八月，回到云南浪穹旧居，第二年重游峨眉山，年底返回。正统三年至粤西。正统五年来到贵州，在金竺长官司罗永庵（今贵州长顺县境内）小住。至此，朱允炆已经颠沛流离39年。因在罗永庵寺壁题了两首七律抒怀诗，行迹败露，结果在广西思恩被当地官府拿获，押送到北京。明英宗按验之后，知是逊帝建文，遂接入皇宫西内养老，宫人呼之为老佛。后来以寿终，葬于北京西山，没有立坟堆和任何标志。

这就是《明史纪事本末》关于建文逊国为僧的记载，颇具传奇诡异色彩。野史中也有许多建文出家的传闻，相互矛盾抵牾。传闻毕竟不是信史，没有确凿证据，道听途说，只能使历史真相更加扑朔迷离。

据《明史》（张廷玉本）记载，京师陷落时，“燕王遣中使出帝后尸于火中，越八日壬申葬之。或云帝由地道出亡。正统五年，有僧自云南至广西，诡称建文皇帝，思恩知府岑瑛闻于朝。按问，乃钧州人杨行祥，年已九十余，下狱，阅四月死。同谋僧十二人，皆戍辽东。自后滇、黔、巴、蜀间，相传有帝为僧时往来迹”。

《明史》说得很委婉，认为朱允炆已死于宫火，灰烬中发现两具尸体，为建文帝和皇后，其次才提及建文帝由地道出逃传闻。至于正统五年在广西思恩府抓获的自称建文逊帝的和尚，《明史》明确指出是个假冒者。建文生于洪武十年，21岁登基，25岁下台，到正统五年（1440年）应该是64岁，而杨行祥当时已是90岁老僧，二者年龄相差太悬殊。

最不可信史料就是清初谷应泰所撰《明史纪事本末》。此书将建文出家为僧经过，数十年的行程、地点、时间等，叙述得十分详细，如同作者伴随建文一起出行。而且其中许多叙述十分诡异，如同传奇小说。

自从假冒建文帝事件发生后，云贵川等地相继出现建文往来于其地的传闻。显然，这是在发生了杨行祥冒名事件后才出现的，不排除人为造假嫌疑。万斯同所撰《明史》卷五也持有相同说法。一说在思恩州同时落网的有两个和尚，一个是建文帝，另一个是假冒者杨应祥，二人同时械入京师。杨应祥论罪处死，建文帝则迎入宫中养了起来。

明清史料披露了几首律诗，据说是建文帝出家后所作，其中一首流传最广：

牢落西南四十秋，萧萧白发已盈头。
乾坤有恨家何在？江汉无情水自流。
长乐宫中云气散，朝元阁上雨声收。
新蒲细柳年年绿，野老吞声哭未休。

另外两首，就是最终导致建文帝行迹败露的七律，题于贵州金竺长官司罗永庵墙壁，这里选录其中一首：

风尘一夕忽南侵，天命潜移四海心。
凤返丹山红日远，龙归苍海碧云深。
紫微有象星还拱，玉漏无声水自沉。
遥想禁城今夜月，六宫犹望翠华临。

诗中确实有逊位帝王的感触，充满了惆怅、怀恋和无奈。

有关建文帝削发为僧及云游四方之事，《明史纪事本末》记述最为详细，专门设有《建文逊国》一卷，书中也收录了建文的两首流亡诗作。该书有关建文逃亡为僧资料，主要来源于托名史仲彬（即史彬）的《致身录》，还有程济的《从亡随笔》。据传说建文在逃亡期间，与这二人关系最为密切。其实，这两部纪实之作都是托名伪作，早在明末清初便受到许多学者和史家的质疑反驳。

这些诗作真的出自建文手笔吗？没有确凿证据能够证实。毕竟历史上真真假假的事太多了，假托的事情可谓层出不穷。比如湖南石门夹山寺发现的梅花百韵诗，传说是当年李闯王兵败，归隐寺中所作。朱允炆的命运同重大历史事件紧密相连，足以吊起人们的胃口，出现各种传闻属于正常现象。

建文归宿究竟如何？这是一个纠缠了600多年的谜团，剪不断，理还乱，其真相可能永远无法大白于天下。这个问题在当时便是一池浊水，随着历史层累过程，会越搅越浑。无论建文自焚还是侥幸逃生，并没有影响历史发展进程。

我们同情朱允炆的命运，但并不认可他的治国能力。我们谴责朱棣的残忍冷酷，但无法否认他的治国才干。幸亏朱棣做了大明朝皇帝，凭借雄才大略和多次统兵北征，有效消除了边患威胁，捍卫了大明领土完整。漠北和辽东地带向来是最不安定的地区，一边是鞑靼和瓦剌磨刀霍霍，一边是女真虎视眈眈，建文帝有魄力有能力处理这些复杂问题吗？

历史不能假设，但后人可以根据史实，对历史人物进行比较。

第四章

永乐天子的多面人生

马上天子

天子时巡遂出京，桓桓貔虎拥边城。
风云动色随行帐，日月回光绕御营。
万里戈矛横杀气，六军鼙鼓震大声。
悬知朔漠风烟靖，愿颂神功答圣明。

这首七律题名为《阅武》，出自永乐朝文渊阁大学士杨荣之手。永乐八年（1410年）春，朱棣统兵亲征漠北，杨荣随驾。在北征途中，永乐帝利用战斗间隙检阅兵马，将士用命，气壮山河，杨荣目睹金戈铁马场面，创作了这首诗歌。

《左传》说："国之大事，在祀与戎。"祀就是祭祀，敬天礼地祭祖都属于祀的范畴，通过虔诚祭祀祈求风调雨顺，五谷丰登。戎就是武力征伐，借助军事力量讨伐敌对势力，这是维持国家和平安定的有效手段之一。借用毛主席他老人家的话，就是用战争反对战争，用正义战争反对非正义战争。

有人曾这样评价法国杰出的军事家拿破仑：其整个一生几乎都是在战争中度过的。还有人称赞他是骑在马背上的"世界灵魂"。生活年代早于拿破仑400年的朱棣，他的一生几乎也都是在战场上度过的，是个不折不扣的马上天子。在中国历代帝王中，没有一个人像他这样玩命，几乎每次大战，他都披坚执锐，一马当先，冲锋陷阵，义无反顾。

明末清初张岱所撰《石匮书》卷三《成祖本纪》对他这样评价："文皇自燕邸至建康（南京），大小几百余战，未尝不身冒矢石。即位之后五出漠北，三下安南，近边数千余里几无王庭焉。当时不无苦其劳费，然后此二百年，虏所以不敢大肆凭陵者，岂非文皇之遗烈也？"

洪武帝开创了大明帝国，永乐帝强化了大明王朝，国富兵强，威加四海。当时向中国进贡的三十余国中就有日本，年年派遣使者前来朝贡，驯服得像只羔羊，做梦也不敢吞并中国。日本为何不敢动这个念头？因为巴蛇吞象，实力不济，没本事在太岁头上动土。当代学者这样评价永乐大帝：朱棣是位马上天子，因武功而立威名，因武功而夺皇位，因武功而拓疆土。

作为国家最高领导人，统驭天下离不开文治，但是文治并非万能良方。当国家面临严重的边患威胁时，当国内四下起火，八方冒烟时，文治便显得苍白无力。解决问题就需要铁腕，需要强大的武力支撑。常言道时势造英雄，特定时代需要特定的历史人物，既需要半部《论语》治天下的君王，也需要叱咤风云弯弓射大雕的皇帝，更需要文治武功兼备的雄主。

翻开史书看看，历史上凡是有作为的帝王，大都经历了战场上烽火硝烟血雨腥风的洗礼，这种人不但有胆有识，处事果断，而且具有超强的凝聚力。例如东汉开国皇帝刘秀，新莽地皇三年（22年）起兵于南阳，在戎马生涯中显露头角。昆阳大战他身先士卒，率领十几人杀出王莽四十万大军的围追堵截，又以三千子弟兵大破敌军，挽狂澜于既倒。随同他一起再造山河的云台二十八将，也都功成名就。唐太宗李世民年仅16岁便投身行伍，在历次战斗中崭露头角。在统一天下的六次重大战役中，他亲自指挥了四次大战。那些和他一起出生入死的功臣，也都被图绘肖像，供奉于凌烟阁。宋太祖赵匡胤自幼爱好骑射练武，手提一条乌油棍走天下。投身行伍后南征北战，结交了许多敢死之士，后来在铁哥们拥戴下陈桥兵变，黄袍加身。统一天下之后，他又玩了一出杯酒释兵权的把戏，将那些一起打天下的功臣授以散官闲职。

朱棣老爸朱元璋，也是个打仗不要命的拼命三郎。他崛起于淮西草莽间，率领二十四名敢死之士南下定远，经过浴血拼搏，终于创建大明王朝。那些跟随他一起打天下的铁哥们，都成了开国辅运功臣。

永乐帝也是如此，起兵时只是个燕王，仅拥有万余兵力。这点资本同强大的朝廷军队相比，简直是沧海一粟。然而，他就是抱着鱼死网破的决心，凭借强大的凝聚力和旺盛的斗志，硬是将不可能变成了可能。那些和他一起同甘苦共患难的将领都笑到了最后，成为响当当的靖难功臣。

朱元璋年轻时生活于社会最底层，可谓苦大仇深，得了天下后生怕子孙不能守业，经常提醒他们创业之艰难，还指派天下名师教育孩子。朱棣同几个哥哥相比兴趣更为广泛，除了习文，特别喜爱练武，在皇宫生活期间便练习骑射。就藩北平之前，他曾在凤阳老家居住了几年，除了体察民情外，还天天习练武艺，对于兵书和演兵布阵表现出极大兴趣，到北平做燕王后，更是有了施展才能和抱负的机缘。

英雄和军事家不是靠纸上谈兵成就的，而是在实战中显露头角。笔者在第一章已经介绍，燕王在同北元蒙古骑兵交手时，打了几个干净利索的漂亮仗。朱元璋闻报大喜，说了这样一句话："肃清沙漠者，燕王也！"老爹对皇四子刮目相看。据《明史》记载，此后朱棣"屡帅诸将出征"，太祖"令王节制沿边士马，王威名大振"。

朱棣在靖难之役中的表现可圈可点，充分展示了他的军事才能、指挥才能和冲锋陷阵的勇气。令人惊心动魄的真定之役、白沟河之役、东昌之役、灵璧之役都载于史籍。这些经典战役淋漓尽致地显示了朱棣的霸气、勇气和灵气。

朱棣即位之后，曾先后五次北征戈壁沙漠草原，分别是永乐八年（1410年）、永乐十二年、永乐二十年、永乐二十一年、永乐二十二年，史书称作“五出漠北，三犁虏庭”，“深入漠北，以靖胡虏，妖氛残孽，荡焉廓清，几无孑遗”。朱棣放着安稳皇帝不做，为何万里迢迢、餐风饮露屡次出征？当然是为了捍卫大明疆土。自汉唐以来，消除边患方略从来都是一手硬一手软。软手段就是和亲、怀柔，硬手段便是征伐。当软的方法失效后，只能诉诸武力，借助军事力量击破敌对势力入主中原的美梦。

政治斗争是不流血的战争，而战争是政治斗争的继续。

永乐帝第一次亲征漠北，当时共出兵50万，动用运粮武刚车3万辆，运输军粮20万石。北征大军于永乐八年二月十日由北京出发，当年七月十七日凯旋，历时五个月，纵横数千公里。在明军铁拳重击下，鞑靼20多万人马土崩瓦解。

第二次北征是永乐十二年，打击对象是瓦剌。当时塞北主要活动着两股异族势力，一股是瓦剌，另一股是鞑靼。俗话说一个槽上拴不了两头叫驴。瓦剌和鞑靼长期不和，相互争雄，都想在草原争当盟主。瓦剌部首领罗绰斯·马哈木也是蒙古人，他的父亲就是北元风云人物、尼古埒苏克齐汗的太师猛可帖木儿。洪武二十七年（1394年），马哈木袭父职成为瓦剌部首领，并且接受朱元璋册封的名誉头衔。朱棣即位后，瓦剌一直对大明表示归顺，永乐七年，朱棣又封马哈木为顺宁王。永乐八年第一次北征时，瓦剌暗中感到高兴，期望借助明朝大兵消灭鞑靼。永乐帝统兵深入漠北重创鞑靼后，其首领本雅失里带领七骑，西逃瓦剌领地避难，结果被瓦剌兵马袭杀身亡。鞑靼太师阿鲁台东逃之后，也陷于山穷水尽的境地，只好向大明朝俯首称臣。每年进贡马匹，保证不再挑衅犯边。永乐帝顺水推舟，封阿鲁台为和宁王。

如此一来，瓦剌首领感到心理不平衡。这就好比娘怀里的孩子，本来有奶吃有疼爱，突然又冒出来一个野种，不但抢自己的奶喝，还要争宠，他能咽下这口气吗？偏偏阿鲁台又是个麻烦制造者，多次向永乐帝诉苦，声称鞑靼汗王本雅失里被瓦剌杀害，请求皇帝主持公道，出兵为鞑靼报仇。瓦剌首领感觉自己受了冷落，与鞑靼之间矛盾加剧，同时也对明朝产生怨恨情绪，于是狮子大张口，一次又一次向朝廷索取封赏，还屯兵边境，无休止地向明朝骚扰示威。

永乐帝是什么禀性？他可是马上皇帝，一代雄主，素来吃软不吃硬。既然瓦剌敢公开叫板，那就给他一点颜色看看。永乐十二年二月，朱棣下诏亲征瓦剌。调集精兵30万，任命安远侯柳升、武安侯郑亨统领中军，宁阳侯陈懋、封城侯李彬统领左右哨，成山侯王通、都督谭青统领左右掖，都督刘江和朱荣为前锋。当年三月，车驾由北京出发，浩浩荡荡，军威雄壮。为了让皇太孙朱瞻基得到磨炼，特意将他带在身边。

临出发时，朱棣当着侍臣面又夸起了宝贝孙子："朕长孙聪明英睿，勇智过人。今肃清沙漠，使躬历行阵，见将士劳苦，征发不易。"他担心耽误了孙子学业，再次让胡广、杨荣、金幼孜三名文臣随驾，并且交代他们："每日营中闲暇，尔等即以经史于长孙前讲说，文事武备，不可偏废。"你看，朱棣很重视培养接班人，他知道治理国家必须具有文治武功。

四月，北征大军来到兴和驻扎（今河北张北），永乐帝举行盛大阅兵式。五月明军抵杨林城，又举行阅武演习。永乐帝还抽出时间，向皇太孙讲解创业守成艰难的道理。六月初，北征军来到撒里怯儿地面。前锋刘江在三峡口（今内蒙古多伦西北）遭遇小股敌兵，一鼓击退。明军从敌谍口中获知瓦剌首领马哈木驻扎地后，朱棣立即挥师北上，日夜兼程进军。

当军队行至忽兰忽失温（今蒙古国乌兰巴托）时，瓦剌首领答里巴、马哈木、太平、孛罗等人率领三万人马据守山头抵抗。永乐帝派出骑兵诱敌，敌兵果然中计，放弃山头向明军诱骑发起攻击。这时安远侯柳升立刻下令发射神机炮，当即击毙敌骑数百。趁敌军慌乱之际，永乐帝亲自率领精锐骑兵发起反攻。一旦上了战场，马上天子立刻威风八面，他一马当先冲锋陷阵，将敌阵冲得七零八落。明军各部也都投入战斗，双方短兵相接，一时间厮杀声惊天动地。

在这次大战中，明军将士个个奋勇当先，都指挥满都战死沙场。永乐帝表现得最为抢眼，他纵马在战阵中驰击，虽然已经54岁，但英武雄风依然不减当年。在明军摧枯拉朽般的攻击下，瓦剌三万骑兵土崩瓦解。马哈木带领残兵败将落荒而逃，明军一直追到土剌河，又生擒数十人。马哈木命大，乱阵中捡了一条命，趁着夜色掩护，狼狈渡河北遁。

在这次大战中，皇太孙险些发生意外。内侍中有个李谦，是个有勇气没头脑的莽夫。他听到厮杀声立刻来了精神，居然头脑发热，领着皇太孙投入战斗，结果在九龙口被敌骑围困。危急关头，幸亏永乐帝及时赶到，将宝贝孙子救出。朱棣临阵从来没有惊怕过，这次听说孙子困于敌阵，竟然大惊失色。你想，皇太孙是未来皇位接班人，在当时被称为国本，一旦发生意外，后果不堪设想。李谦知道自己闯了大祸，当天夜里便自缢身亡。

瓦剌溃败之后，永乐帝随即下令班师，当年八月回到北京。这次北征历时六个月，马哈木接受教训后，第二年派使者贡马谢罪，多年不敢犯边。

我们常用反复无常、言而无信形容那些不讲信用的人。其实无论瓦剌还是鞑靼，只看重既得利益，对他们而言，信义比纸还薄。这些喜欢喝烧酒吃羊肉的汉子，一得意便翘尾巴，好了伤疤忘了疼。就在瓦剌吃了苦头老实下来后，鞑靼又开始坐大，经过数年恢复，势力逐渐强盛。在鞑靼人眼中，瓦剌不过是一只可怜的病羊。为了释放往日积下的恶气、怨气，鞑靼多次挥舞鞭子，像抽打羔羊一样抽打瓦剌。如今的鞑靼首领阿鲁台，已经忘了自己几斤几两，他不想再向明朝俯首称臣了。每次明朝使者来到漠北，不是被谩骂侮辱便是遭到拘禁。阿鲁台还屡次发兵侵袭塞下，杀戮边民，掠夺财物。

永乐帝不高兴了，让鞑靼使者给阿鲁台捎话，叫他安分些，不然没有好果子吃。岂料阿鲁台将警告当作耳旁风，不但不收敛，反而变本加厉。永乐十九年十月，阿鲁台公开反叛，发兵大举围攻明朝北方重镇兴和。守将都指挥王祥奋勇抵御，结果战死沙场。朱棣闻报震怒，他决不允许胡虏骑着自己脖子撒尿，决意进行第三次亲征。

永乐二十年（1422年）二月，朱棣同英国公张辅商议北征军粮运输，决定分为前后两拨，前拨随同大军同行，后拨跟进。共征调驮驴34万匹，运粮车177573辆，挽车夫235146人，运载军粮37万石。当年三月车驾由北京出发，几天后大军来到宣府东南鸡鸣山。阿鲁台听说永乐帝亲征，立刻变成了草鸡，回想起永乐八年饮马河畔大败仍心有余悸，于是连夜从兴和北逃。

明军将领们纷纷请求追击，永乐帝说：这是一群贪狼，一旦得到食物便溜之大吉，尾随后面穷追徒劳无益。不妨稍候几日，等到草青马肥时由开平北上，经由应昌直捣窟穴，出其不意，必获全胜。四月，明军按照既定战略抵达龙门，在洗马岭得到阿鲁台遗留的马二千余匹。五月翻越偏岭（今河北沽源南）。永乐帝为了使将士们保持旺盛斗志，举行了盛大的阅兵操练。他还创作《平戎曲》一首，让军中将士们传唱。

当年六月，北征军来到威远川，这时接到开平方面谍报，阿鲁台正率兵进攻万全。众将闻报，纷纷请求分兵出击。永乐帝不以为然，他说："这是敌人玩的诡诈把戏，担心咱们抄他的老窝，所以才出此一招，企图牵制我军。"为证实自己的判断，他派出一支人马急趋万全试探，敌兵果然迅速逃离。

七月，明军进至杀胡原，俘获阿鲁台部属，得知敌军内部已产生矛盾，部分人马因畏惧交战而私下逃散。甚至连阿鲁台的母亲和妻子都大为不满，发出埋怨责骂："大明皇帝没有亏待你，为何鬼迷心窍谋逆？"阿鲁台意识到后果严重，将马驼牛羊辎重丢弃在阔滦海，携带家属向北方逃窜。

听到这个消息后，永乐帝相当冷静。他对部将说："野兽在穷极之下，必然选择逃跑，一旦遇到机会，还会反扑。咱们千万不能放松警惕，说不定其中包藏诈谋诡计，故意伪装软弱引我们上钩。"于是派出前哨继续打探，得知阿鲁台确实逃离了老窝。

永乐帝下令，将敌人丢弃的牛羊驼马尽数取回，其他辎重焚之一炬。在回师途中，朱棣经过深思熟虑，决心向兀良哈开刀。

永乐年间，广袤的北方戈壁草原共分布三大势力，这就是瓦剌、鞑靼和兀良哈，他们都是十分强悍的蒙古部落。兀良哈诸部主要活动在蒙古东部的西辽河、老哈河一带。当初元朝残余势力败退漠北后，其下属辽王、惠宁王、朵颜元帅府相继请求归附大明朝。于是，明太祖朱元璋建置泰宁、朵颜、福余三卫，安插兀良哈各部戍边，由宁王朱权节制。由于建文年间发生了长达四年的靖难战争，兀良哈诸部乘机反叛，不断侵扰大明边疆，烧杀劫掠，为患严重。

蒙古三大部族中，当属鞑靼势力最强，兀良哈不敢同鞑靼叫板，便充当了阿鲁台的羽翼。永乐八年，兀良哈曾遭到北征军重创，但是没有吸取教训，继续为非作歹。面对这些喂不熟的鸟儿，永乐帝会手下留情吗?

作出决断之后，永乐帝当即带领数万精兵，分五路驰往屈裂河（今内蒙古洪儿河上游支流），在河东北深谷发现上万敌兵。明军出其不意，打了一场漂亮伏击战。接着驱兵直捣兀良哈巢穴，将其大小首领全部擒斩，尽收敌军牛羊驼马十余万。当年九月，永乐帝率师凯旋，由居庸关回到北京。

永乐二十一年（1423年），朱棣已经64岁。鞑靼首领阿鲁台又一次错误估计了形势，他以为永乐帝已迈入人生暮年，不会再兴师动众亲征了，于是又蠢蠢欲动。当年七月，朱棣接到阿鲁台犯边谍报，立即点兵，命安远侯柳升、遂安伯陈英统领中军；武安侯郑亨、成国公朱勇、英国公张辅、成山侯王通分领左右军；宁阳侯陈懋充当先锋。北征大军于八月初宴飨五军将领，举行大阅兵式。次日师发北京，经由宣府、沙岭抵达万全。

当年九月上旬，北征军驻扎沙城（今河北张北北部）。阿鲁台部众阿失帖木儿、古纳台等人听说永乐帝再次亲征，竟然吓破了胆，急忙带领妻室家小前来归降。他们声称，阿鲁台刚被瓦剌击败，哪里还敢对抗天朝，如今听到皇帝亲征风声，肯定屁滚尿流逃亡远方。

永乐帝当然不会轻易相信，但是为了安抚降敌，当即授予阿失帖木儿等人正千户官职，然后挥师继续北上。十月抵达上庄堡，先锋陈懋得知敌军在饮马河北，立刻驱兵追击。明军抵达宿嵬山口时，遇见鞑靼王子也先土干。王子明白与大明对抗没有出路，主动放弃武器，率领妻子和部众归降，并且表示，愿意向大明纳款臣服。据他透露，阿鲁台确实在饮马河北遭到瓦剌重创，部落已大溃逃散。

永乐帝闻讯十分高兴，当即封也先土干为忠勇王，赐名金忠。其他八名头领也都授以都督、都指挥官职，赏赐冠带织金袭衣。这次北征，没动一刀一枪便威慑了鞑鞑。永乐帝下令班师，于十一月回到北京。

永乐二十二年（1424年）是朱棣第五次提兵亲征，也是最后一次出征。四月师出北京，七月十八日在班师回京的路上，猝死于塞外榆木川（今内蒙古多伦县西北）。他出生于马背上，成长于马背上，驰骋于马背上，最后又在马背上终结了自己的一生。

他是骑在马背上的大明帝国灵魂，正是由于有了这样一位马上天子，才使得明朝历史更具有传奇色彩和悲壮色彩。

文治炳焕

儒家典籍《礼记·祭法》说："文王以文治，武王以武功，去民之灾，比皆有功烈于民者也。"这是说当年周文王重视文治，亲手缔造了周王朝；周武王则凭借武力推翻了暴虐天下的商纣王，他们有功于民，因而受到了后世纪念。

评价一个帝王的成就和作为，就是要用文治武功来衡量。但历史上文武兼备的帝王实在太少，要不毛主席他老人家怎会发出这样的慨叹："惜秦皇汉武，略输文采；唐宗宋祖，稍逊风骚。"

中国历史上有成就的帝王，朱棣算是其中一位，而他的成就体现在文治武功方面。朱棣死后，尊谥称体天弘道高明广运圣武神功纯仁至孝文皇帝。他本是个横戈跃马的马上天子，为何尊谥为文皇帝？这当然不是浪得虚名，因为他得了天下后重视文治，治理国家确实有一套切实可行的办法。

谥号是封建礼制社会的产物，并不是随意添加的。每个重要历史人物，大都有相应的谥号。一个帝王驾崩后，通常由礼官反复斟酌，拟定谥号，以精练的文字高度概括其生平事迹。朱棣的尊谥中有"圣武神功"四字，体现了他一生的赫赫武功，同时他又是大明朝"文皇帝"。按照古代谥法解释：经纬天地曰文；能定典礼曰文；经邦定誉曰文；刚柔相济曰文。既然尊谥为大明朝文皇帝，当然要力求突出帝王的执政能力和特色。

永乐帝在位期间，逐步完善了文官制度，在朝廷建立了文臣议政的内阁制，这一举措，对明清两朝都产生了重要影响。他还采取许多措施，大力发展社会经济和文化建设。诸如疏通京杭大运河，派遣郑和六下西洋，编撰了集大成文献《永乐大典》等等。他在位期间社会安定、国家富强，亲手开创了永乐盛世。

朱棣即位之初便公开表示："为治之道，在宽猛适中，礼乐刑政有其序。……朕以菲德继承大统，仰思圣谟，夙夜祗服，惟欲举贤材，兴礼乐，施仁政，以忠厚为治。”宽猛适中就是有张有弛，乱世年代以武略定天下，和平岁月就应该重视文治。朱棣重视学校教育，永乐四年三月初一日，他亲自到京师文庙祭祀大教育家孔子，并在御制碑文中强调：“朕惟帝王之兴，必首举学校之政，以崇道德，弘教化，正人心，成天下之才，致天下之治。”

有人以为朱棣以勇略出名，以武力夺取天下，做了皇帝后依然会在马背上治理天下，于是就想投其所好。当时山东有个呆子，挖空心思完成一部兵阵图，通过某位京官进献给永乐帝，不料竟遭到当头一记闷棍。朱棣训斥那个官员：“今天下无事，惟当休养斯民，修礼乐，兴教化，岂复当言用兵。此辈狂妄，必谓朕有好武之意，故上此图，以冀进用。好武岂盛德事？其斥去之。”

别以为朱棣只会砍砍杀杀，其实他的文字功底不错，永乐年间由他主持编撰的典籍图书，均亲自作序。至今尚存于世的善本图书中，有一部是《大明太宗皇帝御制集》。原书应为多卷本，可惜只保留下来卷三、卷四。该书为明代内府精抄本，这两卷共包括永乐帝撰写的各种序文23篇。

还有一部著作，名曰《圣学心法》，也出自永乐帝手笔。此书印行于永乐七年（1409年），全书共分四卷，意在弘扬儒家君臣之道、父子之道。书中既有概论，又有较为详细分题论述，重点突出为君之道，宣扬正心、修身、齐家、治国、平天下的重要性。文渊阁大学士胡广奉读书稿之后上言：“帝王道德之要，备载此书，宜与典谟训诰并传万世。请刊印以赐。”虽然胡广所言有奉承之嫌，但由此可见朱棣撰写这部书还是下了一番功夫的。

亲征漠北期间，明军在许多关山要隘留下了题刻，这些文字也都出于永乐帝所撰。他还会作诗，字里行间透溢着雄风霸气和文采。例如永乐十八年正月上元节，朱棣登午门观灯，即兴创作如下诗句：

皇明启祚天眷隆，太祖受命芟群雄。
奠安万姓复人纪，洒扫宇宙腥膻空。
三光宣精益辉朗，五岳不动逾穹崇。
冰天裸壤极南北，虞渊旸谷穷西东。
梯山航海日相继，玉帛万国皆朝宗。
宣扬教化敷礼乐，简拔贤俊俱登庸。
……

朱棣同朱元璋不同，他懂得如何利用知识分子，通过完善科举制度和编修典章文献，充分调动他们的积极性。他还对先师孔子的嫡派后裔衍圣公优礼有加，大力推行以儒治国的基本国策。洪武年间虽然实行了科举取士，但是并没有形成一套完备制度，朱棣即位之后，着手将科举取士制度化、完善化。

明代民众步入仕途主要有四个渠道，即学校、科目、荐举、铨选。学校是培养人才的地方，也是生员科举的必由之路，只有进入学校才能成为生员。科目就是通过正规的科举考试选拔人才，这是读书做官的正途。荐举是借助推荐方式破格录用，铨选则是经过评审考核后任用。

洪武时任用官员以荐举为主，永乐年间重视科举取士，每三年一次乡试、会试，从未间断，每科所选多寡无定额。如永乐三年科举，共取中进士600名，放榜之后，又从进士中选拔28名文才优胜者进入文渊阁，比作二十八宿。

凡是中了进士的，又按优劣分为数等，分别称作一甲、二甲、三甲。永乐三年取士共分为六甲。一甲只取中三人，可以直接授予官职，第一名称作状元。二甲中文学优等的选为翰林院庶吉士，书法好的可以抄写典籍。又从进士中选拔才资英敏者，就学于文渊阁。没有考中进士的也不必忧虑，他们还有机会，可以在最高学府太学继续复读，说不定哪天馅饼就落到手中。永乐帝很精明，通过这些方法招揽了不少人才，他可以充满自信地说：天下之士尽入吾彀中矣！

永乐帝意识到儒学治国的重要性，十分重视对典籍文献的整理编撰，在学者建议下，由官方出资出人编修程朱理学著作。永乐十三年（1415年），朱棣敕谕亲信儒臣胡广、杨荣等人负责编修《五经大全》《四书大全》《性理大全》，“凡有发明经义者取之，悖于经旨者去之”，并且亲自作序。书成之后，颁行全国，还赠送给朝鲜国王和安南各府州县儒学。

永乐十四年，朱棣令翰林院儒臣黄淮、杨士奇等人查阅历代文献，摘录古代名臣直言和奏疏汇编成书，以便观览。书成之后，永乐帝很高兴，为这部书赐名《历代名臣奏议》。他颇有感慨地说：“天下大治之道，千古一条准则，君能纳言听谏，臣能尽忠不隐，天下没有不治之理。读了这本书，足见当时君王肚量和人臣耿直。我身为皇帝，应该把前贤说的话当作今天对我所言，你们身为人臣，也应该以前贤为榜样，忠心耿耿事君。如果都能这样做，这将是国家之福。”

朱棣十分重视培养接班人，不但让皇太子、皇太孙体验战场生活，深入民间了解民情，还让他们勤学苦读积累知识。永乐七年二月，朱棣对翰林学士胡广等人说：古时圣人治理天下，都有切实可行的办法，他们虽然先天聪明，但是也离不开后天勤学积累的学问。自尧舜以来，有许多治国理政方面的著述，由于卷帙浩繁，难以简明理解要领。帝王之术不必全部照搬，但得其要，身体力行，足以为治。皇太子为天下之本，现在正需要培养，你们选录历代有关修身齐家治国平天下的言论，汇编成书，供太子学习。

在当权者眼中，他们喜欢歌功颂德的书籍，对于指责时弊的书籍肯定斥为谤书、妖书，轻者将作者治罪，重者杀头。秦朝的焚书坑儒，清朝的文字狱，至今令人魂悸！

朱棣当了皇帝后，深知书籍的重要，他没有干焚书坑儒的傻事，也没有大兴文字狱。他喜欢读书，经常利用视朝空闲来到便殿阅读史书，深感书籍太少，到用的时候没有着落。

永乐四年四月，朱棣交给礼部尚书郑赐一项任务，让他挑选一批熟知典籍的文人，到全国各地收购图书，多多益善。永乐帝当时说了这样一番话："读书人家中稍微有点积蓄，都想着购书藏书，对于朝廷来说，更不能缺少书籍。你告诉办事人员，求购书籍不能斤斤计较讨价还价，人家要多少钱就付多少钱，只有这样才能得到有用的书。"

现在有些款爷，购置了豪宅后，为了显示自己的档次和品位，往往单独辟出偌大空间作为书房，书架上摆满了古今中外各种精装图书。有人甚至给自己的书房取名为"文渊阁"。其实他是附庸风雅，架上的书一本没读。

永乐帝购求天下奇书，当然不是摆样子，附庸风雅。他曾对大才子解缙等人说："购置书籍不难，重要的是经常阅读，这样才有益。许多人积攒金银珠宝留给子孙，朕传给子孙的珠宝是书籍。金玉虽有价值，但书籍之利无穷。"

朱棣还曾多次训诫子孙，让他们好好学习，勤读书，苦读书。永乐十七年八月，他对皇太孙说："尔年已长，宜读书明理，以成大器。古帝王皆以读书明理为本，未有不如是而能齐家治国平天下者。尔克勤学问，他日用之不穷，宗社可以永安，天下皆蒙福泽，尔其勉之。"

永乐帝崇文，得了天下后重用文臣。但是他明白文臣书写文章有个毛病，喜欢咬文嚼字卖弄学问。掉文不是不可以，但要区分阅读对象。永乐二年某日，有个大臣送来一份刚刚起草的准备发送边将的文书。朱棣过目之后说：武臣边将有不少都是大老粗，斗大字认不了几个，写给他们的文书一定要通俗易懂，不然就会误了大事。以后编入《实录》档案时，可以将这些文书改为文言。

永乐帝在文化建设方面最大的贡献，是组织知识精英编纂了大型类书《永乐大典》。永乐元年七月，朱棣命解缙、姚广孝、王景、邹辑等人，负责纂修大型类书。大臣当即组织人员开展工作，参加编写人员多达2169人，历时六年完成。这部集大成图书共计3.7亿字，仅目录就有60卷，正文22877卷，装订成书共计11095册。大典汇集了古今图书七八千种，堪称中国古代最大的百科全书，也是中华民族的一份珍贵而又厚重的文化遗产。更难能可贵的是，凡收录到《永乐大典》的图书，均未做任何删改，而要做到这一点委实不易。

中国帝王历来有因人废言或因言废人的通病。为什么古代有些知识分子，花费毕生心血著述之后，将书命名为《焚书》《藏书》《石匮书》？就是因为他们预料到著作面世之后，可能会触怒当局，面临毁禁厄运，所以才取了这些颇有蕴意的书名。永乐帝对收录到大典的图书不作一字窜改，表明了他的大度、自信和文化开放态度。对自己的统驭能力充满自信的帝王，从来不搞文化禁锢和封杀。

《永乐大典》收录的图书上至先秦，下至明初，内容几乎无所不包，诸如经史子集、释老神仙、戏曲平话、工技农艺、天文地理、医卜堪舆等等，可谓“包括宇宙之广大，统会古今之异同”，尤其是宋元以前的佚典秘籍，借助这项重点文化工程得以保存流传。在编撰之前，永乐帝对翰林侍读学士解缙提出要求：“天下古今事物散载诸书，篇帙浩穰，不易检阅，朕欲悉采各书所载事物类聚之，而统之以韵，庶几考索之便如探囊取物。”成书的《永乐大典》正是贯彻了永乐帝指示，全书体例“用韵以统字，用字以系事”，类似于目前字典常用的拼音检字法，检索非常方便。

《永乐大典》全部文字均以楷书手写而成，缮写工整，书中还配有许多精致插图。永乐五年（1407年）全书定稿，朱棣感觉满意，遂正式定名为《永乐大典》。他亲自作序，其中有这样几句话：“纂集四库全书及购天下遗籍，上自古初，迄于当世，旁搜博采，汇集群书，著为奥典。”

明代姚福《青溪暇笔》记载：“前代藏书之富，无逾本朝。永乐辛丑（1421年），北京大内新成，敕翰林院，凡南京文渊阁所贮古今一切书籍，自有一部至有百部，各取一部送至北京，余悉封识，收贮如故。时修撰陈循如数取进，得一百柜，督舟十艘载以赴京。”

朱棣称帝后之所以重文，说明他明白一个道理，马上得了天下，绝对不能在马背上治理天下。古人说过：“礼与法，表里也；文与武，左右也。”和平年代，文治凸显出极其重要的作用。

永乐帝在文治方面的闪光点之一，就是推行文臣内阁制，这一点与朱元璋重武轻文大相径庭。老朱是泥腿子出身，凭借武力取得天下，始终对知识分子存有戒心，不敢放手使用。终洪武一朝，大知识分子都没有好结果，开国功臣左丞相李善长被杀，天下文章第一的宋濂差一点被砍头，才华高逸、学问渊博的高启被腰斩，运筹帷幄的谋士刘基被迫还乡闲居。

朱棣虽然是马上天子，但是他站得高，看得远，意识到马上得来天下不能在马背上治理的道理。即位不久，便考虑让文臣在军国大计方面发挥议事和决策作用，命解缙、黄淮、杨士奇、胡广、金幼孜、杨荣、胡俨七人入直文渊阁，参与机务。这些人都是饱学之士，而且都是建文朝的文臣，尽管金陵城破前夕信誓旦旦要殉国，然而在生死存亡关头都意识到生命的宝贵，数日后陆续归顺朱棣。这说明他们不是一头撞到南墙的腐儒，通达时变、权变。这样的文人，一旦有鱼水相顾合的机会，自然能极大限度地发挥自身优势。

永乐帝让文臣进入决策行列，当然是出于治国考虑，一方面充分发挥知识分子群策群力的作用，调动知识精英的积极性，另一方面显示自己的包容性和政治远见，同时也减轻了皇帝的工作强度。当年朱元璋当皇帝很累，事无巨细，都要亲自处理，每日将大量时间消耗在处理奏章上。

永乐帝聪明，凡是涉及军国朝政的事情，总是先让阁臣共同协商，拿出初步建议，然后由自己定夺。入直文渊阁的七名文臣其实就是皇帝的助手、秘书和高级参谋。他们的官阶品秩虽然不高，却能够参与朝廷决策，充分发挥个人的聪明才智，既然受到重用，能不尽心尽力吗？

内阁制的产生，表明中国的文官制度已趋于完善，国家机构开始走向成熟阶段。到了明代中期，内阁的地位越来越高，终于成为朝廷决策中枢。为了不使大权旁落，永乐帝又在内廷令心腹太监掌印、秉笔，从而形成了内外两个议政中心，增加了相互间的制约和互补。而至高无上的皇帝，始终居于最高决策地位。

内阁明显减轻了最高当权者的工作强度，即使因某种原因不能正常上朝理政，国家机器仍能维持正常运转。自永乐十八年之后，朱棣因患有疾病，经常不视朝，但朝政仍然按部就班进行。推其原因，就是因为内阁制发挥了应有作用。

别以为文治仅限于文教和政治方面，其实涵盖面很广，不仅包括文化、教育和思想、政治等上层建筑，还体现在科学技术和经济领域。一切有利于国计民生的举措都属于文治范畴。发展是硬道理，要发展就离不开文治。

永乐帝在文治方面的另一个闪光点，就是疏通治理京杭大运河。谁都知道，大运河是沟通南北交通运输的大动脉，是中国古代的黄金水道。元末明初，由于连年战争，这条黄金水道多处河段发生淤塞毁坏。朱棣意识到保持大运河畅通无阻的重要性，永乐九年命令工部尚书宋礼开浚会通河，这段河道分布在山东境内，全长约450里。宋礼采纳汶上老人白英建议，筑堽城及戴村坝，引汶水分流注入会通河，又根据河段地势建造许多蓄水、泄水闸。这项水利工程历时七个月，动用役夫30万。为了减少黄河水势对运河造成的威胁，永乐帝又派遣兴安伯徐亨、工部侍郎蒋廷瓒等人修复黄河故道。

与此同时，平江伯陈瑄也奉命在江、淮间进行了治理运河工程。淮安附近是黄河、淮河交汇之处，水势浩大，水流湍急。为了防范水患，在沿河一带筑有长堤高坝。当时江南漕船抵达淮安后，必须将货物全部卸船，由陆路过坝，然后再装船横越淮河，耗费人力财力巨大。陈瑄在淮安附近开凿清江浦，又在城西管家湖凿渠二十里，引导湖水入淮，建造四座水闸节制水流，沿湖十里筑堤引舟，完工之后漕舟可直接进入河道。

此后陈瑄又疏浚徐州至济宁间河段，在经常发生事故的吕梁洪西另开一渠，设置二闸蓄水通漕。在沛县刁阳湖、济宁南旺湖建筑长堤，还开挖泰州白塔河直通大江，筑高邮湖堤，在堤内凿渠四十里，避风涛之险。这些河工完成后，确保了京杭大运河水道畅通无阻。《明史》这样称赞："宋礼、陈瑄治河通运道，为国家经久计，生民被泽无穷。"另外，永乐元年朱棣还派遣户部尚书夏原吉赴江南治水，疏浚吴淞。次年工毕，苏、松一带农田大利。

郑和下西洋的壮举人所共知，自永乐三年始，朱棣派郑和率领大明船队先后六次远航，经历三十余国。首次远航便组成240多艘庞大海船编队，共有船员27400名，在西太平洋和印度洋的许多国家和地区，留下了中国人的身影和友好交往事迹。大明船队最远曾抵达非洲东海岸，扩大了中国的影响力。永乐帝富有开拓精神和探索精神，他不满足于仅仅固守数千年的黄土文明，还为中国传统文化增添了海洋文明的蔚蓝色彩。

朱棣十分重视经营北方，永乐初在北平设行在六部，增设北平周围卫所。永乐四年在西部地区设立哈密卫，加强同西域贸易交往。永乐五年统一安南，在河内设立交趾布政司，成为大明王朝的行省。永乐七年在女真地区设立奴儿干都司。永乐十四年开工修建北京宫殿，永乐十九年初正式迁都北京。从此，这一具有战略地位的元朝故都，成为大明王朝的政治文化中心。永乐十一年平定思南、思州土司叛乱，随即设立新的行省——贵州布政使司。同时还加强了对乌斯藏（今西藏）地区的控制，落实宗教政策，派遣官吏迎番僧入京，给予封赐，尊为帝师。

民以食为天。永乐帝认为"家给人足""斯民小康"是天下治平的根本。他特别关注社会经济的恢复，大力发展和完善屯田制和盐商开中则例，保证了军粮和边饷的供给。又在中原各地鼓励垦种荒闲田土，实行迁民宽乡、督民耕作等措施以促进生产。

至今广为流传的山西洪洞大槐树的传说，就与永乐年间大移民息息相关。由于中原地区和江淮间经过长期战乱，人口耗减，田园荒芜。为了恢复经济发展农业，永乐朝曾多次实施移民政策。山西大移民的故事，充满了悲欢离合的传奇色彩，如果拍成影视作品，一定震撼人心。

永乐帝对各级官员要求很严，认为衡量一个官员的优劣，不是听其言而是观其行，要看他任职期间的政绩。

永乐十三年正月，朱棣敕谕天下来朝百官："朕夙夜图治，擢任贤能，苟能尽心修职，俾康兆庶，天下未有不太平者也。夫为官者以忠勤廉谨为本，以公正仁恕为先。忠则不欺，勤则不怠，廉则不贪，谨则不肆，公则不私，正则不偏，仁则不暴，恕则不害。毋谓民愚，而心实神。毋谓朝廷可欺也，而上天鉴之。不遵朕言，罪不赦。"

凡是具有文治武功才略的帝王，没有不好大喜功的，因为他有炫耀的资本。朱棣有理由骄傲自豪，因为他开创了永乐盛世。

阴狠残忍的一面

在中国历代帝王中，朱棣是一位颇有作为的皇帝，文治武功彪炳青史。然而他又是一个残忍冷酷的杀人魔头，丰功伟绩掩盖不了暴戾行为。永乐帝具有双重性格，处事往往采用极端手段，尤其靖难之役刚结束时，屠戮建文近臣简直到了疯狂的地步，施刑之残酷骇人听闻。

朱棣悬榜通缉的50多名"奸臣"，大都死得十分悲惨。一些没有开列在通缉名单上的官员，由于拒不投降或者当面痛斥朱棣，也都被残忍杀害。

太常寺卿黄子澄被零刀活剐。文学博士方孝孺被割裂腮帮子，然后又寸磔。兵部尚书铁铉寸磔之后又被油烹。礼部尚书陈迪被凌迟。左佥都御史景清被敲掉满口牙齿后又剥了人皮。右副都御史练子宁先是被割掉舌头，然后被千刀磔死。刑部尚书暴昭被敲掉满口牙齿后又斩断手足，接着又砍断头颅。大理寺丞刘端被割掉鼻子后用铁锤砸死。佥都御史司中被剥光衣服，皮肉遭受铁帚刷刮，只剩下一副骨架。大理寺少卿胡闰先是被力士用铁瓜敲落牙齿，然后绞死又剥去人皮。这一幕幕悲剧，惨不忍睹，凡是读了史书记载的人，无不倒抽一口凉气。

别以为朱棣只杀戮当事官员，其实他大开杀戒时会旁及成千上万无辜者。笔者已经介绍过，朱棣杀人采用的是"诛十族""瓜蔓抄"的怪招，凡当事官员的家人、族人、亲戚、朋友、学生都不放过，一律杀光。前面只是举了几个典型例子，其实壬午殉难的人不计其数，一个当事人便牵连到数百人、数千人命丧黄泉。有的当事人老家的亲人被杀光后，村落也会被夷为平地。朝廷甚至还在当事人的家乡加倍征收赋税，并明确告诉乡邻蒙受连累的原因。这样做的目的就是激怒无辜乡邻，让他们永远记恨惨案中的当事人，痛骂当事人。

壬午惨案中，受迫害官员死得惨烈，他们的妻小命运也十分悲惨，遭到令人发指的迫害。有的妻子抱着幼子投河自尽，有的上吊身亡，有的举火自焚。还有一些官员的家属，无论老少都送到教坊司。教坊司是什么机构？名义上是主管乐舞戏曲和表演的文艺部门，其实在当时已经变了味，沦落为官办妓院。这些女子被押送教坊司后，日夜遭到壮汉们轮奸，还要洗衣裳，干杂活，超负荷劳动，饱受精神和肉体上的摧残。

想想这些女子，都曾经是官员家的娇妻贵妇和千金小姐，一夜间便掉进了火坑，谁都无法面对这种厄运。还有一些官员的妻子女儿，被分送到靖难功臣家中充当仆妇使婢，日日干粗活，受凌辱。

有的女子被强迫许配象奴为妻。象奴是何人？《明史·职官志》有记载："驯象所，领象奴养象，以供朝会陈列、驾辇、驮宝之事。"原来象奴就是地位卑微身份贫贱的奴役，专门为朝廷驯养大象。明初驯象所里的象奴，有不少来自暹罗国（即如今泰国）。当时世俗认为，将犯罪官员的妻女许配象奴，是极大的人格侮辱。这些遭受凌辱的官妇、小姐，心灵上的伤痛远比肉体伤痛更剧烈。有不少女子无法忍受凌辱，选择自尽了却人生。

邓之诚《骨董琐记》引述《南京法司记》，其中有一段记载："永乐二年十二月，教坊司题：卓敬女杨奴、牛景妻刘氏，合无照依谢升妻韩氏例，送淇国公转营奸宿。"卓敬等人是建文帝忠臣，均惨死于永乐帝之手，他们的妻女都沦落为教坊司官妓。淇国公就是朱棣的靖难功臣丘福，统领重兵。所谓"转营奸宿"，就是将这些女人送到丘福军营充当慰安妇，让各营将士轮流奸淫。

据《奉天刑赏录·教坊录》记载，永乐十一年正月十一日，教坊司官员邓诚在皇宫右顺门向永乐帝汇报情况："有奸恶齐泰的姐并两个外甥媳妇，又有黄子澄妹四个妇人，每一日一夜，二十条汉子守着。年小的都怀有身孕，除夕生了小龟子，又有一个三岁的女儿。"永乐帝感到十分解气，还说了一句调侃的话："小的长到大，便是摇钱树儿。"

从这段记载得知，这些女人坠入火坑已有十年之久，每天每夜，由二十多条彪壮汉子轮奸凌辱，并且怀孕生了子女。齐泰和黄子澄是建文帝最信任的大臣，当年力主削藩，永乐帝靖难时将二人列为首恶，捕获后施以寸磔酷刑。他们生前做梦也不会想到，自己的亲人竟遭受惨绝人寰的折磨。整整十年了，朱棣的怒气还没有消散。他就是要把这些女人打翻在地，再踏上一只脚，让她们永世不得翻身。这种折磨简直是生不如死，就是想寻死也没有机会。

有一部明代笔记叫《立斋闲录》，出自成化年间宋端仪之手，书中也记载了这件事，文字基本相同，只是口谕圣旨略有不同。当时永乐帝听了教坊司主官禀报后，这样回答："由他，不的到长大便是个淫贱材儿。"鲁迅先生读过这本书，他在《且介亭杂文·病后杂谈之余》发表看法："我常说明朝永乐皇帝的凶残，远在张献忠之上，是受了宋端仪的《立斋闲录》的影响的。……我就在那书上看见了永乐的上谕，于是我的憎恨就移到永乐身上去了。"

其实，在教坊司饱受凌辱的何止齐泰、黄子澄妻女，铁铉的妻子和女儿也很惨。当时铁铉的妻子被送入教坊司时35岁，两个女儿尚未成年，自从掉入火坑后，母女的身心都遭到极端摧残。铁铉的两个女儿都有才学，她们用诗歌倾诉自己的悲惨遭遇。姐姐写下这样的诗句：

教坊脂粉洗铅华，一片闲心对落花。
旧曲听来犹有恨，故园归去已无家。
云鬟半绾临妆镜，雨泪空流湿绛纱。
今日相逢白司马，樽前重与诉琵琶。

妹妹的诗也是如泣如诉，令人一掬同情之泪：

骨肉伤残产业荒，一身何忍去归娼。
涕垂玉箸辞官舍，步蹴金莲入教坊。
揽镜自怜倾国貌，向人羞学倚门妆。
春来雨露宽如海，嫁得刘郎胜阮郎。

这两首律诗可谓字字血声声泪，催人泪下。权力斗争向来十分残酷，往往累及许多无辜，那些身陷政治斗争旋涡的大臣为此付出了惨痛的代价，是正统的愚忠思想害得他们妻离子散，家破人亡。想想这些无辜女人和孩子遭受的迫害，确实令人发指，不寒而栗。

再举一个例子，看看朱棣在铲除异己时所采用的阴招。在谋害驸马爷梅殷一事中，朱棣扮演了策划和主使角色。梅殷的夫人是宁国公主，她是朱元璋和马皇后的亲生女儿。梅殷叔父梅思祖是大明开国功臣，因战功卓著，于洪武二年封为汝南侯，并且赏赐免死牌。梅殷的父亲功劳更大，因为他救了朱元璋的命。

大明建国之前，梅殷父亲在老朱的水军中只是一名不起眼的小卒，江淮一带习惯称呼水卒为艄，所以大家都将老梅唤作梅艄。梅艄出名是在鄱阳湖大战期间，当时朱元璋指挥水师同陈友谅展开大决战。陈友谅的水军都是楼船巨舰，装备精良，又擅长水战。他们发现朱元璋的指挥船后，便集中火力向船上发射箭矢，成排成排的羽箭犹如飞蛾扑来。朱元璋站在船头，处境十分危险。梅艄见状，立刻奋不顾身跳过去，将老朱搀扶到船舱坐下，自己挡在前面保护。最终朱家军取得了大胜，梅艄因为负伤，只得离开水军，不久又双目失明。老朱当了皇帝后大赏功臣，竟然遗漏了救命恩人。

这一天朱元璋出巡郊外，正好路过梅艄住处。梅艄便让儿子梅殷搀扶着来到路旁，当大驾经过时，忽然冲着銮舆高叫起来："皇上！皇上！难道你把梅艄忘了吗？"朱元璋听到喊声，探出身来观望，先是惊讶，继而又带着几分懊悔的表情说："果然是你，当真把你给遗忘了。"

于是朱元璋厚赏梅艄，又把他的儿子梅殷带回宫中。梅殷正值血气方刚之年，生得一表人才，自幼练习骑射，又熟悉经史。朱元璋心中特别喜欢，于是将次女许配给他，梅殷一下子便成为人人羡慕的驸马都尉。《明史·公主传》记载，梅殷"天性恭谨，有谋略，便弓马。太祖十六女诸驸马中，尤爱殷"。

洪武十九年，梅殷奉命督山东学政，政绩突出。建文帝即位后，倚为心腹。由于燕兵日益逼近江淮，梅殷临危受命充任总兵官，募兵40万镇守淮安，"悉心防御，号令严明"。燕王在灵璧击败何福后移师淮上，派使者来到淮安，打着到孝陵进香的幌子，要求借道南下。梅殷果断回答："进香这件事，皇考生前已有令禁止，谁不遵守就是不孝。"朱棣遭到回绝后大怒，又给梅殷送去书信："我今日兴兵清君侧，天命有归，任何人休想阻挡。"岂料梅殷压根不买账，将信使的耳鼻割掉，对他说："留下你这张嘴给燕王传话，让他明白君臣大义。"

朱棣没有办法，只好由泗州抢渡淮河，取道扬州。

当时还有一个插曲，建文帝的铁杆忠臣中有个副都御史叫茅大芳，是个慷慨激昂之士，此人有才学，又会作诗。当燕军逼近淮上时，他写了一首七律，托人送到梅殷手中，目的是为驸马爷打气鼓劲。这首诗写得确实荡气回肠：

幽燕消息近如何？闻道将军志不磨。
纵有火龙翻地轴，莫教铁骑过天河。
关中事业萧丞相，塞上功勋马伏波。
老我不才无补报，西风一度一悲歌。

书信和诗写好之后，有个才女主动提出前往淮安传递。此女叫刘莫邪，能文会诗，名噪一时。洪武年间经过朱元璋亲自面试，赐予“女秀才”称号。她同宁国公主关系密切，因此成为梅殷家中座上客。

刘莫邪将书信送到前线后，梅殷读了茅大芳诗作，果然热血沸腾，受到莫大的精神鼓舞，声称人在城在，决不让反贼从眼皮底下经过。朱棣虽然不能从淮安南下，但是他进军金陵的脚步任何人休想阻挡。几个月之后，燕王便成功占领了京城，将茅大芳列入奸党名单。当年八月十七日，茅大芳和儿子顺童、道寿都被处死。到了永乐四年十二月，幼子文生和两个孙子也都死于狱中。茅大芳的妻子张氏命运更悲惨，当时她已经56岁，被送到教坊司后，受尽肉体上和精神上的凌辱摧残，后来屈辱死去。教坊司官员赴奉天门启奏，永乐帝当即传旨：“分付上元县抬出门去，着狗吃了。钦此！”

朱棣在金陵即位后，梅殷依然拥兵守卫淮安。为了消除卧榻之侧的隐患，朱棣强迫宁国公主给梅殷写信，公主咬破手指写了一封血书。梅殷接到家书后失声恸哭，知道大势已去，只得返回京师面见朱棣。

永乐帝对他倒挺客气，亲自上前迎接，并且慰问：“驸马劳苦。”谁知梅殷并不领情，竟冷冷冒出一句：“劳而无功耳。”朱棣碰了一个软钉子，顿时哑口无言。你想，永乐帝是什么禀性，他能咽下这口怒气吗？有心抬举你却不识相，找个梯子让你下台阶，反而硬端架子，这就是不见棺材不掉泪。小子，慢说你只是俺的妹夫，建文帝咋样？论血缘论身份都比你亲近尊贵，照样让他玩完。

梅殷回到家中闲居，永乐帝对他并不放心，日夜派人潜入宅第暗察动静。梅殷怀念旧主，经常发牢骚，这些话都传到了皇帝耳中。永乐二年，都御史陈瑛启奏，说梅殷收养亡命之徒图谋不轨，又同女秀才刘莫邪勾结，施邪术诅咒皇上。永乐帝借机解除梅殷的兵权，减少他的仪仗规格和扈从人员，又令锦衣卫拘捕了梅殷的家丁，全都发配到遥远的辽东。

第二年十月的一天凌晨，梅殷前往皇宫早朝，当经过笪桥时，突然有一伙人拥上桥面，将梅殷挤落河中，溺水而亡。还有一种说法是，由于河水太浅，并没有完全淹没梅殷。这时河面忽然驶来一艘船只，将梅殷撞倒，整条船又压在他的背上，导致溺毙。事情发生后，锦衣卫及时报告，声称梅殷畏罪投河自尽。

宁国公主闻听噩耗，感觉丈夫死得蹊跷。她跑进皇宫，撕扯着永乐帝的龙袍大哭大闹，声称哥哥谋害了驸马，口口声声向他要人。永乐帝被闹得没了辙，只得应承：“公主不要悲伤，皇兄一定查清此事，抓到贼人后，为你报仇出气。”不久，都督同知许成揭发，说是前军都督谭深和锦衣卫指挥赵曦参与此事，是他们派人将驸马挤落桥下，永乐帝立刻将二人捉拿到案。

岂料这两个家伙不识相，竟然当着永乐帝面分辩：“微臣哪有胆量害死驸马爷，这件事都是皇上您亲自交代的，为何反而杀臣？”永乐帝闻言登时大怒，不等他们再说下去，喝令力士立即动手，挥起金瓜将二人牙齿击落，接着推出门外斩首，又派人前去抄家。

为了安慰宁国公主，朱棣派官员为梅殷治丧，赠谥荣定，同时送去一封亲笔书信。信中说：“驸马殷虽有过失，兄以至亲不问。比闻溺死，兄甚疑之。都督许成来首，已加爵赏。谋害之人悉置重法，特报妹知之。”梅殷有个心腹叫瓦剌灰，是归降的外族人，自从跟随梅殷后忠心耿耿。谭深、赵曦虽然被处死，瓦剌灰仍感到不解气，又砍断二人手足，开膛剖腹，掏出心肝肠子祭奠梅殷，然后在主人墓旁自杀。

为了平息公主的怨愤情绪，当年十二月，永乐帝进封妹妹为宁国长公主。宁国公主不是弱智，她已领教了皇兄的厉害，生怕两个儿子再遭毒手，便白天黑夜不离左右。后来，永乐帝对两个外甥都授予官职，一个为中府都督同知，另一个为旗手卫指挥使。他在赐外甥的手书中说：“你两个小畜生牢记，朕不看在你母亲面子上，你们怎能有今天。”

那个才女刘莫邪也没逃出永乐帝的掌心。梅殷死后，她被投入大牢，受尽百般折磨，后来被狱卒用绳索勒死。

别以为永乐帝只是对政敌心狠手辣，对于手下的大臣照样不客气，说翻脸就翻脸。有句古话说，顺我者昌，逆我者亡。谁撩了龙须，就绝没有好下场。靖难功臣中有个张信，朱棣即位后封他为隆平侯。当年张信官任北平都指挥使，建文帝密敕张信擒捕朱棣。燕王府被朝廷重兵层层包围，朱棣的处境十分险恶。就是这个张信不顾个人安危，化装进入燕王府，向朱棣通风报信。

朱棣起兵后，张信又将生死置之度外，随同燕军参加了残酷的靖难之役。

朱棣得了天下，一心想把次子朱高煦立为太子。有一天，永乐帝私下召见张信，告诉他自己的打算。张信是个直臣，闻言立刻怫然变色，说道：“此事背离天常祖制，千万不能这样做。”永乐帝没料到竟碰了钉子，登时大怒，拔出剑便向张信刺去。幸亏利剑刺中嘴巴，折断了两颗门牙，张信虽然满脸血污，却大难不死。

大才子解缙本是永乐帝宠臣，也是因为没有同上意保持一致，引起皇帝心中不快。在立皇太子问题上，解缙坚定不移地支持朱高炽。他向永乐帝进言：“皇长子仁孝，天下归心。”朱棣当时没有表态。皇宫中有一幅《众彪图》，绘了一群虎虎生威的小老虎，永乐帝命解缙为这幅图题诗。解缙灵机一动，挥毫题了四句：“虎为百兽尊，谁敢触其怒？惟有父子情，一步一回顾。”诗中含义很明显，就是规劝皇上念及父子亲情，不要易储。永乐帝口中不言，心中不快可想而知。

解缙还提醒皇帝，不要过度宠爱汉王朱高煦，以免助长他的觊觎之心。永乐帝听了此言立即发火，斥责解缙离间骨肉。另外在编撰《明太祖实录》时，在朱棣生身这一敏感问题上，解缙也没有仰承上意。皇帝心中不快，找个借口把他投入监狱还不容易吗？

永乐十三年，解缙身陷诏狱已经五年。有一天，朱棣查看囚犯名册，发现了解缙名字，便追问锦衣卫头目纪纲：解缙怎么还没有死？纪纲立刻心领神会，当夜便将解缙灌醉后埋在雪堆里，一代才子便这样被活活冻死。永乐帝还不甘休，又令锦衣卫抄家，把解缙的老婆孩子以及宗族全部流放辽东。

伴君如伴虎。无论是谁撩了永乐帝的龙须，都没有好下场。

与功臣勋旧联姻

同类相求，同气相应，物以类聚，人以群分。在最高统治者眼中，婚姻从来都不是单纯的男欢女爱和生儿育女，政治利益高于一切。当权者为了有效维系自己的统治，往往借助婚姻这条甜蜜的纽带，将利益攸关者牢牢捆绑到一起。说到底，婚姻就是一种政治游戏，谁能玩得转，玩得好，谁就能获取实实在在的利益。

朱元璋就善于打婚姻这张牌，通过和开国功臣联姻，让这些人死心塌地为自己效命，从而强化大明朝的统治力量。例如，老朱长子懿文太子娶开平王常遇春女儿为太子妃，次子秦王朱樉娶宁河王邓愈女儿为妃，第三子晋王朱棡娶永平侯谢成女儿，第四子燕王朱棣娶中山王徐达女儿。其他王子，也都迎娶开国功臣之女。朱元璋的女儿也都下嫁给功臣之子或握有重权的臣下，彼此形成盘根错节的亲缘关系。

如果将大明社稷比作一盘棋，这种姻亲关系就是在关键部位发挥应有作用的棋子。如果将大明江山比作一台庞大的机器，姻亲关系就是重要部位的齿轮或螺丝钉，缺少它们，整台机器就难以正常运转。没有哪个皇帝会无缘无故招平头百姓家的儿子为驸马，也没有哪个帝王甘愿把自己的金枝玉叶下嫁给白丁。要说势利，没有比皇帝更势利的，他会利用联姻大做文章，千方百计为自身利益考虑。

朱棣夺取了天下，当然也会在姻亲问题上大做文章。在整个棋盘上，他要摆好每颗棋子，平时看不出重要性，到了关键时刻就会发挥关键作用。和老爸不同的是，朱棣在联姻问题上所选择的对象，都是奉天靖难功臣或者能发挥重要作用的人。在朱棣的众多妃嫔中，有个张贵妃，于永乐七年二月被册封为昭懿贵妃。这个贵妃的父亲就是奉天靖难第一功臣、河间王张玉。

朱棣还是燕王时，张玉在燕山左护卫供职，曾跟随燕王出塞击北元，又从征女真诸部，由于骁勇善谋划，得到朱棣的信任。建文元年靖难之役爆发，张玉率领部属勇夺北平九门，又献计攻打北平周围要害州县，从而巩固了大本营。在惊心动魄的真定大战中，朱棣采用张玉建议，大破长兴侯耿炳文三十万重兵。此战张玉充当先锋，表现突出。朱棣当时说过这样一句话："吾倚玉足济大事！"

此后朝廷派曹国公李景隆挂帅印，引数十万大军围攻北平。燕王与张玉计议先援永平，再奇袭大宁，然后回师与明军大战于郑村坝，取得重大胜利。在这次大战中，张玉指挥中军，战绩辉煌。

次年李景隆卷土重来，统兵号称百万，燕王采纳张玉建议，以逸待劳，在白沟河大败明军。东昌大战中，燕王率数十骑突入敌阵，结果被盛庸大军重重包围。张玉为了搭救燕王，杀入重围力战，中创数十处阵亡，死时58岁。战后，朱棣为张玉举行了隆重的追悼仪式。他涕泪交流地对将士们说："胜负常事，不足计，恨失玉耳。艰难之际，失吾良辅。"

张玉有三个儿子，后来都成为朝廷重臣。次子张輗，正统年间官至中府右都督，领宿卫。宿卫就是近卫军，负责保护皇帝的安全。景泰三年（1452年），张輗又被加封为太子太保，明英宗复位后，由于有迎立大功，封为文安伯。张玉第三子张軏，永乐年间担任锦衣卫指挥佥事，后来跟随宣德帝征讨朱高煦。正统年间多次统兵征伐叛乱，以军功升前府右都督，总领京营。景泰年间以迎立功封太平侯。

最突出的便是长子张辅，他随同父亲一起参加了靖难之役，在军中担任指挥同知。张玉阵亡后，张辅接任父职，先后经历了夹河、藁城、彰德、灵璧等大战，立下累累战功。朱棣封赏靖难功臣，张辅被封为信安伯，赐予大功世券，永乐三年进封为新城侯。永乐四年，成国公朱能统兵征讨安南，张辅担任副帅。不久朱能病亡，由张辅接替其职务。

南征期间，张辅克服各种艰难险阻，一举平定安南，奉旨设立交阯布政司，将其地置于明王朝直接管辖之下。永乐六年凯旋京师，进封为英国公。此后安南又发生叛乱，张辅先后三次统兵前往征讨，战功卓著。

洪熙皇帝即位后，任命张辅掌管中军都督府事，进封太师，奉命监修《明太宗实录》。宣德元年，汉王高煦谋反，张辅伴驾扈行，因功得以朝夕伴随皇帝左右，谋划军国重事，又进阶为光禄大夫左柱国。明英宗即位，依然倚为干城，死后追封为定兴王。《明史》评价其人："辅雄毅方严，治军整肃，屹如山岳。三定交南，威名闻海外。历事四朝，连姻帝室，而小心敬慎，与蹇、夏、三杨，同心辅政二十余年，海内晏然，辅有力焉。”

张辅有一个女儿，嫁给永乐帝长子朱高炽为侧室。朱棣去世后，朱高炽即位，就是历史上的明仁宗，年号洪熙。仁宗即位当年，便册封张氏为敬妃。这种姻亲关系完全出于政治需要，皇帝利用姻亲关系拴住重臣，依靠他们为自己卖力。反过来说，与皇室结姻的大臣则利用这种关系巩固自己的地位和既得利益，从而保持家族荣华富贵。

洪熙皇帝的正妻是张皇后，她是河南永城人，父亲张麒。这门亲事由朱元璋钦定，洪武二十年，将张麒女儿配为燕王世子妃。父以女贵，张麒也得到兵马副指挥官职。永乐帝得了天下，世子朱高炽成为皇太子，张麒晋升为京卫指挥使，不久便去世。朱高炽即位后，追封岳父为彭城伯，后来又进封侯爵。

张麒虽然没有为朱棣效力，但是他的长子张昶却参加了靖难之役，为四朝勋戚重臣。否则，张氏的太子妃位置不一定坐得稳。据《明史・外戚传》记载："昶从成祖起兵取大宁，战郑村坝，俱有功，授义勇中卫指挥同知。"此后又击败辽东军，还协助燕王世子守御北平。朱棣即位后，张麒官至锦衣卫指挥使，成为名副其实的天子耳目臣。洪熙帝即位，张昶成为响当当的国舅爷，被提拔为中军都督府左都督，又封为彭城伯，子孙世袭，不久又掌管五军右哨军马。明英宗嗣位，张昶的妹妹已成为太皇太后，身价更是无人可以企及。

在永乐帝心目中，一直认为次子朱高煦是最理想的接班人，对肥仔朱高炽没有好感。但是聪明的张氏由于操守妇道至谨，深得成祖及徐皇后欢喜。永乐帝曾当着高炽面毫不掩饰地说："儿媳妇贤惠，要不是看你媳妇面子，早就把你废了。"何况张氏还生了聪明乖巧的朱瞻基，那可是朱棣最喜欢的宝贝孙子。宣德初年，朝廷军国大议多由张太后裁决。朱瞻基在位十年，驾崩时大儿子朱祁镇才九岁。他临终前留下遗嘱："国家重务白皇太后。"凡是重要事情，必须征求她的同意才能付诸施行。

永乐帝有五个女儿，长女永安公主，下嫁广平侯袁容。袁容的父亲袁洪是明朝开国功臣，官任都督，洪武二十八年由朱元璋做主，选袁容为燕府仪宾。燕府仪宾是什么身份呢？通俗说法就是燕王府的女婿。当时朱棣还是燕王，按照封建礼制，他的大女儿称作永安郡主。朱棣称帝之后，于永乐元年进永安郡主为公主，水涨船高，袁容也进为驸马都尉。袁容出身将门，精通骑射，在靖难之役中便有了大展身手的机会，成了老丈人手下一员骁勇战将。

建文元年七月靖难之役爆发，朝廷派65岁老将长兴侯耿炳文为主帅，统率30万大军征讨燕王。当年八月，双方在滹沱河边展开对决，这就是有名的真定大战。燕军贯彻运动战战术，按照燕王精心部署，师出涿州、娄桑，出其不意夜袭雄县，又在月漾桥伏击由莫州来援的敌军，接着全力攻击驻扎在滹沱河边的耿炳文大军，前后只有十多天，大获全胜。在此次交战中，燕将袁容表现英勇，没有给丈母爷抹黑。

接着，朝廷又派曹国公李景隆统率大军北征，为了配合李景隆行动，江阴侯吴高、都督耿瓛等人带领辽东兵马将永平（今秦皇岛市卢龙）团团包围。袁容奉命驰援永平，奋勇击退辽东兵马。在长达三年多的靖难战役中，袁容始终跟随燕王征战，立下了汗马功劳，“经营调度，应机决策，缮修备御，屡立大功”。洪武三十五年（即建文四年）九月，朱棣登基刚刚三个月，便举行隆重封爵仪典，袁容获封广平伯。永乐元年五月再论靖难功，袁容因战守功劳进为广平侯，赐丹书铁券，永世袭爵。朱棣对这个大女婿十分信任，永乐年间多次出京巡狩，总是让他留守后方。

宣德元年（1426年）八月，汉王朱高煦谋反，宣宗亲征，命袁容等人协助郑、襄二王守御北京。不久赵王朱高燧又暴露反迹，廷臣纷纷上书要求严惩。宣德帝派袁容面见赵王，当面向他展示大臣奏章，赵王大惧，立刻交还自己的护卫和仪卫司，一场迫在眉睫的兵戈不战而平息。袁容去世后，被追封为沂国公。

永乐帝次女永平公主，下嫁富阳侯李让。洪武二十八年，李让与袁容同时选为燕府仪宾。李让也出身于武职家庭，父亲李申，官居留守左卫指挥同知。燕王起兵之前，定计擒拿北平左布政使张昺、都指挥使谢贵，李让奉令带领护卫埋伏在王府东殿内。燕王以摔瓜为号，李让听到号令，成功将张昺、谢贵生擒。

靖难之役爆发后，李让追随岳父左右，在袭取大宁、白沟河大战中表现十分抢眼。朱棣又让他署掌北平布政司事，辅助世子朱高炽守御北平。建文帝将其父李申打入大牢，派人送信胁迫李让归降，但李让始终没有动摇，铁心跟定岳父造反，一反到底。

在同朝廷悍将平安交战中，他表现得十分英勇，力战击破敌兵。建文帝恼羞成怒，下旨砍了李让父亲李申的脑壳，并且抄家连坐，其姻族皆被处死或流放到边地。朱棣有了这样一个铁杆女婿，打仗能不得胜吗？即位后朱棣将李让进封为驸马都尉，入列靖难功臣，论功赐为富阳伯。永乐元年五月再论靖难功，进封为富阳侯，赐以铁券。永乐年间，李让掌管北京行部事务，死后赠景国公。

永乐帝第三个女儿是安成公主，为徐皇后所生。朱棣即位后，将她下嫁给宋琥。宋琥虽然没有参加靖难之役，但他是西宁侯宋晟之子，所以才能够攀龙附凤。宋晟是安徽定远人，与朱元璋家乡很近，他的父亲宋朝用、长兄宋国兴都是跟随老朱打天下的功臣。

宋晟自小投军，洪武年间镇守凉州，攻破哈密，威名远震西部。洪武三十一年镇守开平时，曾随同燕王出塞击敌，二人关系不错。建文年间，宋晟奉命镇守甘肃。由于多年戍边，熟悉西北地区情况，朱棣即位后当然要仰仗他守御边疆。永乐初年，朱棣晋升宋晟为后军都督府左都督，拜平羌将军，委以西北防务。永乐三年，宋晟招降把都帖木儿、伦都儿灰等部落五千人，获马驼牛羊一万六千只，获封西宁侯，世袭指挥使，先后镇守凉州二十余年。据《明史》记载："帝以晟旧臣，有大将才，专任以边事，所奏请辄报可。"

永乐元年（1403年），朱棣与宋晟结为儿女亲家。宋琥迎娶安成公主，于永乐六年袭封父爵为西宁侯。永乐八年佩前将军印，奉命镇守甘肃，与李彬一起捕获叛酋老的罕，俘斩甚众。永乐十年召还南京，以皇亲身份掌管孝陵祭祀，此后又和襄城伯李隆、驸马都尉沐昕同任南京操兵守备。

永乐帝第四女是咸宁公主，也是徐皇后所生，于永乐九年下嫁宋琥的弟弟宋瑛。洪熙元年宋琥被削爵后，宋瑛袭封西宁侯，长期掌管左军前府事。正统十四年，奉命总督大同兵马，当年七月，瓦剌部首领也先大举进犯大同，总兵官宋瑛和武进伯朱冕与敌军在阳和交战，不幸阵亡。赠郓国公，谥忠顺。

常宁公主，永乐帝第五女，为人恭慎有礼，熟知《孝经》《女则》《列女传》，在五位公主中文化水平最高。她下嫁西平侯沐英儿子沐昕，于永乐六年去世，只活了22岁。公爹沐英，定远人，是朱元璋和马皇后的义子，十分骁勇，18岁便带兵打仗，战功卓著。大明建国后，沐英担任征西副将军，讨伐吐蕃，西略川藏，封为开国辅运推诚宣力武臣、荣禄大夫、柱国、西平侯，赐予免死世券。次年拜征西将军讨伐西番，生擒酋长，拓地数千里。

洪武十三年，沐英两次统兵出塞，扫荡北元蒙古势力，战绩突出。此后又拜为征南右副将军，同永昌侯蓝玉等人略取云南，荡平境内元军残余兵力，奉命镇守滇中。洪武十七年至二十二年，沐英多次平定云南发生的叛乱，堪称大明南天砥柱。朱元璋夸赞他："使我高枕无南顾忧者，汝英也。"马皇后病逝后，沐英失声痛哭以至于呕血，于是便落下了病根。洪武二十五年，沐英因病在云南去世，享年48岁，追封黔宁王。

沐英有五个儿子，除第四子早亡，四个儿子个个英勇。沐昕排行最小，有文武才，永乐初年迎娶常宁公主后，封为驸马都尉。乌思藏（即西藏）有位藏传佛教领袖叫哈立麻，为噶玛噶举派第五世活佛，朱棣为燕王时便闻知其名。永乐四年冬，沐昕肩负使命，迎接活佛来南京。永乐十年，又奉旨调集军民役夫工匠20余万，在武当山建造宫观33处。沐昕前后历事永乐、洪熙、宣德、正统、景泰五朝，屡次掌管后军都督府事，又署掌宗人府，卒于景泰四年（1453年）。

从朱元璋到朱棣，父子俩都善于打联姻这张牌，借助皇室与功臣勋旧之间的姻亲关系，编织出一张牢固而又紧密的大网，彼此之间休戚相关，共存共荣。

世界上没有无缘无故的爱，对于上层社会来说，婚姻就是重要的筹码。谁善于经营，谁玩得漂亮，谁就能获取实实在在的利益。

皇室和贵族之间的联姻，利益永远高于一切。

倚重厂卫，爪牙横行

提起明朝的锦衣卫，大家马上会联想到白色恐怖，脑海中便会涌现出为虎作伥的特务形象。锦衣卫确实令人不寒而栗。永乐年间，京城内外的大街小巷，随处可见侦缉人员的身影，一旦被他们盯上，不死也得脱层皮。

明代的厂卫，是天子手中的一把宝刀，利刃出鞘，则令人心惊胆战。当时一些大臣在呈递皇帝的奏疏中，直言不讳称厂卫人员是“天子爪牙”“天子耳目臣”。这些话并没有任何贬义，只是直白道出了厂卫人员的工作性质。

永乐年间的厂卫，其实是互为表里的两个官署机构。厂就是东厂，即东缉事厂，设置于永乐十八年（1420年），因官署设在北京东安门附近，故有此名。东厂是拥有特权的秘密警察机关和特务机关，其首领由皇帝最信任的宦官担任，官衔全称为钦差总督东厂官校办事太监，简称提督东厂，又称作东厂掌印太监或厂公、督主等。按照惯例，凡是掌管东厂的大太监，通常由司礼监秉笔太监或副手担任，其地位仅次于司礼监掌印太监。

司礼监的权力究竟有多大？说白了，就是一个宦官内阁，同朝廷设置的内阁分权并立。其掌印太监相当于内阁首辅，也可以说是地道的阉宦宰相。至于东厂的掌印太监，则是宦官中响当当第二号人物。由于握有侦缉捕拿审讯大权，简直势焰熏天，令人谈虎色变。

永乐帝为什么要设置这样一个恐怖机构呢？当然是为了强化自己的专制统治，有效打击异己势力。据《明史·刑法志》记载：“东厂之设，始于成祖。锦衣卫之狱，太祖尝用之，后已禁止，其复用亦自永乐时。厂与卫相倚，故言者并称厂卫。初，成祖起北平，刺探宫中事，多以建文帝左右为耳目。故即位后专倚宦官，立东厂于东安门北，令嬖昵者提督之，缉访谋逆妖言大奸恶等，与锦衣卫均权势，盖迁都后事也。”

据沈德符《万历野获编·东厂》条记述：“东厂之始，不见史传。王弇州考据，以为始于永乐之十八年。……其始侦伺非常，盖尚虑议师靖难，未厌人心耳，然而中官之横始此矣。”

史书说得很明白，设置东厂的目的，就是为了镇压政治上的反对力量，防止妖言惑众。为了巩固皇权，必须严防忠于建文帝的残余势力死灰复燃。永乐帝之所以重用太监，是因为靖难时期，燕王府中有不少太监追随他浴血征战，还有建文宫中一些宦官，向他传递许多有价值的情报，所以朱棣对宦官有感情，也十分信任这些阉宦。

看看永乐年间被委以重任的人就明白了，先后七次率领船队下西洋的郑和是太监，多次奉旨到朝鲜选妃的黄俨也是太监，还有尹庆、侯显、王彦、海寿、亦失哈等等。如果说锦衣卫是永乐帝所驱使的走狗，东厂太监更是仰朱棣鼻息行事的虎狼。他们不受任何部门制约，直接听命于皇帝。实际上，当朝天子就是这个特务机关的最高指挥者和后台老板。

东厂和锦衣卫狼狈为奸，都是天子的忠实爪牙，但相比之下，东厂的权力更大。因为锦衣卫主管官员由朝廷勋戚充任，属于外官，处理事情不能自专，必须先呈递奏折请示皇帝后定夺。东厂太监属于内官，有事可以直接面见皇帝，由皇帝面授机宜。另外在行使职权方面，锦衣卫负责侦伺一切官民，而东厂除了侦缉官民外，还监督侦缉锦衣卫，兼具督察权力。

东厂只对皇帝负责，所办案子司法机关无权过问，它可以绕开都察院、刑部、大理寺，随意缉拿任何吏民，自行拷讯处置。东厂组织严密，人员配置精干，计划周密，一旦发现情况，犹如毒蛇出洞，一下子便咬中对手要害。东厂下设属官有掌刑千户、理刑百户各一员，还有掌班、领班、司房多人。至于具体办事差役，均从锦衣卫拨调。

东厂主官手下有爪牙十几万人，遍布于全国各地，时常出没于街巷闹市客栈和关梁津渡。基层负责人称作“档头”，相当于特务工作站站长，手下具体办事人员称作“番子”。番子一旦获得情报，立即密报档头带人捉拿，私下施刑拷讯。东厂用刑极为残酷，许多受刑者过不了这道鬼门关。

锦衣卫，顾名思义，应该是军卫编制，但它不是一般部伍，是属于皇帝身边的亲军。冠以“锦衣”二字，当然与所穿服饰有关，与其他军卫相比，锦衣卫的衣饰很华丽。有一幅传世的《大明天子狩猎图》，图中皇帝身后簇拥许多卫士，都身穿红色长衫，衣上绣有各种花纹，的确显得花团锦簇，十分帅气。这只是一般卫士的着装，掌管锦衣卫的主官服装更漂亮。

据《明史·舆服志》记载：“凡亲祀郊庙、社稷，文武官分献陪祀，则服祭服。……独锦衣卫堂上官，大红蟒衣，飞鱼，乌纱帽，鸾带，佩绣春刀。祭太庙、社稷，则大红便服。”《明史·职官志》也说：“锦衣卫，掌侍卫、缉捕、刑狱之事，恒以勋戚都督领之，恩荫寄禄无常员。凡朝会、巡幸，则具卤簿仪仗，率大汉将军共一千五百七员等侍从扈行。宿卫则分番入直。朝日、夕月、耕耤、视牲，则服飞鱼服，佩绣春刀，侍左右。”由于锦衣卫常随侍皇帝左右，待遇自然与众不同。除了服饰不同，所佩绣春刀也有别于其他将士。

从文献记载得知，锦衣卫的职责并不单纯，借用明代一句歇后语：曹州兵备道——管得事儿宽。首先，锦衣卫充当皇帝的警卫，相当于中央警卫团。因为他们时常伴随皇帝左右，当然应该衣着鲜丽，显示皇家卫队不同寻常气派。另外还要负责缉捕、刑狱等事，他们所捉拿拷讯的犯人，不是偷鸡摸狗的窃贼和刑事犯，而是毁谤朝廷或谋逆的政治犯。

归根结底，锦衣卫其实就是由皇帝直接控制指挥的秘密警察部队。凡是重大礼仪祭祀场合，按规定文武官员都要身穿祭服，唯独锦衣卫主官“大红蟒衣，飞鱼，乌纱帽，鸾带，佩绣春刀”。所谓飞鱼服，并不是我们印象中的鱼类图案，《明史·舆服志》有解释：“飞鱼类蟒，亦有二角。所谓飞鱼纹，是作蟒形而加鱼鳍鱼尾为稍异，非真作飞鱼形。”

锦衣卫的出现比东厂早，设置于洪武年间，东厂是永乐年间产物，二者形同狼虎，都为朱棣所驱使。锦衣卫之所以称作“卫”，源自明初军卫编制，当时自京师达于郡县，皆立卫所，卫下设所，即千户所、百户所。由于京师南京为根本重地，所以让精锐部队禁卫军镇守。洪武十五年（1382年），朱元璋将禁卫军改编为十二卫，属于天子亲军，其中就有锦衣卫。其前身是仪銮司，主要负责銮驾仪仗和保卫。改编之后，成为亲军中最重要的一支警卫武装，自成一军，其全称是锦衣亲军都指挥使司。

锦衣卫下辖南北镇抚司十四所，在编武官有将军、力士、校尉等名称，专门掌管随驾侍卫和巡察缉捕。锦衣卫所隶将军，初名天武，后改称大汉将军，共计1500人。卫下设置千户、百户和总旗七员，还有小旗若干。锦衣卫总头领称作指挥使，官阶从三品，洪武十七年升为正三品。能够在锦衣卫供职的人员，总体要求是身材魁梧，相貌威武，还要有一定武功。古典文学名著《金瓶梅》第七十一回，就有一段文字描写了锦衣卫侍卫朝仪场面：“锦衣花帽，擎着的是圆盖伞、方盖伞，上上下下开展；……镇殿将军，一个个长长大大赛天神，甲披金叶。侍朝勋卫，一人人齐齐整整如地煞，刀系绣春。”

起初，锦衣卫的作用只是充当天子仪仗和近身警卫以及殿内值勤。由于刚建国不久，社会仍不安定，朱元璋又让其参与治安、缉捕、刑讯等工作，处理案子不必通知司法部门。由此，锦衣卫日益骄横，作威作福，声名逐渐狼藉。洪武二十六年，朱元璋鉴于“治锦衣卫者多非法凌虐，乃焚刑具，出系囚，送刑部审录，诏内外狱咸归三法司，罢锦衣狱。”

朱棣即位之后，为了压制舆论，铲除异己，又恢复并且扩充锦衣卫，增设机构，强化管理，分工更加具体。指挥使由亲信心腹担任，掌领十七所和南北镇抚司，其中北镇抚司专治诏狱，校尉负责卤簿仪仗。为确保皇宫安全，设置数重警卫力量，午门外有当值将军百人，领兵朝夕守候，又有五军叉刀官军，全部在皇城值宿，还有专门负责到外地逮捕犯人的缇骑。

锦衣卫有独立的监狱，称作诏狱，无异于虎狼之窟。其用刑之残酷，简直令人发指。据《明史·刑法志》记载："刑法有创之自明，不衷古制者：廷杖，东西厂、锦衣卫、镇抚司狱是矣。是数者，杀人至惨，而不丽于法。踵而行之，至末造而极。举朝野命，一听之武夫、宦竖之手，良可叹也。""锦衣卫狱者，世所称诏狱也。……幽系惨酷，害无甚于此者。"

《万历野获编·镇抚司刑具》也披露此事："缙绅得罪，虽极刑，止下刑部。若锦衣卫与东厂相表里，不过诇察诸不法，凡厂卫所廉谋反弑逆及强盗等重辟，始下锦衣之镇抚司拷问。寻常止云'打着问'，重者加'好生'二字，其最重大者，则云'好生着实行着问'。必用刑一套，凡为具十八种，无不试之，亦从无及士人者。不知何年始加之缙绅，后遂为恒事，士气消折尽矣。镇抚司狱，亦不比法司，其室卑入地，其墙厚数仞，即隔壁嗥呼，悄不闻声。"

锦衣卫最常用的刑具有18套，诸如廷杖、夹棍、脑箍、拦马棍、钉指、刷洗、油煎、灌毒药、站重枷、剥皮、钩肠等。廷杖属于明初发明专利，名义上是在廷殿当众杖责官员，其实已成为诏狱拷打人犯的家常便饭。别以为只是用木杖敲打人犯，实际有不少讲究，《万历野获编》提到的杖刑，就分为几种等级。甚至有一种是将人装入麻袋中，随着一声令下，棍棒如雨点般落在受刑者的大腿和屁股上。杖完之后，还要提起口袋重重摔落地面，轻者命如游丝，重者登时毙命。

至于其他酷刑，简直惨绝人寰，例如"刷洗"，是将犯人扒光衣服按在铁床上，用滚烫开水浇犯人肉体，然后用铁刷反复刷身，直至显露全身骨架。"油煎"，将犯人放在加热的铁板上烹煎，直至全身变成焦炭。这些酷刑在靖难之役刚结束时就已施用，大都是在朱棣眼皮底下动刑。例如兵部尚书铁铉寸磔后又被油烹，左佥都御史景清被剥了人皮，佥都御史司中遭受铁帚刷洗。当时拷讯这些官员都由锦衣卫执行，用金瓜等器械锤杀官员，更是锦衣力士的绝活。此后，这些酷刑沿袭为诏狱拷讯犯人常用的花样。一旦落入锦衣卫手中，很难活着出去。

人们在谈到古代酷吏时，总是提起唐朝的周兴、来俊臣，其实朱棣所豢养的厂卫亲信，比起他们有过之而无不及。永乐帝最信任的锦衣卫头子纪纲，就是残忍无比的酷吏。《明史·刑法志》说："成祖幸纪纲，令治锦衣亲兵，复典诏狱。纲遂用其党庄敬、袁江、王谦、李春等，缘借作奸数百千端。”

纪纲是临邑（今山东临邑县）人，当初只是一个秀才。他虽然书生出身，但武艺不错，擅长骑射和舞刀弄棍。此人生性狡诈，为人十分圆滑，最善于揣摩别人的心思。靖难战争期间，燕王统兵经过临邑县境，纪纲意识到机会来了，于是在马前叩见朱棣，请求效力。朱棣同他交谈了片刻，印象不错，便收留军中。由此纪纲日益受到燕王赏识，授职忠义卫千户。

朱棣即位之后，提拔他担任锦衣卫指挥使，统领亲军，掌管诏狱。当时永乐帝为了排除异己，大肆迫害建文朝忠臣。纪纲是个善于察言观色的阴险小人，当然不会放过邀功固宠的机会。皇帝想到的事情，他总是圆满完成，皇帝还未考虑到的事，也能想到前面。因此，永乐帝对他越发信任，凡是钦命要犯，总是交给纪纲处置。他又广布爪牙，日夜跟踪监视百官，一旦获得线索，便扩大战果，株连许多无辜者。人犯被投入诏狱后，又罗织罪名，百般折磨，“帝以为忠，亲之若肺腑”。锦衣指挥庄敬、袁江，千户王谦、李春等都是心狠手辣之徒，纪纲将他们倚为心腹，大兴冤狱。

纪纲为人阴险，采取各种花样迫害大臣，凡是永乐帝憎恶的官员，都交给他处置。为了榨取财物，他会伪装出一副同情面目，将犯事官员接到家中沐浴更衣，然后用可口食物款待，还拍着胸脯许诺，一定在皇帝面前为他们求情赦罪。等到财物诱骗到手后，马上翻脸，将犯人绑赴市曹斩首。

例如浙江按察使周新，被他诬陷逮入诏狱，将金帛诱取罄尽后处死。大学士解缙，被他灌醉后埋在雪堆中冻死。他还指令家人伪造诏书，勒索盐场食盐400余万斤，夺取官船20艘，牛车400辆。又构陷盐商大贾数十家，将财产敲诈得一干二净。京城有个女道士生得美貌，纪纲打算买来做小妾，不料竟被都督薛禄捷足先登。某日二人在大内相遇，纪纲竟用铁锤击打薛禄头部，差一点丧命。还有一次，都指挥哑失帖木在路上与纪纲相遇，没有及时让道，纪纲遂怀恨在心，诬陷罪名，将哑失帖木捶杀。

凡是搞专制统治的君王，都喜欢豢养心腹爪牙，借助杀戮手段震慑民心，钳制舆论。《明史·刑法志》说：“成祖起靖难之师，悉指忠臣为奸党，甚者加族诛、掘冢，妻女发浣衣局、教坊司，亲党谪戍者至隆、万间犹勾伍不绝也。抗违者既尽杀戮，惧人窃议之，疾诽谤特甚。”永乐帝因为心中有鬼，所以十分敏感，害怕人们私下议论，凡是触及靖难和生身禁区的人，都会被以诽谤罪逮治。

永乐年间，因充当皇帝忠实鹰犬而发迹的大有人在，陈瑛、吕震、马麟、丁珏、秦政学、赵纬、李芳等，都是这种奸险歹毒小人。

都御史陈瑛清洗建文朝忠臣数十族，亲属被戮者数万人。《明史·奸臣传》记载，陈瑛在成祖时，以刻酷济其奸私，荼毒善类。天性残忍，受帝宠任。靖难之后，永乐帝张榜开列29人奸臣名单，陈瑛感觉太少，又增添许多官员，请求一并屠杀。建文朝大理寺少卿胡闰一狱，由陈瑛主办，受牵连的有数百家，号冤之声惊彻天地，连许多参与办案的御史都不敢目睹惨状，掩面而泣。陈瑛却说："不以叛逆罪处置这些人，我等立不了功。"

当时被陈瑛检举的建文朝大臣，有历城侯盛庸、曹国公李景隆、长兴侯耿炳文、驸马都尉梅殷等人，都先后死于非命。《明史》说："帝以篡得天下，御下多用重典。瑛首承风旨，倾诬排陷者无算。""瑛为都御史数年，所论劾勋戚、大臣十余人，皆阴希帝指。"一语道破天机，如果没有永乐帝在背后指使，借给他十个狗胆也不敢。

永乐帝用人，不拘一格，凡是能充当鹰犬和爪牙的，都得到任用。山阳（隶淮安府）有个乡民丁钰，揭发自己家乡有人诽谤朝廷，结果数十人被治罪。永乐帝认为丁钰忠心可用，立刻任命他为刑科给事中。有个锦衣千户在审讯时为了获得口供，竟在皮鞭中灌注桐油抽打犯人。

永乐年间发生的冤案、惨案，可谓罄南山之竹，难以尽书；决东海之波，流恶不尽。数百年后，每当阅读此段历史，仍然令人脊背发冷，倒抽寒气。

永乐帝是一代雄主，凭借铁腕手段强化统治，文治武功载于丰碑。但是，他又是一个十分残忍的皇帝，报复心理极强，无所不用其极。他的身上既充满了闪光点，又有许多阴暗面，这是一个由多重人格构成的典型历史人物。

第五章 一代天俪徐皇后

开国元勋长女

历史上凡是能够成就大业的帝王，背后总是站着一位伟大的女性。例如唐太宗配偶长孙皇后，明太祖配偶马皇后，都是出类拔萃的女性。

聪明女人，不是整天算计在风头上压倒男人，而是心甘情愿默默做奉献，男人成功了，女人也功不可没。虽然漫长的封建社会始终以男性为中心，但对于伟大女性而言，历史的尘埃总是难以掩盖她们的光彩。

这种女人有一个最大的共性，越是艰难困苦的环境，越是与伴侣同甘苦共患难，往往在最困难时刻发挥关键作用，她们是丈夫宏伟事业的助燃剂和推动器。在和平年代里，她们又默默隐身幕后相夫教子，协助丈夫治理天下，努力化解各种隐性危机。皇帝是一国至尊，没有不花心的，凡是争风吃醋的皇后往往受伤害最深。聪明的女人把丈夫当作一只风筝，任凭他在空中自由翩飞，但长线始终掌握在自己手里。老公一旦飞累了，还会回到自己身边，因为在他心中，这里始终是最宁静的港湾。

永乐朝皇后徐仪华就是这样的女人。她14岁那年与朱棣订婚，次年被册封为燕王妃，永乐五年（1407年）七月因病去世，享年46岁，与朱棣风雨相伴30年。她死后被尊谥为仁孝慈懿诚明庄献配天齐圣文皇后，史称仁孝皇后。

朱棣后宫中有不少来自朝鲜的美女，然而在徐仪华活着的时候，还没有一个朝鲜贡女入宫。徐仪华去世后，永乐帝没有再立后，在他心中，没有一个女人可以占据徐皇后的位置。尽管那些妃嫔风姿绰约，年轻美丽，然而她们只是皇帝的性伙伴，没有资格母仪天下。

朱棣一生曾经为两个女人流泪，一直到晚年还在深深思念。这二人一个是皇后徐仪华，另一个是权妃。皇帝思念她们，出于两种不同情感。对于徐仪华，那是青梅竹马时结下的真实感情，正如《国语》所说，“同德则同心，同心则同志”。在朱棣心目中，视徐仪华为同志加战友加生活伴侣，无人可以取代。对于权妃，那是一种较为单纯的欲念，好比喜欢一件美玉，有种爱不释手的感觉。

《明宫词》收录数首诗与徐皇后有关，其中一首这样说：

中山宅里女诸生，窈窕由来著令名。
朱邸当年承诏入，佳儿佳妇慰皇情。

虽然只有短短四句，却透露了大量信息。全诗首先点明徐仪华家世显赫，是开国元勋的女儿，她的父亲就是为开创大明江山立下赫赫战功的中山王徐达。女诸生，即女秀才。洪武年间，重视女性知识分子，凡是学业有成品学兼优者，可以选拔到皇宫做女官。当时流行叫法，将知识女性呼为女诸生，而能够跻身女诸生行列的人可谓凤毛麟角。

据《明史》记载，徐仪华“幼时诵书史，一过不忘，人称女诸生”。她不但天资聪明，而且十分美丽，能够和龙子相配的女子，当然是鸾凤之俦。“窈窕由来著令名”，说明徐家大小姐是远近闻名的窈窕淑女，一个才貌双绝的女子，自然是窗户孔里吹喇叭——名（鸣）声在外。后面两句强调，徐大小姐这桩婚事不是老爸徐达所能左右的，而是由国家最高领导人朱元璋钦定。

据《明太祖实录》和《明史》等书记载：“太祖闻其贤淑，一日召达，谓曰：朕与卿，布衣交也。古君臣相契者，率为婚姻。卿有令女，其以朕子棣配焉。佳儿佳妇，足慰我两翁。达顿首谢，遂聘为燕王妃。”这桩婚姻虽然出于家长包办，但从后来朱棣和徐仪华的婚姻状况看，双方确实感情融洽，堪称比翼鸟、连理枝。

徐仪华的父亲徐达是明太祖朱元璋最亲密的战友，功劳在开国元勋中居于首位。他是凤阳府凤阳县人，与朱皇帝是同乡。徐家世代务农，元末爆发的红巾军起义，促使他弃农投戎，最后成为叱咤风云的英雄。

《明史·徐达传》记载：“达少有大志，长身高颧，刚毅武勇。”元顺帝至正十三年（1353年），22岁的徐达投奔红巾军，在朱元璋手下充当小头目，因作战勇敢，被倚为心腹。当年老朱为了谋求更大的发展空间，带领24名淮西子弟离开老家濠州，义无反顾南下定远。在这24名追随者中，血气方刚的徐达是最坚定的拥护者。

徐达追随朱元璋在和州转战期间，郭子兴活捉仇人孙德崖，朱元璋也被孙德崖部下扣为人质。当时徐达为了解救朱元璋，挺身来到孙营将老朱换出。朱元璋平安回去后，又以孙德崖为交换条件，将徐达救回。从这件事可以看出，二人的确是生死之交。

至正十五年（1355年）六月，朱元璋挥兵横渡长江，到江南谋求更大发展空间，徐达成为朱家军中最得力的战将。他率兵东取溧水、溧阳等地，在太平城下擒获元将陈也先。接着又击破元将蛮子海牙舟师，为朱元璋占领形胜重地建康创造了条件。老朱打算将建康作为根本之地，但是面临三股势力威胁，想站稳脚跟十分不易。这三股势力分别是元朝分布在江南的军事力量，割据于苏州、常州一带的张士诚势力，还有活动在皖西的陈友谅部队。家门口蹲着三只老虎，全都虎视眈眈，要想在金陵生存谈何容易。

关键时刻，徐达发挥了重要作用，他提兵沿江东下，只用一天便夺下长江重镇京口。接着又转战江南，在毗陵生擒张士诚亲弟张九六，连克宁国、宣城、马驮沙、宜兴等地，此后又在皖西战场连连告捷。池州一战，设伏击败陈友谅军队进犯，斩首万级，生擒三千。又回兵收复宜兴，一举击败来犯的张士诚部，俘敌三千，其余全部歼灭。徐达提兵相继转战于金陵东、西、南几个战场，只用数年时间便扫除威胁，巩固并发展了金陵根据地。

至正二十三年（1363年）夏季，朱元璋亲自统兵西进，在鄱阳湖与死对头陈友谅展开了生死对决。当时朱元璋只有舟师20万，陈友谅水师60万，楼船巨舳，装备精良。徐达奉命从庐州火线增援，在康郎山水面同陈军展开大战。他身先士卒击败敌船先锋，乘胜追击，杀敌1500余人，还缴获一艘巨舟，大大激发了朱家军斗志。激战之际，所乘战船燃起大火，被敌船重重包围，徐达一边指挥扑火，一边交战，表现相当勇敢。在鄱阳湖大战最激烈关头，金陵方面吃紧，徐达奉命星夜回防，全力防御张士诚兵马，确保根本之地无虞。

至正二十四年，朱元璋在金陵称吴王。官居左相国的徐达引兵攻克庐州，接着兵指湖湘，连下江陵、夷陵、常德、辰州、衡州、宝庆诸路，又马不停蹄征伐淮东，攻克泰州、高邮、淮阴、马骡港、安丰等地。这时元兵入侵徐州，徐达率兵迎击，斩获敌军万人，淮河南北全部纳入朱家军势力范围。

当年八月，徐达拜大将军，统率舟师20万人征伐吴越，与张士诚部激战于湖州皂林之野，生擒敌兵6万余人。张士诚遭到重挫后，龟缩于老巢平江（今苏州）城内，凭借高城深壕和重兵严密设防。十一月，徐达挥兵从太湖进军姑苏，将平江牢牢包围。他已做好长期围困的打算，令军士在城外架设木塔，高度与城中佛塔相等，可以随时监视城中动静。又构筑三层高台，布置弓弩火筒和巨炮，居高临下向城中发射。这是一种攻心战术，虽然不能立马攻破城池，却能造成城中守军恐慌。

徐达深知老朱猜疑心重，为了打消他的疑虑，每隔几天便派人向他请示汇报。果然朱元璋感到十分高兴，完全同意徐达的战术安排，派人前来慰劳并且传话："将军谋勇绝伦，所到之处必能削平群雄。你现在每件事都要请示汇报，足见忠心耿耿，我对你一百个放心。古话说将在外，君命有所不受，以后军中一切事宜都由你自己决定，我绝不插手。"

你看，这就是徐达聪明之处，他请示的目的，就是让朱元璋消除疑心，他所做的一切，都是遵照朱元璋的战略部署。取得胜利之后，功劳当然是老朱的。你是最高而又英明的统帅，指到哪我徐达就打到哪，坚定不移执行您的正确路线。徐达这种小心谨慎的性格，使他以后避免了杀身之祸，平江之围几乎长达一年。次年九月，城内食物匮乏，徐达见时机成熟，于是下令发起总攻击，一举攻破坚城，生擒张士诚，俘虏敌兵25万人。徐达凯旋金陵后，进封为信国公。

江南平定之后，朱元璋可以腾出手来全力对付元朝兵马了。至正二十五年十月，刚刚回到金陵的徐达还未来得及休整，便被拜为征虏大将军，统率步骑25万人北征中原，朱元璋在长江边为北征将士酹酒壮行。

徐达果然不负众望，一路奏捷，出师后首先平定山东全境。洪武元年（1368年）正月，踌躇满志的朱元璋即皇帝之位，任命徐达为右丞相，兼太子太傅。此时，徐达正驰骋在烽火连天的战场上。明军由山东进入河南，击败汴梁（今开封）守将李克彝，自虎牢关入洛阳，与元将脱因帖木儿大战于洛水北，大获全胜。接着又占领嵩、陕、陈、汝诸州，攻破天险潼关，西至华州。捷报传到金陵后，朱元璋大喜，亲自到汴梁犒劳将士。

徐达从关中前线驰回汴梁面见朱皇帝，在庆功宴上提出攻打元大都主张，当即得到了朱元璋支持。这时徐达又请示：一旦攻克大都，元帝必然北逃，是否派兵穷追？朱元璋回答：元朝国运已衰，让它自生自灭好了，不必穷追。占领大都之后，首要任务是固守边疆。

徐达太聪明了，他的请示很必要。如果穷追不舍，会犯兵家“穷寇勿追”之大忌；如果不追，同样会遭到纵虎归山的指责。他事先请示最高领导，这都是精细过人之处。果然蒙古人逃到漠北后，又将北元政权维持了数十年，成为明初最大的威胁势力。由于徐达事先做了请示，所以没有背上纵敌黑锅。

徐达受命之后自德州挥师北上，连下卫辉、彰德、广平、临清等地，与副帅常遇春合兵取长芦，扼直沽，水陆并进。又在河西务大败元军，进克通州，一路势如破竹。元顺帝见大势已去，放弃大都，仓皇北逃。

徐达兵临大都城下，命令将士填濠，登城而入，生擒元朝监国淮王帖木儿不花、太尉中书左丞相庆童、平章迭儿必失、朴赛因不花、右丞张康伯、御史中丞满川等，传令一律斩首。又下令封存大都府库册籍图书宝物，分派兵士千人守卫宫殿各门。对没来得及逃跑的妃嫔、公主、宫人实行保护。徐达命人在城内张贴安民告示，严禁士卒骚扰侵暴。为了巩固胜利成果，他奏请朱元璋批准，设置燕山六卫，全力守御北平。

当年九月，徐达挥兵连克保定、中山、河间、真定、怀庆等城池，一举扫清北平周边障碍。当年十一月，奉命扫荡山西元军，击败名将扩廓帖木儿（汉名王保保），平定山西全境。

徐达是名副其实的常胜将军，哪块骨头最难啃，哪里便出现他的身影。洪武二年至三年，徐达赴西部战场作战，在陕、甘等地连战连捷。定西沈儿峪一战，大破扩廓重兵，生擒蒙古郯王、文济王及国公、平章以下文武僚属1860余人，将士84500余人，马驼杂畜数以万计。

洪武四年，徐达奉命镇守北平，全力把守大明北大门。操练军马，修缮城池，在边地设置军屯，垦田1300余顷。此后每年冬季返金陵作短暂休息，春季又回到北平，一直到洪武十六年底身患重病。当其他将臣在锦绣帝都享受太平光景时，他却在边关废寝忘食地奔波。

徐达对大明朝有突出贡献，朱元璋当然心中有数。有一次设宴招待徐达，老朱十分感慨地说："徐兄功大，未有安居之处，就把我的旧邸赐给你吧。"朱元璋说的旧邸，就是自己做吴王时居住的王宫。徐达是聪明人，不愿意惹火烧身，唯恐有人背后议论自己僭越，坚决不接受。于是朱元璋命令工部在吴王宫附近为徐达建造了一座豪宅，特意在宅前树立一座牌坊，上面镌刻"大功"二字。

朱元璋曾在众位大臣面前赞扬徐达："受命而出，成功而旋，不矜不伐。妇女无所爱，财宝无所取。中正无疵，昭明乎日月，大将军一人而已。"

历史证明，开国皇帝都是超一流人杰，而跟随他打江山的人，都不是平庸之辈。亡国皇帝大都羸弱没有主见，驾驭不了复杂局面，既没有发现人才的慧眼，又没有大胆使用人才的魄力。古人说：用兵之要，先择于将臣。朱元璋能够剪灭群雄夺取天下，最大的亮点是知人善用，他选择了徐达，徐达也为他立下了汗马功劳。二人虽然是生死哥们，但毕竟有君臣之分。常言道伴君如伴虎，徐达的精明就在于做人低调，居功不骄，懂得夹紧尾巴做人的奥妙。

朱元璋疑心特别重，许多重臣与他善始而不能善终，徐达是个例外。有个例子可以略窥老朱的心态。有天夜晚，老朱将徐达召到宫邸饮酒，将徐达灌得酩酊大醉。他让宫人把徐达扶到御榻上，再盖上锦被。半夜时分徐达醒酒，发现自己躺在皇帝龙床上，顿时惊出一身冷汗。他赶紧翻身下床，来到陛阶下面跪地叩头不止，口中连呼死罪。

这时朱元璋在哪里呢？他正悄悄地站在房外透过窗孔观察，看到徐达惊慌失措的模样，心中十分高兴。假如徐达粗心或者不知趣，肯定会引起老朱猜忌。

徐达性格沉默寡言，坚忍稳重，多年来始终与朱元璋保持一致，是大明朝久经考验的大臣。他的小心谨慎是出了名的，有一次南征陈友定，在路过苏州阊阖门时遇见一名绝色美女，不觉为之心动，遂给女子家中送去彩礼，约定回师后正式迎娶。及至凯旋忽然又反悔，派人到女家说明情况，让女子另嫁他人。女子父亲再三恳求，徐达没敢答应，赠给其家数十金，并且赔礼道歉。

爱美之心，人皆有之，徐达自然也不例外，他忍痛割爱是因为有顾忌。当时国家百废待兴，朱元璋最恨出征大将贪恋美色财货。徐达性格内向，处事谨慎，当然不愿引起主上猜忌。位居六公之首的韩国公李善长曾被老朱誉为萧何，二人结为儿女亲家，还获赐免死铁牌，结果却遭到满门处斩。在众多开国功臣岌岌可危之际，徐达却安然无恙，可见他善于明哲保身，有常人难以企及的精细之处。

大明建国后，朱元璋封徐达为开国辅运推诚宣力武臣、特进光禄大夫、左柱国、太傅、中书右丞相，进封魏国公，参军国事，食禄五千石。又赐予诰命铁券，子孙世世承袭。可谓功高盖世，位极人臣。

洪武十七年腊月二十一日，徐达患了凶险的背疽病。朱元璋多次派名医到徐宅诊治，终难挽留，于次年二月二十七日与世长辞，享年54岁。

仪态万方的徐仪华是徐达长女，她继承了父亲的基因，在为人处事方面小心谨慎，性情稳重，从不张扬。豪门贵族千金身上常见的娇骄二气在她身上全然不见，以端淑品行赢得了后宫众多妃嫔的敬重。又因为是将门之女，在她身上透溢着一种坚忍不拔的精神，这种顽强精神，往往在非常时期显示出来。

还记得靖难岁月的北平保卫战吗？在最危难关头，徐王妃挺身而出，带领王宫娘子军毅然投入战斗。她们据守城头，向敌人抛掷砖瓦石块，为守城军士送饭送水，包扎伤病员。从徐仪华身上，可以看到中山王徐达的豪气雄风。一个相貌美丽、性情娴雅，柔中有刚而又富有才学的女人，往往散发着诱人的魅力。

靖难战争期间，徐家深深陷入政治斗争的旋涡中，徐仪华的两个兄弟分别站到两个阵营，而老公又处在旋涡中心。手心手背都是肉，失去谁都让人揪心，徐仪华的精神压力可想而知，这是一般女人所无法承受的。在危难关头，她做出了抉择，毅然决然支持老公。

用封建正统标准衡量，在明朝历代皇后中，马大脚是公认的第一贤后，其次就是徐仪华。皇后是什么？不仅仅是第一夫人，还是后宫班长，应该具备一定的凝聚力和向心力，将六宫妃嫔团结在自己周围，悉心照料好皇帝的生活起居，解除国君的后顾之忧。作为一班之长，必须随时防止后宫发生丑闻，不能给皇上戴绿帽子。另外还要有肚量，不能是个醋坛子，而要做到这一点很不容易。

历代有不少皇后，面对妃嫔总是虎视眈眈，脑袋后面还长了一只眼。一旦皇帝去了哪个妃子的房间，立刻醋性大发，眼睛都要急出血来，恨不得将受宠的妃嫔千刀万剐。要么在皇上面前大哭大闹寻死觅活，要么使用蛊术诅咒妃嫔。如果自己不生育，其他妃嫔结了珠胎，她会想方设法暗下堕胎药，再不然就玩狸猫换太子的把戏。后宫闹得一团糟，皇帝能安心处理天下大事吗？

从保存下来的明代史料看，如果用封建时代道德标准衡量，徐仪华确实称得上一代贤后。榜样的力量是无穷的，徐仪华曾在马皇后身边生活了几年，有马大脚这样一位优秀国母言传身带，自然受益终身。

为人低调，母仪天下

徐仪华于洪武九年正月二十七日被册封为燕王妃，洪武三十五年（即建文四年）十一月十三日册立为皇后。她被册封为王妃时只有15岁，册立为皇后时已经41岁，至永乐五年七月初四日病逝，只当了5年皇后。明代史料中收录有《立皇后诏》，内容如下：

> 奉天承运皇帝诏曰：
>
> 朕荷天地神灵祖宗敷佑，继承大统，华夏肃清。稽于古典，虞夏□□殷周之盛，亦资内助以致雍熙。朕皇考太祖高皇帝肇修人纪，惇典庸□□礼，臻兹治平。薄海内外，室家相庆，功德兼隆，与天同运。亦惟朕皇妣孝慈高皇后效法承天，肃雍显相，德配圣神，化家为国。
>
> 朕奉藩于燕，垂二十年。正妃徐氏，开国元勋中山武宁王徐达之女。达佐朕皇考咸有一德，格于皇天。天惟申命用休，君臣笃庆，荣裕始终。育此贞淑，嫔于肇封，家政辑宁。朕恭行天讨，无内顾之忧。
>
> 厚德嘉祯，壶仪懿范，同朕恭勤保兹天命，君临尔万姓之上。是用于洪武三十五年十一月十三日，命使奉金册金宝，立徐氏为皇后，正位中宫，共承宗庙。布告天下，咸使闻之。

这道诏书颁布于洪武三十五年十一月十三日，也就是建文四年。当时朱棣不承认建文帝的合法地位，将建文年号革除，仍然奉行洪武年号，这事在历史上少见，也算是一件奇闻。朱棣于建文四年六月十三日杀入京师，推翻了朱允炆帝位，当年十一月十三日即册立徐仪华为皇后，前后相隔仅五个月。

徐仪华具有大家闺范，受过良好教育，待字闺中时便显示出不同寻常的品行气质，据明代何乔远所撰《名山藏》记载：“徐皇后成祖后也，中山王长女。自幼贞静，纯明书史，一目成诵不忘，王与谢夫人爱异之。由是博通载籍，每览佳言善行，未尝不一再思曰：古人所载，故欲来世仿行之。”徐仪华从小便被人们称作“女诸生”，即女秀才，看来并非浪得虚名。她确实读了不少前代书史，尤其赞赏古人善行佳言。

古希腊哲学家苏格拉底说过：女人的纯正饰物是美德，不是服装。美貌女性一旦知书达理，益发显得楚楚动人。这种美丽不是依靠浓妆打扮修饰出来的，而是一种修养，一种天然魅力，那是经过书香浸润的洒脱简约之美，平淡中透溢着优雅温和，仪态万方，显得成熟而又稳重。

徐仪华有四年时间居住在金陵皇宫中，与婆婆生活在一起。几乎所有史料都提到，徐仪华深受马皇后喜爱。有这样一位开国贤后言传身带，显然会受到良好的影响。洪武十三年，马皇后病逝，此时徐仪华已在北平，闻知噩耗后十分悲痛，“居孝慈高皇后丧三年，蔬食如礼”。每当回想起马皇后音容笑貌，她总是泪流满面，伤恸不已。

徐仪华当了皇后，却没有任何张狂举止，时常用马皇后说过的话作为警励。

有一次永乐帝问她，先后遗言中，哪些最重要？她一一列举：“民心所归，即为天命。这是当年皇姑（古代已婚妇女将婆婆称作姑）谆谆教导的话。夫妇相保易，君臣相保难。也是皇姑曾经教导的话。还有过仁厚，愈刻薄；赏罚惟公，足以服人；自奉欲薄，养贤欲丰；天下安危，系民苦乐等等，都是皇姑当年在宫中的教诲。这些遗言很重要，很有道理，臣妾牢记在心，不敢有忘。”

靖难战争结束之后，民生凋敝，社会经济恢复面临不少困难。徐仪华留心民务，厉行节减，经常向永乐帝提出一些合理化建议。她曾多次提醒：南北经过累年战争，已是兵民疲敝，当务之急是养民生息。又说，尧舜当年施行仁政，不分亲疏，任人唯贤。如今天下贤才，大都是高皇帝时的官员，身为一国之君，不能只重用靖难功臣，应该具有博大心胸，一视同仁。

徐增寿被建文帝处死，永乐帝念及内弟暗中相助功劳，追封官爵，让增寿儿子承袭。徐仪华知道后，坚决不同意。永乐帝说：“你别多想，我不是看你的面子讲私情。增寿支持靖难，为此丢了性命，他有功劳，应该得到封赏。”徐仪华正色说道：“这是你的大德，臣妾并不希望这样。侄儿年幼无知，坐享其成不好。你要过意不去，就为他请一名品学兼优的老师吧。”在这件事上，永乐帝并没有听从徐皇后的劝告，还是将徐增寿封为定国公，由其子景昌袭爵。

徐皇后知道后，并没有道谢，只说了一句话：“非妾志也。”此事传开，皇后被世人所称道，这在《明宫词》中也有反映：

读书少说女诸生，佳妇佳儿事业成。

亲弟输情偏不取，独持卓识断私情。
恭侯赐爵旧勋家，岂为今时阴丽华。
诏下不须亲奏谢，未伸大义志终赊。

宫词将徐仪华比作东汉光武帝的皇后阴丽华，确实对她评价很高。阴丽华不但美貌出众，而且是东汉著名贤后。她还是少女时，就成为刘秀暗恋的情人，为了追求她，刘秀付出极大努力。

刘秀得了天下，准备册立皇后，一心想把阴氏扶为正宫娘娘。当时发妻郭氏已经身怀六甲，阴丽华深明大义，坚决不接受册封，只做了一名贵人。她的哥哥阴识征战有功，刘秀为了补偿阴美人，打算破格封赏大舅哥。岂料阴识受到妹妹美德影响，坚决谢绝。他说："天下刚刚安定，功劳比我大的将帅多了，不能因为我是外戚而格外照顾，这样对其他人不公平。"

阴丽华一生谦德低调，相夫教子，主理后宫，约束娘家人。后来成为第二任皇后，与光武帝同心同德，共同开创了彪炳历史的"光武中兴"时代。

徐仪华熟知历史，严于律己，能够自觉地以前代贤后为榜样。有一次，永乐帝很晚还没有退朝，徐仪华在饭桌旁等待丈夫回来。永乐帝回宫后告诉她，我今天特别忙，吏部正考察任用一批官员，让我拍板。我按照每个人资历深浅，选拔了二十多人任命为各地知府。

徐仪华听了，提出自己的看法。她说，地方官员同老百姓有最直接关系，廉能官员可以为百姓谋取福利，贪残官员只会祸害百姓。朝廷选拔官员不应当论资排辈，应该综合考察每个人的德才素质，对于符合条件才能突出的人，可以破格提拔。至于那些才干一般但忠于职守的人，可以根据其资历区别使用。永乐帝听了，感觉很有道理，采纳了她的建议。

还有一次，徐仪华问老公，每天和陛下在一起处理政事的官员，都是哪些人？永乐帝说：六部尚书负责处理政务，翰林学士主管文翰，参与朝廷机要。于是徐仪华向老公请求，将这些官员的夫人全召到后宫，赏赐她们冠服钞币。

徐仪华语重心长地告诫命妇："古时公侯夫人及士大夫之妻，凡是能够襄助丈夫兢兢业业工作的，史书上都留下了美名。如今与皇上共同治理天下的人，主要是六卿翰林之臣。你们身为朝廷命妇，难道就不想为国家多做贡献？为官理政，百姓安则国家安，国家安则君臣夫妇皆安。作为妻子，不仅要照料丈夫的衣食起居，还应该当好贤内助。朋友说的话，丈夫不一定都听得进去，妻子委婉劝说，丈夫倒容易接受。我旦夕服侍皇上，经常提醒他时刻以生民为念，咱们应当共勉。希望你们多吹枕边风，襄助丈夫为国为民，鞠躬尽瘁。”

据史书记载，当时翰林学士解缙、黄淮、胡广、胡俨、杨荣、杨士奇、金幼孜等人的妻子，都曾被召入柔仪殿接受过妇德培训。她们的丈夫，后来都成为永乐朝倚重的大臣，徐皇后自然功不可没。这件事也成为当时宫词创作的素材，《明宫词》有一首诗这样歌颂：

关心时政独殷勤，命妇传来见小君。
柔德殿中频赏赍，千秋彤管著芳芬。

徐仪华是女性知识分子，不但熟知历史，文笔也不错，这是她的优势。聪明女人都懂得发挥自身优势，徐仪华自然也不例外。她刚当皇后不久，便埋头著述，撰写了一部学术著作，书名叫作《内训》。顾名思义，此书主要宣传弘扬封建时代淑德典范，是女性必读手册。全书共计二十篇，分别是德行、修身、慎言、谨行、勤励、警戒、节俭、积善、迁善、崇圣、训谨、贤范、事父母、事君、事舅姑、奉祭祀、母仪、睦亲、慈幼逮下、待外戚等。

她在《内训序》中说：“高皇后教诸子妇，礼法惟谨。吾恭奉仪范，日聆教言，祗敬佩服，不敢有违。肃事今皇帝三十余年，一遵先志，以行政教。”又说：“仰惟我高皇后教训之言，卓越往昔，足以垂法万世。吾耳熟而心藏之，乃于永乐二年冬，用述高皇后之教以广之，为内训二十篇，以教宫室。”

原来，这部《内训》收录了大明贤后马秀英的名言和先进事迹，用来培训教育官员们的妻室。书成不久，徐皇后便因病去世。当皇太子将手稿呈递到永乐帝案头时，朱棣睹物思人，感到十分悲伤。当即下旨刊印，分赐群臣。这部书成为官员家庭教育的必读课本。《明宫词》有诗纪其事：

花落柔仪思杳然，君王和泪展遗编。
两朝贤后传心法，内训颁行二十篇。

作为才女型皇后，徐仪华的研究成果比较丰富，除了这部《内训》，还有《女宪》《女戒》等著作。她还纂辑古人嘉言善行汇为一编，名曰《劝善书》。

有一天，她将三个儿子叫到身边训诫：“积善如登山，久必高；积恶如穿坎，久必陷。”又说：“为善犹如从深夜到天明，逐渐观看到光明；为恶犹如从拂晓到夜晚，逐渐进入黑暗。”徐仪华这些话很富有哲理。古人云：勿以恶小而为之，勿以善小而不为。积善之家，必有余庆。《劝善书》宗旨，就是箬恶扬善，宣传精神文明。有一首宫词歌颂此事：

宫政初修内助良，常于先后见羹墙。
一编更纪前贤迹，劝善书悬日月光。

诗中引用“羹墙”古史典故，赞扬徐仪华以马秀英为榜样，是永乐皇帝的贤内助。她对先皇后十分思念，吃饭时经常在羹汤中看见马皇后面容，而面对墙壁时，又仿佛见到马皇后的身影和音容笑貌。

徐仪华最大的优点，就是懂得做人的道理。在丈夫眼中，她是一个好内助；在皇子眼中，她是一个贤母；在妃嫔们眼中，她是一个温和大姐姐。她教育几个皇子，要他们孝亲爱民；教导妃嫔相互间恭敬和睦；教导娘家人奉法循理。一旦发现外戚有放纵行为，她会马上将其召到宫中进行责备。如果表现得好，便给予表扬奖励。对于宫中下人，她从来不喜怒于色，一旦有人犯了过错，总是和风细雨地指出，令其改正。徐皇后生活俭朴，在她的带动下，宫闱形成尚俭风气。

为了表彰她的贡献，永乐帝还辑有皇后言行书颁布中外。朝鲜使者来朝，永乐帝赠送《劝善书》300部，令朝鲜国王好好学习，深刻领会。

永乐帝是一代雄主，有几分桀骜不驯性格，然而由于与徐皇后感情真挚，对皇后的劝告也能听得进去。他曾当着群臣面赞扬皇后仁明贤孝，将她比作汉朝的马明德皇后和唐朝的长孙皇后，可见徐仪华在永乐帝心中的位置。

永乐五年七月，徐仪华皇后在病危之际，仍然念念不忘劝告永乐帝爱惜百姓，广求贤才。对于宗室要多施恩礼，不要把关系搞得太紧张。千万不要骄纵外戚，以免养痈成患。她还向皇太子吐露自己的遗憾：“我一直惦念靖难岁月北平将士的妻室，当年她们为保卫北平流过血汗，本想借皇上日后巡狩机会，前去看望慰问，可惜没有机会了，这是我平生最大的憾事。”

当年七月初四日，永乐大帝患难与共的发妻、大明王朝一代贤后徐仪华与世长辞。痛失贤内助，永乐帝感到十分悲恸，为了追悼皇后亡灵，专门在南京灵谷寺、天禧寺开设盛大水陆法会，荐大斋供奉，听任群臣致祭。

永乐十一年，营建于北京昌平天寿山的陵寝竣工，永乐帝将徐皇后灵柩一路由南京护送到北京，正式安葬在这块风水宝地。徐仪华生前绝不会想到，当初以燕王妃身份在北平居住了20多年，死后又归葬于故地。

又过了十一年，这年是农历龙年，永乐帝也来到了徐皇后身边。从此龙凤相伴，永远长眠在一起。这座皇陵，就是北京十三陵第一陵——长陵。

徐仪华的兄弟姊妹

徐达原配张氏，早年去世，没有生育儿女。据一些史籍披露，张氏说话口无遮拦，人称张大嘴，有些话传到朱元璋耳中，引起皇上心中不快。由于这个缘故，张氏竟被处死。如果真是这样，处死她的人就应该是徐达。

徐达一生谨慎，当然不想因言招祸。别以为是朝廷重臣日子就好过，朱元璋平时驭下极严，耳目众多，大臣晚上在家中干些什么，都说了哪些话，第二天一早他都知道。

徐达虽是一员骁将，但在事君方面格外小心。他后来娶继室谢氏，是朱元璋做的大媒。谢氏是多产多育标兵，一鼓作气为徐达生下了四男四女。四个儿子分别是徐辉祖、徐添福、徐膺绪、徐增寿，都是朱元璋起的名，其中次子徐添福夭折。四个女儿中长女徐仪华，也就是永乐帝原配，大明朝的仁孝皇后。次女和第三女史书未载其名，分别嫁给朱元璋儿子代王和安王，都是经过正式册封的王妃。季女徐妙锦，一生未嫁。徐仪华在徐达八个子女中居长，其次应该是徐辉祖，最小的是幺妹徐妙锦。

某些介绍文章说徐辉祖是徐仪华哥哥，看来有误。二人都死于永乐五年，《明史》记载，徐仪华死时“年四十有六”。张岱《石匮书·徐中山世家》所附徐辉祖小传，明确提到徐仪华是辉祖姊，又说辉祖“卒年四十”。此外，《皇明开国功臣传》《皇明表忠记》《皇明史窃》《吾学编》等史料，均明确记载徐辉祖死于永乐五年，卒年四十。

徐达继室谢氏，是朱元璋淮西旧将谢再兴的女儿。谢再兴是员猛将，作战十分勇敢。但凡猛将，生下的女儿都非常漂亮。老谢的两个女儿大谢、小谢，都生得如花似玉，堪比三国时大乔、小乔。其中大谢嫁给朱元璋侄子朱文正，小谢则成为徐达继室。

明朝开国前夕和建国初期，盛行在将领间或重臣之间结亲，而这些淮西旧将旧臣又与明朝皇室结亲，相互之间有着撕扯不断的姻亲关系。老朱这样做有自己的考虑，一是为了笼络开国功臣，二是想凭借盘根错节的姻亲关系维系自己的统治。这就是政治联姻，国家利益高于一切。

下面简略介绍徐仪华兄弟姐妹情况。

徐辉祖，中山王徐达长子，他的身材同乃父相似，史书说身长八尺五寸，可见是个伟丈夫，不但帅气，而且有才气。出生后起名允恭，后来朱元璋赐名辉祖。为什么改名？原来朱元璋孙子也就是后来的建文帝名叫允炆，按照古代礼法，臣下必须避帝王名讳。

徐辉祖是元勋后代，依循惯例被授以官职，署理左军都督府事。徐达患病去世后，又以长子身份袭封魏国公爵位。洪武年间，徐辉祖奉旨多次离京，到陕西、北平、山东、河南等地练兵，又到浙江沿海操练水师防倭。北元将领阿鲁帖木儿归降后，隶属燕王节制，辉祖洞察此人有谋乱迹象，立即采取果断措施，将他拘捕处死，还京之后掌管中军都督府事。

徐辉祖虽然担任武职，却具有文才，写得一手好字，尤其擅长榜书。懿文太子活着时，他充当太子伴读，学通经书大义。洪武二十九年，奉旨会同礼部、翰林院官员考试国子监师生，评定优劣等级，移交吏部录用。以勋臣武职身份参与文事，在当时被朝臣认为是旷典。建文登基后，加封为太子太傅。

靖难之役发生后，徐辉祖被建文皇帝倚为干城，掌管六军。他虽然是朱棣内弟，却是个铁杆保皇派，恨不得将燕王父子置之死地而后快。此事笔者已在第三章做了交代，徐辉祖虽然想做力挽狂澜的英雄，却压根儿不是燕王对手。朱棣杀入京师后，将他列入国奸名单，几次想把他处死，只因顾及徐仪华面子才刀下留情。于是将他幽禁家中，闭门思过，永乐五年死于家中。

史籍有一种说法，谓徐辉祖自裁身亡。他为什么自裁呢？显然迫于一种强大的压力。姐弟二人同死于永乐五年，徐仪华于七月初四日病故，没过几天徐辉祖便身亡，这很不正常。显然，皇后死后永乐帝已没有顾虑，忍耐了五年，终于要同小舅子清算旧账了。要么赐徐辉祖自裁，要么是辉祖精神压力太重，以自尽了结同姐夫之间的恩恩怨怨。

徐膺绪，徐仪华三弟，也是个将门虎子，起初官居尚宝司卿，后来升迁大同卫指挥佥事，再迁中军都督佥事，享有奉朝请待遇。所谓奉朝请，就是具有参加朝会的资格，膺绪虽不是大臣，却给予破格待遇。另外，他的子孙还可以世袭指挥使。徐增寿和徐辉祖相继死后，徐达的四个儿子只存下徐膺绪，永乐年间以元舅身份受到尊崇，朝廷凡是有封拜好事，都少不了他的份。

徐增寿，徐仪华四弟，以勋臣后代就任官职，经过三次提拔官至左都督。史书记载增寿“机警勇敢，善骑射，好读书”。洪武年间曾经随军北征蒙古，与燕王关系密切。建文帝即位后，怀疑燕王蓄意谋反，曾就此事询问增寿。增寿马上替燕王打掩护，他说：燕王和皇上都是先帝骨脉，富贵已极，没有理由造反！靖难战争爆发后，增寿暗中向燕王传递情报，透露京师虚实，结果在金陵城破前夕被建文帝亲手腰斩。

燕王入城后抚尸痛哭，即位之后追封增寿为武阳侯，谥忠愍，不久又进封定国公，由其子景昌继承。

徐仪华大妹，嫁给代王为王妃。老公名叫朱桂，是朱元璋第十三子，朱桂生母是郭惠妃。朱桂于洪武十一年受封为豫王，二十五年改封代地，藩国设在山西大同。野史还有一种说法，认为代王母亲不是郭惠妃，而是邳州农家女子。朱元璋当年打了败仗，逃到一户农家避难，结果和农家女子上了床，临别之际留下一把旧木梳为凭证。后来做了皇帝，农家女领着孩子到京师寻夫。老朱嫌人家土气，不愿会面，就在宫外建了一处豪宅，安顿母子二人。洪武年间封朱桂为代王，老朱将母子俩打发到遥远的大同。

建文帝当国时，由于代王与燕王关系密切，便寻找借口将他废为庶人。徐王妃和丈夫一起遭到逮治，被幽禁于囚室。朱桂和朱棣既是兄弟又是两乔，所以在永乐元年正月恢复其王位。代王生性残暴，徐家二小姐也不是省油的灯，夫妇二人虽然共过患难，但素来性情不合，代王压根儿就不喜欢她。

徐二小姐骄妒成性，不但泼辣，而且醋意十足。王府有两名侍女，生得颇有几分颜色，代王是个花花王子，见了荤腥岂肯放弃。徐王妃察觉私情后，立刻打翻了醋坛子，她对代王无可奈何，便将恶气撒在侍女身上，使用各种招法虐待侍女，竟然往侍女口中灌大粪。又把她们衣服扒光，将全身上下涂满生漆，再敷上猛药，结果引起皮肤溃烂，身上脸上都长满了癞疮。

为了让代王彻底死心，徐王妃又指使王府卫兵将两名侍女拐走。此事传到永乐帝耳中，毕竟是小姨子，没有将她治罪。代王怒火中烧，便将徐王妃和世子赶出王宫。母子俩无处栖身，只好在山西都司衙门借居。王妃母子患了重病，代王也不去看望，结果世子因病而亡，王妃被冷落一生。

徐仪华二妹嫁给安王朱楹。朱楹是朱元璋第二十二子，洪武二十四年封为藩王，永乐六年就藩平凉，十五年病亡。徐家三小姐虽是显赫王妃，由于安王去世早，她在年轻时便守寡，又因为没有子息，封藩被革除。明代史料中见不到有关她的记载，只是在徐达传记中一笔带过，这是一个不幸的女人。

徐妙锦，徐仪华最小的妹妹，其事迹见于明末清初史学家查继佐《罪惟录》记载，附于徐皇后传记后面。小传中说：

> 妙锦者，皇后妹，中山王第四女，继妻谢氏出。中山诸女，次为代王妃，季为安王妃。建文中，妙锦有感代王妃被逮之事，独不愿嫁。
>
> 燕王得国，仁孝崩，此时妙锦年二十有八矣。

文庙闻其贤，欲聘而立之，内使女官宣谕上意切。妙锦拥被呻吟，徐示其面曰："吾面着花，而天而帝，则不如是。"女官谛视，谓无有。妙锦缪指曰："斑斑矣。"女官出，遂削发为尼。文皇亦竟不立后也。

仁宗张皇后自其为东宫妃时，则已闻妙锦事，叹服之。及为皇太后，召入宫中，视如公主之礼，叙戚里谊甚欢。妙锦肃拜柔嘉，进退恭重。宫中私相语曰："此薄皇后而不为者也。"获还昌都旧居，聚宝门外王姑庵是也。

从这段记载得知，徐妙锦在徐达八个子女中年龄最小，她比大姐徐仪华小18岁。论相貌，也是个倾城倾国的佳丽，姐妹二人堪称大明姊妹花。

明代陈琏《琴轩集》中，收录有《中山武宁王第三女徐氏圹铭》，墓志中说徐妙锦生母并非徐达继室谢氏，而是他的另一个姨太太贾氏所生。在徐家姐妹排行中，徐妙锦并不是最小的女儿，而是徐达第三女。生于洪武十三年（1380年），死于明英宗正统五年（1440年），活了61岁。

朱棣对小姨子心仪已久，只是碍着徐皇后面子，才没有急于求婚。徐皇后死后，朱棣便向妙锦展开了攻势，不料却碰了软钉子。徐妙锦很聪明，如果直接回绝，肯定让永乐帝感到没面子，下不了台，便以身染天花病为名婉拒。我们不明白徐妙锦为何放着大明皇后不做，却心甘情愿遁入空门。她自己声称，由于看到二姐和代王的悲惨经历受到刺激，决意不嫁。其实这只是一种借口而已。

她也许心存顾虑，也许性情使然，也许看破了红尘。其实历史上姐妹共事一夫的情况并不鲜见，汉成帝的皇后赵飞燕、昭仪赵合德就是亲姐妹，色艺俱绝，是大汉宫中倾国姊妹花。徐妙锦宁愿当尼姑，不愿当国母，这正是她的高洁脱俗之处。永乐帝是个痴情种子，居然将皇后位置空着，他这是虚位以待，等着徐妙锦回心转意，不料一等就是17年，直到与世长辞也没有抱得美人归。

永乐帝后宫妃嫔如云，不乏国色天香女子。但在他眼中，这些女人都不够分量，她们只是皇帝的性伴侣，没有资格母仪天下。

后世流传一封书信，名曰《答永乐帝书》，据说出自徐妙锦手笔：

臣女生长华门，性甘淡泊。不羡禁苑深宫，钟鸣鼎食，愿去荒庵小院，青磬红鱼；不学园里夭桃，邀人欣赏，愿作山中小草，独自荣枯。听墙外秋虫，人嫌其凄切；睹窗前冷月，自觉清辉。盖人生境遇各殊，因之观赏异趣。矧臣女素耽寂静，处此幽旷清寂之境，隔绝荣华富贵之场，心胸顿觉朗然。

乃日昨阿兄遣使奉上谕来，臣女跪读之下，深感陛下哀怜臣女之至意，臣女诚万死莫赎也。伏思陛下以万乘之尊，宵旰勤劳，自宜求愉快身心之乐。幸外有台阁诸臣，袍笏跻跄；内有六宫嫔御，粉黛如云。而臣女一弱女子耳，才不足以辅佐万岁，德不足以母仪天下。既得失无裨于陛下，而实违臣女之素志。臣女之所未愿者，谅陛下亦未必强愿之也。

臣女愿为世外闲人，不作繁华之想。前经面奏，陛下犹能忆之也。

伏乞陛下俯允所求，并乞从此弗以臣女为念，则尤为万幸耳。盖人喜夭桃秾李，我爱翠竹丹枫。从此贝叶蒲团，青灯古佛，长参寂静，了此余生。臣女前曾荷沐圣恩，万千眷注。伏肯再哀而怜之，以全臣女之志愿，则不胜衔感待命之至。

这封书信已经表明她对婚姻的态度，只想守身如玉，白头到老。宁愿青灯黄卷，遁迹空门，也不愿意做姐夫的填房。

妙锦同张太后私交不错。张太后就是仁宗诚孝皇后，洪武二十八年封为燕世子妃，永乐二年封为皇太子妃。其父张麒，死后追封彭城伯。张氏嫁给朱棣长子朱高炽，即后来的洪熙皇帝。朱高炽没有福气，继承皇位不满一年便病亡，由太子朱瞻基继承皇位，即宣德皇帝，尊生母张氏为皇太后。按辈分张太后应该将徐妙锦称作姨妈。妙锦出入北京大明后宫，已是二十年后的事了，此时她已年近五十，在兄弟姊妹八人中，只有她还存活于世。

张太后将徐妙锦召到后宫聊天，就是因为敬重她的人品，一生不贪羡荣华富贵，只求恬淡闲适而已。后来，徐妙锦还是离开北京皇宫，回到南京尼庵中，与青灯黄卷为伴，在孤独中度过了余生。

三个儿子，天上地下

永乐帝共有四个儿子，即朱高炽、朱高煦、朱高燧、朱高爔。朱元璋的子孙依照五行相生原理起名，上一辈名字都是木字偏旁，木生火。所以这一代皇子，名中最后一个汉字都有“火”字偏旁。其中朱高炽、朱高煦、朱高燧为徐皇后所生。朱高爔为妃嫔所生，生母不详，还没有受封便已身亡。

徐皇后这三个儿子，长子为朱高炽（1378—1425），后来继承皇位，庙号仁宗，年号洪熙，史书又称作洪熙皇帝。次子朱高煦，后来封为汉王。第三子朱高燧，封为赵王。弟兄仨都经历了靖难战争洗礼，但是命运却大相径庭。徐皇后生前绝没有料想到，她的二儿子后来竟栽在自己的长孙手里，这个曾经在靖难时立下汗马功劳的次子，死得竟然十分悲惨。

我们先说说朱高炽。朱高炽出生于洪武十一年，当年他的老爸朱棣只有18岁，母亲徐仪华17岁，属于少年夫妇得子。

洪武十三年，年轻的燕王夫妇就藩北平时，朱高炽只有3岁。洪武二十八年，刚满18岁的朱高炽被朱元璋册立为燕邸世子。明朝册封制度规定，只有亲王的长子才可以册立为世子，其他儿子则封为郡王。亲王世子必须是正妻嫡生长子，不允许以庶夺嫡，如果王妃年满50岁还不生子，允许立庶长子为世子。徐仪华是燕王正妃，朱高炽又是嫡生长子，所以名正言顺被册立为燕王世子，也就是王朝合法继承人。

朱高炽继承了徐仪华的秉性，为人端重沉静，性情温和。他平时言语不多，说话有分寸，喜好读书，属于那种少年老成的孩子。

朱元璋在世的时候，为了加强对皇孙教育，以便达到耳提面命效果，吩咐将秦王、晋王、燕王、周王的世子移居于皇宫，和自己生活在一起。

有一天格外寒冷，朱元璋派四个皇孙分别去检阅慰问卫士，其他三个藩王世子都早早归来，只有朱高炽回来得最晚。朱元璋询问缘故，高炽回答："天气实在太冷了，士卒操练劳累，我必须等他们吃上热饭才能回来。"老朱闻言，感到很高兴。这个皇孙虽然年纪不大，但已懂得体恤将士，借用古时夸奖孩子的话，孺子可教矣！朱元璋又让他阅读官员奏章，选择一些可以施行的建议做简要汇报，朱高炽果然做得不错，所选建言皆切中军民利弊，老朱对他越发喜爱。

朱元璋驾崩后，建文帝即位，推行削藩。当时朱高炽正在京师，朝中大臣建议将他扣押为人质。建文帝没有采纳亲信的主意，竟然将朱高炽放回。如果朱高炽被扣押于金陵，燕王可能不敢轻易发动靖难之役，一旦破釜沉舟，朱高炽的小命一定玩完。那么大明朝的历史就要改写，明朝帝王中也不会出现一个洪熙皇帝。当然这都是假设，历史的进程往往不以个人的意志为转移。

靖难之役爆发后，朱高炽的表现可圈可点。当时他只有21岁，对于一个从未经历过战阵的年轻人来说，这无疑是人生重大的考验。建文元年十月，北方已经进入隆冬季节。曹国公李景隆统率50万大军兵临城下，将北平团团包围。北平是燕王大本营和唯一根据地，负责镇守大本营的正是燕邸世子朱高炽。此时燕王正带领主力远征大宁，北平兵力只有1万多人。面对强敌，形势危如累卵，这副重担落到一个年轻人肩头，其压力可想而知。

朱高炽没有让燕王失望，他日夜坚守城头，和守城将士们击退了李景隆发动的一波又一波进攻。在保卫战中措置得当，部署严密，善拊士卒，表现抢眼，显示了较高的组织能力和指挥能力。为了骚扰围兵，他还派遣敢死队员，时常在夜深时分缒下城墙偷袭敌营。同时，他还下令抓紧战斗间隙修补城门，往城墙上倾泼冷水，城墙结冰之后有效阻挡了敌军攀登。战争虽然激烈残酷，但也最能磨炼人的意志和本领。事实证明，朱高炽并非泛泛之辈，确实可以担当起保卫大本营的重任。

正当燕军节节胜利之际，建文帝玩了一招离间计，出这个主意的人是文学博士方孝孺。他对建文帝说："兵家贵间，燕王父子兄弟可间而离也。世子诚见疑，王必北归；王归而我饷道通，事乃可济。"于是他以建文帝名义写了一封密信，派遣锦衣卫千户张安潜入北平，送到世子朱高炽手中。

这封密信劝告朱高炽果断同燕王切割，归顺朝廷，事成之后，许诺封他为新燕王。这一招确实狠毒，如果朱高炽当时警觉性不高，或者一时疏忽将信拆阅，即使事后向老爸如实汇报，他也无法洗刷开脱，必然引起朱棣猜疑。父子一旦产生隔阂相互怀疑，肯定引起可怕后果，往轻处说，可能从此失去父王信任，父子之间结下矛盾；往重处说极有可能发生流血掉脑袋的事情，最后导致自相残杀，自己打败自己。

好在朱高炽多了一个心眼儿，接到密信后并没有马上启封。他察言观色，意识到其中有诈，于是将张安扣押，派人连同信件一起送到燕王军中。其实，燕王在未见到密信之前，已经对世子产生了怀疑。

原来朱高煦和弟弟朱高燧关系密切，且一向瞧不起大哥。高煦随同燕王在前方打仗，经常在父王面前搬弄是非。燕王府的宦官黄俨又是朱高燧心腹，当张安潜入北平递送密信时，黄俨闻讯，立刻派人赶到军中向燕王禀报，声称世子即将反叛。燕王顿时怒火冲天，正准备采取果断措施之际，张安已经被世子手下人押到。燕王拆开密信读罢，又仔细审讯了张安，不由惊出一身冷汗，连声说道：险些中了离间计，误杀世子！从这件事可以看出，朱高炽蛮有头脑。

朱棣登上帝位后，在册立皇太子问题上有些犹豫不决。原因很简单，永乐帝是个威风八面的马上天子，横戈跃马，雄风盖世，豪气冲天。他认为一个帝王就应该有血性、有魄力、有豪迈气质，这样才可以统驭臣下，威加四海。他心目中最欣赏的皇子是朱高煦，三个儿子中唯独他最像自己，全身上下充满霸气，透溢着一股强悍雄风，身经百战，千人难敌。朱高炽虽然是世子，但在老爸眼中并非理想接班人。他生性柔弱儒雅，体弱多病，又是个大腹便便的肥仔，行走时需要两个人搀扶。在他身上，丝毫看不到朱棣的遗传基因。

相貌和气质是什么？是块金字招牌，一个文弱的帝王压不了阵脚，很容易被臣下摆布。而那种气吞万里如虎的帝王具有威慑力，没有人敢萌生欺主念头。朱棣曾就建储问题征求过大臣意见，武臣几乎异口同声支持立朱高煦为皇太子，其中最有力的理由是，二殿下武勇英俊，靖难之役战功卓著，危难关头又有扈驾大功。尤其靖难功臣淇国公丘福、驸马王宁等人，坚定不移力挺朱高煦，这使永乐帝在接班人问题上越发摇摆不定。

徐皇后在建储问题上旗帜鲜明，她认为治理天下与打天下不同，应该重视文治。世子高炽生性仁爱，将来可以成为体恤黎民百姓的仁君。同时还提请皇上注意，次子高煦杀气太重，三子高燧有性格上的弱点，他们都不够条件。女人的直觉比男人更敏锐，何况三个儿子都是自己亲生，知子莫若母嘛。

永乐帝又征求文臣意见，结果呈现一边倒的趋势，世子在文臣中人气很旺。大家都异口同声说："长嫡承统，万世正法。"这是搬出了古礼为盾牌。按照这个标准，朱高炽既是嫡生又是长子，于情于理都是当然人选。但是永乐帝并非面糊子耳朵，这些话打动不了他，仅供参考而已。

永乐帝秘密召见翰林学士解缙，想听听他的意见。解缙回答十分简洁："立嫡以长。"显然这是老调重弹，并没有产生立竿见影的效果。接着，解缙又补充了一句"好圣孙"。这三字果然见效，一下子便拨动了永乐帝的心弦。

解缙由衷夸赞的圣孙就是朱瞻基，也就是以后即位的宣德皇帝，他是朱高炽的长子，永乐帝的长孙。这一年朱瞻基刚刚7岁，还是个乳臭未干的幼儿。一提起长孙，永乐帝为何怦然心动？其原因在于，永乐帝太喜爱自己的宝贝孙子了。他把长孙视为掌上明珠，视为老朱家的骄傲和希望，视为未来冉冉升起的新星。如果不将皇长子册立为皇太子，将来长孙继承皇位的希望就会泡汤。要问永乐帝疼爱长孙有多深，汪洋大海代表他的心。

朱瞻基生于洪武三十一年，就是这一年，大明开国皇帝朱元璋驾崩。据史书记载，朱瞻基降生前夕，朱棣做了一个奇怪的梦，梦见太祖皇帝手中捧着一件大圭传授自己，并且语重心长地说："传之子孙，永世其昌。"圭是古代重要礼器之一，属于六瑞之器。帝王拥有大圭，象征具有安镇天下、威震四方的权力。

朱棣做的梦很吉祥，预示其将登上权力最高层，而这一切似乎都是长孙诞生所带来的瑞兆。孙子刚满月，朱棣便迫不及待去看望，格外兴奋地说："孩儿满面英气，和我梦中所见完全相符。"这个梦是否人为编造暂且不去理会，反正朱棣特别疼爱宝贝孙子，经常当着亲信大臣的面夸奖："朕长孙天章日表，玉质龙姿，孝友英明，宽仁大度。年未一纪，夙夜孜孜，日诵万言，必领要义。朕尝试之以事，辄能裁决，斯实宗社之灵。"

见过夸孙子的，但是没见过这样夸孙子的，简直夸得神乎其神。在永乐帝眼中，孙子不仅是个小帅哥，而且是个神童。他特别委命丘福、蹇义、金忠、胡广、黄淮、杨荣、杨士奇、金幼孜等文武大臣担任辅导老师。

朱棣认为长孙将来必定大有作为，很重视对他的培养。永乐七年，朱棣巡狩北京，特地将他带在身边，让官员陪同长孙沿途深入农户，观看田家农具和衣食，体察民情。次年北征沙漠，令长孙留守北京，磨炼处理政务的能力。永乐九年十一月，将他正式册立为皇太孙，此后朱棣凡是巡狩出征，都将皇太孙带在身边。

据《皇明书》记载，朱瞻基小时候特别聪明，“文皇帝钟爱之”。有一次永乐帝到东苑观看击球射柳游戏，文武群臣倾巢而出，前来京师朝贡的各国使者陪同观赏。当时皇太孙当众表演击射，连发皆中。永乐帝见状，简直乐晕了，急忙把孙子叫到面前，对他说：“今天中外人士毕集此处，我来考考你的才学，出个上联，你对下联。”略一沉吟，遂说出上联：“万方玉帛风云会。”话音刚落，皇太孙脱口而出：“一统山河日月明。”随侍大臣纷纷称道：皇太孙聪明绝顶，他日必为太平天子。永乐帝更是喜不自胜，孙子简直太有才了，给自己挣足了脸面，当即赐群臣酒宴，尽欢而罢。

朱高炽被册立为皇太子，在很大程度上是沾了儿子的光。另外，他的正妻张氏也发挥了重要作用。张氏为永城人，父亲张麒因女而贵，初授兵马副指挥，死后追封彭城伯。张氏于洪武二十八年封为燕世子妃，永乐二年册封皇太子妃，这是一个非常聪明乖巧的女人，操守妇道十分恭谨，深得永乐帝和徐皇后喜欢。

有一天，永乐帝和徐皇后来到便殿，东宫妃张氏忙前忙后伺候公婆，徐皇后让她歇息片刻，可一转眼又不见了人影。原来她亲自下厨，为公婆烹制御膳去了。没用多久，便端上了可口的羹汤饭菜。永乐帝逐一品尝滋味，果然很合胃口，顿时龙颜大喜，说道：“新妇贤惠，以后我家中的事就多依靠你了。”又指着朱高炽面孔训斥：“看你这身肥肉，马不能骑，路不能走，哪点像我？要不是看你媳妇面子，早就把你废了。”

朱家这个聪明乖巧的媳妇，就是后来的诚孝张皇后。她历经四朝，永乐朝时为皇太子妃；丈夫仁宗在位时册立为皇后；儿子宣宗即位后尊为皇太后；孙子英宗即位，尊为太皇太后。

朱高炽在位时间短暂，不到一年便因心脏病突发猝死于钦安殿（还有一种说法，认为死于雷击）。他是个开明帝王，性格温和为人稳重，能够纳谏从善，当政期间选用贤臣治国，修明纲纪，精简冗官，平反冤狱，废除宫刑，为了减轻百姓负担，停止皇家到民间采办珠宝，又下令减免赋税，开放山泽之禁。

永乐年间朱棣五次亲征漠北，身为皇太子的朱高炽留守京城，肩负起监国重任。除了任免官员、接待邻邦使者、边境兵力调防等事项，需要禀报请示父皇外，其他国务都可以自行处理，实际上已代表皇帝行使理政权力。

朱高炽身为皇太子，能够关心民间疾苦。永乐十八年北京宫殿即将竣工，朱高炽奉命由南京赶赴北京，途经山东邹县时，见路边有许多百姓采集野菜，于是驻马询问情由。百姓回答：由于灾荒，只好寻找野菜充饥。朱高炽感到难过，下马来到农家访贫问苦，所见果然家徒四壁，空锅冷灶，不由连声叹息："没想到民间发生这么大疾苦，地方为何隐瞒不报？"立刻让随从赏赐饥民钱钞和食物。

这时山东布政使石执中前来迎接，皇太子责备道："你身为地方官，民众穷困如此，难道就没有一点同情心？"石执中回答："凡受灾之地，已经奏请朝廷免除今年秋税。"皇太子说："饥民快要饿死了，免除征税能解决燃眉之急吗？你应该马上打开官仓赈济。"石执中提出每人发放粮食三斗。朱高炽说："三斗不够，每人六斗。你不要有什么顾虑，此事我会当面向皇上禀奏。"

大家不要以为这是作秀。民以食为天，作为封建时代的皇太子，能够深入民居查访，关心民生疾苦，这就很不错了。

朱高炽心地比较善良。在南京监国期间，由于弟弟朱高煦经常搬弄是非，谗言构陷，朱棣对他产生许多误解，甚至痛斥责骂，但他能够忍辱负重。当朱棣察觉朱高煦某些不轨行为后，朱高炽又不计前嫌，设法为兄弟开脱。

永乐二十二年七月，朱棣北征时死于榆木川。当时汉王和赵王闻讯，都暗中蠢蠢欲动，阴结兵力准备抢班夺权。一旦发生战争，吃苦受罪的还是老百姓。好在朱高炽果断采取应急措施，布置得当，避免了一触即发的内乱。"仁宣之治"为史家所称道，其亮点就是采取了宽松治国、息兵养民和重视农桑、赈荒惩贪等政策，从而使社会经济出现了繁荣景象。这一时期当国的帝王，正是明仁宗朱高炽、明宣宗朱瞻基父子俩。朱高炽为"仁宣之治"打下了基础，开了一个好头，正如当初文臣断言，他是一个守成君王。

徐仪华次子朱高煦，生于洪武十三年十二月初四日，比朱高炽小两岁。洪武二十八年封为高阳郡王，永乐二年四月初四日进封汉王，宣德元年九月因谋反罪被削爵，不久处死，史称汉庶人。这是一个桀骜不驯心存异志的危险人物，史书在提到他时，都说其性凶悍。朱高煦的辉煌时期是靖难岁月，他在千军万马中杀出了威名，深得靖难功臣称道。

朱高煦的凶悍是出了名的，据史书记载，其人"狙诈多智，以材武自负，善骑射"，"性鲁悍无行"。他的个头七尺有余，臂力超群，行动十分矫捷，"两腋若龙鳞者数片"。这种人往往都自负并且有野心，不甘心久居人下。

建文元年，朱高煦只有19岁，时逢高皇帝周年忌日，奉旨赴金陵参加祭奠活动。朝臣认为高煦凶悍无赖，只要将他铲除，就等于斩去了燕王膀臂。岂料高煦闻到风声，只身闯入魏国公府中，盗取舅父厩中良马，星夜渡江逃出虎口。在驰回北平的路上，他接连杀了数人，真是一个天不怕地不怕的愣头青。

靖难战争打响后，朱高煦有了用武之地，冲锋陷阵，有万夫莫当之勇；斩将夺旗，屡建奇功。在惊心动魄的白沟河大战中，朝廷勇将瞿能父子表现抢眼，燕王几乎被生擒。危难关头，高煦率领精骑数千杀到，将瞿能父子斩于阵前。东昌大战时，燕军大将张玉战死，燕王单骑败走，此时又是高煦及时赶到，奋勇将追兵杀退。浦子口大战时，燕王被徐辉祖包围，杀得筋疲力尽之际，还是高煦率领番骑及时赶到，一举将南军击退。

朱棣很喜欢高煦，在他眼中，只有这个儿子最像自己，有一股力拔山兮气盖世的英雄气概。“老子英雄儿好汉”“打仗父子兵”，这些古话似乎就是专门用来形容朱棣、朱高煦父子的。燕王曾经多次向高煦暗示：“吾病矣，汝努力，世子多疾。”这话的意思连傻子也能悟出来：“老子年纪大了，身体一日不如一日，你哥哥又多病，将来这江山还不是你的？”这是一颗精神原子弹，激发了朱高煦无穷斗志。当初燕王做这样的暗示，并非仅给二儿子一颗甜枣尝尝。他确实赏识高煦，钟爱有加，一心想把他培养成接班人。但事情的发展并不以个人的意志为转移，朱高煦的狂傲，为以后发生的悲剧埋下了祸根。

永乐帝得了天下后在立储问题上不得不权衡利弊。常言道：创业难，守业更难。打天下靠的是武力，需要一刀一枪拼杀，守天下必须具备综合能力，具有文治武功者最佳。后继者如果达不到文武双全标准，起码应该具有守成的能力。世子朱高炽虽然不是全才，但作为守成之君还是可以胜任的，何况他还是嫡长子，于情于理都应当接班。尽管朱高煦战功卓著，毕竟是一介武夫，性情又残暴。如果让他接班，极有可能是个暴君。一旦引起民怨沸腾，殷鉴便不远了。

永乐二年，朱棣终于拿定主意，册立朱高炽为皇太子，同时册封朱高煦为汉王，藩国设在边疆云南。这个决定对于朱高煦来说，简直就是当头浇了一盆凉水，他立刻表示出不满情绪：“我有什么罪过，把我贬斥到万里之外？”

册封诏书颁布后，朱高煦迟迟不肯动身就国，永乐帝心中很不高兴。太子朱高炽担心事情闹僵，影响父子关系，便极力周旋。永乐帝只好后退一步，允许高煦暂留京师。岂料高煦得寸进尺，要求以京师精锐天策卫为护卫。永乐帝念及靖难战功，还是予以批准。高煦十分得意，居然自吹自擂：“天策上将，唐太宗之号也，我得之岂偶然。”不久他又提出要求再增加两护卫，结果也如愿以偿。高煦愈加骄横，公开放言：“我英武，同秦王李世民相比，一点都不逊色。”人一骄横便肆无忌惮，别人不敢干的事他都敢干。

自永乐七年始，朱棣多次巡狩北京并在那里居留。朱高煦成了无王蜂，在南京为所欲为，抢劫商民财货，收取禄米巧取豪夺，还私造兵器，用漆皮船教习水战，瞒着兵部招兵买马，扩充三千士卒另建一军。他豢养了一批壮士，专门从事盗劫活动，有一次正作奸犯科时，被兵马指挥徐野驴擒获。高煦闻讯大怒，竟然派人把徐野驴捆绑到府中，用铁锤活活打死。还有一个人，因为得罪了朱高煦，被肢解后抛到江中。为了抖威风亮排场，他还僭礼越制使用天子车服器物。

当时皇太子朱高炽正在京师监国，得知高煦种种不法行径，便苦口婆心劝诫。高煦不仅当作耳旁风，还玩起恶人先告状的把戏。永乐帝不明就里，反而对太子产生许多误解，多次派人传旨斥责。当初建储时许多文官力挺高炽，高煦记恨在心，搜集留守京师官员的“过失”，派人到北京汇报，结果一些官员被革职下狱。大学士解缙就是其中一个，遭到逮系后死于狱中。

永乐十三年，朱棣对高煦的不法行径有所察觉，依照大明律典，处死他都是轻的，但是永乐帝下不了手。这只能怪自己，当初正是用人之际，曾多次向二儿子许下承诺，后来却成了一张空头支票。心中有愧，自然不能理直气壮痛下杀手。无奈之下，只得将高煦改封到青州。

朱高煦已把准了老爹命脉，执意不肯就藩，还寻找到一个借口：孩儿之所以不想去封地，就是因为心存孝心，只想随侍在父皇左右。这次永乐帝下定决心要把他打发走，在敕令中说：“既受藩封，岂可常在侍下？前封云南，惮远不行，与尔青州，今又托故。留侍之言，殆非实意，青州之命，更不可辞。”

岂料朱高煦竟将圣旨当作儿戏，依然迁延不行。他从各卫挑选精壮将士，以护驾为名日夜操练，还私下打造许多武器。此事引起永乐帝警觉，当初自己做燕王时就阴结死士，操练兵马，造作兵械，为夺权做各种准备。三个儿子数高煦与自己性格最相像，靖难之役又伴随左右，处处效仿，他如今做这些勾当，莫非心存异志？永乐帝越想疑心越重，于是派人暗中调查，果然发现不少谋逆证据。永乐帝顿时大怒，立即将朱高煦逮捕，褫去亲王冠服，囚禁于西华门内，打算将他废为庶人。

性情仁厚的朱高炽闻讯后痛哭流涕，苦苦为兄弟求情。永乐帝厉声骂道：“我做这一切都是为了你，不得已才割去身上的肉。你为他求情，等于养虎为患，早晚让他吃了。”太子跪地不起，依然哀求：“高煦虽然犯下大错，未必有残害手足之心。”永乐帝说：“我身为父亲，尚且猜不透他的心机，你怎么知道他不包藏祸心？他口口声声以李世民自居，将你视作李建成。在他眼中，我岂不成了唐高祖？”

太子还是苦苦哀求，永乐帝只好从轻发落，将高煦的三处护卫削去两处，又将他的心腹爪牙统统处死，下诏命朱高煦徙居乐安州（今山东惠民一带），立刻离开京城。

永乐帝私下对太子和太孙说："乐安地近北京，一旦发现他图谋不轨，清早发兵，晚上便可擒获。"

高煦来到乐安州后仍不思悔改，怨恨情绪与日俱增，结党营私，加快了谋逆步伐。永乐二十二年，朱棣北征途中晏驾，此时高煦的儿子朱瞻圻正在北京，暗中密切观察朝廷动静，随时派人向高煦传递情报，有时一昼夜送信六七次。高煦也连番派人潜入北京伺机作乱。幸亏朱高炽和朝中大臣布置严密，应对得当，使高煦的政变阴谋落空。

朱高炽即位后对弟弟采取更加宽厚的态度，增加其禄米，赏赐的物品数以万计。他想用仁慈感化高煦，其实根本不起作用。还记得农夫与蛇的故事吗？农夫好心将冻僵的毒蛇揣在怀里温暖，毒蛇苏醒后，张口便咬死了农夫。

朱高炽即位不到一年病亡，皇太孙朱瞻基继承帝位。前面已介绍，瞻基幼时十分聪颖，永乐帝为了把他培养成人，花费了很大心血，初次御驾北征时，就让他镇守北京，以后几次北征都把他带在身边。这位皇太孙经过多年磨炼，可谓少年老成。

朱瞻基对二叔印象极差，对于这个劣迹斑斑虎视眈眈的长辈，他压根儿没有怵过。举个例子，某年永乐帝命三个儿子谒拜孝陵，皇太子身躯肥重，步履蹒跚，行走时要由两名太监搀扶，一不当心竟然滑倒在地。汉王高煦和赵王高燧跟在后面，见大哥跌倒，不由发出会心大笑。高煦幸灾乐祸地说："前人跌跤，后人知警。"话音刚落，身后忽然有人大声说："更有后人知警也！"高煦回头观望，发现侄儿瞻基正怒视自己，不由心头打了一个冷战。

朱高炽刚驾崩时，太子瞻基正在南京，闻听噩耗立即赴北京奔丧。朱高煦得到消息，打算在半路设伏行刺。这一招很歹毒，一旦成功，江山社稷就可以由他名正言顺地继承。阴谋落空后，高煦不甘心，决定以武力夺取政权。

宣德元年（1426年）八月，朱瞻基即位还不到一年，高煦乘北京发生地震之机发动谋乱。他派遣亲信潜至北京，联络朝中旧臣为内应，同山东都指挥使靳荣暗中约定，让他占领济南互为策应，又派人到真定等卫所散发弓刀旗帜，一旦起事，立即攻打周边郡县。他还秘密设立五军都督府，任命指挥王斌等人分别统领前后左右四军，让四个儿子各监一军，命世子瞻坦据守大本营，指挥韦弘等人分领四哨，自己亲自统率中军。

为了笼络心腹干将，朱高煦分别授予王斌、朱恒等人太师、都督、尚书等官职。他自以为计划周密，一旦起事，应者如云，没料到靖难时与自己关系最密切的张辅会坏事。张辅是靖难功臣张玉之子，当年老爹为救援燕王，战死于东昌军阵中。张辅本人在靖难时表现突出，被永乐帝封为信安伯，如今已进封为英国公。他得知高煦阴谋后，立即拘留前来联络的密使，将此事禀奏宣德帝。同时，正在山东乐安家居的御史李濬乔装打扮，星夜赶到北京禀报严重事态。

宣德帝虽然年轻，但对这个桀骜叔父早有戒备，刚登基时便对群臣说：“皇祖尝谕皇考，谓叔有异志，宜备之。”由于刚刚即位，宣德帝不想大动干戈，便派太监侯泰前去乐安劝说。

不料朱高煦竟排列兵马甲仗等待，趾高气扬面南而坐，不但拒绝诏书，还令朝廷使者下跪。他十分傲慢地说：“我从来没有辜负朝廷，靖难之战，如果没有我力挽狂澜，燕府早就完蛋啦。太宗皇帝听信谗言，削夺我的护卫，把我发落到乐安受罪。仁宗皇帝企图用金帛安抚我，简直白日做梦。你睁大眼睛四处看看，我如今兵强马壮，一声号令便可踏平天下。赶快回去禀报幼主，把朝中奸臣捆来让我发落，然后再谈其他事情。”

侯泰等人无功而返。宣德帝意识到箭在弦上，不得不发，决定派遣阳武侯薛禄带兵征讨。大臣感觉薛禄分量太轻，难以压住阵脚。大学士杨荣提醒：当年李景隆奉命征伐燕藩，结果一败涂地，导致建文朝廷土崩瓦解。前车之鉴足以让人警醒，万万不能重蹈当年覆辙。大臣纷纷附和，恳请皇帝亲征。于是宣德帝下定决心，告祭天地宗庙社稷百神，统率大营五军将士驾发京师。

宣德帝对这次亲征做了周密部署，几乎所有公侯伯和文职大臣都参与其中，有人负责守御皇城，有人镇守京师，有人策应协守，有人押运军饷。阳武侯薛禄、清平伯吴成为先锋，文职大臣杨士奇、夏原吉、杨荣等人扈驾随行。战事一触即发，为了防止高煦失利后南下或北逃，宣德帝遣星使传令平江伯陈瑄严密防守淮安，命指挥芮勋牢牢扼控居庸关。

天子亲征，果然气势非同一般，旌旗蔽日，战鼓撼地。起初高煦听说朝廷派遣阳武侯薛禄领兵征讨，不由攘臂大喜。后来得知宣德帝统兵亲征，心中不由敲起了小鼓。问题不在于宣德帝懂不懂兵法，会不会带兵打仗，关键是皇帝亲征具有一种无形的威慑力，会对参与谋反的将士产生不利影响。一旦在心理上投下暗影，就会造成精神压力，精神有压力就会影响斗志，这个仗就难打了。

在亲征途中，宣德帝派人给高煦送去最后通牒，声称给他最后一次机会，如能迷途知返，依然对他恩礼如初，不追究罪过，只将那些怂恿倡乱者治罪。如果仍然执迷不悟，一战成擒，悔之晚矣。数日之后，大军来到乐安，将城池团团包围，宣德帝驻跸北门外，令将士发射神机铳箭，一时声震如雷，城中守军感到胆怯。这时宣德帝又令人抄写许多书信，绑在箭矢上射入城中，承诺凡是能够活捉朱高煦者，非但免除罪过，还给予奖赏。攻心战术果然见效，城中将士军心发生瓦解，许多人开始密谋生擒朱高煦，以便求得一线生机。

朱高煦虽然狂妄，见朝廷大军兵临城下，心中也感到了害怕，感到威胁正一步步逼近。别以为他是天不怕地不怕的愣种，其实这种人往往色厉内荏，同老爹相比，他实在是差得远了。永乐帝智勇双全，虑事周密，又善于把握机会，兵阵之间往往出其不意。朱高煦只是个有勇无谋的匹夫，这种人只重视战术，不具备战略眼光，顺风顺水的时候所向披靡，一旦处于不利局面，顿时没了主张，根本没有力挽狂澜的气魄和识见。

朱高煦察觉军中出现众叛亲离的迹象，心急如焚，秘密派人到宣德帝帷幄联系，恳请给点时间，等晚上与妻子话别后，次日清早出城投降。宣德皇帝答应了他的请求。当天夜晚，朱高煦手忙脚乱销毁谋反罪证，将多年来积累的兵符信件文书付之一炬。

第二天一早，高煦正准备出城投降，王斌等几个死硬分子苦苦劝阻："事到如今，唯有战死，投降只能自取羞辱。"高煦假意答应部下劝阻，回到王宫后从秘道潜出城外。数日前还是不可一世的雄狮，如今变成了灰溜溜的狗熊。他身裹白藁，来到侄儿面前负荆请罪，伏地顿首："臣罪万死万死，生杀唯陛下命。"

群臣见状，纷纷援引《春秋》大义，恳请皇帝处死朱高煦。宣德帝担心落下杀叔罪名，居然网开一面，将高煦父子押解到北京，关押在西安门内逍遥城。高煦的心腹干将就没有这么好的下场了，据史书记载，共有640余人被处死，还有1500余人充军边塞，727人押送到边疆充实人口。

别以为高煦在逍遥城里逍遥自在，他不是被软禁，而是遭到了锁禁。正应了心腹王斌当初说过的话：投降只能自取羞辱。此时的朱高煦肠子都悔青了，与其没完没了遭受羞辱折磨，不如一死了结叔侄间的恩恩怨怨。

某日，宣德皇帝来到逍遥城，盯着高煦的面孔久久注视，当年耀武扬威不可一世的二叔，如今成了笼子里的困兽。叔侄俩的较量终于画上了一个圆满句号，但这次较量同建文年间不同，是侄子笑到了最后。你不是自比唐太宗吗？我让你自取其辱生不如死。

宣德帝表情漠然，久久地欣赏着面前的困兽，没料到高煦突然伸出一条腿来，将侄儿扫倒在地。宣德帝顿时恼羞成怒，立即令身边力士搬来一口大铜缸，狠狠地罩在高煦头上。铜缸重达300多斤，高煦竟然挺身而起。宣德帝令人将铜缸压牢，又在缸周围堆放数百斤木炭，然后引燃，高煦遂被炙死在铜缸里。宣德帝还不解气，又将高煦的几个儿子全部处死。

徐仪华生前决不会料到，自己的二儿子竟然死在自己的孙子手中，而且死得那样悲惨、可怖。倘若她置身现场，不知心中有何感触。

徐皇后第三子是朱高燧，出生于洪武十五年十二月十六日，洪武二十八年受封高阳郡王，永乐二年四月初四日封为赵王。由于是小儿子，人又聪明，因此从小便受到永乐帝宠爱。靖难战争爆发时他只有18岁，同大哥一起参加了北平保卫战，表现勇敢。

朱高燧与二哥朱高煦关系密切，二人臭味相投，同气相应，时常倾轧大哥朱高炽。燕王府内监黄俨最受高燧信赖，此人善于阿谀逢迎，永乐帝登基后，又成为大明皇帝最信任的太监。靖难时期，黄俨在高燧和高煦之间穿针引线，共同诋毁世子。

永乐二年，朱高燧进封为赵王后居住于北京，与汉王高煦遥相勾结，阴谋夺嫡。他制造流言蜚语中伤太子，导致太子宫中许多人获罪。永乐七年，高燧干得许多不法事情浮出水面，永乐帝闻之大怒，诛杀了赵府长史顾晟，褫夺赵王冠服。皇太子生性仁爱，出面为高燧苦苦求情，这才没有对他重惩。朝廷选择两名品行优良的官员充当赵王府长史，经过苦口婆心开导，高燧行为有所收敛。

朱棣晚年，汉王高煦加快了谋逆步伐，赵王高燧的野心也陡然膨胀。

永乐二十一年五月，在高燧授意下，赵府护卫指挥孟贤与钦天监官员王射成等人勾结，图谋不轨。王射成诡言：夜观天象，当有易主之变。众人密谋趁永乐帝患病之机，在药中下毒，由内侍杨庆养子炮制伪诏，一旦皇帝中毒身亡，立刻发布遗诏，宣布废除皇太子，册立赵王为继承人。赵王胆子太大了，比高煦还危险，觊觎皇位已到了丧心病狂的地步。

俗话说没有不透风的墙，当时赵府总旗王瑜的舅父高以正也参与了策划，他将密谋透露给王瑜，王瑜闻言大惊失色，立刻检举揭发。永乐帝将信将疑，派人擒捕孟贤等人，果然搜查到伪诏，立即将一干人犯处斩，又将高燧召入宫中，指着伪诏质问："这都是你指使的吧？"高燧顿时吓破了胆，竟然说不出一句话来。太子见状，极力为兄弟辩护：这都是下人所为，高燧肯定不知情，借他一百个胆子也不敢谋逆。毕竟是亲生骨肉，永乐帝没有对逆子痛下杀手。

经过这一场惊吓，高燧夹紧了尾巴。

仁宗高炽即位之后，给高燧增加岁禄二万石，把他打发到封地彰德就国。高燧还算聪明，为了消除朝廷疑心，主动辞去常山左右两护卫。宣德元年朱高煦谋反就擒，凯旋途中，许多大臣认为赵王与高煦共同谋逆已久，建议移兵彰德，擒拿高燧。大学士杨士奇力言不可，认为行事当有真凭实据，赵王反形未露，不能轻率下手。何况皇上只有两个叔父，如果将他们一并治罪，肯定惊动皇祖在天之灵。宣德帝踌躇再三，采纳了杨士奇意见。

不久朱高燧知道了此事，心中更加惶惧不安，主动将王府仅存的一个护卫和群牧所归还朝廷，只保留仪卫司。他这样做还算明智，手中没了兵马，还能再谋反吗？朱高燧总算保住了性命，于宣德六年病亡，王位由世子朱瞻墡继承。

徐仪华母子都是中年去世，徐皇后享年46岁，长子高炽终年47岁，次子高煦和第三子高燧也都活了46岁，真是巧合。

第六章

大明与朝鲜的蜜月

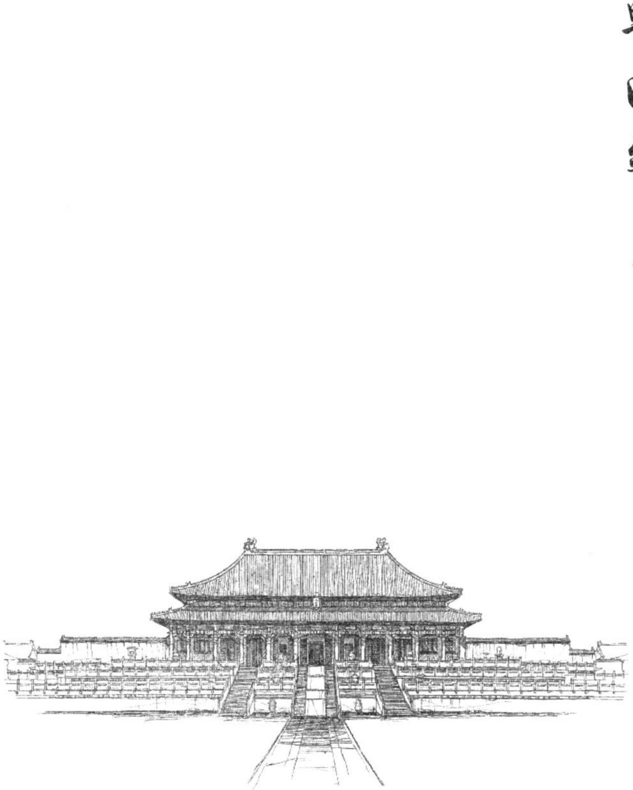

朝鲜李朝的建立

李成桂是何方神圣，竟有这么大的本事推翻辛禑？

我们先看看他的家世。此人字仲洁，号松轩，出身于全州望族，祖辈为官宦世家。其父李子春，蒙古名字叫作吾鲁思不花。在元朝统治时期，官至高丽荣禄大夫，判将作监事，又任职蒙古双城总管府和高丽朔方道万户，兼兵马使。

李子春有两个嫡子，两个庶子。李成桂是嫡母崔氏所生次子，生于高丽忠肃王四年（1335年，元至元元年）十月十一日。将门出虎子，时势造英雄。据《李朝太祖实录》记载，李成桂“生而聪明，隆准龙颜，神采英俊，智勇绝伦”。

你看，人家刚从娘肚子里出来就同别的孩儿不一样，天资聪明。隆准，就是高鼻梁。龙颜究竟按什么标准衡量不得而知，反正贵不可言，具有帝王之相，如果生在中国，注定当皇帝，可惜投胎在高丽，只能当国王啦。据古代骨相大师经验之说，凡是这种长相的人，将来都是一国之尊。当年刘邦出生时就是“隆准而龙颜”，刘秀除了“隆准”，还有一张大嘴巴，结果都当了皇帝。

少年时期的李成桂有一身好武艺，“其勇武之姿，与雄鹰神似”，据说曾经一箭射落五雕。中国有句成语是一箭双雕，看来得纠正啦，什么后羿、养由基、李广之辈，统统是徒有虚名，在雄鹰李成桂面前都得下岗。

雄鹰22岁步入仕途，曾带兵防御倭寇，接连打了几个漂亮仗。他还击退过元朝辽阳行省丞相纳哈出进犯，凭借手中一张强弓，连毙追兵二十多名。据说当时一名元将追及马尾，向他举槊便刺。李成桂突然镫里藏身，返身仰射，命中敌人腋下。另一敌兵正准备开弓，李成桂突然又翻身立于马上，使出一个高难动作，从胯下发箭将敌射中。接着又左右开弓，连毙二人。敌帅纳哈出见状，由衷发出赞叹：年少用兵如神，真天才也！

恭愍王十年（1361年），秃鲁江（高丽北部河流）万户朴仪反叛。年仅25岁的李成桂官任金吾上将军，奉命征讨叛军，以1500人兵力初战告捷。当年十一月，红巾军首领潘诚等率众渡过鸭绿江，在岊岭栅与高丽军队展开激战，李成桂斩获红巾军王元帅以下首级百余颗。

次年正月，高丽调集二十万大兵向占据西京的红巾军发起反攻，李成桂带领部众二千余人，奋勇当先登上城头。登城难度究竟有多大？一说你就明白了。西京城池本来就坚固高大，时值严冬，红巾军杀了许多马牛，将马皮牛皮张贴在城墙上，然后再泼上水，结冰之后又硬又滑。慢说是人，就是善于攀缘的猢狲都难以攀登。这次大战红巾军死亡十余万，李成桂率先登城，顿时威名大震。

辛禑九年（1383年），已经投降明朝的元将胡拔都深入到东女真地区，李成桂果断率兵出击，大获全胜。第二年十二月，辛禑任命李成桂为东北面都元帅，全权负责防御明朝的辽东兵马。

转眼到了洪武二十年（1387年），大明准备设置铁岭卫，命令户部发文通知高丽国王："铁岭北，东西之地，旧属开元者，辽东统之。铁岭之南，旧属高丽者，本国统之。各正疆境，毋侵越。"岂料这一举措竟触动了高丽王神经，引起他极为强烈反应。

原来明代初期的铁岭，并不是现在沈阳附近的铁岭，而是处于朝鲜的东北方向。当年元朝势力扩张到这里后，曾经设立官府管辖。当时高丽臣服于蒙古，不敢提领土要求。如今蒙古人退出，辛禑认为理应归还高丽，所以决心一争。朱元璋得到消息后十分生气，认为高丽有领土野心。他明确表示：铁岭既然曾经由元朝管辖，如今大明已取代元朝，理应由明朝接管。他让人转告辛禑，要他安守本分，不要挑衅开启祸端。

实际情况是，自从蒙古势力退出后，明朝和朝鲜都没有在此地取得实际控制权，这一带历来是土著女真人控制区域。辛禑为了阻止明朝建立铁岭卫，头脑开始迅速发热发胀，在权相崔莹（亲元派）等人鼓动下，决心同朱元璋摊牌。他以为自己是东方巨无霸，居然调兵要同老朱较量较量。

高丽公山府院君李子松头脑清醒，他知道同明朝对抗，等于鸡蛋碰石头，是玩火。于是私下同都军相崔莹见面，请他劝说辛禑放弃愚蠢念头。岂料辛禑已经吃了秤砣铁了心，非但不听劝阻，反而将李子松处死。接着征调八道精兵，令高丽臣僚全部改穿元朝冠服，又下令处死明朝辽东都司派来的公差21人。

当年四月初，辛禑带领随从来到凤州，召见门下侍中李成桂，说出了心中盘算。李成桂听说国王准备渡鸭绿江远征辽阳，大吃一惊，急忙劝阻。他认为现在出师有四不可：以小逆大一不可；夏月发兵二不可；举国远征三不可；如今已进入雨季，弓弩胶解，大军疾疫，四不可。当夜，崔莹面见辛禑，劝说国王不要改变主意。次日辛禑又召见李成桂，对他说："国事不能朝令夕改，已经兴师，不可中止。"李成桂依然苦苦劝阻，不料辛禑竟勃然变色："你再多说一句废话，李子松就是样子！"

几天之后，辛禑来到平壤，命令士卒去鸭绿江赶造浮桥，任命崔莹为八道都统使。以昌城府院君曹敏修为左军都统使，以李成桂为右军都统使，调集八道三万八千兵马，战将二十八员。誓师之后，远征军兵发平壤，号称十万。辛禑来到大同江边，在浮碧楼大张胡乐，亲自吹奏胡笛。又下令停用洪武年号，举国上下一律改穿蒙古服装。看来高丽王真的有病，拿这么一点兵力去同方兴未艾的大明朝较量，而且跋山涉水远征，这不是在开国际玩笑吗？

五月庚辰，高丽远征军渡鸭绿江，将队伍驻扎于威化岛（今中国丹东与朝鲜新义州之间的鸭绿江江心小岛）后，便按兵不动。为何停滞不前？原来队伍出现了军心涣散情况。《孙子兵法》说："上下同欲者胜。"凡出征打仗，无论统帅还是士兵，只有同心同德斗志旺盛才能取胜。如果还没有交战，便产生军心动摇毫无斗志状态，实在太可怕了，其下场只能是失败。

这次远征，高丽将士们都明白是白白送死，只有辛禑、崔莹等人还在白日做梦。以为高丽兵马天下无敌，大明朝不过是个纸老虎而已。人一旦头脑发热，当然会错误估计形势。当兵的不傻，谁也不想往断头台上跑，自从离开平壤后，一路上开小差的络绎不绝。辛禑虽然按军法处斩逃兵，但是屡禁不止。

数日后，左军都统使曹敏修和右军都统使李成桂联合向辛禑进谏：我军乘船渡鸭绿江，只因险滩太多，已经淹死数百人。江北道路更为险恶，无法行进，只能白白消耗粮饷。将士们一致认为，小国臣服大国，这是唯一的保国之道。玄陵（指恭愍王，葬于玄陵）于洪武二年服事大明，曾承诺"子孙万世，永为臣妾"，真是无限忠诚。如今殿下贸然举兵，冒犯大邦，实在不明智，这样做必然为国家和生灵招来大祸。我军仓促之中远征，攻打坚城，战不能必胜，攻不能必取，粮饷不继，进退维谷，处处被动。恳请陛下回心转意，下令军队班师。

辛禑依然执迷不悟，认为李成桂动摇军心，便杀了他的儿子。李成桂岂肯善罢甘休，当即带领兵马返渡鸭绿江，一路杀回安州。雄鹰虽然不敢同明军刺刀见红，但是对付辛禑是小菜一碟。辛禑听说军队哗变，连夜逃往平壤，匆匆收拾了细软珍宝，又马不停蹄逃归开京。直到这时，辛禑才清醒过来，立刻下令奉行大明洪武年号，让国民恢复中华衣冠，严禁任何人再穿戴蒙古服装。

既然到了这个地步，李成桂会善罢甘休吗？傻子才会有这种幼稚想法。李成桂一不做二不休，提兵包围王宫，逼迫辛禑退位。还处死了那个不知天高地厚的崔莹，又依从曹敏修等人主意，另立辛禑九岁的儿子辛昌为国王。

再说明朝这边，得知高丽举兵进犯，立即摆好车马炮准备痛击。老朱是啥性格？他是一颗锤不扁炒不烂的铁豌豆！没有想到，高丽这边雷声大雨点小，主力还没渡过鸭绿江又退了回去，臣下还把高丽王废了。

李成桂拥立辛昌之后，立即派使者到金陵汇报情况，声称新即位的国王即将赶赴朝廷拜见皇帝，恳请封袭名号。朱元璋当即驳了回去："童子不必来朝，立亦在彼，废亦在彼，中国不与相干。”

老朱为何动怒？就是因为高丽官员擅自废立国王。辛禑虽然有罪，但他这个国王是大明册封的，要废黜他，理应由大明决定。至于拥立新国王，自然也应该事先请示汇报，你把生米做成了熟饭，朱元璋难道会钻你的圈套？老朱当即让使者回国转告：“高丽国中多事，为陪臣者忠逆混淆，所为皆非良谋。今高丽陪臣阴谋叠诈，国内至今未宁。设使以逆得之，以逆守之，可乎？倘若以逆为常，逆臣将层出不穷。”

有个伟人说过这样的话：“凡是要推翻一个政权，总要先造成舆论，总要先做意识形态方面的工作。”

别看李成桂是员武将，他深懂舆论的重要性。当初从鸭绿江杀回马枪时，队伍中便传唱“木子得国”童谣，不久，整个高丽八道“军民无老少皆歌之”。这句童谣真够赤裸裸的，姓李的果真有做国王的野心吗？事实证明，李成桂确实想做国王。他拥立毛孩子辛昌为高丽王，随即被辛昌封为东北面朔方江陵道都统使，并且赐以忠勤亮节宣威同德安社功臣称号。

仅仅过了一个多月，李成桂又被辛昌委以都总中外诸军事重任，不久官职再升，居然兼判尚书事。前后只有三个月，李成桂便牢牢掌握了军政大权。现在他站稳了脚跟，可以呼风唤雨为所欲为了。当年十一月，辛昌当国王不到半年就被李成桂废为庶人，流放到江华岛，接着辛禑也被流放到江陵。父子俩的厄运并没有就此终结，他们只多活了一个月，到了十二月，父子俩又被双双处死。

李成桂废了辛昌后，随即拥立王瑶为新王，成为高丽王朝第34代国王。王瑶是高丽第20代国王神宗王卓7世孙，即位前封为定昌府院君。李成桂拥立王瑶，其借口是辛禑父子均非王氏高丽后代，而王瑶才是王室正宗血脉。他将恭愍王定妃请出来主持迎立仪式，让这个45岁新王即位于开京寿昌宫。

是王室正统血脉就没有性命之忧吗？鬼才相信。在李成桂眼里，王瑶只是自己迈向王位的一个跳板而已。只因时机未到，他还需要控制更多实权，挟持傀儡国王，可以名正言顺号令朝臣。果然，王瑶即位后立即提拔李成桂为守侍中，不到一个月又封为奋忠定难匡复燮理佐命功臣，授爵和宁郡开国忠义伯，食邑一千户，实封三百户，良田二百结（一结土地收成，丰年800斗），奴婢二十口。此后又任命李成桂为都总制使，相当于三军总司令。

王瑶当国王不满四年，李成桂便迫不及待要逼宫了。因为他已经58岁，岁月不饶人啊，再等下去恐怕时日不多了。王瑶感到危险正一步步临近，暗中与大臣郑梦周等人密议。数日前，李成桂到野外田猎，意外坠马负伤。他们想趁李成桂养伤良机，发兵将他除掉。不料李成桂有所察觉，决定先下手为强。他派儿子李芳远将郑梦周刺杀于开城善竹桥，枭首示众。在重压之下，王瑶无计可施，为了保命，只好乖乖让位。

洪武二十五年（1392年）七月十七日，在高丽大臣李之兰、裴克廉等人拥戴下，李成桂步入寿昌宫登上王位。可怜的王瑶被流放到原州，两年之后，李成桂又授意儿子将王瑶杀害，王瑶的两个儿子也同时遇害。真是斩草除根，不留后患！李氏父子聪明，得手之后，追谥王瑶为恭让王。这是告诉国人，没人逼他下台，是他主动将王位让给我的。

李成桂即位后，立即派使者赴明朝京师，他不敢承认自己做了国王，而以“权知高丽国事”头衔上表。声称王瑶“昏迷不法，疏斥忠正”，“靡费无度，民不堪苦”。所作所为，引起举国臣民怨愤，无不担忧社稷生灵危在旦夕。恭愍王妃安氏出于国计民生考虑，命令王瑶退位。王妃认为李成桂功在社稷，在民众中享有崇高威望，军民臣僚又一致推戴，所以暂时代理国政。为了国家安定，特派使者奏明朝廷，请求皇帝准许李成桂主持国政。

朱元璋何等精明，早看清其中猫腻，当即对高丽使者发话，口气十分冷淡：“当初恭愍王死时，你们说他有儿子，请求立为国王，后来又说不是。又以王瑶为王室正脉，请求册立。如今又将王瑶废了，再三差人来，大概李成桂要自己做王。我不问，让他自己做，必须抚绥百姓，相通来往。”

恰在这时，大明皇太子朱标病亡，朱元璋立孙子朱允炆为皇太孙。李成桂闻讯，立即抓住这个机会，派手下押送进献马一千匹，送到辽东交割，还带领群臣百官为皇太子服丧举哀，按照明朝丧葬礼仪披麻戴孝，举国停乐十三日，禁屠三日，停嫁娶一月。同时还派遣使者赴金陵吊唁，恭请皇帝节哀。

该铺垫的都铺垫了，李成桂认为时机已到，于洪武二十五年（1392年）十一月派使者到金陵，请求更换国号。他拟了两个国名，一个是朝鲜，一个是和宁，恳请大明皇帝定夺。朱元璋是个吃软不吃硬的人，见李成桂服帖听命，便不再为难他。老朱对使者说：东夷之号，推朝鲜之称最美，其名自古就有，应该将国号更定为朝鲜。于是大笔一挥，圈定了“朝鲜”二字。

李成桂聪明，见大明皇帝圈定了国号，立即改名为李旦，字君晋。“旦”字含义就是旭日初升，晨曦鲜明，同朝鲜国名相得益彰。太阳每天都是新的，国势自然蒸蒸日上。君晋，含有迎合大明皇帝之义。接着派人四处踏访，选择吉地为万世之基，颁诏确定汉阳为王都，在那里大兴土木建造宫室城池和宗庙社稷。这个地方为何称作汉阳？因为位于汉江之北，水之北为阳，所以叫汉阳。自从成为李朝王都之后，又称作汉京、汉城。李朝先后经历27代国君，存国祚五百余年。

时光荏苒，自2005年1月起，韩国为了消除中国文化影响，将汉城的中文名称改为首尔。这本是朝鲜语固有词，用罗马字母标记为“SEOUL”，含有首都语意。

李成桂开创的朝鲜李朝得到明太祖承认，心中自然十分高兴，凡是明朝派来的使者，他都以高规格接待，在国都蟠松亭搭造彩棚迎接，还将使者迎到景福宫勤政殿招待。然而他高兴得毕竟太早了，根本就没有摸准朱皇帝的秉性。

老朱文化程度不高，但生性多疑，又喜欢挑字眼。在他当国期间，有许多知识分子曾因为咬文嚼字吃了苦头，有的甚至掉了脑袋。举个例子，有一年杭州儒学教授徐一夔作了一副贺表进献，其中有词句“光天之下”，又有“天生圣人，为世作则”等语。他本来是想拍皇帝马屁，岂料竟引起龙颜震怒。老朱指着贺表骂道：腐儒胆大包天，竟敢如此骂我！光者僧也，他这是讥讽我当过和尚，头上没有毛。“则”字与“贼”（古音读zé）同音，字形也相近。为世作则，分明是骂我做过贼寇。当即下令，将那个卖弄学问的学官砍了头。

李成桂为了巴结朱皇帝，每逢三大节，总要让笔杆子写贺表，然后派使者前去恭贺。这班文人为了展示才学，不但用汉字书写，而且用极为文雅艰涩的骈文制作贺表。朱皇帝十分敏感，对于贺表中某些词句感到别扭，认为对方故意将字形发音相似的文字凑成语句，意在影射奚落自己。

另外，表笺中凡涉及“大明”“皇帝”等字样，照例应该抬头书写，与朱元璋姓名相同的字也不能出现在表笺中，这叫避讳。但高丽进表既不讲究格式，又没有避讳。大明皇太子的生日为千秋节，依照惯例，朝鲜派使者前去庆贺，在呈递的启本中有“千秋节使”字样。老朱认为这四字居心不良，隐寓千秋节制、役使含义。他感到受了莫大讥讽，龙颜大怒，不但扣留了来使，还派人到朝鲜问罪，指责李成桂别有用心。

于是，王国与帝国之间的关系顿时紧张起来，李成桂有口难辩，只好打掉牙往肚里咽。大明国每年都有三大节，如果不派使者前去恭贺，朱皇帝肯定又会发怒。无奈之下，李成桂只得请求大明颁发贺表样式，朝鲜这边按照样式书写。然而老朱并不答应。李成桂无奈，使者还得派，只是不敢再撰写贺表了。

洪武三十年春，艺文春秋馆学士权近归国，老朱赐他三首御制诗，并且让他转交给朝鲜国王。其中一首题名为《鸭绿江》这样写道：

鸭绿江清界古封，强无诈息乐时雄。
逋逃不纳千年祚，礼仪咸修百世功。
汉伐可稽明在册，辽征须考照遗踪。
情怀造到天心处，水势无波戍不攻。

平心而论，这首诗很一般，除了押韵，并无出彩之处，若同骆宾王7岁时所作诗歌相比，恐怕还不如。但是帝王作诗同老百姓不一样，其政治意义远远大于艺术标准。老朱这是在给李成桂敲警钟，自古以来朝鲜为何屡遭兵戈蹂躏，就是因为事大之心不诚。你如果安分诚实，不藏欺诈之心，不做有损大明国利益的事情，时时处处讨得大明天子开心，自然相安无事，化干戈为玉帛。

面对这样一个疑心颇重求全责备的皇帝，李成桂感到日子不好过，当年的雄鹰早已没有了昔日丰姿，他已经被修理得没有棱角了。洪武三十一年（1398年）闰五月，71岁的朱元璋寿终正寝，驾崩于金陵西宫。皇帝虽死，但李成桂并没有熬出头，他没有料到自己的后院会起火。就在大明皇帝死后四个月，他也宣告退位，这是他做朝鲜国王的第七个年头。

李成桂本想度过一个安逸的晚年，但万万没有料到，儿子们为了争夺王位竟杀得你死我活，血溅宫闱。他的晚年境遇凄惨，被最倚重的儿子派兵监视居住，幽禁在离宫昌德宫内，丧失人身自由整整10年。李朝太宗八年（1408年）五月二十四日，74岁的李成桂病死于昌德宫广延楼下别殿。

朱棣与李芳远

萧瑟秋风今又是，换了人间。

公元1368年，新生的大明王朝在华夏大地建立，如月之恒，如日之升。

大元的强势地位被大明取而代之，周边小国见风使舵，纷纷改弦易张，向统治华夏的新主人表示诚意和友好。诸如日本、大小琉球、安南、真腊、暹罗，占城、苏门答腊、爪哇、彭彦、三佛齐、渤泥等国，陆续派遣使者前来朝贡。其中自然也包括大明国的近邻高丽王国。

高丽国本来依附元朝，由于形势发生了天翻地覆的变化，只得寻求新的保护伞，同方兴未艾的大明国缔结宗藩关系。天有不测风云。1392年（洪武二十五年）七月，高丽国内发生了政变，高丽王朝第34代国王王瑶被大权在握的武将李成桂废黜，七月十七日，李成桂在开城寿昌宫登上王位。

当年十一月，李成桂派遣使者来到大明都城金陵，请示更换国号。他拟了两个国名，一个是朝鲜，一个是和宁，恭请大明皇帝定夺。朱元璋大笔一挥，圈定了“朝鲜”二字。从此，刚建立的朝鲜李朝同大明朝缔结了新的宗藩关系。

燕王朱棣发动靖难之役期间，朝鲜当政国王已经是太宗大王李芳远，他是老王李成桂第五子，洪武二十七年（1394年）曾以王子身份出使大明，而且专门访问过北平，因此格外关注中国政局的发展变化。

经过四年的殊死较量，燕王朱棣终于如愿以偿，成为大明王朝的新皇帝。当年（1402年）九月，远在东方的朝鲜国王李芳远便已获得确切消息。当时朝鲜通事康邦佑自辽东归国，来到平壤后，将这个重要信息告诉了西北面都巡问使。都巡问使立即派人，飞马到松京报告。消息内容如下：

> 邦佑言，六月十三日燕王战胜，建文皇帝命焚奉天殿而自缢于殿中。后妃宫女四十人自死。是月十七日，燕王即皇帝位，遣都察院佥都御史俞士吉、鸿胪寺少卿汪泰、内史温全、杨宁等赍诏书，已于今月十六日越江而来。力士二人、本国宦者三人随来。

康邦佑传递的消息，可以说有真有假。有关建文帝焚烧奉天殿一事，应该属实，只是将殿名搞错了，应该是奉先殿而非奉天殿。奉先殿是皇宫内供奉祖先牌位的殿宇，而奉天殿则是君臣每日朝会大殿。至于“自缢于殿中”一说，肯定来自传闻。当时事件亲历者燕王尚且不能确认，何况远在辽东的异域人士。关于燕王登基日期、派遣使臣赴朝等，都与当时实际情况相符。

总体来说，在记载明朝发生的某些敏感问题时，中国史书忌讳颇多，往往语焉不详，反倒不如《朝鲜李朝实录》敢于秉笔直书。

我们往往有一种先入为主的看法，认为正史比较严肃，比较客观，记载的史实也比较真实可靠。对于野史笔记或来自其他方面的资料则不够重视，认为大都是道听途说，真伪混杂。又由于地域、交通、语言等诸多条件限制，其真实性和可靠性往往要打折扣。

其实不然，任何事情都要做具体分析，不能一概而论。正史作假的事屡见不鲜，因为一些编纂者出于个人利益或顾虑，对于某些史实通常采用春秋笔法处理。野史笔记真伪混杂，有些事出自传闻、臆测和道听途说，有些事则是作者本人耳闻目睹和亲身经历。在记述某些人物或事件时，反而敢于秉笔直书。

以《明太宗实录》和《李朝太宗实录》为例，两者都属于编年体史书。前者是明朝官方修撰，后者是朝鲜官方修撰，在涉及明代高层某些史实时，往往出现不同的记述。《明太宗实录》的编撰者大都是永乐帝的宠臣或旧臣，对于某些敏感事情或有意回避，或采用曲笔手法，甚至混淆黑白。《李朝太宗实录》的修撰者是朝鲜官员，他们不是利益攸关者，没有过多的顾虑和忌讳，记述的史实可能更接近历史真相，但由于各种条件限制，部分记载则出自传闻。

有关建文帝自焚这件事，《明太宗实录》和《明史》都说纵火于皇宫，并没有提到自缢。《李朝太宗实录》则说建文帝自缢于殿中。殿和宫不同，殿处于皇城前面，宫处于皇城后面。又如死亡人数，前者记载只有数人死亡，后者说后妃宫女死了40人。究竟哪种说法更接近真相，读者可以综合各种文献资料，作出自己的判断。

史书是留给后人观阅的，每部史书都有一定的价值取向，具有不同的是非评判标准。你说你公道，我说我公道，公道不公道，只有天知道。

朝鲜是大明的附庸，新皇帝即位，朝廷当然要派使臣前来传达最高指示。朝鲜官员派人赶到王都报信，是请国王预作准备，安排迎接大明使者。明朝发生了最高权力更迭，不仅是明朝的大事，对于朝鲜来说同样重要，因为涉及附属国与宗主国之间的关系走向。好比居家过日子，婆媳间关系最难处理，遇到一个刁钻古怪的婆婆，媳妇净受窝囊气，有苦难言。如果摊上一个好相处的婆婆，彼此相互理解，相安无事，做媳妇的自然有好日子过。

对于李芳远来说，这是他做朝鲜国王的第二个年头，虽然同建文帝打交道时间不长，但深感这个生性羸弱的皇帝并不好伺候。当初为了请求册封诰命，费了极大周折。建文帝曾经多次指责李芳远，说他胁迫逼宫，干了亏天理、悖人伦之事，坚决不承认他这个国王。后来担心朝鲜暗中会帮助燕王，这才不得已，颁赐李芳远诰命和国王金印。

建文帝不傻，他不会白送李芳远诰命金印。当时朝廷同燕王打得不可开交，急需战马补充军队，李芳远投其所急，立即献马三千匹。谁知朝廷军队不争气，同燕王交战连番失利，建文帝竟将失败原因归罪于朝鲜，指责国王送来的马匹都是老马、劣马，不堪战阵，让他再进献好马一万匹。按照当时朝鲜国内马匹交易价格，大明用绸缎绢帛药材等物进行交换。

李芳远将热脸贴到建文帝冷屁股上，自找麻烦，自讨没趣。他巴望燕王早日获胜，建文立马垮台。朝鲜虽然远在沧海之东，李芳远却寻找各种借口，不断派人来到中国，时时刻刻关注中国战局的发展变化。

建文三年（1401年）十二月，朝鲜国领议政府事李舒等人自金陵归来，向李芳远汇报："臣在京师，见帝亲点军士，人言将以伐燕也。"建文帝这次大点兵，就是派遣魏国公徐辉祖率领京军支援山东的军事行动。

建文四年（1402年）三月，贺圣节使者崔有庆由金陵回到朝鲜，又向李芳远报告："燕兵势强，乘胜远斗。帝兵虽多，势弱，战则必败。"

当年八月，朝鲜谢恩使朴惇之回国。他奉命去大明京师，由于燕兵已经逼近江淮，道路梗阻，只得原路返回。他在半路见到建文帝发布的诏书，要求各地赴京师勤王，便抄写了一份。主要内容是：

奉天承运皇帝诏曰：

朕亲奉皇祖宝命，嗣奉上下神祇。燕人不道，擅动干戈，虐害万姓，屡兴大兵致讨。近者诸将失律，寇兵侵淮，意在渡江犯阙。……

尔四方都司、布政司、按察使及诸府卫文武之臣，闻国有急，各思奋其忠勇，率慕义之士，壮勇之人，赴阙勤王，以平寇难，以成大功，以扶持宗社。

李芳远根据这些情报做出判断，建文皇帝被赶下台的日子不远了，燕王迟早要做泱泱大国的新君。中国有句成语，塞翁失马，焉知非福？一旦大明帝国的皇位发生更替，对于朝鲜来说可能就是一次难得的机遇。

现在燕王已经登基，大明使臣马上就要来到松京。李芳远清醒地认识到，这是改善中朝关系的绝好机会，对于自己而言，可能就是一次命运转折。他不敢怠慢，立刻采取积极主动措施，争取给新即位皇帝留下一个良好印象。

首先朝鲜不再使用“建文”年号，改用“洪武三十五年”。虽然大明新皇帝的诏书还没有送到他手里，但李芳远嗅觉特别灵敏，已经知道了诏书内容，他百分之百贯彻执行。接着任命左政丞河崙为贺登极使，一旦大明使者抵达松京，宣读即位诏书后，立即赶赴金陵恭贺皇帝即位。

李芳远调动自己的全部艺术细胞，为大明新皇帝创作了一首贺诗，只等河崙起程赴京时带去。这首七律如下：

紫凤衔书下九霄，遐陬喜气动民谣。
久潜龙虎声相应，未戮鲸鲵气尚骄。
万里江山归正统，百年人物见清朝。
天教老眼观新化，白发那堪不肯饶。

自从明洪武初年中朝缔结宗藩关系后，朝鲜便在国内全面推行汉语汉文教育。李芳远毕竟是高丽进士出身，18岁便以“丙科第七人及第”，汉语水平不低，律诗作得有模有样。

诗中奉承朱棣天命所归，终成正统，凭借才干打下了朗朗乾坤。远在东表之地的朝鲜，听到这个喜讯后，无不为之欢呼雀跃，载歌载舞庆贺。朱棣既然是正统帝王，建文帝当然就是非法的，虽然已经垮台，但“未戮鲸鲵气尚骄”。这是提醒永乐皇帝，建文的残渣余孽尚在，必须穷追猛打。值得注意的是诗中“久潜龙虎声相应”这句，谁是龙？当然是刚刚登上龙殿的朱棣皇帝。谁是虎？自然是朝鲜国王李芳远自喻。这是说二人同气相求，同声相应，同心相印，同明相照。李芳远聪明，故意点缀一笔，大明皇帝肯定心领神会。

李芳远为何如此自信，他怎么会预感到朝鲜与大明的关系会出现转机？原来，李芳远到过中国，同燕王早就打过交道，二人私交不错。据朝鲜《李朝太宗实录》记载：“甲戌夏（1394年，洪武二十七年），高皇帝命亲男入朝，太祖即遣太宗应命。临别挥泪曰：‘帝如有问，非汝不能对。’及其至也，敷奏称旨，帝优礼遣还。”实录中提到的高皇帝是朱元璋，太祖是指朝鲜开国国王李成桂，太宗便是李芳远。因为是朝鲜人自己编撰的国史，所以有这样的称谓。

当时情况是这样，李成桂推翻高丽王朝后，建立了新政权，自己便成了李朝的第一任国王。大明与高丽本是宗藩关系，李朝虽然新建，但为了自身安全，必须依附于大明。按照当时惯例，新即位的国王应该派遣使臣到中国朝觐，请求皇帝颁赐诰封印信。但是朱元璋是个难缠的主，认定李成桂篡权夺位，多次训斥责难，不但不承认李成桂的国王身份，还寻找借口将使者扣押。李成桂与朱元璋打交道，总是有种如临深渊如履薄冰的感觉。

洪武二十五年（1392年），李成桂总算烧了炷高香，求得菩萨显了灵，终于获得老朱钦定的朝鲜国名。洪武二十七年，朱元璋令朝鲜王子入朝觐见。李成桂知道朱皇帝疑心颇重，担心其他王子难以应对，便派遣五儿子李芳远赴大明京师谢恩。李芳远果然没有辱没使命，应对自如，中规中矩。朱皇帝感到十分满意，赏赐不少礼物。李芳远返回朝鲜时经过北平，专门到燕王府拜见了朱棣。

李芳远回国，怎么会途经北平？原来自高丽王朝晚期始，使者到大明京师通常走两条路线，一条是海路，一条是陆路。由于海路经常发生惊涛覆舟事故，朱元璋令使者一律改由陆路来金陵。

这条路线由朝鲜北境渡过鸭绿江，取道明朝辽东都司辖境的辽海卫所在地牛家庄，然后出山海关，再南下到金陵，一般需要两个多月时间。永乐年间迁都北京后，由此路出山海关西去到达北京，需要40余日旅程。

据明代倪谦《朝鲜纪事》记载，由汉城到鸭绿江，沿途设置驿馆28处。驿站之间距离一般四五十里，距离较长的达70里，短的只有30里。驿站就是当时官方设置的接待站、交通旅馆，专供过往使臣、官员、公差休息住宿，提供一应饮食服务。渡过鸭绿江后，便是明朝辽东都司的防守范围，洪武、永乐年间沿途共设有8处驿站。

这是一条充满艰险的国际通道，笼罩着神秘和传奇色彩，沿途曾发生许多鲜为人知的悲喜故事，是中朝交往的历史见证。

中国历代有条规矩，即臣子无外交之礼。凡是与番邦邻国交往，那是朝廷的事，由皇帝出面接见或者责令相关部院接待。因为此事涉及外事活动，关系重大，只有皇帝才拥有对外邦交权力。封国私下同外邦交往，这是目无君长，僭礼越制。燕王不是不知道这条规矩，他是明知故犯。

自从李成桂掌握高丽实权以来，燕王一直同李氏父子保持私下交往。如高丽恭让王二年（1390年）六月，操纵国柄的李成桂曾派遣同知密直司事安叔老专程来到北平，给燕王送去聘问礼物。燕王致书李成桂表示谢意，提醒他们预作准备，一旦父皇知道此事，也好应对。

这次李芳远自金陵归国，绕道去北平拜会燕王，显然也是为了进一步联络感情。据《李朝太祖实录》记载，洪武二十七年十一月，“我殿下回自京师……殿下过燕府，燕王亲见之。旁无卫士，唯一人侍立，温言礼接甚厚。因使侍立者馈酒食，极丰洁。殿下离燕，在道上，燕王乘安舆朝京师，驱马疾行。殿下下马见于路侧。燕王停驾，亟手开舆帏，温言良久，乃过”。

从这段记载看，李芳远此次来北平，同燕王见过两次面。第一次是在燕王府中，二人进行过深谈。第二次是在北平郊外路上。李芳远离开北平后，燕王乘车前往京师，二人相遇于道，又攀谈良久，双方印象都不错。

清初史学家谈迁《北游录》中，也提到李芳远在北平燕邸密会燕王。第二年（1395年）十一月，朝鲜计禀使金乙祥道经燕邸，又同燕王见面。金乙祥回国后向李成桂禀报：燕王要求朝鲜国王赠送马匹。李成桂毫不含糊，立刻派人送去配备齐全的鞍马。朱元璋知道此事后十分恼火，责备说：“朝鲜王何得私交？”于是将办理此事的朝鲜官员流放到云南腾冲府。

洪武二十四年（1391年）六月，朝鲜国赞成事赵浚赴金陵贺万寿节（皇帝诞辰），道经北平，去拜会燕王，朱棣盛情款待，私下交谈。赵浚归国后向李成桂报告：燕王怀有大志，他不会满足仅仅做个藩王。

从以上史料可以看出，尽管朱元璋对李成桂印象不好，时时处处责难，但燕王同李成桂父子关系密切，这为以后中朝关系日趋密切奠定了基础。燕王同建文帝进行了长达四年的战争，他的马匹从哪里得到补充，当然有朝鲜国王李芳远的暗中援助。

李芳远贺诗“久潜龙虎声相应”，其中“久潜”二字耐人寻味。燕王是条潜龙，李芳远是只潜虎，龙举景云现，虎啸而生风。

他们二人有许多共性，朱棣是皇子，李芳远是王子；朱棣封为燕王，李芳远封为靖安君。他们的老爹都是战场上拼杀出来的英雄，一个是马上皇帝，一个是马上国王。

二人都是兄弟成群，都不是嫡长子，朱棣排行第四，李芳远排行第五。二人性格相同，都具有天不怕地不怕的冒险精神，都不甘心久居于人下，都蓄有称帝称王的野心。二人都靠暴力手段夺权，一个将自己的侄子赶下台，一个将自己的兄长逼下台；一个如愿以偿做了帝国皇帝，一个梦想成真做了王国国王。

二人都有冷酷残忍的一面，嗜杀成性，手段狠毒。二人在夺权路上遥相呼应，一前一后相继举兵。洪武三十一年八月，李芳远发动“戊寅靖社”。次年夏季朱棣起兵“奉天靖难”。建文二年（1400年），李芳远通过发动第二次王子之乱夺取了王位，朱棣则经历长达四年的征战，于建文四年夺取皇位。

朱棣是大明朝第三任皇帝，李芳远是朝鲜国第三任国王。二人死后，庙号都是太宗，一个是大明帝国的太宗文皇帝，一个是朝鲜王国的太宗恭定大王。

李芳远运气不错，幸运之神正在朝他招手。他老爹李成桂眼巴巴苦等了一辈子，没有得到明朝敕封的国王桂冠，李芳远在血淋淋屠杀之后，居然获得了建文皇帝诰赐的国王金印和冕服仪仗。现在，新即位的大明皇帝又向他传递友好信息，预示两国间的关系即将迅速升温。

皇帝和国王气味相投，惺惺相惜。

他们将加强友谊，频繁交流，共同描绘中朝交往的美好蓝图。

融冰之旅

洪武三十五年（即建文四年）十月，大明使臣都察院佥都御史俞士吉、鸿胪寺少卿汪泰、内史温全、杨宁等奉新即位皇帝诏书来到朝鲜。李芳远举行了隆重的欢迎仪式，在松京西郊搭设山棚彩门，排列军礼仪仗，表演傩戏。

什么是傩戏？就是面具舞。这是一种经过假形扮饰的仪式性舞蹈，大致可分为两大类，一类突出巫术性，出现在驱鬼逐疫场合；一类属于军傩，参与表演者都是军士，表演内容与兵阵有关，声势雄壮。中国早在上古时期就流行军傩，史书礼仪志中不乏记载。朝鲜军士表演的就是军傩。李芳远不敢怠慢使者，穿戴冕服，亲自率领百官到郊外迎接。大明使臣来到宫阙前，当众宣读诏书：

> 奉天承运皇帝诏曰：
>
> 昔我父皇太祖高皇帝，临御天下垂四十年，薄海内外，皆为臣妾。

> 高皇帝弃群臣，建文嗣位，权归奸慝，变乱宪章，戕害骨肉，祸几及朕。于是钦承祖训，不得已而起兵以清憝恶。
>
> 赖天地祖宗之灵，将士之力，战胜攻克。……不期建文为权奸逼胁，阖宫自焚。诸王、大臣、百官、万姓，以朕为高皇帝正嫡，合辞劝进，缵承大统。
>
> 朕以宗庙社稷之重，已于洪武三十五年六月十七日即皇帝位。大赦天下，改明年为永乐元年。嘉与万方，同臻至治。念尔朝鲜，高皇帝时常效职贡，故遣使诏谕，想宜知悉。

宣诏已毕，国王将使臣安顿到贵宾招待所——太平馆住下。当天，李芳远在王宫无逸殿摆下盛宴，为大明使臣接风洗尘，赴宴者除了俞士吉、汪泰、温全、杨宁等人外，还有郑贵等三名宦官，他们的故乡都在朝鲜，借这次出使机会回原籍探亲，可谓一举两得。

大明皇宫中为何会有朝鲜籍太监？这里简单交代几句。朱棣警惕性很高，生怕有人图谋不轨，他在金陵登基后，马上对皇宫内服侍人员进行了大清洗。凡是与建文关系密切的宫人、女官、太监等，有的被诛杀，有的投入大狱，还有大批太监、宫人被驱逐出宫。为了自身安全，他将北平燕王府中的内官、宫人充实到皇宫中。在这些太监中，有一部分是朝鲜人，当初曾在元朝宫中当差，后来又进燕王府服务。如今燕王成了皇帝，一人得道，鸡犬升天，燕王府的内官也都摇身成为皇宫中的掌事人。

永乐年间，大明又多次从朝鲜选进宫人、太监、厨子和杂务人员，宫中聚集了许多朝鲜美女俊男，这在当时也算是一道别致的风景。

同洪武、建文朝相比，永乐朝派往朝鲜的使臣官职较高，有的官至三品，其中不乏名臣。朱元璋派出的使者职位较低，一般都是五、六品官阶。显然，老朱是有意矮化朝鲜，这是他的一贯作风，不是训斥就是责难，把国王拿捏得无所适从，活像个童养媳，你想人家心里能痛快吗？

还有一个明显不同，就是永乐朝派出的使者中，宦官人数明显增多，往往以亲信宦官充当正使，朝臣只能充当副使。这些使者有不少人是朝鲜籍宦官，因为老家在朝鲜，熟悉那边的情况，所以办起事情更方便。他们借出使机会回乡探亲，当初以卑贱身份离开家乡，如今是堂堂天朝使者，朝鲜国王不敢怠慢，可谓衣锦还乡，格外风光。

据史料记载，永乐年间明朝共向朝鲜派遣使臣38次，有名有姓的使臣51人，其中宦官多达37人。在22名正使中，宦官便占据了14人，共出使30次，个别宦官多次以正使身份出使朝鲜。通过频繁交往，大明和朝鲜之间的隔阂得以冰释，两国原本波动的关系基本结束，逐渐转入正常稳定的发展轨道。

这次俞士吉等人赴朝，是朱棣称帝后首次派人出使朝鲜，对于双方来说，意义非同寻常，是机遇也是挑战。李芳远善于把握机会，由于私下曾同燕王有过交往，有信心修复朝中关系，使日益冷却的宗藩关系升温，他要借这个难得机会取得朱棣的完全信任。

李芳远对远道而来的大明使臣格外亲热，在无逸殿款待俞士吉等人后，次日又在国宾馆——太平馆设宴，还请来自己的叔父义安大君李和作陪。李和是李子春小儿子，与老国王李成桂同父异母，生母是定妃金氏。

让人意想不到的是，酒宴还没开场，明朝使臣便闹起了别扭。

内史温全认为自己职务高于鸿胪寺少卿汪泰，理应居于上座。汪泰则认为按照奉诏使排序，自己排名在前，应该坐在温全上首。二人互不相让，闹得脸红脖子粗，温全一怒之下，竟然借口有病退席。国王李芳远显得很尴尬，生怕冷落了大明使臣，反复派人去请，温全这才出席。汪、温二人为一点小事结怨，谁也不搭理谁，结果闹得不欢而散。

使臣出使在外，代表的是大国形象，应该随时检点才对，如今为了鸡毛蒜皮的小事闹不团结，一点不注意国际影响。都说中国素称文明礼仪之邦，官员们平时“之乎者也”不离口，到了外事场合，竟然把孔圣人的教诲全抛到脑后，让外国人看尽了笑话。

其实这些事朝鲜人早已看惯，已经见怪不怪，比这恶心的事多了。有的官员利用出国机会嫖娼，给国家丢尽了脸面。建文三年二月，使臣礼部主事陆颙、鸿胪寺行人林士英出使朝鲜。按说陆颙是礼部主事，应该比其他人更知文识礼，出使外国更应该讲究精神文明。其实不然，一进朝鲜境他便显露出好色嘴脸，在途经黄州驿馆时居然嫖娼，和一个名叫委生的朝鲜妓女鬼混了一夜。

到了松京之后，陆颙又向朝鲜礼曹（相当于中国的礼部）提出要求，想和委生再度风流。身为大明朝礼官，亏他张得开口。礼曹不敢怠慢，立即发出一纸公文，动用驿站专车把妓女委生接到了国宾馆。陆颙喜出望外，当夜便和妓女泡在一张床上，“极欢而罢”。

世界上没有免费的午餐，没人肯干赔本生意。人家这是性贿赂，让你回去帮着办事，如果你是平头百姓，谁会把美女白白送到你怀里。

几天过去，陆颙和委生已经难舍难分，归国前夕二人私约，想办法再来朝鲜相会。陆颙回国后向建文帝启奏：朝鲜是产马之邦，目前朝廷同燕兵交战，急需马匹，我们可以用绮绢交换良马。建文听了很高兴，又派遣他和太仆寺少卿祝孟献一同到朝鲜置办马匹。

陆颙到了松京，刚在太平馆下榻，便迫不及待请求李芳远将委生送来。二人相见之后，陆颙握住妓女双手痛哭："我要是见不到你，不打算活了。"堂堂朝廷使臣，为了一个妓女神魂颠倒，还干出许多有损国格的丑事。

有一天，陆颙又向朝鲜国王提出异乎寻常的请求："山险有可藏处，请殿下匿我。"他不打算回国了，老婆孩子也不要了，只想和朝鲜妓女厮守，隐藏到深山老林中过神仙日子。几天后，陆颙又恳求李芳远："愿殿下奏帝，颙已死矣。"为了留居朝鲜，长期和委生鬼混，陆颙竟向国王"哀恳甚至，拜跪无算"。

他一门歪心思，忘了自己的使臣身份，竟然哀求国王出面，向大明皇帝谎报自己死讯，以为这样便可以永远滞留朝鲜。朝鲜是出美女的地方，他见了哪个都心动，恨不得占尽凤城春色，就是不想想自己肩负的使命。陆颙想叛逃国外，李芳远可不敢惹麻烦。

陆颙做下这种有损国格人格事情，曾在明朝官员中引起不小骚动。此次大明使臣来朝鲜宣诏，俞士吉已事先提醒随员，千万注意自己的言行举止，不料还是出现了座次之争。

俞士吉是浙江象山人，洪武末年举人，曾任兖州府儒学训导，上陈政事切中时弊。升为监察御史后出巡京畿、湖广等地，因昭雪冤狱政绩突出，在官场中树立了清廉严正的形象。朱棣登基，提拔他署理都察院事，任职右佥都御史。都察院是什么机构？相当于现在的国家监察委员会。朱棣任命他为首位赴朝正使，当然有自己的深思熟虑。

这次发生不检点事件后，俞士吉感觉面上无光，要求每个随员约束好自己的言行，他首先从自身做起。次日夜晚，朝鲜国王将一名美貌官妓送到俞士吉卧室，叮嘱她用心服侍钦差正使，结果被俞士吉拒之门外。

《李朝太宗实录》明确记载："朝廷使臣至，妓侍寝，常事也。自俞士吉不纳之后，遂废。"也就是说，由于俞士吉拒绝性贿赂，自此以后，不再让朝鲜妓女陪伴使臣过夜。如果大明使臣主动提出要求，则另当别论。俞士吉虽是柳下惠，但想泡妞的人有的是。

还有一件事发生在永乐二年（1404年）六月，明朝派遣鸿胪寺序班邬修、行人李荣等人出使朝鲜，主要任务是联系交易耕牛事宜。一天夜晚，李芳远在太平馆宴请使臣，邬修和给事中敖惟善难耐异乡寂寞，要求国王找几个妓女来取乐。几杯酒下肚之后，立刻壮起了色胆，在酒席之上居然和妓女搂搂抱抱，哥哥妹妹叫得肉麻，闹得一团乌烟瘴气。

李荣实在看不下去了，生气离席躲到门外。邬修紧追出去，竟然指着李荣脑门骂道："小子，装啥正经，别以为自己坐怀不乱，没人地方你比谁都色。"骂完转身入室。李荣跟了进去，大声训斥："临行时候皇上叮嘱咱们，朝鲜是礼仪之邦，要求我等不要做出格事情。你见了女人就迈不开步，不觉得丢分吗？"二人互不相让，居然在酒席上厮打起来。

自律对于使臣来说十分重要，要做到这一点不容易，而俞士吉就能做到。他在松京逗留的日子里，忙得不亦乐乎。他不泡妞，也不索取财物，带领随员谒拜文庙，了解朝鲜的知识分子政策和铨选法。

朝鲜自古受中国文化影响，尊崇儒学，文庙里供奉先师孔子以及四圣、十哲塑像，还从祀众多孔门弟子。学生平日诵习功课，也都是儒学经典。俞士吉还考察了朝鲜的职官制度、机构建制、田制赋税等等。既然奉命出使藩国，绝不能丢中国人的脸。

临别那日，国王率领百官到迎宾馆饯行，按惯例赠送使臣布匹等礼物。俞士吉洁身自爱，没有接受任何礼品。朝鲜官员感到有些意外，以前使臣来到朝鲜，伸手要这要那，贪得无厌，他们原以为大明朝无官不贪，原来也有不贪财不好色的官员。朝鲜大司宪朴信直言不讳：当年高皇帝派来的使臣，官职品阶太低。今天皇帝派遣佥都御史为使臣，出乎我们的想象，一国君臣都感到惊喜敬畏。

国王李芳远更是掩饰不住高兴心情，对俞士吉说："当今皇上龙飞北平燕都，北平和我们朝鲜地近，所以皇帝对我国特别偏爱。"

俞士吉心中感到欣慰，他没有辜负皇帝重托：此行无疑是一次融冰之旅、升温之旅，中朝关系将谱写新的篇章。

不断升温的中朝关系

洪武三十五年（1402年）底，朝鲜派遣使者左政丞河仑、判汉城府事赵璞及时赶赴大明京师。河崙充任贺登极使，代表朝鲜国王向永乐帝上表章敬贺登极。赵璞充任贺正使，代表国王恭贺大明正旦节日。朝鲜使者除了前去庆贺，还负有一项重要使命，那就是为国王请求诰命和印章。

永乐元年（1403）正月初一，不仅是中国的传统节日，而且是永乐王朝第一个年头。一年复始，万象更新。这一天对于朱棣来说具有异乎寻常的意义，永乐王朝这艘巨舰，将在他的引领下扬帆远航，乘长风破万里浪，驶向新的征程。

大明新皇帝登基，邻邦各国理应前来庆贺，但令朱棣失望的是，许多邻邦都持观望态度，没有派使者前来庆贺。朝鲜使者的到来令朱棣十分高兴。他爽快答应了朝鲜使者的请求，派出六名使臣前往朝鲜，代表大明皇帝向朝鲜国王颁赐诰命和印章。

李芳远听到这个消息非常兴奋，拥有了诰命和印章，说明永乐皇帝已经正式承认自己的合法身份，宗藩关系会更加巩固。大明帝国虽然发生了权力更迭，但自己依然是名正言顺的朝鲜国王。

千万别小看这一纸文书和一枚印章，这是权把子、命根子。李芳远，有了这个凭证就有了底气，有了保护伞，对国人也有了交代，做国王理直气壮。孔子最讲究正名，认为名不正则言不顺，言不顺则事难成，凡是崇尚儒学的国家，都将其奉为金科玉律。那些圣人影响力不到的地方，被称为蛮荒之地，由于缺乏精神文化和理论对权力的支持，即使有人凭借谋弑和残杀手段获得了权位，要想长久维系也相当困难。

永乐元年四月，大明使臣抵达朝鲜。他们是都指挥使高得、通政司左通政赵居仁，还有宦官黄俨、曹天宝、朱允端、韩帖木儿等人，其中朱允端和韩帖木儿是朝鲜人。李芳远不敢怠慢，命人搭设山棚，张灯结彩备办傩礼，率领百官到松京西郊迎接，然后陪同使臣来到宫阙前行礼，接受诰命、印章。宦官黄俨开读圣旨，共有两道，都是永乐皇帝口头指示：

> 建文手里多有逃散的人，也多有逃去别处的。有些走在你那里，你对他每（们）说知道，回去对国王说，一介介都送将来。
>
> 但是朝鲜的事，印信、诰命、历日，恁（你）礼部都摆布与他去。外邦虽多，你朝鲜不比别处。君臣之间，父子之际，都一般有孝顺识理的孩儿，有忤逆不孝不识理的孩儿。不识理的孩儿有不是处呵，不怪他。识理的孩儿九遍至心孝顺呵，一遍有些不是处，连那九遍的心都不见了。

这是根据永乐帝口敕原话记录的，没有进行任何文辞修饰。圣旨中传递的信息很明确，凡是朝鲜国请求的事，都要尽可能予以满足，因为朝鲜和其他番邦不一样，同大明唇齿相连，深受中国文化影响，当然要高看一眼。君臣犹如父子，当爹娘的都疼爱自己的孩儿。有的孩子懂事听话，有的忤逆不孝。对于不懂事做了错事的孩子不能一味责怪，应该原谅他。懂道理的孩子十件事有九件做得对，偶然做错了一件，连那九件好事都被埋没了。别人不理解，当爹娘的心里有数。

锣鼓听音，这分明是在安抚朝鲜国王：咱们既然有君臣之分，关系犹如亲密父子，父亲不会苛责孩子，做了错事不会把你一棍子打死。这是通过曲折方式向朝鲜国王传递信息：我同老爹不一样，决不求全责备，体谅你朝鲜国的难处和苦心。只要你忠心耿耿臣服天朝，当然对你另眼相看。

在对待朝鲜方面，朱棣和朱元璋明显不同。一个手中拿着胡萝卜，一个手中挥舞大棒；一个主动示好，一个百般责难；一个将人朝身边拉，一个把人往远处推。做法不同，效果自然就不同。当朱棣首次派遣使臣来朝鲜时，李芳远便意识到朝中关系即将出现转机。临别之际，他对明朝使臣俞士吉说的原话是："今圣上在燕都，燕近东方，故待我国人偏厚。"

大明使臣宣读完永乐皇帝口谕，又转交了礼部和兵部文书。礼部文书主要是落实皇帝指示，宣布赐予朝鲜国王诰命一道，金印一颗，金印池一个，另外还有永乐元年大统历一部。使臣奉命将以前建文帝赐给国王的诰命、金印、印池收回。兵部文书与买马有关。建文年间曾用缎匹等物同朝鲜易换马一万匹，朝廷已经支付了绸缎，折合2193匹马，除了已经交割完的马匹外，还有部分马匹未交付。文书到日，朝鲜应抓紧将这些马匹送到辽东都司交割。

朝鲜自古产良马。当时的济州岛是养马中心，元朝曾在这里设有军马厂。高丽马体形矫健，毛色油亮，最适合装备骑兵。古代没有汽车摩托，征伐交战，骑兵是名副其实的快速部队。大明建国之后，无论洪武、建文还是永乐朝，都看中了朝鲜的良马，当时朝鲜献给大明的贡品主要是马匹。

永乐初翰林修撰曾棨作有一首《天厩神兔歌》，赞扬朝鲜进贡的良马"神骏超越，异于凡马，经数千里若有余力"。这首长诗中有几句这样描写：

天厩名马不易得，凤臆龙鬐秋兔色。
圉官厮养十载余，云昔来自朝鲜国。
想当此马初生时，蛟龙降精雷雨垂。
房星夜堕水尽赤，云雾下绕灵风吹。
雄姿逸态真神骏，踠促蹄高双耳峻。
目光夹镜炯方瞳，汗血流珠腻红晕。
朝鲜得此不敢骑，覆以黄毡献赤墀。
乃知天厩尽龙种，如此万匹皆权奇。

李芳远接到圣旨和文书后不敢怠慢，他要以实际行动向皇帝表示忠诚，用朝鲜方面的话说，"以谢莫大之恩，以尽事大之诚"。还没有交付的马匹，于当年六月便全部交割，共计2458匹，还多送了265匹。因战乱逃到朝鲜的军民男女家小，除了没有下落和病亡者，已找到10920人，全部被解送到中国。那时情况和现在不同，现在是人满为患，连兔子不拉屎的地方都住满了人。当时经过元末长期战争，又经历靖难之役，户口耗减，田地荒芜，最缺乏的便是人力资源。

我举两个数字你便清楚了：洪武十四年，经过十几年的休养生息，全国人口总计59873305人，又经过21年到了建文四年，人口总数56301026人，反而减少3572279人。究竟什么原因造成人口耗减300多万？就是因为长达四年的靖难之役。《弇山堂别集》卷十八《户口登耗之异》说："是时靖难之师连岁不息，长淮以北鞠为草莽。"永乐初年，朝廷特别重视人口增殖和垦荒。

当天晚上，李芳远在太平馆摆下筵席，盛情接待使臣。第二天，明朝使臣朱允端、韩帖木儿来到王宫，以私人身份求见李芳远。他俩都是朝鲜人，有要紧话提醒国王。原来，上次来的使臣温全因为酒席上座次之争，与鸿胪寺少卿汪泰闹了矛盾，对李芳远心怀不满。回国之后，温全立刻向永乐帝打小报告，说朝鲜国王傲气十足，故意怠慢上国使臣，还在使臣间制造摩擦。相比之下，老王（李成桂）还不错，对待使臣非常热情。从此事可以看出，爷儿俩对陛下的忠诚厚薄分明。

李芳远听说此事，脑袋立刻大了，这真是杀人不用刀哇！没影的事，让他这么一挑唆，皇帝必然生气。温全是皇帝身边的人，皇帝要是信了他的话，我这个国王可没好果子吃。还好，永乐帝洞若观火，非但没有听信这些谗言，还责备温全：你是内臣，理应坐在御史之上。自己坐在下首，与国王有何相干，这都是你自找不利索。

次日，李芳远在无逸殿设筵宴请使臣。开席之前，黄俨提出要谒见王妃。王妃闵氏，朝鲜史书称作静妃，京畿道骊兴人，是个美丽聪明的女人。戊寅靖社时多亏她的帮助，李芳远才脱离险境。当时李芳远孤身在勤政殿值夜，世子李芳硕屯兵于殿门，准备将他铲除。危急关头闵氏急中生智，诈称腹痛将夫君唤回家中。李芳远脱离虎口后立即调集私兵，以迅雷不及掩耳之速将对手一一杀死。可以说李芳远后来能够当上国王，有静妃一半功劳。永乐元年她38岁，已到了徐娘半老的年龄。

黄俨等人刚到朝鲜那天，便提出要见静妃，声称奉了徐皇后懿旨，要当面向靖妃传达。黄俨是个奸险小人，朱棣做燕王时，他在王府充当内官，同朱棣第三子朱高燧关系密切，曾构陷世子朱高炽。后来宣德皇帝刚刚即位，他又同赵王朱高燧密谋夺权，被宣德帝处死。此人最大特点，就是有眼色，善于迎合上意。永乐年间，他是最受信任的宦官之一。永乐帝指鹿为马，他说一点不假；永乐帝放屁，他说有香气；永乐帝喜欢美女，他想方设法物色。永乐朝使臣赴朝鲜共计38次，仅黄俨就出使11次，主要使命就是为皇帝挑选美女。这次出使，是黄俨首次来朝鲜，他想面见静妃，恐怕还有不可告人动机。

刚到松京那天，黄俨便提出谒见王妃要求，声称奉了徐皇后懿旨，要当面向静妃传达。李芳远曾婉言应付：妃子产后患病，尚未痊愈。这天国王在无逸殿宴请使臣，黄俨又提出谒见要求，李芳远只得将黄俨引入内宫。在相互施礼时，黄俨让王妃按照明朝礼节施答。李芳远称妃子不熟悉此礼，最终王妃施以朝鲜答礼，黄俨竟当面失声发笑。

李芳远请使臣回到无逸殿饮酒，这次他吸取以往教训，将黄俨和曹天宝安排在上座。黄、曹自恃天子内臣，酒席之上举止粗俗，行为傲慢。头天在太平馆为使臣接风时，就因为黄俨举止无礼，李芳远借故提前离去。今天见黄、曹二人故态重现，李芳远心中不乐，有意将二人晾在一边。

李芳远笑容可掬，频频请通政司左通政赵居仁饮酒下筷。黄俨见状，脸上显露不平之色，于是和曹天宝一起轮流向国王劝酒，李芳远无法回拒，只得连连饮酒。赵居仁实在看不下去，说道："己所不欲，勿施于人。"李芳远忙说，圣天子即位，各位大人万里迢迢前来颁赐诰命印章，从今往后，我家子孙与皇孙千秋万世共享富贵。即使二位大人不劝酒，我也要痛饮，接着又唤来舞妓，分作两班，在席前表演抛球游戏。黄俨这才感到高兴，最后将李芳远灌得酩酊大醉。

次日，李芳远赠送使者衣帽等物，唯独文臣赵居仁谢绝。据史书记载，赵居仁曾在苏松治水十余年，"以清介自持"，这样的人自然能够严格要求自己。黄俨等人则贪心不足，又要求国王赠送马匹。李芳远赠给使臣每人两匹马，还有黑麻布、白苎布、人参、花席等物，只有赵居仁不接受礼物。黄俨最难伺候，声称赠给自己的马不好，李芳远只得给他调换，不料又引起曹天宝心中不平衡，宴席之上，二人竟当着朝鲜官员面撕破面皮，相互指责吵骂起来。

使臣归国之际，指挥使高得私下对朝鲜官员说："赵通政不接受礼物，干脆把他那份分给我们几个得了。皇上派我们担任使臣，无非想让我们得到一些实惠，好补贴家用。国王赠送再多礼品，我们也不会拒绝。"朝鲜官员问道："皇帝既然同意你们接受礼物，赵通政为何不接受？"高得说："赵通政是文官，死要面子，我们没这些讲究。"

这就是堂堂天朝使者，见了东西眼珠子瞪得通红，几匹黑麻布就把他折腾晕了。平时唱高调没有用，什么廉洁自律、洁身自好、本本分分做人、清清白白为官，都是欺人之谈。那种台前高唱反腐倡廉的官员，可能私下是最贪得无厌的人，在试金石上一试，真伪立马见分晓。

那两个朝鲜籍宦官朱允端、韩帖木儿也不是省油的灯，没有私人目的，何苦跑到王宫向李芳远献殷勤。他俩早就盘算好了，借此次出使机会谋取私利。二人归乡探亲之后，回到松京面见国王，竟狮子大张口为亲属要官。碍于情面，李芳远将他俩的族亲60多人授予官职，还将他们家乡所在的郡县升格。

李芳远获得诰命金印后，立刻派遣右政丞成石璘赶赴金陵谢恩。他不傻，既然大明皇帝在圣旨中自比父亲，把朝鲜国王比作孩子，他便让使者在谢恩时为自己和王妃请求冕服、礼服，恳请朝廷释放洪武年间扣押的朝鲜使臣。当孩儿的向父亲提这点请求，不算过分，再抠门的父亲，总不会自食其言吧？

果然，永乐帝十分慷慨，听取朝鲜使臣禀报之后，当即在奉天门早朝时指示礼部："恁（你）礼部便查考父皇已先欲行放回之人，除犯重刑的不取，其余的都取来分割，放他回去。他又奏请国王冕服及书籍，这是他知慕中国圣人之道，礼文之事，此意可嘉。冕服照依父皇旧例体制造，书籍整理给予他。将来布匹等项，从他货卖，不要阻挡。"

永乐元年十月，大明使臣黄俨、朴信、翰林待诏王延龄、鸿胪行人崔荣等人再次来到松京。明使此次到朝鲜，主要是应朝鲜使者所请，向国王和王妃赏赐冕服、冠带，向王子赏赐书册。此外，还向朝鲜太上王李成桂赏赐缎匹。上次使臣温全返京后，汇报老王热情，对大明一片赤诚，永乐帝感到很高兴，当然要赏赐李成桂礼物。

永乐帝这次赏赐国王的冕服包括九旒平天冠、衮服、靴袜等全套服饰。冕服是帝王在隆重礼仪场合的穿戴，突出庄严肃穆特色。千万别小看这套冕服，制作工艺极其复杂，装饰品和组件繁多，一般裁缝无法制作，只有手艺高超的大国工匠才能胜任。

就拿静妃这顶珠翠七翟冠来说，冠上其他巧夺天工的金银玉翠饰件不计，仅各样珍珠就有4260颗，珠光宝气，令人目眩。封建礼制规定，皇帝和国王身份不同，冕服的样式、装饰和规格自然有所区别。例如皇帝的平天冠为十二旒，国王为九旒。所谓旒，就是冠板上面下垂的串珠，皇帝至尊，所以用十二旒；国王位卑，数量相应减少。这就是封建礼制社会，讲究等级，讲究排场，讲究上下贵贱尊卑。

受赐仪式上，使臣还向国王长子赏赐许多史书和儒学经典，其用意无非是灌输齐家治国平天下的道理，让朝鲜效法大明以德治国，以儒术治国。

李芳远太高兴了。大明朝廷这些赏赐，老爹李成桂当国王时想都不敢想，如今李芳远全得到了。中国素称丝绸之国，令人眼花缭乱的绫罗绸缎穿在爱妃玉体上，定然平添几分迷人风姿。

次日，李芳远又在太平馆宴飨使臣。静妃特意换上大明国赏赐的冠服望阙谢恩，越发显得华丽富贵，楚楚动人。都说华夏乃衣冠上国，礼仪之邦，果然名不虚传。数日之后使臣归国，都获得了朝鲜国王馈赠的丰厚礼物。

永乐元年是明朝和朝鲜使臣往来最频繁的一年。朝鲜庆贺使、谢恩使、进献使、采办药材等使者不绝于道。大明使臣也屡屡来到朝鲜办理各项差事，仅宦官黄俨就出使两次。

当年八月，大明还派遣宦官田畦、裴整，给事中马麟来朝鲜宣读恭上册宝，追尊明太祖、马皇后谥号。按说这事与朝鲜没有直接关系，可是朱棣认为，朝鲜既然是大明附庸，理应宣谕让他们知道。古人说：国之大事，在祀与戎。祀就是敬天礼地祭祖，戎就是举兵征伐不归顺诸侯。追尊皇考皇妣，属于重大礼仪，当然应该通知朝鲜国王。

这三名明朝使臣都是朝鲜人，办完公事后，便以私人名义向李芳远赠送缎子一匹，缎衣一袭。当然，他们不会白白出血，这是用虾米换鲤鱼的惯用伎俩。三人归乡探亲之后，回到松京立即替老家的亲人要官，共有二十多名族亲获得了官爵。使臣不放心，声称明日就要回国，逼着李芳远办手续，立刻委任官职。李芳远心中有气，又不敢得罪。中国有句俗话：官多大奴多大，丈夫多大妻多大。这三人虽然都是朝鲜人，如今在大明朝皇宫当差，李芳远惹不起呀！

当年十一月，大明使臣韩帖木儿和朱允端再次来朝鲜，奉旨挑选年轻干净火者60名。火者就是经过阉割净身的男子，他们被送到明宫内充当仆役，其中有些人被安排到厨房烧火做饭。这次朱允端又捞到了好处，李芳远送给他的朝鲜家人一区田地、奴婢八口，由官府支给月俸。

中国是饮食之邦，有句话是食在中国，朱棣为何从朝鲜挑选火者？原来此君和明朝其他皇帝不同，特别喜欢朝鲜风味饭菜，尤其到了晚年，每日饮食离不开朝鲜泡菜、虾酱、鱼酱，少了这些小菜，竟然咽不下饭。看来，他的朝鲜情结确实浓厚，不但喜欢朝鲜美女，连饮食习惯也发生了改变。另外还有一个原因，他的疑心重，生怕本国厨师投毒谋逆。

永乐元年是中朝宗藩关系迅速改善的一年，由于两国领导人之间的微妙关系，使持续了几十年的僵局得以化解，两国友谊不断升温。

无论皇帝还是国王，都是为了各自利益，这种利害关系必然导致宗藩关系不断波动，有时相对缓和，有时趋于紧张，即使表面风平浪静，水面之下也会有暗潮和涡流涌动。

太阳每天都是新的

自永乐元年之后，中朝宗藩关系一直保持着良好发展势头，没有出现大起大落。双方使者往来不断，政治上增加了互信，文化上促进了交流。大明在对外邦交中，始终将朝鲜列在首位，双方交往最为频繁，关系最为密切。

永乐帝登基后，心中一直存有阴影，生怕人们议论他“谋逆篡位”。封建社会特别看重名实关系，谁都知道名正言顺的重要性。朱棣以靖难起家，从侄儿手中夺取皇权，虽然表面显得强大，毕竟有几分心虚。他力图采取各种措施消除不利影响，借助各种场合显示自己的正统地位。

即位之初，朝鲜是第一个派遣使者前来恭贺的藩邦，此后各国才纷纷派遣使者前来贺正、贺寿。每逢节日庆典，火树银花，万方乐奏。对于好大喜功的永乐皇帝而言，他感到了心理上的满足。在永乐帝眼中，朝鲜国王的确会来事，也会办事，自然对李芳远高看一眼。

朝鲜每次向大明提出这样或那样的请求，几乎是有求必应，这在老王李成桂当政时期，是想也不敢想的事情。李芳远感到受宠若惊，又有几分困惑。有一天他将明使黄俨请到密室询问：皇帝为何对我国特别优待？黄俨道出其中缘故：当初皇帝即位时，各国都持观望态度，只有朝鲜派遣使者前来恭贺，所以皇帝对你们特别垂青，特别优待。

一语道破天机，李芳远心中有了底。但黄俨所说，可能只是其中一个原因，还有没有其他深层原因，难说。

永乐帝对李芳远确实宽让，最明显的例子是在建州卫设置一事上。

永乐二年四月，明朝派遣辽东千户王可仁到女真地面宣读敕谕，准备在那里设置建州卫。这一下子便触动了李芳远的敏感神经。在王可仁未到达之前，他派人赶到女真控制区，施展拉拢手段，赠送兀良哈万户波乙所衣物，试图阻止女真人归附明朝，又派上护军金廷儁等人赶到朝鲜东北境，做好应付明使准备。

李芳远为何如此紧张？当然是为了得到这片土地。

这一地区曾是女真人的发祥地和活动区。早在金朝建立之前，女真首领完颜阿骨打便以白山黑水为根据地，后来入主中原建立了金朝。明朝后期的努尔哈赤，也是女真人后裔，他是建州部首领猛哥帖木儿六世孙，以建州为根据地，其子孙后来入主中原建立了大清朝。

史书中女真又写作女直。据《北风扬沙录》和《大金国志》等书记载，女真未兴起前，曾受辽国统治，因避辽兴宗耶律宗真名讳，减省笔画改为女直。13世纪初蒙古兴起灭了大金国，将女真人发祥地置于自己控制范围，设立机构职官统制。元朝衰落后，朝鲜东北境又成为女真各部的领地。

大明朝建立后，在辽东设置军事机构辽东都指挥使司。洪武二十一年（1388年），朱元璋诏命辽东都司，依照元朝时期疆界，划分大明与朝鲜的边界，准备在名叫铁岭的地方设置铁岭卫。这个铁岭，并非现在辽宁省北部的铁岭，而是处于朝鲜江原道元山之南，距离平壤大约150公里。这一带不但是元代时期中朝边界，而且是女真人长期聚居区，一度被高丽夺去。此后又被女真诸部占领。

明朝初年，这里是皇权和王权统治的真空地域，北元已自身难保，根本无力顾及此地。大明刚建国不久，也没有精力在这里设置行政建制。朝鲜虽然与之接壤，并且多次派人拉拢利诱，但女真各部首领并没有投靠意愿。洪武二十年（1387年），朱元璋准备设置铁岭卫，当时高丽王辛禑反应十分强烈，决心孤注一掷同明朝兵刃相见，结果玩火自焚。

朱元璋想在这里设置卫所，当然有充足的理由。因为这里原先是元朝疆土，如今大明推翻了元朝，铁岭理所当然应该属于大明。

不久，高丽发生了政权更迭，明朝出于策略考虑，只得将铁岭设卫一事暂时搁置。朝鲜李氏王朝建立后，李成桂即位次年，即洪武二十六年（1393年），明朝将铁岭卫北移，改置于辽东奉集堡（今辽宁沈阳市东南）。

转眼十年过去，如今永乐帝又要在这里设置建州卫，李芳远能不火烧屁股吗？他知道鸡蛋碰不过石头，只能采取阴柔办法应对。几天之后，大明辽东千户王可仁来到朝鲜松京，宣读永乐帝敕书：

> 敕谕叁散、秃鲁兀等处女真地面官民人等知道：
>
> 今朕即大位，天下太平，四海内外，皆同一家。恐尔等不知，不相统属。强凌弱，众暴寡，何有宁息之时。今听朕言，给予印信，自相统属。打围放牧，以安生业，经商买卖，从便往来，共享太平之福。

敕书招谕这一带共十一处女真部落，分别赏赐各部首领印信等物，允许他们自治。前提是女真各部必须归顺大明朝廷，因为接受了朝廷的官印和委任状，就成为大明朝委命的官员，当然不能朝秦暮楚。

使臣王可仁此次到女真地面公干，有意绕道松京，宣读敕书，就是想让朝鲜国王知道明朝建卫的决定。李芳远听罢敕书内容，仿佛吞下二十五只老鼠——百爪挠心，当即和手下大臣商议对策。当年五月，王可仁从女真地面返回，朝鲜派计禀使金瞻偕同王可仁同赴金陵，向大明皇帝呈递奏本。

李芳远奏本内容大致是：朝鲜东北地方自公崄镇以南，包括孔州、吉州、端州、英州、雄州、咸州等州，均系朝鲜土地。辽时东女真作乱，遂占据咸州以北之地。应高丽国请求，辽国出兵帮助收复。元初蒙古招抚女真，朝鲜叛民赵晖等人献地迎降，这些地方又被女真人占据，他们用女真方言命名所居之地。至正十六年（1356年）在高丽恭愍王请求之下，元朝将公崄镇以南土地归还高丽国，委派官吏管治。

洪武二十一年二月，大明户部侍郎杨靖奉太祖高皇帝圣旨宣布：铁岭（指平壤北部铁岭）以北、以东、以西原属开元所管，军民仍属大明辽东管辖。本国接旨后，立即派遣使者赴京师申诉，乞请将公崄镇以南至铁岭土地归属我国。得到高皇帝批准。如今使臣王可仁又传皇上敕谕，准许叁散、秃鲁兀等十一处部落自治，这些部落虽然都是女真人，但居住在朝鲜地面。由于长期以来同朝鲜国民婚嫁，具有纯正女真血统者已寥寥无几。

另外，芳远祖上世代居住在朝鲜东北地面，自玄祖至祖父坟墓，都在孔州和咸州境内。高皇帝曾有诏旨：不分化外，一视同仁。小邦既在同仁之内，乞请将公崄镇以南所居女真遗种遗民，仍令我国管辖，举国幸甚。

李芳远确实精明，他拿历史说事，声称自公崄镇以南都是高丽固有国土，当年女真人作乱占据了这些土地，并且将原先高丽地名改为女真语地名。又说元朝统治时期也承认这些土地属于高丽，只是委派官吏代管而已。李芳远又搬出祖陵作为证据，如果这些地方不是我国土地，我家祖辈的坟墓怎么会建造在这里？

永乐二年四月，大明使者郄修等人奉旨到朝鲜交易耕牛。永乐帝指示：如今天下太平，军民各安生业，但辽东少些牛用。朝鲜与辽东接境，多产牛只。恁礼部便差人去说与朝鲜国王知道，着他选堪用的耕牛一万只，都付辽东都司。每一头绢一匹，布四匹。

李芳远确实精明，为了能在领土要求中得分，短短三个多月便向辽东送去一万头耕牛。至当年七月，朝鲜分十运次将耕牛全部送到辽东交割。

当年十月，朝鲜使臣金瞻从大明京师归来，向国王报告了一个令人振奋的消息。大明皇帝已下了敕书："敕朝鲜国王李芳远，省奏言叁散千户李亦里不花等十处人员，准请。"为了双边关系和友好大局，明朝做了让步。当然，建州卫还得设置，只能后移。李芳远有理由兴奋，自从做了国王以来，幸运之神一直伴随着他，别人得不到的东西他都得到了。

父王李成桂一直到退位都没见过国王金印，迎来的都是大明皇帝的训斥和指责，而自己先后得到了建文帝和永乐帝赏赐的金印。当年高丽王辛禑为了争铁岭一带土地，结果身败名裂，如今自己却轻而易举得到了。这真是一顺百顺，直挂云帆济沧海啊！李芳远当即赏赐金瞻良田十五结，派遣中军都总制林整兼程赶赴大明京师，向永乐皇帝谢恩。他又作出决定，重新定都于汉阳，只等那里宫室殿宇修葺一新之后，选择吉日迁都。

本来汉阳是李成桂新建的王都，由于朝鲜发生了第一次王子之乱，王都又迁回高丽故都开城。开城附近松岳山上松林茂密，因此又称作松都、松京。但是，无论地理位置还是战略地位，汉阳显然比开城更为优越。

明代董越《朝鲜赋》描写汉阳景致："畿内之景，汉江为胜。楼高碍云，水碧浮镜。渡有杨花，物亦繁盛。萃大道之运饷，为一国之襟领。"李芳远当政时将高丽五道两边区划改为八道，即京畿道、庆尚道、全罗道、忠清道、黄海道、平安道、江原道、宁安道。道下再设州、府、郡、县。汉阳处于京畿道，既是京城，又是汉阳府所在地。

永乐二年八月，李芳远立长子李禔为王世子，也就是国王接班人。然而李禔命运不好，屁股还没同王座亲热便被废掉。李芳远随即确立第三子李祹为世子。两个月后，芳远主动退位，李祹在勤政殿登上王位，史称世宗大王。这都是后话。

按照当时宗藩关系惯例，朝鲜国王确立世子，必须申奏明朝获得批准，才能成为王位合法继承人。虽然只是例行公事，但这个过场必须走。朝鲜使者赴京师向礼部呈递请封表笺，再由礼部尚书具本进奏，由皇帝允准。

永乐三年四月，朝鲜接到大明礼部批准李禔为朝鲜国世子的咨文，随即派遣恭安府尹许应如赴京师谢恩。

永乐五年，为了加深朝中关系，李芳远决定派遣世子前往金陵，庆贺大明正旦节。他事先派人向明朝请示，永乐帝特别关照朝鲜来使："世子来时不可涉海，可由北平府路来，返回时也要走此路，你先探视道路险易，回去禀报国王。"永乐帝又命令总兵官王狗儿、内官春山二人在辽东迎接世子，护送赴京，负责监督沿途接待供应等事项，同时指示辽东都司精心安排，确保朝鲜世子平安。

永乐帝身为万乘之主，连这些鸡零狗碎的事情都要亲自安排，简直比妇人还要心细。难怪李芳远听到这些消息，心中又高兴又感动。

朱棣聪明得很，他深通帝王之术，知道外交无小事，也明白怀柔的重要。想想艰难困苦的靖难岁月，单凭身先士卒冲锋陷阵就能打败强大于自己十倍、百倍的朝廷兵马吗？他懂得安抚将士，懂得恩威并重，懂得同甘共苦，懂得赏罚分明，懂得玩弄权术。只有把自己变成一块磁石，才能将散落的铁砂牢牢吸附到自己身边。这门学问，并不是谁都能够学到手的。

当年九月，李芳远派遣世子李禔赴大明恭贺正旦节，以世子为进表使，完山君李天佑充当副使；右政丞李茂为进笺使，鸡城君李来为副使。另外还有众多随行人员，侍从官、书状官、通事、押马押物官员、内侍、医员、司衣、厨师、内僚、兽医、护兵、脚夫应有尽有。

启程那天，李芳远在藏义门恭拜表笺，然后到迎曙驿为世子饯行。十月，世子一行进入辽东地面，大明总兵官保定侯孟善、都指挥使高得、内官王彦金、春山等人出远郊迎接，在驿馆备下丰盛筵席接风款待。世子留住四日才起程，辽东都司又派遣镇抚陈景、千户陈敏、百户李忠护送。由于事先奉了当今皇帝的最高指示，沿途馆驿都拿出超一流服务水平接待贵宾。

朝鲜世子抵达京师郊外时，永乐帝高规格迎接，派遣锦衣卫千户带领千名骑兵，列队护送到江东驿馆。礼部尚书郑赐、内官黄俨设宴慰劳。世子进入京城之后，安顿在国宾馆——会同馆下榻，尚书赵羾奉皇帝之命前来慰劳。

朝见那天，永乐帝御于西角门皇殿，世子随同众官员一起行礼。皇帝特意命令礼官，将世子和几个朝鲜官员引到丹陛前，和颜悦色地询问世子年龄（当年14岁），嘘寒问暖，关怀备至。又赠送彩丝衣五套，汗衫、里衣、裳、靴各一套。百余名随行朝鲜官员和随从每人都得到丰厚赏赐。

朝鲜世子退朝回到宾馆后，永乐帝令吏部尚书蹇义和内官黄俨陪同晚餐，又赠送许多果品。第二日早朝时，世子赴阙谢恩，永乐帝将世子招到近前，询问生活起居是否习惯，在朝鲜读书学习情况。回到宾馆后，户部尚书夏原吉和黄俨等人陪同晚餐。自此以后，黄俨每天都来看望，六部尚书轮流前来。

转眼到了永乐六年（1408年）正月初一，这天是大明国正旦节日，永乐帝驾至奉天门接受百官朝贺。礼官引朝鲜世子行礼，位次排列于六部侍郎之下。朝贺完毕，又到殡殿祭拜已经薨逝的徐皇后。

朱棣最亲密的战友和伴侣，徐仪华皇后因病不治，已于永乐五年七月初四日与世长辞，享年46岁。她虽然来去匆匆，却书写了灿烂人生。朝鲜世子来京师朝贺正旦，理应祭拜仙逝的先皇后。

朝鲜世子在鸿胪寺少卿引领下，由右顺门入，来到思善门前，正对殡殿行四拜礼，哭毕，再四拜而退。在离开皇宫时，永乐帝又对世子说："你整天待在宾馆里，是不是感到寂寞呀？京城有许多名胜寺院，你可以到朝天宫、灵谷寺、天禧寺、天界寺、能仁寺去游观。"

朝鲜世子既然已经于正旦节进行了朝贺，为何还不能归国？因为还有一件重要仪典没有进行，这就是每年一次的祭天祀地大礼，也称作郊祀。中国是农业社会，靠天吃饭，认为天地孕育万物，养育万物，只有敬天礼地才能求来风调雨顺，获得丰收。

自商周以来，郊祀天地成为历代帝王最隆重的仪典。打开二十四史看看，每部史书的礼仪志中都将郊祀列为重中之重，每个朝代都在京城附近建有天坛、地坛，这就是大祭天地的场所。古人认为，天为阳，地属阴，所以选择每年冬至这一天在南郊祭天，夏至日在北郊祭地。

朱元璋登基之后也得遵循这个千古惯例，但是他的思维方式与别人不同。老朱认为天阳地阴，同为大神，亲密无间，岂有分开祭祀的道理。于是决定在京城南郊建立天地坛，选择每年孟春举行天地合祭大礼。

永乐六年郊祀天地的日子，应该是正月辛酉日，也就是农历一月十二日（1408年2月8日）。按说郊祀本是大明自己的仪典，并不要求外邦参与。但永乐帝认为，朝鲜和其他番国不同，同中国关系密切，又深受中国文化影响，所以可以破例。朝鲜世子参加郊祀仪典，也可以见识见识泱泱大国的礼仪盛况。

郊祀之前，礼部通知朝鲜使臣，按照大明冠服制度，朝鲜国王一品相当于明朝三品官阶。洪武年间高丽世子到京师朝贺，位次排列在六部尚书之后。如今郊祀，由于世子没有朝服，只能位于九品之外。朝鲜使臣感觉受到了矮化，立即将这一情况向永乐帝奏明。永乐帝指示，令世子居于二品之列，让礼部抓紧时间赶制礼服、祭服，届时赴天地坛陪祀。

到了郊祀那日，永乐帝亲自到南郊主持大祀，世子与陪祀朝官列于祭坛下方东侧，班次在公侯之后。其他七名朝鲜使臣也都排列在相应位置。郊祀仪式结束后，永乐帝返回奉天殿接受群臣朝贺，世子排在六部尚书之后，侍郎之前。

朝鲜世子终于圆满完成了任务，即将踏上归途。

临行时永乐帝赠诗一首，嘱咐道："朕好比你的父亲，作诗与你，与秀才作诗不同，有益于你的国家。"此外还赠送了《通鉴纲目》、《大学衍义》、法帖和文房四宝等物，并令人备下许多食物，供世子沿途消费，其中包括干马2匹，干羊8只，干鹅20只，各类果品16担，大明宝钞1000贯。

说起这干马、干羊等食物，读者千万别误以为是垃圾食品，其实别有风味，是长途旅行不可或缺之美食。据说当年成吉思汗率蒙古铁骑长途征伐，为了确保将士不饿肚腹，又有肉食品随时补充能量，便发明了这种风味独特的肉食。其做法是将马羊肉分割成大条大块，抹上细盐腌制数日，然后悬挂在阴凉处风干。后来制作方法有所改进，为了增加滋味，又在肉中添加了各种佐料。这种肉制品口感不错，携带方便，食用简易，又可以长时间存放而不腐，非常适宜长途旅行。朱棣做燕王时，时常出征漠北，干马、干羊便成了犒赏将士们的美味佳肴。

凡赏赐朝鲜世子之物，永乐帝都要亲自过目，打理好后命黄俨押送到宾馆。礼部另外赠送黄金、白银、纻丝、线罗等物。当时朝鲜世子感动得热泪夺目，说道："朝贡是做臣子的本分，没料到圣恩如此浩荡。"永乐帝叮嘱世子转告国王，既然臣事大国，就要忠心耿耿，始终如一。

临行那天清早，礼部尚书郑赐和黄俨等人在江东驿站为朝鲜世子饯行。内官郭靖、兵部行人王用、辽东镇抚陈景、千户陈敏、百户李忠伴行。行前永乐帝已向他们做了指示：国王让十几岁孩子不远万里，前来朝觐，足见其忠诚。你们护送时千万上心，如果出了差错，当心脑袋！护送官员一路小心伴随，凡是渡水涉险都上前扶掖。

永乐六年四月，世子平安返回朝鲜王都。汉城街巷张灯结彩，大臣到郊外迎接。李芳远在广延楼摆酒慰劳，听了世子禀报后，感触颇深。当时他说了这样一番掏心窝子话：皇帝完全出于一片诚心实意，不仅赏赐丰厚，连细微小事也一一教诲。圣恩浩荡，真是报谢无由啊！

这是一次具有重要意义的朝觐，是和平之旅，友好之旅，光明之旅。

投之以桃，报之以李。此后，中朝之间的宗藩关系更稳固了。

第七章

永乐年间的朝鲜贡妃

元明深宫多贡女

封建时代的中国是大帝国体制，在处理国际关系时往往表现出唯我独尊意识，与周边小国之间不是平等关系，而是主从关系。

维系这种关系的特点之一便是朝贡制度，藩属国必须承认中国的宗主地位并接受册封。那个时候还没有出现和平共处五项原则，作为藩属国，如果不奉行朝贡，或者脚踩两只船，就等于失去了保护伞。

朝鲜国小势弱，为了生存必须依附于大国，没有中间路线可走。既然向大国俯首称臣，就必须按照惯例朝觐纳贡。纳贡并不仅限于物品，还包括人，其中主要是未婚处女。不要以为只是明朝才有进贡采女之事，其实这在元朝就已经司空见惯。当时蒙古入主中原，在华夏大地建立了帝国体制，并且凭借武力说话。高丽与大元近在咫尺，要么臣服，要么灭亡。高丽国王权衡利弊，最终屈服于强权者。作为特殊贡品的采女，一批批送入大元宫中。有一首元宫词这样描写：

杏脸桃腮弱柳腰，哪知福是祸根苗。
高丽妃子初封册，六月阴寒大雪飘。

高丽与元朝一直保持着特殊的关系，这种关系建立在姻亲基础之上。高丽国向蒙古人臣服的80多年间，本国美女成为一种特殊贡品，不但使蒙古黄金家族成员融入了高丽民族血统，也使许多蒙古官员的后代具有高丽血统。同时，高丽王室成员也拥有了蒙古血统。

就在元世祖定都于大都前一年，高丽国王王禃决定与蒙古皇室联姻，派遣使者前去为世子王谌请婚。此事在《元史·地理志》中有明确记载，至元八年（1271年）正月，“王禃遣其枢密使金炼奉表入见，请结婚”。王禃坦诚表明心意，“小邦请婚大朝，是为求好之缘……克成婚卺之礼，则小邦万世永以供职”。为了牢固控制高丽，忽必烈同意赐婚，将女儿安平公主嫁给高丽世子。当年十一月，“禃遣其同知枢密院事李昌庆奉表谢许婚事”。

高丽国王主动请婚，显然是秃子头上的虱子——明摆着。他打算借助强大靠山保全王室，彻底打消蒙古人吞并高丽的念头。

不久王禃去世，在元大都充当人质的世子王谌归国即位，大元皇帝与高丽国王形成翁婿关系。自元世祖之后，高丽国七代王后，都是来自元朝的公主，双方长期保持着不平等的姻亲关系，史书又称之为甥舅关系。

常言道，来而无往非礼也。大元皇帝将公主下嫁到高丽，总不能白白搭进一个千金吧？高丽国素来产银产马产人参，但这都不是大元最想要的，人家看中了粉脸桃腮的高丽美女。既然垂涎已久，就一定要弄到手中。

至元二十四年（1287年），元世祖颁诏，令高丽国所有处女一律告官登记，不得擅自出嫁，优先供元朝挑选。此后高丽国王又将采办处女方案加以细化，明文规定凡是年龄在13岁以上、16岁以下的女子都不能随意出嫁，听任元朝派来的官员挑选。

元朝向高丽索取采女，除了《高丽史》有较为详细的记载外，《元史》中也有所披露。如《泰定帝本纪》记载，泰定元年五月，"遣阔阔出等诣高丽，取女子三十人"。《文宗本纪》载：至顺二年四月，"以宫中高丽女子不颜帖你赐燕铁木儿"。《顺帝本纪》：至元元年三月，御史台官员上言："高丽为国首效臣节，而近年屡遣使往选取媵妾，至使生女不举，女长不嫁，乞赐禁止。"

由于索取高丽贡女日益频繁，至元四年（1338年）八月，元朝发布公告，"申取高丽女子及阉人之禁"。别以为元顺帝真的采纳了臣下建议，不再向高丽索取美女和阉人，其实皇帝的诏书不过一纸空文，只是掩人耳目罢了。就是这个元顺帝，被高丽进献的美女奇氏迷得神魂颠倒。据《元史·后妃传》记载，朝鲜美女奇氏进献到大都后，起初只是一个宫女，因为长得美丽，性情又乖巧颖黠，在元宫日见宠幸，后来摇身跃居于皇后尊位，她在高丽的娘家人三世皆追封为王爵。

有部编年体史书《庚申外史》，为元末明初权衡所著，据书中记述，元朝高官以娶高丽女子为贵，元宫中女官大半是高丽子女：

> 祁宫（即元顺帝皇后奇氏）亦多蓄高丽美人，大臣有权者辄以此女送之。京师达官贵人，必得高丽女然后为名家。高丽女婉媚，善事人，至则多夺宠。自至正以来，宫中给事使令大半为高丽女。以故四方衣服靴帽器物皆以高丽样子。此关系一时风气，岂偶然哉！

有两首元宫词印证了《庚申外史》的记载：

> 昨朝进得高丽女，太半咸称奇氏亲。
> 最苦女官难派散，总教送作二宫嫔。

宫衣新尚高丽样，方领过腰半臂裁。
连夜内家争借看，为曾着过御前来。

自元世祖至元十一年（1274年）到元顺帝至正七年（1347年），在70多年中，高丽共向元朝进贡女子57次，贡女人数多达1479名。元朝皇室不但喜欢高丽美女，也喜欢施行过阉割手术的高丽男子，史书将这些人称为火者。这些经过净身的男子都是青少年，一要相貌端正，二要心地实诚，三要体肤洁净，入宫后充当太监，供皇室驱使奴役。还有部分美貌乖巧的男子，成了皇室男宠，用来满足帝王龙阳之好。

明朝沿袭了元朝做法，永乐年间在索取贡女时，曾多次让朝鲜进献火者。例如，永乐五年八月，明朝派遣太监韩帖木儿、尹凤、李达、金得南（都是朝鲜人）等人出使朝鲜，向国王李芳远宣读圣旨："朕取安南火者三千，皆昏愚无用，惟朝鲜火者明敏，可备任使，是用求索。"李芳远私下询问韩帖木儿，皇帝打算要多少火者？韩帖木儿回答，至少三四百人。国王感到为难，叹息道："此物并非天生就有的，到哪里寻找这么多人。"

一次便索取数百名阉人，可见当时对火者的需求量相当惊人，这其中自然有深层原因。谁都知道，皇帝后宫是天下超级大家庭，需要设立庞大的管理机构处理日常事务，为皇室提供各种生活服务。这个皇家管理机构称作内务府，下辖二十四衙门，包括十二监、四司、八局，每个部门都需要大量管理人员和具体办事人员。以十二监之一的司礼监来说，就有提督、掌印、秉笔、随堂等太监各负其责。顾名思义，司礼监专门负责皇宫内一切礼仪活动和文秘档案，居内务府十二监之首，由皇帝最信任的太监掌管。

内宫事务多如牛毛，需要许多太监打理，大太监是管事的头儿，小太监是听差遣干具体事的。宫掖之内府库机藏、舆服马厩、天厨烹饪、园池苑囿、宫室门禁、皇家器用等都要有专人负责。皇宫的环境卫生，皇帝、皇后和妃嫔们的吃喝拉撒以及消闲玩乐等，都需要下人打理服侍。这些事情并不是任何人想干就能干的，内廷防范严密，生理机能正常的男人绝对不能跨越雷池半步，宫闱杂务只能由不男不女的太监来做。

永乐帝刚在金陵即位时，出于自身安全考虑，曾对建文宫中的太监进行了大清洗，杀的杀，驱逐的驱逐，内廷各监署均由旧日燕王府的阉宦管理。这些亲信都是掌事的大太监，宫中从事各种劳作和役使的小太监缺额很大，为了使后宫这台庞大机器安全正常运转，只能从本土以外的朝鲜求索人员。有明一代，数永乐年间使用的朝鲜阉宦最多，再加上进献的贡女、使女，朝鲜的青年男女竟占据了大明后宫半壁江山。

永乐年间曾多次要求朝鲜进献贡女，公开资料显示，朝鲜共进献了三次，第四次由于时局发生重大变化而中途流产。实际情况，贡入大明后宫的朝鲜美女并非三次，人数也不限于史料所披露的情况。翻阅史书，在涉及永乐朝某些事件时，往往突兀出现一些朝鲜贡女名姓，至于这些贡女何时入宫，具体情况如何，均让人无法明了。

首次进献在永乐六年，自四月中旬至十一月，历时半年多。经过反复挑选，最后选中五名女子，即工曹典书权执中之女，仁宁府左司尹任添年之女、恭安府判官李文命之女、护军吕贵真之女、中军副司正崔得霏之女。

第二次是永乐七年五月，经过三个多月甄选，只挑选到两名美女。一个是宋氏，年纪只有13岁，籍贯砺山县，父亲宋琼，官任修义校尉忠佐侍卫司后领副司直。另一个为郑氏，年纪18岁，籍贯东莱县，其父郑允厚，曾官任朝奉大夫知宜州事。由于选中的贡女太少，明使责令朝鲜继续采选，迁延至年底，仍未搜寻到更为理想的美女，使者只得携带其中一名处女郑氏回国。因天气极其寒冷，走到半途将贡女留在朝鲜驿馆，打算次年天气转暖后再来迎接。

第二年二月，永乐帝统率50万大军亲征漠北，进献贡女之事暂时搁置。在此期间，明使和朝鲜官员又进行了几次采选，依然没有挑选到更出众的处女。永乐八年十月，永乐帝北征凯旋之际，派遣使者到朝鲜将郑女接回。另一名已选中的贡女宋氏，不知什么缘故没有同行。郑氏父亲郑允厚因女得贵，永乐九年四月被授予光禄寺少卿。同第一批贡女亲属一样，享受特殊照顾，不必到中国任事，由朝鲜国王按月发给禄米。

第三次进献贡女是永乐十五年八月，自当年四月开始甄选，历时四个月，只挑选到两名美女，一个是韩氏，其兄名叫韩确，官任朝鲜国副司正。另一个是黄氏，父亲黄河信，官居李朝奉善大夫宗簿副令。

永乐帝向朝鲜索取贡女之事，在中国史书中鲜有记载，即使涉及此事，也都含糊其词。诸如《明太宗实录》这种卷帙浩繁、资料翔实的史书，在提及权妃等人时只是一笔带过，至于第二次、第三次索取的贡女根本就没有提及。中国史官很聪明，他们坚决贯彻为尊者讳的原则，不该说的话一句不敢多说。

相比之下，《朝鲜李朝实录》对此事有所记载，朝鲜曾先后三次向永乐帝进献贡女，共计8名。但《朝鲜李朝实录》也并非百分之百准确，至少遗漏了数名。例如吕姓贡女，出自朝鲜商贾家庭。正是这个贾吕，因为一点鸡毛蒜皮小事，引发了大明后宫泼天惨剧。

从各种史料所显露的蛛丝马迹看，永乐年间，朝鲜向明朝进献的贡女至少不下于八九次，年轻貌美的贡女数量可能不少于数十人。索要采女，进献贡女，无论对于明朝还是朝鲜而言，毕竟不是一件光彩的事，该封口的事尽量封口。

明朝派人到异国选妃，采办太监每次来到朝鲜，都引起朝野不安。朝鲜著名学者吉昌君权近目睹了永乐年间第一次选妃时的情景，作有一首五言诗咏叹此事：

九重思窈窕，万里选娉婷。
翟茀行迢处，鲲岑渐杳冥。
辞亲语难决，忍泪拭还零。
惆怅相离处，群山入梦青。

翟茀，是古代贵妇所乘坐的一种高级车辆，车帘两边或车厢两旁饰以山鸡长翎和羽毛，十分美观。《诗经·卫风·硕人》有“翟茀以朝”诗句，描写美人庄姜远嫁卫国国君时盛况，此处形容贡女远嫁天朝。鲲岑，指海外之国，这里专指朝鲜。据朝鲜史书记载，贡女离开汉城时，亲属都到郊外送行，“其父母亲戚哭声载路”。诗歌如实反映了离别时难分难舍的场面。

朝鲜李朝的“进献色”

“进献色”是朝鲜李朝设置的选美部门，专门负责在本土寻访选拔贡女。色本指贡物品类，此处可直接理解为女色、美貌女子。进献，当然是向大明皇帝进献。从这三个字便能品味出帝国和王国之间的主从藩属关系。“进献色”属于临时机构，皇帝索取贡女时便设立，一旦完成任务便撤销。

自从首批贡女进献到大明宫后，好大喜功的永乐帝感到了心理上的快感，尤其姿质秾粹才艺出众的权贤妃的到来，为永乐帝的生活增添了许多情趣。皇帝的欲望没有止境，有了新欢，还想着下一个，对异域女子的征服欲望更加强烈，恨不得占尽人间春色。借用一句民间俗语，就是吃着碗里的看着锅里的。

首批贡女进宫后，仅仅过了几个月，肩负选美重任的明廷内使又踏上了朝鲜国土。时间是永乐七年五月，负责此事的太监仍然是黄俨，同行的还有监丞海寿、奉御尹凤。黄俨是大明司礼监太监，他这个位置在内廷十分重要。前面已介绍，司礼监是明朝内廷特有建置，居内务府十二监之首，素有内廷第一署之称。永乐年间，其权力虽然不如明代中后期煊赫，但已显现专权苗头。黄俨是燕王府旧臣，当年王宫内务都由他打理。此人能够在司礼监供职，足见永乐帝对他的信任。

永乐年间明朝共向朝鲜派遣使臣38次，仅黄俨就出使11次，每次挑选美女的工作，都由他总负其责。

黄公公初次到朝鲜选妃，便挑到了色艺双绝的权妃，永乐帝能不对他格外倚重吗？韩国有部大型电视剧，名曰《大王世宗》，将永乐朝大太监黄俨说成是朝鲜国人，简直雷晕人。永乐宫中确实有许多朝鲜籍阉人，但黄俨是地道大明本土人氏。据《朝鲜李朝实录》太宗三年四月甲寅条记载，当时黄俨和几名朝鲜籍太监一同出使朝鲜，国王在王宫面晤使者，将黄俨与朝鲜籍宦官分列接待。实录明确强调，除黄俨之外，那几个使者都是"本朝宦者"。

作为天朝使臣，又是司礼监太监，黄俨的冠服与外廷官员不同，身着葵花胸背团领衫，头戴乌纱帽，腰系犀角带。他此次出使朝鲜，名义上是奉永乐帝之命向朝鲜国王颁赐礼物，其实还是索取贡女。他向国王李芳远口宣圣旨：

> 去年你这里进将去的女子们，胖的胖，麻的麻，矮的矮，都不甚好。只看你国王敬心重的上头，封妃的封妃，封美人的封美人，封昭容的封昭容，都封了也。王如今有寻下的女子，多便两个，少只一个，更将来。

这真是睁着眼睛说瞎话，满脸麻坑的女子能进献到皇宫吗？何况当时由你黄俨亲自把关，反复挑选，怎么近视到连麻子都没看出来。再说五名贡女中有个权氏，是公认的大美人，不但姿质秾粹，而且善吹玉箫，刚一步入宫掖，便引起"帝爱怜之"，怎么突然变成了丑八怪？这只能说明他得了便宜卖乖，得寸进尺。这绝不是永乐帝原话，是黄俨在添油加醋，有假传圣旨之嫌。

天朝使者既然传达了圣旨，李芳远自然要雷厉风行贯彻，当即组建了进献色机构，又向全国发布通告，禁止京城内外处女婚嫁。几天之后，黄俨因事启程回国，将选妃事宜交付朝鲜方面办理。李芳远向他提出请求：永乐六年朝廷来朝鲜选取贡女，落选的女子至今尚未出嫁，请允许她们婚嫁。黄俨当即准许。

当年八月，采选贡女工作有了眉目，朝鲜派遣户曹参议吴真赴北京，向永乐帝禀奏：已经选中了两名绝色女子，随时听候进献。这两名处女就是年龄18岁的郑氏和年仅13岁的宋氏。朝鲜官员这次出使中国，公开名义是为上王求取药物。这个上王就是李芳远的哥哥李芳果，也就是李朝的定宗大王，因为将王位让于李芳远，被尊为"仁文恭睿上王"。

朝鲜使者真的是为上王求取药物吗？

非也，这只是为了掩人耳目而已。当初黄俨离开汉城时，曾和李芳远商议好，一旦挑选到绝色美女就派人前来禀报。使者来北京，不能大张旗鼓声称为选美之事而来，只能借口其他事情。黄俨做事精明，既为皇上办了好事，又顾全了大明皇帝和朝鲜国王的脸面。

朝鲜第一次进献贡女就是打着进献上等白纸的幌子。这些朝鲜贡女进入大明京城时，都是夜深人静时分，尽量做到神不知鬼不觉。永乐帝作为大明朝一国之尊，既想花心寻求刺激，又要保持尊严垂范天下，实在是煞费苦心。

两个月后，黄俨再次来到汉城，他是从北京赶来的。因为永乐帝于永乐七年二月初八日由南京北上巡狩，此时正住在北京。朝鲜国王已听到风声，明朝派遣淇国公丘福和武成侯王聪统率大军讨伐北元，结果在胪朐河全军覆灭。永乐帝为了教训本雅失里，正集结兵力，准备于明年二月北征沙漠。

黄俨面见李芳远后，宣读了永乐帝敕书，原来明朝因为要对鞑靼动武，急需大量马匹，令朝鲜进献，不拘数量，按价购买。黄俨又口传圣旨："元帝子孙有顺服者，亦有不顺者。其不顺者，朕欲平之。朝鲜马匹虽然体小，可用也。"李芳远领旨后，答应抓紧办理。

当年十一月十三日，黄俨启程回国，顺便将采选到的贡女郑氏带走。临行时他对朝鲜国王说："郑氏相貌一般，皇上不见得满意，你还得继续寻访更好的。"李芳远回答："国小力薄，进献的马匹只能凑够万匹。至于美貌处女，请放心，我一定会尽心尽力访求。"

黄俨一行走到龙泉驿站时，与明朝派遣的使臣海寿相遇，海寿向他转交永乐帝敕书。黄俨看了敕书内容，忽然改变主意，对随行的朝鲜进献使说，天气十分严寒，不可让贡女远行，等到明年天气转暖再来迎接，你们一定要把贡女照顾好，请转告国王，务必继续挑选，遂将郑女留在驿馆，扬长而去。

李芳远得到消息后，放了句马后炮："皇上正准备同北元开战，忙得不可开交，此时迎接采女，岂是时候？黄公公这样做，是故意制造宽松气氛。我早就料到，他一定会在半路撂下采女。"

永乐八年十月，李芳远在全国发布通告，禁止朝鲜国民婚嫁。他确实聪明敏锐，知道永乐帝北征凯旋，可以腾出时间泡妞了，所以预做准备。果然通告发布八天之后，明朝内史太监田嘉禾、少监海寿来到了朝鲜。李芳远因为进献马匹有功，使者奉旨嘉奖，赏赐纻丝、线罗、彩绢、银两等物，还有礼部发来的马价绢3万匹、棉布2万匹。

这些事情办妥之后，内使传达永乐帝旨意，要求朝鲜继续进献采女。好在已有现成贡女一名，如今正待在闺阁。这个贡女就是郑氏，去年年底被黄俨抛在半途，已经在家中等了将近一年。李芳远亲自出马，陪同使者来到郑允厚家中慰问，并且与采女见面。数日后明朝使者回国，将郑女梳妆一新带回，让郑允厚陪同女儿一起赴京，另外还有小阉宦2人、女史4人随行。

就是这个郑氏女子，当初黄俨对她横挑鼻子竖挑眼，认为其相貌平平。岂料进献到皇宫后，永乐帝却感到很满意。

转眼到了永乐九年八月，黄俨再次来到朝鲜。他这次奉命出使，肩负几项任务，首先便是传达永乐帝旨意，令朝鲜继续寻求有姿容的处女。堂堂天朝派员出使藩属国应该有正当理由，不能公开打着选美旗号。永乐帝的顾忌不在朝鲜而在中国，皇帝挑选采女之事，在朝鲜早已尽人皆知，闹得沸沸扬扬。永乐帝担心本国官员知道了此事，会产生不良影响，有损自己的声誉。所以每次派人到朝鲜挑选美女，都是以其他事情做幌子。

黄俨这次来朝鲜，公开名义就是代表皇帝赏赐国王药物。因为上次朝鲜使者进献郑女时，曾以求药为借口，这样做可彼此呼应。此事见于朝鲜《太宗恭定大王实录》记载：

> 八月甲辰，朝廷使臣宦官太监黄俨来赐药材。俨传谕曰："帝更求有姿容处女。"其得郑允厚女不令朝官知，若托以答王求药物也。今赐药物，实报郑氏之赴京也。

黄俨来朝鲜第二件事，是要求国王进献白纸1万张，用来抄写佛经。此时永乐帝已笃信佛教，从西域请来高僧做佛事，命人抄写佛经送往西域。

第三件事，黄俨奉命到贡女家中慰问，权妃已在去年不幸病逝于山东临城驿站，因此黄俨首先到权妃娘家慰问。接着又到任添年、郑允厚、崔得霏家中，摆设筵席慰劳，还赠送纻麻布若干匹。首批贡女中有个吕婕妤，其父是忠佐侍卫司中领护军吕贵真，因患病已经病故。黄俨亲自来到他的墓地祭祀，摆设祭品为一羊、一猪、两鹅。这些祭品都是千里迢迢从中国带来的。

从这些零碎事情可以看出，永乐帝十分注重细节，对贡女家人经常施以礼遇优待。贡女家人每次赴京师探望，永乐帝总是赠送各种物品。例如永乐七年十月，判汉城府事柳廷显到中国恭贺正旦节，永乐帝得知廷显与权妃同族，便以权妃名义赏赐彩缎2匹、绢10匹、宝钞500张，还有鞍马等物。

黄俨此次来朝鲜传达圣旨，令李芳远继续搜寻美女，但出人意料的是，这件事不久竟搁置下来。为何暂时中止呢？其原因是永乐帝又准备进行北征。

塞北大漠一向是多事之地，刚平静了几年竟然又出了乱子。原来明军经过第一次北征后，鞑靼汗本雅失里在兵败逃亡时被瓦剌首领马哈木杀死，鞑靼太师阿鲁台处境不妙，只得向大明俯首称臣。此前已经归顺的瓦剌一直同明廷保持藩属关系，其首领马哈木、太平、把秃孛罗分别被永乐帝封为顺宁王、贤义王和安乐王，再加上刚刚归顺的阿鲁台，这四大首领成了草原上叱咤风云的人物。

瓦剌势力逐渐强盛后，野心也随之膨胀，反迹日益暴露。他们事先不请示明廷，竟然“擅自弑立”，拥戴答里巴为大汗，这分明是想与大明分庭抗礼嘛。瓦剌为了取得草原霸主地位，竟然出兵侵占鞑靼地盘，还擅自扣押明使，秣马厉兵准备攻略明朝边境。鞑靼首领阿鲁台派人把这些情况禀奏永乐帝，请求大明发兵讨伐叛逆。为了解决瓦剌问题，永乐帝于永乐十一年七月敕封阿鲁台为和宁王，决定调兵遣将进行第二次北征。

永乐十二年三月二十七日，永乐帝亲自统率50万兵马离开北京，出塞远征漠北。经过长途行军，明师在蒙古腹地忽兰忽失温大败瓦剌，金戈铁马，扬威瀚海。当年八月初一日，永乐帝胜利而归。这次北征历时四个多月，瓦剌吃了苦头后遣使谢罪，表示重新归顺。

本来皇帝得胜还朝，心情极佳，可以有闲情逸致关注采选贡女的事情了，不料竟祸起萧墙，平地又生出风波。永乐帝得到信息，自己最宠爱的权贤妃几年前并非死于急病，而是有人暗中下毒蓄意谋杀。永乐帝无法控制自己的暴怒，于是严查此事，动用酷刑惩治参与此事者。由于后宫起火，派人到朝鲜挑选贡女的事情只好推延。

采选贡女的事搁置了三年。直到永乐十五年四月，前往大明京师恭贺正旦节的朝鲜使臣元闵生回国，向国王密报：皇帝让人传话，要求朝鲜进献美女。李芳远不敢迟延，立刻发布通告，禁止全国婚嫁。接着设置进献色提调，派遣官员到各道选取处女。这项工作进展得比较顺利，经过半个月初选，已经选中一批容貌姣好的处女。负责选美的官员将处女集中到汉城，李芳远命议政府出面，负责监审入选的美女，等待大明使者到来。

当年五月十七日，朝鲜左军佥总制元闵生奉国王之命，再次启程匆匆赶往大明京师。他归国才一个多月又踏上漫漫旅途，就是代表国王专程向永乐帝密奏进献贡女一事。此事见于李朝《太宗恭定大王实录》记载，内容如下：

永乐十五年四月初四日，通事元闵生回自京师。言本年正月二十一日钦受赏赐，宣进表使李都芬及元闵生等入右顺门内，有权婆婆、黄俨等对闵生说道：恁回去国王根底说了，选一个的当的女儿，奏本上填她姓年纪来，听此于在城及各道府、州、郡、县文武两班并军民之家，尽情选拣到女儿一名，待候进献。今先将女儿生年月日及亲父职事、姓名、籍贯开坐，谨具奏闻。

这里提到的权婆婆也是朝鲜人，出自安东权氏一族，当初和贡女们一起进入大明宫，专门服侍朝鲜妃嫔。她同这些朝鲜妃嫔交谈，自然没有语言障碍，又因做事历练，在后宫中成了管事的婆婆。

这次元闵生以奉闻使身份出使明朝，不到两个月便返回汉城。他并没有远去南京，而是到北京面见皇帝，因为永乐帝北上巡狩，已于当年五月初一日下辇北京。元闵生回来后向国王禀报：这次觐见，皇帝首先垂询采女颜色，听说黄氏相貌美丽，感到很高兴，赏赐十分丰厚。决定派遣宦官黄俨、海寿前来迎接。

当年七月，黄俨和海寿奉敕书来到汉城，李芳远在慕华楼外搭设山棚，张灯结彩，安排仪仗欢迎。大明使臣来到昌德宫宣敕，颁赐国王纻丝30匹，裹绢30匹，彩绢100匹。另赐王妃纻丝20匹，裹绢20匹。

两天后，黄俨、海寿来到黄河信家中看望采女。次日李芳远又在庆会楼设宴款待两个太监，接着又来到景福宫挑选处女。这些美女都聚集在勤政殿，除了黄河信的女儿之外，还有副司正韩确的妹妹等十几个女子。

李芳远请两个使臣定夺，黄俨眼光果然不同常人。朝鲜人吹得天花乱坠的黄姓女子，黄俨却认为算不上花魁，他一眼便选中了韩姓女子，将她拔为第一。这个妙龄美女就是大韩，生得风姿绰约貌压群芳。她的妹妹叫韩桂兰，后来成为宣德皇帝的宠妃。

韩氏姐妹堪称大明宫闱姊妹花，哥哥韩确因为妹妹的缘故，多次得到明朝皇帝丰厚的赏赐。朝鲜国人对其颇有议论，认为他将两个妹妹当作摇钱树。

黄俨选中韩氏和黄氏后并不满足，让朝鲜继续访求，期望有意外发现。李芳远只好再次发布通告，禁止国内一切婚嫁活动。转眼一个多月过去，黄俨和海寿仍然逗留朝鲜，这时平安道都巡问使派人驰马到汉城禀报：明朝钦差官善财带领两名随从，不分昼夜赶来，已经到了义州，急切要同黄俨、海寿会面。李芳远不明白究竟发生了什么紧急事情，便派人前去打听消息。结果虚惊一场，原来皇帝等不及了，派人来催促黄俨，即刻护送贡女入朝。

黄俨不敢耽搁，只好护送韩氏、黄氏回国。韩女哥哥副司正韩确、黄女姐夫天录事金德章随同前往，还有侍女6人、火者2人跟随。一路上马不停蹄，于十月抵达北京。当年十二月，朝鲜通事崔天老从北京带来消息，说两名贡女入京之后，"帝爱重韩氏”，派遣内官善财前来颁赐赏物。

几天后，朝鲜奏闻使元闵生也从北京返回，向国王禀报两名贡女情况：

> 十月初八日，黄氏、韩氏自通州先入，臣等以初九日入京，十日朝见。帝见臣先笑，宣谕曰：“汝等来矣，黄氏服药乎？”闵生对曰：“路次疾病，至极忧患。”帝曰：“难得国王至诚，送来韩氏女儿好生聪俐，尔回还对国王根底说了。”以确为光禄少卿，赐物甚厚。赐黄、韩两女家金银、彩帛等物。

从这段记载得知，十月初八日两名贡女已经到达北京。黄俨等人护送贡女离开汉城时是八月初六日，只用两个月便将贡女送到了皇帝的龙床上。永乐七年永乐帝巡狩北京时，有千娇百媚的权妃伴随身边，自然消除了行在寂寞。这次巡狩北京，妃嫔们都留在京师南京，身边没有合适女人伴宿，他感到度日如年，因此皇帝索要贡女急迫，黄俨催赶行程更急迫。

贡女进献到北京当夜，永乐帝便迫不及待和韩氏上了床。两日后，皇帝接见朝鲜奏闻使元闵生时，仍然抑制不住内心的喜悦。显然，贡女韩氏为他带来了极大快感，他对这个美女很满意。永乐帝极力褒扬朝鲜国王至诚，并让元闵生回国后将这些话转告李芳远。

至诚体现在何处？言外之意颇值得揣摩。永乐帝又说，“送来韩氏女儿好生聪俐”，这句话内容丰富，含义深刻。皇帝金口玉言，字字千金。“好生聪俐”，就是极其聪明伶俐，不但相貌迷人，而且善于服侍，举手投足间令人满意，让皇帝感到通泰舒心。用《明宫词》中诗句来形容：“一自承恩入建章，为怜妾貌侍君王。殿头自此书名字，日日联班近御床。”

明朝第四次向朝鲜提出进献贡女，已是永乐二十二年。此时朝鲜国王李芳远已经去世，由自己的第三子李祹继承王位。

当年李芳远以年老多病为由主动让位，李祹即位于勤政殿，朝鲜史上称作世宗大王。这是李朝历史上颇有作为的国王，业绩突出，贡献很大。然而永乐帝对他并不满意，曾多次向朝鲜使臣说：“汝老王事我至诚，小王不在心”，“老王以至诚事我，至于干鱼，无不进献。今小王不以至诚事我”。

永乐二十二年四月初一日，距永乐帝第五次北征大漠前三天，朝鲜奏闻使元闵生在北京觐见永乐帝。皇帝对朝鲜使者说：“朕老矣，食饮无味，若苏鱼、紫虾醢、文鱼，须将来进。”当时太监海寿侍立御座旁，忽然开口对元闵生说：“将两个好处女进献。”

此话正中永乐帝下怀，竟然情不自禁“欣然大笑”。当时永乐帝已经65岁，此事不便启齿，只好授意亲信太监说出。也有可能是海寿善于揣摩上意，不失时机提出。永乐帝欣然大笑之后，接着吩咐：“并将二十以上，三十以下，工于造膳、造酒侍婢五六选来。”

当年七月元闵生返回汉城后，立即向国王李祹做了禀报。李祹恍然大悟，说道，上次皇帝发怒，莫非就是因为我们没有主动进献处女的缘故？事不宜迟，他立刻召集议政府、六曹官员共商此事，通令禁止举国婚嫁，设置进献色机构专门负责此事，又传旨进献银口鱼、年鱼、文鱼、广鱼、大虾等海鲜，令各道赶趁节令渔捕，如法干晒，使咸淡适中。

两个月后，正当朝鲜紧锣密鼓挑选处女之际，从北京回来的使臣带来可靠消息：大明皇帝北征胡寇，班师回至榆木川，不幸于七月十八日宾天。

由于永乐帝突然驾崩，这次进献贡女活动遂宣告终止。

伴驾巡狩与北征

朝鲜第一批进献的贡女中，有个权姓美女，进入大明后宫不久，便被永乐帝册封为贤妃，地位处于所有贡女之上。即使在大明后宫所有妃嫔中，她都居于十分显赫的位置。当时徐皇后已经去世，她实际上位居第二。

据《国権》记载，永乐后宫获得封号的妃嫔有23名。《明史·后妃传》只为永乐帝的三位后妃立传，即徐皇后、王贵妃和来自朝鲜的贡妃权氏。权氏位于众妃之上，可见她在大明皇帝心中占据的位置。

贤妃位号的设置始于唐代，宋、金沿袭，视为正一品。权贤妃的谥号为“恭献”，按照古代谥法，敬事供上曰恭，尊贤敬让曰恭；聪明睿哲曰献，知质有圣曰献。“恭献”二字，恰如其分反映了附庸国贡妃的身份。

古时为诸妃册立名号不能随心所欲，有一定的讲究，遵循一套规则，先由礼部委托翰林院拟订，奏请皇帝批准后才能正式颁布，届时还要举行册封仪式。古代妃嫔封号，有既定排列顺序。明代洪武年间制定诸妃位次，皇后之下是贵妃，贵妃后面依次为贤妃、淑妃、庄妃、敬妃、惠妃、顺妃、康妃、宁妃。取贤、淑、庄、敬、惠、顺、康、宁之称，寓意深远。

据朝鲜《太宗恭定大王实录》记载，权妃的父亲是朝鲜工曹典书权执中，她的兄长名叫权永均。因妹妹的缘故，权永均被永乐帝授以光禄寺正卿官职，位居正三品。

永均富有才学，同朝鲜文学之士多有交往。

权妃出自安东权氏（今韩国庆尚北道安东市），她的家族在朝鲜历史上声势煊赫，堪称钟鸣鼎食之家，诗书簪缨之族。

安东权氏的始祖权幸，是高丽王朝的开国元勋，被封为亚父功臣、太师。自高丽王朝到朝鲜李朝，权氏家族名人辈出，乘风云建伟业者代不乏人。据编撰于明成化十二年的《安东权氏家谱》记述，权氏家族相继涌现许多文官武将、封君勋臣，“丰功威烈，冠冕一时”。家族中有的俊男成为王室驸马爷，有的靓女是国王的显贵王妃，还有人高中状元郎，至于声誉卓著的社会、政治、文化精英更是代不乏人。

安东权氏太牛了，简直牛气冲天！

权妃既然生长于官宦世家，书香门第，自幼便受到优越环境和文化礼仪的熏陶。女子生得美丽本身就是一大优势，再加上识文知礼，通晓才艺，越发光彩四射魅力无穷。这种具有异域风情的高档次贡女，自然赢得永乐帝宠爱，正如中国古诗所形容，名花倾国两相欢，常得君王带笑看。

皇帝选妃嫔与老百姓娶老婆不同，老百姓娶婆娘是为了居家过日子，生儿育女，只要是两条腿女人就行，如果腰肢粗壮能干活更好。皇帝选择妃嫔意在享乐开心寻求刺激，不仅要挑选漂亮女子，而且更注重相貌才艺俱佳的美人，尤其那种能歌善舞又会吹拉弹奏的美人，往往让皇帝为之着迷魂不守舍。

美女是什么？是一首隽永的诗，是一幅旖旎的画，是一支美妙的歌，是一杯醇香的酒，是一朵诱人的花。

《万历野获编》说：“高丽女白皙而美，大胜中国。”皮肤白皙相貌美丽固然讨人喜欢，但对于好大喜功的永乐帝来说，更看重女人的综合素质。他喜欢的女人，美貌加才艺加异域风情。权妃刚进入大明宫便受到永乐帝宠幸，自然与她姣好的容貌、一流的才艺和高贵的门第有关。让我们看看史籍对她的记载。

清代万斯同《明史·后妃传》：“成祖恭献权贤妃，朝鲜人，永乐七年册为贤妃。当是时，顺妃任氏、昭仪李氏、婕妤吕氏、美人崔氏及妃，皆高丽王李芳远所进，而妃秾粹，善吹玉箫，最为宠幸。”

清代张廷玉撰《明史·后妃传》：“恭献贤妃权氏，朝鲜人。永乐时，朝鲜贡女充掖庭，妃与焉。姿质秾粹，善吹玉箫，帝爱怜之。”

权妃之所以得到永乐帝“宠幸”“爱怜”，最主要原因可概括为两条，一是秾粹，一是善吹玉箫，也就是色艺双全，艺貌出众。另外她还善于制作朝鲜风味小菜，又善解人意，入宫时间虽然不长，竟然掌管起六宫事务。据《朝鲜李朝实录》记载，权妃死后，永乐帝仍对她念念不忘，晚年见到权妃之兄时，曾深有感触地说：“朕老矣，食饮无味。”“权妃生时，凡进膳之物，惟意所适；死后，凡进膳、造酒，若浣衣等事，皆不适意。”一个不到20岁的异国女子，竟然让一代雄主如此怀念，可见其必有不同寻常之处。

权妃的才艺是善吹玉箫，据文献记载，已达到了很高境界。朝鲜箫同中国不同，中国的古箫又称作洞箫，管身较长，古人有“春雨楼头尺八箫，何时归看浙江潮”诗句，就是指这种竹制长箫。朝鲜流行短箫，管身细而短，全长只有35 ~ 37厘米，多用坚硬节密的老竹或空心木制作。权妃生长于官宦书香世家，心爱的乐器当然与众不同，她的箫管采用良玉制成，光润精美，手感和观感俱佳。

《明宫词》中有这样一首诗，与权妃有关：“宫漏沉沉夜寂寥，琼花凝露暗香飘。满阶明月凉如水，偷弄权妃白玉箫。”从宫词得知，权妃的玉箫所用材质是白玉。朝鲜自古产玉，称作高丽玉，其中春川出产的羊脂白玉很有名，盛产高丽玉的春川，距权妃家乡安东不远。

权妃充满了生命活力和异域风情，美妙的箫声为沉闷的后宫增添了几分生气。翻开《明宫词》看看，其中不少诗作与这位异域美人有关，通过字里行间的描绘，权妃形象逐渐变得清晰，一个鲜活美貌的女子浮现在眼前：

琼花移入大明宫，一树凝香倚晚风。
赢得君王留步辇，玉箫吹彻月明中。

这首宫词的作者是内宫女官王司彩，她是番禺人，有文才。据《静志居诗话》记载：“司彩，掌储藏缎匹者也。”“王氏家南海河南村，永乐二年选入宫……又元制，岁贡高丽贡美女。明初相沿未改，故孝陵有碽妃，长陵有权妃。权妃善吹箫，宫中争效之。”

宫词前两句着重于权妃色貌，将她比喻为来自异域的名花，散发着诱人的青春气息，后两句描写权妃才艺。永乐帝散朝后乘坐步辇（步辇无轮，用人力掮抬）来到后宫，忽然被权妃动人的身姿和委婉的箫声所吸引。此情此景，确实如同古诗所描写：“此曲只应天上有，人间能得几回闻。”

《静志居诗话》还记载：“权妃善吹箫，宫中争效之。”权妃引领了后宫新潮流，自然博得君王欣赏。还有一首宫词，也是描写这位美丽动人的贡妃：

忽传天外鱿灯过，知是君王夜听歌。
贡女中宵向东望，玉箫吹处月明多。

宫词后面附《彤史拾遗记》记载："权妃者，朝鲜人，永乐七年朝鲜贡女充掖庭，妃随众女入。上见妃色白而质复秾粹，问其技，出所携玉箫吹之，窈渺多远音。上大悦，遽拔妃出众女上，逾月册贤妃。"

权妃在京师（金陵）后宫居住的时间不长。永乐七年（1409年）二月初八日，永乐帝车驾启跸巡狩北京（永乐元年正月将北平改为北京），令权妃伴驾北上。自从发动靖难之役杀入金陵，永乐帝已经有七个年头没有回北平了。当初抱着义无反顾的决心，一路血雨腥风杀到金陵，如今大功告成，黄袍加身，是该回到龙兴之地看看了。

永乐帝此次巡狩北京主要有两大任务，一是为安葬徐皇后确定风水宝地，一是为迁都北京做前期准备。徐仪华皇后病逝于永乐五年七月初四日，去世后没有下葬，灵柩存放在南京宫城殡殿内。永乐帝为什么这样做？因为当时已萌生了迁都想法。在营建北京新都之前，必须先确定皇陵，将徐皇后在北京安葬后，迁都便可顺理成章进行。

古人大都相信风水之说，帝王更是有过之而无不及。什么是风水呢？广义理解，就是为地面建筑和地下建筑寻找比较理想的环境空间，力求达到天人合一的和谐境界。狭义理解，专指居址或墓地所处的地理形势以及地脉、山水的分布和走向。在风水学中，分别用青龙、白虎、朱雀、玄武表示小环境内不同方位的地形，能够藏风聚气得水的地理环境就是风水宝地。对于帝王来说，特别渴望基业永固，国运昌盛，福祚传之于千秋万世，所以特别迷信风水术。

徐皇后去世之后，永乐帝派遣礼部尚书赵羾寻访风水术士，然后去北京踏勘佳壤。明代风水流派以江西、福建最有名。江西派称作形势派，最擅长观察选择山川形势和宅形格式。永乐帝听取大臣建议，将目标锁定为江西派堪舆师。

当年年底，赵羾在赣州府兴国县三僚村寻访到风水大师廖均卿，随即赴北京寻找吉壤佳穴。功夫不负有心人，经过半年多踏勘，终于在昌平黄土山（即天寿山十三陵分布地）寻找到吉壤宝地。廖均卿于永乐六年八月返回南京，请永乐帝亲自驾临黄土山视察，于是永乐帝便有了这次大驾巡狩。

永乐帝为何动了迁都念头？原因固然很多，但最主要还是出于安定大明北疆考虑。经过靖难战役之后，国内局势已经稳定，周边小国也相继臣服朝贡。当时最让人不放心的是北部草原蒙古残余势力，建文年间，分布在叶尼塞河上游沿岸的乞儿吉斯部首领鬼力赤崛起，将最后一任北元皇帝额勒伯克杀死，夺取了草原霸权，面对中原大地虎视眈眈。

永乐元年（1403年），永乐帝出于战略考虑，向鬼力赤伸出橄榄枝，派使者送去玺书和礼品，承认他在草原的霸主地位，以此换取边疆相安无事。但是天有不测风云，不久鬼力赤便被阿苏特部和卫拉特部的联军打败，史书将这两股新兴势力分别称作鞑靼和瓦剌。鞑靼首领阿鲁台，瓦剌首领马哈木，他们分别占据了广袤草原的中部和西部地区。起初二人都表示向大明效忠，永乐帝当然高兴，无论谁做草原盟主，只要不兴风作浪就行。

然而树欲静而风不止，阿苏特部和卫拉特部称雄不久，鬼力赤儿子额色库又崛起，与阿鲁台和马哈木展开了争夺大汗宝座的战争。常言道鹬蚌相争，渔翁得利，就在三方为争夺草原霸权拼红眼之际，残元势力又死灰复燃。北元末代皇帝额勒伯克之子本雅失里乘机复辟，宣布自己为蒙古帝国的大汗。

本雅失里是成吉思汗黄金家族后裔，自然拥有强大的号召力和影响力，崛起之后，蒙古各部纷纷聚集旗下。阿鲁台亦望风响应，因迎立之功被本雅失里封为太师。你想，元朝被明朝取而代之，残余势力退缩草原后，被挤压得几乎没有生存空间，本雅失里能忘记亡国之仇吗？任凭永乐帝不断挥舞橄榄枝，他依然向大明朝叫板。草原风云突变，危机隐伏，永乐帝为了长久之计，决心将都城迁到北京，以便就近控制北疆局面。

另外，促成永乐帝迁都的原因还在于地理形势，北京与金陵相比具有更大的优势。《大明一统志》将南京形胜作了概括："钟山龙蟠，石城虎踞，经营四方，以为根本。长江千里，险过汤池；外连江淮，内控湖海。"然而南京也有十分不利因素，"吴晋宋齐梁陈及南唐虽尝于此建都，然无功德以当之，仅保一隅，不能混一天下"。

南京虽是六朝古都，但总是同亡国悲剧联系在一起，历史上没有一个大一统的王朝在这里建都，它是偏安政权或分裂局面时的都城，而且都是短命王朝。这里洒下了太多的伤心泪和亡国血，长江涛声依旧，那是亡国君臣发出的沉重叹息和呜咽。翻开古诗看看，历代许多诗作都与凭吊感怀金陵破亡有关。

北京的地理形势又如何呢？《大明一统志》也作了概括："古幽燕之地，左环沧海，右拥太行，北枕居庸，南襟河济，形胜甲于天下，诚所谓天府之国也。我太宗文皇帝龙潜于此，及至缵承大统，遂建为北京而迁都焉。于此统万邦而抚四夷，真足以当形势之胜而为万世不拔之鸿基。自唐虞三代以来，都会之盛未有过焉者也。"

北京城坐落在平原与山地奇绝交会处和交通要冲，集山脉之险峻、河流之幽静、平原之肥沃于一身。太行山、西山、军都山、燕山宛如大地之母伸展的臂弯，将北京牢牢拥入自己的怀抱。潮白河、温榆河、永定河、小清河宛如大地之母川流不息的乳汁，哺育了幽燕这片胜地。用风水术语形容就是龙脉之地，藏风聚气得水，适宜做帝王之都，国家根基。

从个人感情来说，永乐帝更钟情于北京。他毕竟在北平做过燕王，曾在这里居住了二十个年头，也曾在这里展示了个人的韬略才干和抱负，对北平有更深的眷恋情结。自从做了大明皇帝之后，更明白北平所处战略地位的重要。

在永乐帝心目中，南京与北京不可同日而语，这不仅是地理形势的优劣，还反映在心理方面。南京皇宫血腥味太浓了，败亡之君朱允炆居住过的地方，永乐帝始终有一种不祥感觉。据野史记载，建文年间金陵皇宫已出现败落迹象，宫苑荒芜，黄鼠狼、野兔光天化日出没其间。更让永乐帝感觉不安的是，自从入居金陵皇宫后，时常做噩梦，梦见被处死的建文旧臣作厉索命。正是由于诸多原因交互作用，促使永乐帝产生了迁都北京的念头。

这次巡狩，永乐帝令皇太子留守南京监国。为了确保沿途平安，调动京营马步军5万人随行，其中骑兵1万。另外还有锦衣卫将军500人、校尉2500人、力士2000人贴身扈驾。还调遣山东、陕西、辽东、湖广、河南等处兵马布防于沿途警戒。永乐帝精明得很，生怕历史上博浪沙行刺事件重演。

天子出行场面十分隆重，除了扈从马步军之外。随行官员众多，五军都督府都督，吏、户、兵、刑、礼、工六部尚书，内阁、都察院、翰林院、通政寺、大理寺、太常寺、光禄寺、鸿胪寺等部门的主要官员都要伴驾于左右，还有御史24名、给事中19名。这种豪华阵容，等于把大半个朝廷搬到了外地。之所以这样铺张，就是为了方便皇帝随时宣召议事，及时转达各种信息。另外还跟随赞礼郎、协律郎、司乐、乐舞生、厨子、御医等人员千余人，一路服侍皇帝的声色享乐和吃喝拉撒。

等级社会就是这样，身份不同，地位不同，享受的待遇自然有差别。要是换一个平头百姓出门，在逆旅中能住上车马店就很不错了。你想听听音乐，看看表演，荒郊野店可没有这些摆设，顶多同老板娘眉来眼去调侃几句。要是不走运中了圈套，口袋里几两碎银子让人敲诈得精光，哭都没地方。

皇帝出行仪仗别出心裁，北斗旗、大纛居前引导，龙旗十二左右分列，豹尾旗殿后，五颜六色的布旗六十四面。另外还张打门旗、日月旗、五岳旗、青龙白虎旗、风云雷雨旗、江河淮济四渎旗、木火土金水五行旗、二十八宿旗以及天马、天禄、白泽、朱雀、玄武旗等，至于各种名目的伞盖幢幡竿以及班剑、吾杖、立瓜、卧瓜、仪刀、镫杖、戟、骨朵等应有尽有。

在礼制社会，仪仗是特定人物的身份、权力、尊严的外在体现。大明天子更是无比看重，借助这种场合充分显示皇爷的至尊和至高无上的权力威仪，明明白白告诉世人：朕即天，舍予者其谁？路人望见仪仗过来，必须远远躲避，否则就有掉脑袋丢性命的危险。

这次巡狩，永乐帝之所以将刚进宫的权妃带在身边，自然有周全考虑，对于帝王来说，精神享受和物质享受同样重要，漫漫旅途如果没有权妃伴宿，皇帝肯定不开心。权妃善吹玉箫，永乐帝每日傍晚在驿馆驻跸，一边品味美酒，一边欣赏美人吹箫，可以说回味无穷，旅途疲劳顿时消失得无影无踪。

权妃懂得皇上口味，善于调制朝鲜风味小菜，永乐帝自然离不开她。别以为这些小菜不起眼，皇帝平日吃惯了山珍海味，看见那些东西就腻歪，觉得小菜更开胃。在女人面前，男人往往有依赖性。别看永乐帝年龄比权妃大许多，又是个铁性汉子，有时可能乖得像只羔羊。在最宠爱的美人面前，铁石心肠的男人往往显得儿女情长，英雄气短。

按照当时舆服制度，皇帝出巡乘坐朱漆大辇车，由八匹高丽骏马牵拉。大辇制作得十分豪华，高一丈二尺五寸九分，广八尺九寸五分，车厢前面和左右都设有车门。车顶装饰华丽宝盖，车身镶嵌镏金铜龙，另外还装饰抹金铜泡和各种花叶图案。辇亭之内安设一张高大红毯软座，豪华而又舒适。

权妃乘坐小马辇，紧随大辇车后面。这是一辆四马牵拉的朱漆小辇，装饰与大辇基本相同，只是车身的高度和宽广均缩减一尺，车厢内座位铺设红花毯和红锦褥席。车内除了贤妃权氏，还有一名随侍宫女。

这次巡狩北京，永乐帝最宠幸的三位文臣也都随驾，他们是金幼孜、胡广和杨荣。这三位原先都是建文帝的朝臣，当初曾指天起誓要殉国，燕兵刚进金陵便主动归降。永乐帝巡狩带上他们，还指望笔杆子们歌功颂德呢。

农历三月十九日，永乐帝驾至北京。当务之急就是到黄土山实地视察，皇陵选址已就绪，必须由他最后拍板，然后才能破土动工。

风水大师廖均卿为了选择一处佳壤，简直踏破铁鞋。他先后踏勘了北京西郊燕台驿、玉泉山、潭柘寺、香山和北郊阳山茶湖岭、怀柔洪罗山、百叶山，又察看了辛家庄、斧口、谷山、文家庄、石门驿、汤泉、禅峰寺等地。

最初在京西选到一处宝地，风水不错，但地名燕家台。“燕家”和“晏驾”谐音，大不吉利，这不是巴望永乐天子早点死吗？还有一个地方，各种条件都具备，也是犯了地名忌讳。其地名曰屠家营，大明皇帝姓朱（谐音猪），将皇陵建在这里，分明让人操刀屠宰嘛。后来又在昌平西南羊山寻到佳壤，不料山后有个村子名叫狼儿峪，羊猪后面卧着一匹狼，岂不是自投狼口？功夫不负有心人，廖均卿几乎跑断双腿，总算在黄土山找到了吉壤宝地。

廖氏后人保存有《均卿太翁钦奉行取插卜皇陵及行程回奏实录》，详细记述了踏勘皇陵经过。据实录记述，永乐七年闰四月初八日吉辰，永乐帝在亲信大臣和风水大师廖均卿陪同下，亲自登上黄土山察看地理环境。只见这一带山势逦迤，龙脉起伏，碧水长流，迂回曲折。山坡上长满苍松翠柏，一派郁郁葱葱景色，果然气象非同一般。永乐帝虽然不懂风水原理，但大脑中产生的第一印象颇佳，此地确实是一处踏破铁鞋才寻找到的风水宝地。

据廖均卿禀奏，这里“蟒山盘其左，虎峪居其右，凤凰舞其南，黄花城拥其后，王气所聚”。说白了，这四处地形，就是风水术要求必须具备的条件，即左青龙、右白虎、前朱雀、后玄武，完全符合藏风聚气得水标准。穴位所处的黄土山，“势如鸾凤之奔腾，穴似金盘之荷叶，水绕云从，位极至尊”。从更大空间看，陵区外围西有西山，东有马兰峪，群峰罗列，如拱如抱，又有水流环绕，曲曲有情。廖均卿讲得头头是道，一句话，这里地理环境十分理想，佳壤所必备的各种条件和标准一应俱全，简直是天工造化。

永乐帝连连颔首，感到很满意。当即拍板，令风水师倒杖点穴，就在此处兴建皇陵。为了千秋吉祥，遂将黄土山命名为天寿山。

永乐帝确定陵址之后，了却了一桩心愿。他的脑海中展现了一幅宏伟蓝图，随着皇陵破土动工，筹备建都工作也提上了议事日程。这项规模庞大的建设工程耗费时日，必须及早进行。十年之后，一座崭新的具有中华传统文化特色的大明帝都将矗立在幽燕大地。它气势恢宏，雄伟壮观，是大一统的大明王朝的象征，必将成为朱氏社稷的万世基业。

永乐帝自从来到北京后，和权妃居住在昔日的燕王宫中。此时正是春光明媚季节，宫苑内杨柳吐翠，繁花似锦，暖风习习，醺人欲醉。这是一年中最美好的时光，象征着生机、活力和希望。春天是一首诗，让人生发出无限浪漫情致；春天是一支歌，让人对生活充满了美好遐想；春天是一杯酒，让人在爱河里慢慢陶醉。春季里的女子，会变得愈加妩媚动人，人面桃花，令人怦然心动。即便英雄硬汉，在这样美好的季节里，也会变得柔情似水。这一切似乎都是老天特意安排好的，现在永乐帝有了充裕的时间，和权妃尽情享受快乐人生了。

人们常用“不得浮生半日闲”形容忙碌，这要看谁，对于荒淫帝王来说，由于不理朝政，有的是时间寻欢作乐；对于勤政帝王，时间便显得十分宝贵。当年朱元璋当皇帝时，是出名的工作狂，除了正常上朝，每天退朝后还要阅读处理大量奏章。永乐帝同乃父相似，也十分勤政。如今巡狩在外，比起在京师时毕竟清闲了许多。

徐皇后已经薨逝，如今只有权妃朝夕相处，感情自然与日俱增。权妃的美丽让他动情，权妃的箫声让他陶醉，权妃调制的羹汤小菜让他食欲大增。皇帝也是人，也有七情六欲。当他对一个女人动了真情时，同样情意绵绵，难舍难分，恨不得将全部的爱倾注到她的身上，这就是古诗说的三千宠爱集一身。

永乐帝与权妃的平静生活没持续几月，从北方草原传来不好的消息，明朝使者遭到杀害。原来，永乐帝为了求得北境安宁，主动向鞑靼汗本雅失里示好，派遣都督指挥金塔卜逮、给事中郭骥出使蒙古。使者携带彩币玺书等礼品，准备赏赐本雅失里、阿鲁台等人。谁知本雅失里并不买账，竟然将使者杀害。

永乐帝自讨没趣，感到受了莫大羞辱，岂肯善罢甘休。于是在当年七月派遣靖难功臣淇国公丘福，佩带征虏大将军印。以武成侯王聪为左副将军，同安侯火真为右副将军，统率大军出塞讨伐。永乐帝知道丘福勇猛有余，智虑不足，平时又喜欢饮酒。临行时反复交代，千万不可大意轻敌，务必相机进退，不要中了敌军圈套。岂料丘福把这些话全当成耳旁风，自以为久经沙场，出手必胜。

秋高气爽的八月，明师浩浩荡荡出塞，深入到胪朐河（今克鲁伦河）后遇见敌兵游骑。刚一接战，敌兵便溃败退走。丘福不知是计，驱兵渡河，因心中高兴又灌起了猫尿。这时俘获敌军一名尚书，诈言本雅失里听见丘将军威名，已仓促北逃，离这里只有三十余里路程。丘福闻言大喜，不听部将劝告，立即挥兵穷追。结果被诱入鞑靼重兵包围圈，杀得筋疲力尽阵亡，明师全军覆没。永乐帝接到败报后异常震怒，决定亲征漠北。

转眼到了永乐八年（1410年）二月，永乐帝已经调齐50万北征大军，工部也赶造了3万辆武刚车，可以运输军粮20万石。二月初四日，永乐帝庄严发布了《亲征北虏诏》，内容如下：

> 奉天承运皇帝诏曰：
>
> 朕受天命，承太祖高皇帝洪业，统驭万方，抚辑庶类。凡四夷僻远靡不从化，独北虏残孽处于荒裔，肆逞凶暴。屡遣使宣谕，辄拘留杀戮。乃者其入抄边，边将获之，遣使护还，复见拘杀。恩既谠背，德岂可怀？况豺狼野心，贪悍猾贼，虐噬其众，引领徯苏。稽于天道，则其运已绝；验于人事，则彼众皆离。
>
> 朕今亲率六军往征之，大振威武，用彰天讨。……布告中外，咸使闻之。

二月十日，北征大军在永乐帝统率下，浩浩荡荡离开北京。永乐帝考虑得很周详，令皇太子坐镇南京监国，令皇太孙留守北京，令户部尚书夏原吉辅助皇太孙，兼掌行在六部及都察院事。永乐帝这样安排，就是想让子孙多加历练，以后成为大明朝合格的接班人。

这次北征，翰林院学士胡广、右春坊庶子杨荣、右春坊谕德金幼孜随驾，文人随军出征，在疆场上是道风景，有了生活体验，写出的作品更有深度。果然，这几个笔杆子不虚此行，都留下了荡气回肠的北征诗。权妃肯定侍驾出征，有了她在身边，永乐帝感到踏实。白天沙场上挽弓射天狼，夜里帐幕中欣赏美人吹箫，文武之道，一张一弛，永乐帝确实很有创意。

永乐帝根据多年同蒙古骑兵交战的经验，将出征部队做了编队，全军分成七部：中军，由靖远侯王友、安远伯柳升带领；左哨，宁远伯何福带领；右哨，武安侯郑亨带领；左掖，宁阳侯陈懋、都督曹得、都指挥胡原带领；右掖，广恩伯刘才、都督马荣、都指挥朱荣带领；前哨，都督刘江带领；神机营，由都督谭广带领。出征这天，风清日和，永乐帝驾出德胜门。城外兵甲车马旌旗之盛，耀于川陆，铙鼓之声，响震山谷。

永乐帝为何选择春季出征？这正是他的精明之处，鞑靼以骑战为主，最喜欢秋高马肥季节，此时交战草料充足。早春季节，大地刚刚复苏，处于塞外的漠北依然寒气逼人，草原尚未长出青草，对鞑靼当然十分不利。

二月十三日，北征将士出居庸关，抵达永安甸扎营。塞北天气变化无常，忽然刮起凛冽大风，接着天气阴沉，居然飘飘洒洒下起了大雪。没有多久又云开日出，只见山谷一派银装素裹，分外妖娆。永乐帝情致很高，步出帐殿，召唤金幼孜等人一起观看雪景。他兴致勃勃地对文臣说：雪后看山，此景最佳，就是让一流画师来，也绘不出如此壮观景色。永乐帝话中有话，江山如此多娇，他决不允许胡虏铁蹄践踏边关。

次日，北征大军向怀来进发，由于刮起大风，天气十分寒冷。永乐帝没有乘坐辇车，坐跨高丽骏马，一边行军，一边打猎。他对沿途地理形势十分熟悉，每当经过一些山川和古堡，便向身边几个文臣讲述地名来历、掌故和逸闻趣事。在文臣们眼中，他不仅仅是至尊皇帝、善战英雄，还是一名学者。一连数日行军后，相继经过镇安驿、鸡鸣山、泥河，于二月十八日来到边关重镇宣府。队伍在这里驻留了三日，一是稍事休整，二是操练兵马。

二月二十一日，北征大军又踏上征途，经过宣平、万全，来到兴和。这一段路程耗去六天时间，气候更加恶劣，道路更加难行。有的路段须涉渡冰河，由于冰层太薄，人马从河水中蹚过简直寒彻骨髓。有时经过峡谷，道路崎岖，峭壁如削。最大的考验是气候极其寒冷，人骑在马背上双手冻僵，无法操控缰绳。在这种艰苦环境中，永乐帝没有躲入辇车，依然挺身于马背指挥行军。他做燕王时曾多次北征，又经历了血雨腥风的靖难之役，这点艰难根本不足挂齿。

行军途中，永乐帝始终保持旺盛斗志和乐观主义精神，经常向身边几个文臣指画山川地貌，哪些城堡是他当年征讨北元时构筑，哪些地方曾经射猎军演。文臣们看到了皇上的另一副面孔，给人的印象不是威严，而是幽默风趣。人们常说君无戏言，但是皇帝也是人，聪明的皇帝会借助不出格的玩笑来活跃气氛。

行军途中，永乐帝举鞭遥指白雪皑皑的崇山峻岭，风趣地说，此亦西山晴雪也。“西山晴雪”本是北京著名一景，元朝时就有了这个景观名称，永乐帝这样说，显示了幽默的一面。还有一次，行军时忽然刮起了大风，三个文臣头戴官帽，让风吹得歪斜，只得用手不时按压帽笼。永乐帝见三人狼狈模样，又开起玩笑：都说秀才酸，今日果真成了酸秀才。又有一次，天气极其寒冷，学士胡广狐裘裹身，暖帽焐头。永乐帝同他戏言：胡学士今日变成了冷学士。他很细心，宿营时总是提醒将士：足寒时千万不要在篝火上烤脚，要不停地跺脚，慢慢就会暖和了。

这些事情看起来鸡零狗碎，有点婆婆妈妈，岂不知正是领导艺术，或者说是驭臣术。有句俗语这样说：好话一句三冬暖，恶语伤人六月寒。关心体贴将士不一定非有实际行动，只要话到了，同样能够产生强大的精神力量。有时一句玩笑，一个眼神，一句温暖话语，往往让将士们感动一辈子。尤其身为帝王，能够在困难时刻体贴臣下和将士，人家会玩命为你效力。

永乐帝懂得从细微处入手，所以能够让军队产生凝聚力和旺盛斗志。想想靖难之役那些令人难忘的日子，永乐帝就是重视了这些小事，才赢得了将士们的拥戴。试想，连细微小事都处理不好的人，能够担当起天下重任吗？

队伍抵达兴和（今内蒙古兴和县）后，永乐帝随即举行祭祀沿途名山大川仪式，接着又排阵阅兵操练演习。由于天降大雪，连续驻扎了九天。每次行猎打到黄羊后，永乐帝没有独自满足自己的口腹之欲，而是和大家一起分享。每天晚上，他将几个文臣召到帐殿聊天，往往交谈到二鼓时分。

这些日子权妃在哪里呢？肯定在永乐帝的帐殿中。北征期间有关她的情况不见记载，其中自有原因，毕竟她是皇上妃子，自然有许多禁忌。随行文臣可以记述沿途见闻，可以记述各种琐事，可以写诗作赋，唯独不敢涉及这个禁区，因为皇帝的私生活是敏感话题，傻子才去披露这些隐私。

我们可以想象一下，塞北夜晚极其寒冷，大地空阔，繁星满天。永乐帝是天子，他的帐殿很宽敞，里面设有炭火盆。在这样的夜晚，权妃能做些什么呢？她首先要尽到妃子的责任，全心全意服侍皇上生活，为皇上提供别人无法替代的服务。她肯定要吹奏玉箫，那委婉动人的箫声，不仅驱散了皇上鞍马劳顿，也倾诉自己的乡愁离绪。

三月初七日，北征军从兴和出发，一连多日行军，于三月二十九日抵达漠北清水源。沿途所经重要地方有封王陀、鸣鸾戍、大伯颜山、小伯颜山、锦水碛、答鲁城、环琼圃、压虏川、金刚阜、小甘泉、大甘泉等。塞北风光与内地迥然有别，空旷寂寥，不见人烟，风雪沙尘，气象万千。途经沙城时，附近有海子，栖息许多天鹅鸿雁，上下翩飞，场面十分壮观。过了小伯颜山，又是一派荒漠，没有树木，只有一丛丛枯草。

永乐帝对沿途山川风物确实十分熟悉，不但知道山名水名和废墟名，而且知道这些地名的来历和沿革。比如队伍来到鸣鸾戍，他立刻遥指前方，对金幼孜等人说："这是大伯颜山，西北有小伯颜山，由这里向东北可抵达开平。"又说："刚才经过的沙城，曾是元朝中都，这里最适宜牧马。"行军到压虏川时，永乐帝手指北部山川说："古交河就在前方，因两河相交，故名交河。那里有古碑，碑文称作唐之交河郡，所以知道交河在这一带。"

荒漠沙土中分布许多穴洞，初到漠北的文臣不明就里。永乐帝说；这是鼢鼠穴，最容易失陷马蹄。途中有个将官射中一匹"野马"进献，永乐帝立刻纠正：这不是野马，是野驴。野马长得像马，和野驴有区别。行军途中草地上显现两条道路，宛如驿道。永乐帝说，这不是行人踩出来的路，是黄羊和野马所行之路。从这些小事可以看出，他的确熟悉漠北的山川风物。多次在塞外行军打仗，确实丰富了自己的阅历和见识。

三月初九日，永乐帝在鸣鸾戍举行了出征以来最盛大的阅兵誓师仪式。50万大军列阵数十里，戈戟森列，旗帜鲜明，铁蹄腾跃，钲鼓震天。当时前来朝贡的瓦剌使者也被请来观看，永乐帝借助大阅兵炫耀明朝的实力，同时向鞑靼传递明白无误的信息：顺我者昌，逆我者亡。

永乐帝是地道的马上皇帝，每当置身在辽阔的漠北大地时，便找到了金戈铁马画角连营的感觉。对他来说，征战就是一种享受和快乐，他既享受过程，又重视结果。命运安排他将在马背上度过自己的一生，自从永乐八年出征漠北后，又相继于永乐十二年、永乐二十年、永乐二十一年、永乐二十二年亲征漠北。他当国二十二年，五次统兵远征大漠，历史上没有一个帝王像他这样玩命。

四月初五日破晓，画角长鸣，北征军师发清水泉。初六日兵发屯云谷，初七日来到玄石坡。永乐帝登上山顶，眺望平野，心情豁然开朗。令学士胡广在一处山石上大书"玄石坡立马峰"六字，然后落款纪年月日，让随行工匠錾刻于石。山下一泉，命名为"天赐泉"。

四月初九日，师发鸣谷镇，傍晚至归化甸。当地有泉水涌出，遂命名"灵秀泉"。十二日抵达杨林戍，西南有泉水，命名为"神贶泉"。此后又连日行军途经擒胡山、广武镇、怀远塞、清冷泊、威虏镇、长清塞等地，所经之处，都让学士胡广在山石上题写新命名的山名、岭名和泉名，又令随军石匠一一镌刻。永乐帝这样做，并非单纯出于雅兴题刻纪念，而是具有更深远的用意。这种命名象征着王化、声威和征服，宣扬大明朝的军威和国威。

五月初一日师发顺安镇，来到胪朐河畔，这里已是蒙古腹地，也是不久前丘福全军覆灭之处。永乐帝立马良久，心潮起伏，他觉得胪朐河名字不好，便赐名“饮马河”，当天扎营于河畔平漠镇。次日引军顺河东行至祥云巘，初四日来到苍山峡。明军探马营侦察到鞑靼活动踪迹，遭遇胡骑五人，缴获令箭一支，战马四匹，看来鞑靼大股人马离此不会太远了。

五月初五日，北征军由苍山峡出发，经过云台戍、锦屏山，于初八日来到玉华峰。当天明军都指挥款台俘获一名敌兵，从他口中得知，由于鞑靼内部意见不合，已经分化为两部。大汗本雅失里率领部分人马西去投奔瓦剌，目前驻扎于兀古儿扎河（在今克鲁伦河北），太师阿鲁台带领另一部人马东去。

永乐帝命令全军当晚涉渡饮马河扎营，鉴于敌军已经分兵，随即采取相应对策，在饮马河畔建起一座临时屯兵基地，命名为杀胡城。留清远侯王友、广恩伯刘才统兵驻守，一旦东奔的阿鲁台掉头声援，立刻进行截击。擒贼先擒王。永乐帝亲自统率另一部明军，每人携带二十日军粮，跟踪追击本雅失里。

永乐帝此次北征，为了保障粮草供给，每隔十日路程便在沿途建一座后勤基地，专门用来屯聚粮草。基地建在地形优越有水源之处，派兵驻守，一旦发生战事，可以就近补充给养。另外在回师途中，也方便补给，省去了长途随军押运转输之苦。永乐帝分别将这些后勤基地命名为“杀胡城”“灭胡城”“平虏城”等，这个办法确实高明。

数日之后，永乐帝统率大军抵达兀古儿扎河，发现本雅失里已经离开。北征大军寻踪觅迹连夜追击，于五月十三日在斡难河畔追上了敌军，双方随即爆发了一场激战。常言说，海阔凭鱼跃，天高任鸟飞。永乐帝是个英雄，英雄离不开战场，尤其是漠北的狂沙风雪，最能激发他的斗志。多年来在塞外征战，在他的履历中只有胜利，没有失败。胜利来源于知己知彼，来源于坚定勇敢和自信。

永乐帝纵马登上山冈，亲自指挥排兵布阵，以排山倒海之势向敌人发起了冲击。这一仗杀得酣畅淋漓，十几万敌军遭到毁灭性打击，成吉思汗的后代本雅失里只带领七骑渡河逃窜。明军俘获了大批人口，还得到数量可观的牲畜、辎重等战利品。不久，本雅失里在逃亡途中被瓦剌杀死。

获胜之后，永乐帝回师饮马河畔杀胡城，与驻守那里的明军会合。这时又得到谍报：鞑靼知院失乃干率领部分溃散军士，正停留在广武镇附近。永乐帝当即命令明军指挥使廓廓帖木儿前往招降，令清远侯王友、广恩伯刘才统兵前往开平，一旦失乃干拒绝投降，便向他发起攻击。永乐帝统率主力沿饮马河东进，搜寻鞑靼太师阿鲁台行踪。

六月初九日黎明，明军来到靖虏镇，得到哨骑谍报，阿鲁台聚众于前面山谷中。永乐帝立刻传令诸将列阵，自己亲率数十骑登上山冈观察敌情，随即将队伍分为左右两部，居高临下，向山谷中敌军发起攻击。阿鲁台为了摆脱不利局面，便施行诈降计。永乐帝识破敌军伎俩，经过周密部署，将敌军逼到山谷出口，而后给予沉重打击。

敌军刚走出山谷，迎面遭到明军骑兵阻击。阿鲁台立即驱动大队人马发起冲击，明军骑兵将鞑靼骑军引到北征军神机营射程内，顿时火铳齐发，撂倒了一大片。神机营由都督谭广率领，布阵时分为三排，第一排都是神枪手，专门负责射击。最后一排负责填装火药，中间一排负责传递火铳，这样便可以持续不断向敌军开火。神机营重创敌骑后，永乐帝亲自率领数千精骑，向敌军发起攻击，其势如狂飙骤雨。敌军大败，惊慌逃窜，阿鲁台慌乱中坠马，险些被明军活捉。

永乐帝不给敌人喘息机会，驱兵紧追不舍，一鼓作气追到回曲津，命令安远伯柳升带领中军人马攻击。柳升以神机铳当先破敌，火铳齐发，声震数十里。每发一铳，居然洞穿二人，又将旁边的战马击毙。敌兵招架不住只好争相逃窜，明军依然穷追，连斩王公以下百多人，战至夜晚宿营。

第二天，永乐帝挥师继续追击，一直追杀到广汉戍，敌兵仅剩数十人，只好下马叩头乞求饶命。永乐帝说："既然主动服降，就饶了你们，罪在首恶，不在尔辈。"于是放他们逃生。这次交战，鞑靼太师阿鲁台侥幸逃脱，但逃亡日子并不好过。几年之后归顺了大明朝，被永乐帝敕封为和宁王。

至此，明军北征大获全胜，鞑靼20多万人马土崩瓦解。六月十四日，明军自广漠镇班师，这时后面突然又出现一支蒙古兵。原来这是依附于阿鲁台的兀良哈部人马，见明军缴获了大量辎重，企图寻找机会劫夺。

永乐帝决定采用诱敌故技，安排骑兵埋伏在前面河曲柳林内，又在许多囊袋里装满束草，令骡马驮队缓缓行进，由数十名骑兵断后押运。蒙古兵果然中计，以为是贵重物资，于是一哄而上抢夺。埋伏在柳林中的骑兵突然杀出，断了敌兵退路。永乐帝立即带领精骑杀了一个回马枪，敌兵顿时乱成一团，人马陷入泥淖中。除了数十人被生擒外，其余全部丧命。当北征军经过擒胡山时，永乐帝命人在山石上勒铭纪功："瀚海为镡，天山为锷，一扫胡尘，永清沙漠。"

永乐八年七月十七日，晴空万里，骄阳似火，大明北征军在永乐大帝统率下顺利返回北京。这是朱棣即位后首次师出漠北，历时五个月，纵横数千公里。永乐帝用铁拳狠狠教训了不安分的鞑靼，宣示了主权，捍卫了疆土。

这位能征善战的马上天子有能力有信心捍卫疆土，他统率的正义之师、威武之师没有给大明朝抹黑，历史将铭记这一难忘的岁月。随驾北征的三名文臣都留下了纪实诗作，这里选择右春坊谕德金幼孜的《凯旋》诗附记于此：

铁蹄长驱蹴塞云，扫清沙漠荡尘氛。
从今边御无烽燧，圣武神功荷至尊。

风雨荒城葬盛姬

从漠北归来的永乐帝在北京休息了两个多月，于永乐八年（1410年）十月初四日起程凯旋南京。出发之前，在奉天殿丹陛设坛祭告天地，遣官祭告北京山川城隍旗纛诸神以及沿途陵寝神祠。通往京师的驿道上，车辚辚，马萧萧，旌旗猎猎飞舞。扈驾的三军将士步伍严整，甲戈映日。

在浩浩荡荡的队列中间，是永乐帝的豪华大辇。权妃依然乘坐在四马牵拉的朱漆小马辇内。她的确天生丽质，肤如凝脂，貌美如花，借用《牡丹之歌》歌词形容：百花丛中最鲜艳，众香国里最壮观。

这次伴驾北征，是权贤妃短暂人生中最难忘的经历。她自小生长在优越的环境中，从未见过金戈铁马惊心动魄的沙场场面，也未体验过大漠风沙霜雪的严酷生活。在寒凝大地的夜晚，她把如泣如诉的箫乐献给了远征将士，那婉转的旋律将永远萦绕在空旷的大漠。同时，她也饱受了风寒颠簸之苦和许多惊吓，对身心健康肯定造成极为不利的影响。

农历十月下旬，已经过了小雪节气，天气寒冷，大野肃杀。

班师还朝的队伍进入兖州府滕县境内，当日一早从官桥驿起驾，按行程准备在前面的临城驿歇马驻驾。驿道从战国故城薛邑穿过，这里曾是齐国贵族靖郭君田婴、孟尝君田文父子的封邑。田婴善战，当年曾和孙膑一起攻魏，在马陵之战俘虏了太子申，杀了魏将庞涓。孟尝君以好客养士闻名，招致天下流亡六万多户，收养侠义敢死之士三千。那些脍炙人口的成语典故“鸡鸣狗盗”“冯驩弹铗”“焚券买义”“狡兔三窟”都与此公有关。

永乐帝从随驾文臣口中知道了这些故事，他赞赏田婴、田文父子，因为治国平天下靠的就是文武这两件法宝。武可以定江山，文可以治天下，缺一不可。尤其孟尝君田文，永乐帝对他十分欣赏，田文善于养士，在危难关头为己所用，一次次化险为夷。想想数年前奉天靖难那些惊心动魄的日子，正是由于自己知人善用，犹如磁石吸引聚集了一大批敢死之士。众人同心勠力，置之死地而后生，最终扭转乾坤。

将近午时，车驾行至奚公山下，这里距临城驿已经不远。小山之上有奚公墓，山下郁郁葱葱处有车服祠。这些古迹得名，皆与历史上一个著名人物有关，此人便是夏朝的车正奚仲，官职相当于现在的交通部部长。

据古籍记载，奚仲发明了马车，又在全国各地修建通衢大道，利国利民，功不可没。永乐帝赞赏奚仲，他也有自己的宏伟计划，准备疏通京杭大运河，让黄金水道畅通无阻。这项有益于国计民生的工程在永乐十三年完成，中国水利史上铭记了朱棣这个名字。

这时学士杨荣在马背上刚刚创作了一首律师，题为《班师》，恭恭敬敬地呈献到永乐帝手中。这首诗如下：

边城巡幸驻天兵，铁骑如云势莫婴。
一鼓即成除暴绩，六军俱奏凯歌声。
远颁凤诏初回驭，遥奉銮舆喜入京。
圣主实同天地德，万年一统乐升平。

天色显得十分阴沉，空中竟飘起了细碎雪花。

永乐帝并没有因为这首歌功颂德诗作而高兴，他的心情犹如阴霾的天气，感到有些压抑忧郁。皇帝心里牵挂着宠妃，自从离开北京不久，权妃就感到身体有些不适。起初以为是偶感风寒，加上思乡之情萦结，才引发了病情。永乐帝令太医日进汤药，加以调理，以为几日后便可痊愈，但是将近二十天过去了，病情却始终不见好转。

永乐帝越想越烦躁，身为太医，居然对病因说不出个子丑寅卯，真是个庸医！倘若不念及千里迢迢随侍，早就一刀削了他的吃饭家伙。在永乐帝眼中，权妃是个阳光女子，生性开朗，聪明伶俐，在北征的日子里，多亏她贴心侍奉。每当目睹她的音容笑貌，就好像在冬日的雪原上看见了灿烂的阳光，似乎有一缕和煦春风染绿了草原。如果她没有患病，这时一定又会缓缓吹奏玉箫，为凯旋大军增添行色。风回玉宇箫声远，日下琼林佩影间。待得年光遍天下，始教春色到人间。

永乐帝表面虽然不动声色，但心中未免暗暗着急，这里距金陵还有七八百里路程，至少还要行走半个多月。无论如何要加快行军速度，只要回到京师，令太医院所有御医进宫会诊。权妃一定会痊愈，她的脸上定会重现灿烂笑容，宫中还会响起委婉动人的箫声。

突然，后面小马辇内传出宫女惊慌失措的喊叫，声音中夹带着哭腔："不好了，禀报万岁爷，权妃娘娘昏厥过去了！"

永乐帝心头一紧，有种不祥预感袭来，令队伍原地止步，让太医到小马辇去诊视。片刻之后，太医惴惴不安来到圣驾前，低声禀报权妃病情。永乐帝心情越发郁闷，传旨启跸，令队伍加快行进速度，赶到前面的临城驿驻驾。

当天傍晚，冷风呼啸，夜色阴沉，权妃在临城驿馆舍薨逝。这一天是永乐八年十月二十四日。

权妃走了，走得很平静。这一年她刚刚20岁。

据《明太宗实录》记载，权妃薨逝后，永乐帝亲自赐祭，谥为"恭献"。他并没有将权妃遗体运回金陵安葬，而是将灵柩暂厝于临城峄，令地方官员妥善守护。为什么采取这种临时措施？永乐帝有长远考虑，此时北京天寿山皇陵刚刚兴工建造，竣工之后，便将徐皇后和权妃一同安葬到长陵。自己百年之后，让这两个最心爱的女人永远陪伴在身边。

永乐十一年（1413年）四月，距权妃死后不到三年，永乐帝再次北上。此时天寿山皇陵的宝城和地宫已经完工，永乐帝这次巡狩北京，是将徐皇后灵柩护送到长陵安葬。不知什么原因，永乐帝竟然改变初衷，没有将暂厝于临城的权妃灵柩一同运走，而是在临城驿东面数十里的山中，营建了一座巍然大冢，将她永远安葬在那里，并且安插陵户守墓。

墓址处于峄县白茅山之阳（今枣庄市峄城区榴园镇娘娘坟村），这里三面环山，郁郁葱葱，有泉水潺潺回绕。墓葬坐北朝南，北面是白茅山，正前方两山东西对峙，左为狮山，右为象山。山口正南二里许一水横陈，岸边隆起一丘，称作幡古堆。按照明代风水术要求，此处左有青龙，右有白虎，前朝砂，后靠山一应俱全，的确是藏风聚气得水佳壤。

从此，这个来自朝鲜国的年轻美女，在远离京城的陌生土地上孤零零长眠了600余年。自从权妃安葬在这里后，民间产生了不少离奇传说。有人说，当年营建权妃墓缺少封土，忽然遮天蔽日飞来许多鸟雀，从数十里外的微山湖畔衔来泥土，一夜之间堆起了坟冢。还有人说，每逢石榴花盛开时节，在夜深人静时能够听到权妃墓传来的委婉动人的玉箫声。

有两首明宫词咏叹权妃，格调凄婉，读来让人心情悱恻：

掖庭充贡本朝鲜，粹质秾姿分外妍。
一自临城嗟永诀，玉箫声断玉门关。

玉琯携来玉殿吹，天生艳质自高丽。
无端北狩蛾眉死，风雨荒城葬盛姬。

权妃静悄悄地走了，她与永乐大帝只厮守了两年，当初的花团锦簇不再，当时的海誓山盟付之东流。皇帝的忧伤毕竟十分短暂，对他而言，猎取天下美女易如反掌。

自从权妃死后，一批批朝鲜贡女又接踵步入大明后宫。然而，在永乐帝的心中，任何美人都难以取代权妃占据的位置。

多年之后，权妃早已离开人世，当永乐帝与权永均再次见面谈起权妃时，依然黯然神伤，双眼浸满了热泪。他追忆权妃掌管六宫时情景，谈到权妃亲手调制的具有朝鲜风味的小菜，也谈到了权妃吹奏玉箫时令人神往的场面。

男儿有泪不轻弹，只因未到伤心处。

能够让铁石心肠的永乐大帝洒下热泪，一定是个充满魅力的女子。

谁也没有想到，数年之后，大明后宫竟发生了一桩令人震惊的血案。永乐皇帝为了心爱的权贤妃而龙颜震怒，大动杀心。三千无辜宫女和牵扯其中的妃嫔为此丢了身家性命，其惨烈之状，令人发指。

祸起萧墙——怒杀宫人三千

唐代诗人白居易《长恨歌》中有这样的佳句："云鬓花颜金步摇，芙蓉帐暖度春宵。春宵苦短日高起，从此君王不早朝。"这是描写杨贵妃极其美丽动人，唐明皇和她效鱼水之欢，只恨春宵短暂，因贪恋美色而放弃早朝。

姿质秾粹的权妃同样让永乐帝格外迷恋。权妃的突然离去，使永乐帝感到无比失落，一个叱咤风云的马上英雄，居然为一个异域女子伤感不已，数次垂泪。

数年后当他得知权妃并非死于疾病，而是被人蓄意谋害时，竟然失去了理智，为了心爱的女人而大开杀戒。永乐帝先后两次怒杀宫人三千，其中还包括多名朝鲜贡妃。这两次大屠杀在明代史料中毫无踪迹可寻，显然，这与史官一贯秉承的为尊者讳原则有关。

第一次屠杀发生在永乐十一年，因为惨案中受刑者多是朝鲜宫人，所以在朝鲜史书中有记载。且看《太宗恭定大王实录》披露的消息：

九月己丑，通事元闵生回自京师。启曰：六月初四日皇帝亲征，平定北方。至八月初一日下辇于北京，布告天下。仍进传写平胡诏书。闵生奉传宣谕圣旨："皇后没了之后，教权妃管六宫的事来。这吕家和权氏对面说道：'有子孙的皇后也死了，你管得几个月。'这般无理。我这里内官二个，和你高丽内官金得、金良，他这四个做实兄弟，一个银匠家里借砒霜与这吕家。永乐八年间回南京去时，到良乡，把那砒霜研造末子，胡桃茶里头下了，与权妃吃杀了。

"当初我不知道这个缘故，去年两家奴婢肆骂时节，权妃奴婢和吕家奴婢根底说道：'你的使长药杀我的妃子。'这般时才知道了。问出来呵，果然。这几个内官、银匠都杀了。吕家便着烙铁烙一个月杀了。

"你回到家里，这个缘故备细说得知道，和权永均根底也说。吕家亲的再后休着他来。"

这段记载见于朝鲜《太宗恭定大王实录》"甲午十四年"九月条下，甲午十四年（1414年）即永乐十二年。永乐帝在位期间，共进行了五次北征，永乐十二年他第二次亲征漠北，征伐对象是瓦剌。当年二月初五日师发北京，六月初奏捷，于八月初一日凯旋。当时朝鲜通事元闵生因事入北京，接到永乐帝传达的圣旨，告知处死吕氏经过，并且让他如实向朝鲜国王传话。

口谕是在回顾此事，因为永乐帝说得十分明确，"去年两家奴婢肆骂时节"，权妃奴婢才抖落出这件事，"这般时才知道了"。永乐帝随即对朝鲜奴婢进行拷问，获得权妃死亡真相。元闵生于当年九月回到朝鲜，将此事禀报李芳远。圣旨说"吕家便着烙铁烙一个月杀了"，此事应该发生在永乐帝巡狩北京之前。朱棣于永乐十一年二月十七日离开南京巡幸北京，次年二月由北京出发征伐漠北，所以拷讯处死吕氏等人必定在永乐十一年年初，事件发生地应在南京皇宫。

据《李朝太宗实录》透露，毒害权妃的元凶吕氏，是忠佐侍卫司中领护军吕贵真女儿。永乐六年冬，她与权妃等贡女一起入宫，当时只有16岁，被处死时才21岁。她的位号是婕妤，地位处于众妃之下，仅比美人略高。

权氏与吕氏发生矛盾缘于口角，深层原因还是争宠。首批五名贡妃入宫时，徐皇后已经病亡，永乐帝因为宠爱权妃，遂让她主管六宫之事，这对于一个刚刚进宫，年龄不到20岁的女子而言，的确是种殊荣。吕氏由此产生醋意，明争暗斗之下对权氏发出威胁："有子孙的皇后也死了，你管得几个月？"意思是别高兴得太早了，有你倒霉的时候。吕氏由嫉妒而萌生杀机，于是和两个朝鲜太监串通一气，伺机报复。这两个太监又与中国两名太监关系密切，彼此勾结，从宫廷银匠那里找来砒霜转交吕氏，等待下手机会。

永乐八年朱棣首次北征，权妃伴驾，凯旋后由北京返回南京，当队伍行进到良乡时，吕氏终于寻找到机会，将砒霜下到胡桃茶中。权妃饮茶之后中毒，迁延半月余，最后死于山东兖州府辖境的临城驿。

此案疑点甚多，谁都知道，砒霜毒性很强，进入肠胃后会引起呼吸和循环系统衰竭而致人死亡。急性中毒者往往在一小时左右便可毙命，大都挺不过24小时。权妃拖延了半个月才死亡，只能有两种解释，要么是慢性中毒，要么她的死因与中毒毫无关系。所谓慢性中毒，就是有人多次饮用含有砒霜的饮料，当毒量积聚到一定程度时身亡。

此事让人生疑，权妃和吕婕妤各有贴身侍婢，每日投宿驿站，不会共住一个房间。吕氏和自己的侍婢又如何接近权妃的胡桃茶？为什么能够多次下毒而又不露行迹？即使二人有过节儿，难道会因为这点鸡毛蒜皮小事而痛下杀手？

此后发生的事情表明，这是一桩天大的冤假错案。永乐帝为了心爱的权妃竟然丧失理智，一次便错杀数百人，除了被视为罪大恶极的吕氏、太监、银匠和贴身侍婢外，还株连到吕氏宫中所有下人。吕婕妤死得最惨烈，用烙铁烙了一个月，死时体无完肤，原本一个如花似玉的美人，被折磨得遍体犹如焦炭，此等酷刑简直比商纣王的炮烙之刑还残忍。

永乐帝还不肯罢休，之所以令元闵生将此事转告朝鲜国王，其用意无非是让朝鲜进一步严惩吕氏家人。吕婕妤父亲吕贵真已病亡数年，惩罚矛头便指向了吕氏的母亲和族亲。李芳远听了元闵生禀报后，感觉事态严重，立即召集议政府和六曹官员商议此事，下令将吕氏的母亲和宗族囚禁于义禁府。

几天之后，漆原君尹子当从北京返回。李芳远急忙在便殿召集大臣河仑、南在、李稷以及六曹判书商议处置办法。他首先谈了自己对此事的看法："近因元闵生之言，囚吕氏亲党。然权氏为妃而吕氏为美人，虽有尊卑而非嫡妾之分，且其鸩杀暧昧。而吾等远体皇帝之怒，遽然族诛，予所不忍也。"意思是虽然权氏和吕氏的身份有尊卑之别，但都是皇帝的妃嫔，并非正妻和小妾的关系，如果对吕家施以族灭酷刑，显然过分了。何况吕氏毒死权氏这件事，尚存有许多疑问。我们虽然应该体念皇帝的心情，但是不能滥杀。

南在和李稷表示：皇帝北征刚刚返回，贡妃家人都前往京师问安，不妨将吕氏族亲暂时囚禁，等待权永均回来后，进一步了解皇帝意旨后再做定夺。

右代言韩尚德说："权妃又不是大明皇后，岂可以谋弑大罪夷灭吕家三族。如果定为谋杀罪，按照律条可以从轻。依我之见，咱们就以谋反大逆论处，只追究吕氏家族罪过，不牵连吕家亲戚。"李芳远说，权氏虽然不是皇后，但徐皇后已经薨逝，皇帝让权氏掌管六宫之事，地位自然十分尊贵。

河仑主张重治，他说："律文说得清楚，凡是在宫中争斗的人都是死罪，何况犯下这种滔天大罪，上致天子震怒，下使我国蒙羞。吕氏亲戚虽然没有参与此事，但出了这样一个败类，谁都难逃罪责。大明皇帝既然已经下旨，我们决不能等闲视之，应该遵照圣旨立刻从重从快正法，以答天意。"

李芳远见众人争执不下，最后还是由自己拿定主意：吕氏之罪，适用律条就是大逆，而大逆之罪，不可诛及其母。吕氏既然已经处死，只将她的母亲充为官奴就行了，其余族亲一律释放。

对于国王的决定，河仑依然有不同看法，他说："殿下以仁慈为怀，固然令人敬仰，但吕氏所犯之罪，是弑逆中最重的。处理弑逆重罪，必须牵连到她的父母。既然父亲已死，就应该杀了她的母亲，只有这样才可以惩戒后人。大明皇帝也会感到满意，他一定会说，朝鲜国很会办事，能够深切体会朕的心思。如果不这样做，日后如何向皇帝交代？"

一时之间，争执不下。有的大臣提出建议：仅凭元闵生转达的消息，仓促杀了吕氏母亲不妥当，还是等权永均回来，切实了解皇帝真实想法再做决定。

李芳远经过反复考虑，还是决定从轻发落，将关押的吕氏亲族全部释放，只监禁吕妃的母亲张氏，不久又将张氏释放。

几个月后皇亲权永均、任添年、李茂昌等人从北京回来，带来了最新消息：

> 帝谕永均曰："吕氏不义，与内史金得谋买砒霜，和药饮之，再下面茶，以致死了。朕尽杀吕氏宫中之人。"

李芳远拿定主意，决定不再株连他人，遂派元闵生赴北京启奏，谎称已经将吕氏之母处死。启奏之后，"帝然之"。从这三个字可以体味出，永乐帝对于朝鲜国王处死张氏感到满意。至此，这桩死亡数百人的惨案暂时画了一个句号。

不料到了永乐十九年（1421年），又发生了一桩更加令人发指的大惨案，共有2800多人死于这场屠戮。两次惨案虽然相隔了八年，但其中却有一定联系。

记载此事的文献依然是《朝鲜李朝实录》，见于《世宗庄献大王实录》甲辰六年十月条目下。此时朝鲜国王李芳远已经去世，他的儿子李祹即位已进入第六个年头。

世宗庄献大王甲辰六年就是永乐二十二年（1424年），这一年的七月十八日，一代雄主永乐大帝猝死于塞外榆木川。朝廷为大行皇帝举行安葬仪式，强迫朝鲜妃嫔殉葬。《世宗庄献大王实录》在记载殉葬之事时，顺便提到了此前发生在北京皇宫中的大屠戮。现将原文引录于下：

先是，贾人子吕氏入皇帝宫中，与本国吕氏以同姓欲结好。吕氏不从，贾吕畜憾。及权妃卒，诬告吕氏点毒药于茶进之。帝怒，诛吕氏及宫人宦官数百人。

后贾吕与宫人鱼氏私宦者，帝颇觉，然宠二人不发。二人自惧缢死。帝怒事起贾吕，鞫贾吕侍婢，皆诬服，云欲行弑逆。凡连坐者二千八百人，皆亲临剐之。或有面诟帝曰："自家阳衰，故私年少寺人，何咎之有！"后帝命画工图贾吕与小宦相抱之状，欲令后世见之。然思鱼氏不置，令藏于寿陵之侧。及仁宗即位，掘弃之。

乱之初起，本国任氏、郑氏自经而死。黄氏、李氏被鞫处斩。黄氏援引他人甚多。李氏曰："等死耳，何引他人为！我当独死。"终不诬一人而死。于是本国诸女皆被诛。独崔氏曾在南京，帝召宫女之在南京者，崔氏以病未至。及乱作，杀宫人殆尽，以后至获免。韩氏当乱幽闭空室，不给饮食者累日。守门宦者哀之，或时置食于门内，故得不死。

然其从婢皆逮死。乳媪金黑亦系狱，事定乃特赦之。……

初帝宠王氏，欲立以为后。及王氏薨，帝甚痛悼，遂病风丧心。自后处事错谬，用刑惨酷。鱼、吕之乱方殷，雷震奉天、华盖、谨身三殿俱烬。宫中皆喜，以为帝必惧天变，止诛戮。帝不以为戒，恣行诛戮，无异平日。

这还是那个一心念佛礼佛的大明皇帝吗？一场大屠杀便要了2800个宫人的性命，加上永乐十一年那场屠杀，共有3000多人被送上黄泉路。

从李朝实录记载得知，第一次屠杀是桩天大冤案。原来，永乐帝后宫有两位姓吕的朝鲜贡妃，一个是中领护军吕贵真的女儿，为永乐六年首批进献的五名贡妃之一。另一个是朝鲜商人家女儿，何时进宫不见记载。为了将这两个吕氏有所区分，朝鲜实录将商贾家庭出身的吕氏书作贾吕。

事情起因源自贾吕诬告。由于两个贡妃都来自朝鲜，又是同姓，贾吕便想和吕贵真的女儿结为同宗姐妹。贵真之女出自官员家庭，属于高干子女，压根儿看不起来自商贩家庭的吕氏，所以断然拒绝了贾吕的要求。这实在是一种人格侮辱，放在谁身上，都难以忍下这口气。

贾吕由气而恨，由恨而产生报复心理，于是编织谎言，诬告吕氏在胡桃茶中暗下毒药，谋害了权贤妃。永乐皇帝平时视权妃为掌上珠、心尖肉，听到这个消息能不震雷霆之怒吗？结果数百无辜者白白丢掉了性命。

第二次大屠杀还是和这个贾吕有关，起因于她和宫女鱼氏二人，同年轻宦官发生了龌龊关系。阉宦虽然丧失了性功能，但是可以采用其他方法满足贾吕的性欲。明宫陋习，太监可以寻找“菜户”。所谓菜户，是指宫禁之内，太监与宫女之间结成的临时配偶关系。但这要看是谁，地位高的大太监可以，身份一般的太监没有这个自由，即使找菜户，也只能是地位卑微的宫女，而且还必须得到皇帝的允准。贾吕是身份尊贵的皇妃，不是宫女，私下同阉宦发生龌龊奸情，其实就是给皇帝戴了顶要命的绿帽子。

起初永乐帝宠爱贾吕和鱼氏，又因自己年老体衰，阳事不举，便睁一只眼闭一只眼。不料二人做贼心虚，因恐惧而双双上吊身亡。如此一来，便引发了永乐帝久压在心头的怒火，命人动用酷刑考问贾吕侍婢。侍婢被屈打成招，交代了当年贾吕陷害吕氏实情。还胡攀乱咬，供出许多宫女以及贡妃同阉宦有染，甚至还爆出惊人秘密，说宫妃们暗中策划准备谋杀皇帝。这简直是火上浇油，永乐帝顿时把佛家戒杀真言抛到了爪哇国，杀戒一开，索性没了任何怜香惜玉的顾虑。

那个曾经与姐夫私通的贡妃黄氏，当初躲过一劫，并没有被处死，这次就没有那么幸运了。在此次宫祸中她的表现很糟糕，酷刑之下乱咬一气，使许多宫人遭到株连。当时朝鲜贡妃崔氏因病留在南京调理，韩氏因为其他过错，被幽禁于囚室中。除了她俩侥幸活下来，其余贡妃全部惨死在这场大屠戮中。但是崔氏和韩氏的厄运并没有结束，几年之后永乐帝驾崩，二人被逼为大行皇帝殉葬，埋在长陵附近的天井中。

最让人难以理解的是，永乐帝竟然命画工将贾吕和小太监搂抱猥亵的场面绘成图画，“欲令后世见之”。俗话说家丑不可外扬，宫闱出了这种丢人事情，居然想让子孙后代都知道，简直荒唐至极。这样做实在太拙劣，分明是丢自己的颜面，给自己打脸抹黑。永乐帝所作所为，只能说明他已经丧失了理智。

这次大屠戮应该发生在永乐十九年三月至四月，因为朝鲜实录有这样的记载：“鱼、吕之乱方殷，雷震奉天、华盖、谨身三殿俱烬。宫中皆喜，以为帝必惧天变，止诛戮。帝不以为戒，恣行诛戮，无异平日。”

据《明史・成祖本纪》记载：永乐十八年十一月戊辰，“以迁都北京诏天下”。次年正月初一，正式定都于北京，永乐帝“御奉天殿受朝贺，大宴。甲戌，大祀天地于南郊”。“夏四月庚子，奉天、华盖、谨身三殿灾。”《明史・五行志》也记载：“十九年四月庚子，奉天、谨身、华盖三殿灾。”

可以相互印证的史料是朝鲜《世宗庄宪大王实录》，在永乐十九年五月条下记载：“通事林密回自京师，言以三月二十八日至北京……四月初八日夜大雨震电，至翌日晓，奉天、华盖、谨身等殿灾，须臾而尽。”

永乐帝迁都只有几个月便大肆屠戮宫人，而偏偏在这个节骨眼儿上又发生雷电引发的火灾，使刚刚落成的三大殿烧为灰烬。

晚年的永乐帝，无论在生理和心理方面都不正常，据史书记载，他确实患有疾病。《世宗庄宪大王实录》多次提到，“帝晚年有疾，鲜御外朝，政事悉付皇太子决之”，“帝以风痺不视事已久”。“初帝宠王氏，欲立以为后。及王氏薨，帝甚痛悼，遂病风丧心。自后处事错谬，用刑惨酷。”《明太宗实录》也说：“上晚年有疾，间或急怒，宫人惧谴，妃委屈调护。”

永乐帝的这个宠妃就是昭献贵妃王氏，苏州人，有贤德，善于化解宫内发生的各种矛盾。但王贵妃已于永乐十八年（1420年）七月逝世，由于死在大惨案之前，受刑的妃嫔们失去了调护人。王贵妃即使没死，恐怕也劝阻不了身患风痺症的永乐帝。

所谓风痺，就是因风寒湿气侵袭而引起的肢节疼痛或麻木之症。永乐帝当燕王时常年征战，称帝后又多次亲征漠北，患上风痺自在情理之中。但引起急怒的主因是“病风丧心”，也就是人们常说的丧心病狂，属于典型的更年期综合征。其特点是性功能衰退，情绪不稳定，经常处于焦虑、猜疑、偏执、烦恼状态中。此时的永乐帝格外敏感，易激动，往往无缘无故发火，发作时常因情绪失控而暴躁。大惨案的发生，应该与永乐帝更年期综合征有一定关系，但不是主因。

永乐帝诛戮宫人这一惊人内幕，朝鲜方面是怎么知道的？原来明宫有个太监叫尹凤，他是朝鲜人，宣德元年奉旨出使朝鲜，透露了事情梗概。尹凤又说，当初吕氏毒杀权氏，被处以凌迟酷刑，这桩冤案的主谋其实是黄俨，他在皇帝面前诬告吕氏，才引发了这场悲剧。

直到宣德十年（1435年），贡妃韩氏的奶妈金黑因为年老体弱，被朝廷恩准送回朝鲜故乡养老。她是当年惨案的目击者，回国之后，将明宫发生的这桩惨案，前因后果原原本本讲述出来，朝鲜国王这才得知较为详细的内情。

自古红颜多薄命，没想到应验在这些朝鲜贡妃身上。

第八章 朱棣生母之谜

扑朔迷离的说法

一代雄主朱棣究竟是谁的儿子？许多人听到这个提问可能会哑然失笑，还用说吗，当然是朱元璋的儿子。且慢，笔者问的是朱棣生身之母是谁。肯定又有不少人说，朱棣的母亲就是马大脚马皇后。

然而事情并非如此简单，因为这个问题已困扰人们多年，在明清官方和私家编修的史书中，包括一些野史笔记中，一直存在着不同的说法。可谓众说纷纭，莫衷一是。至于朱元璋就是朱棣亲生之父的断言，也并非铁板钉钉之事。

笔者不敢借助猎奇手法来吸引读者眼球，只是把这些古籍记载罗列出来，供大家分析。有些看似绝对无误的事情，也许背后隐藏着某些玄机。

成书于永乐年间的《奉天靖难记》开篇记载："今上皇帝，太祖高皇帝第四子也。母孝慈高皇后，生五子，长懿文皇太子，次秦王，次晋王，次今上皇帝，次周王也。"

成书于永乐年间的《明太祖实录》卷八记载："（庚子）夏四月丁巳朔，癸酉，皇第四子生，即今上（指朱棣）皇帝，孝慈皇后出也。"

该书卷一四七又载，"皇后生皇子五人：长曰标，懿文太子；次樉，封秦王；次棡，封晋王；次今上；次橚，封周王。皇女二人：宁国公主、安庆公主。"

成书于宣德年间的《明太宗实录》卷一载："大明太宗体天弘道高明广运圣武神功纯仁至孝文皇帝讳（棣），太祖圣神文武钦明启运俊德成功纯天大孝高皇帝第四子也。母孝慈昭宪至仁文德承天顺圣高皇后，生五子：长懿文皇太子标，次秦愍王樉，次晋恭王棡，次上，次周定王橚。上初生，五色满室，照映宫阙，经日不散。太祖高皇帝、高皇后心异之，独钟爱焉。"

嘉靖年间郎瑛著《七修类稿》中记载，作者曾见过鲁王府刻印的《鲁府玉牒》，从谱牒获知，"高后止生成祖与周王"。

嘉靖年间高岱撰《鸿猷录》卷六记载："太子、秦、晋、成祖，俱高皇后出，诸王诸妃出。"

万历年间国子监祭酒邓士龙编有《国朝典故》，卷一收录《天潢玉牒》（永乐年间解缙撰）。据书中记载："后（指马皇后）亲子二人，今上及周王也。"又载："上（指朱元璋）崩于西宫，寿七十一……谥曰高皇帝，庙号太祖。皇子二十四人，第四子今上、第五子周王，高后所生也。"

王世贞《弇山堂别集》成书于万历年间，其中《帝统》记载："成祖文皇帝讳棣，太祖第四子。元至正二十年四月十七日生，母曰高皇后马氏。”

该书卷二十又说：“《皇明世系》谓太宗、周王为高皇后所生，而懿文、秦、晋诸妃子，非也。《革除遗事》则谓懿文、秦、晋、周王为高皇后生，而太宗为达妃子，亦非也。太宗与懿文、秦、晋、周俱嫡出，史与《玉牒》甚明。”

王世贞兄弟王世懋在《窥天外乘》中记述：“成祖皇帝为高皇后第四子明甚，而野史尚谓是元主妃所生。”

万历年间何乔远《名山藏·坤则记》记载：“高皇后子五人，长懿文皇太子，次秦王，次晋王，次成祖皇帝，次周王。”

但该书卷六《典谟记》又有成祖文皇帝传，开头便说：“成祖文皇帝，御讳棣，太祖第四子也。”接着便是这样一段文字：“臣于南京见《太常寺志》云：帝为碽妃所诞生，而《玉牒》则为高后第四子。《玉牒》出当日史臣所纂，既无可疑；南太常职掌相沿，又未知其据。臣谨备载之，以俟后人博考。”

崇祯年间刘振编纂《识大录》卷七《帝典》载：“成祖文皇帝讳棣，太祖第四子也。母曰碽妃。（帝）姿貌秀杰，目重瞳子，龙行虎步，声若洪钟。太祖及高后皆爱之，高后因育为己子。”

明末清初张岱《石匮书·成祖本纪》记载：“文皇帝，太祖第四子也。母曰碽妃，高皇后妊为己子。”该书卷六又载：“闻之秘传，高后五子皆娠诸宫人，而后竟不诞。懿文母李淑妃，成祖母碽妃。传之太常祀典及孝陵位次，确确不爽。”

明末清初史学家查继佐《罪惟录·皇后列传》记载：“高皇后子五，长懿文皇太子，次秦、晋二王，次成祖，次周王。或曰：后皆以妃之子为子。”

清初谈迁《国榷》卷十二“壬午建文四年”条记载：“成祖启天弘道高明肇运圣武神功纯仁至孝文皇帝御讳棣，太祖高皇帝第四子也。母碽妃。《玉牒》云高皇后第四子，盖史臣因帝自称嫡，沿之耳。今《南京太常寺志》载，孝陵祔享，碽妃穆位第一，可据也。”

清初刘献廷撰《广阳杂记》，其卷二记载：“明成祖非马后子也，其母瓮氏，蒙古人。以其为元顺帝之妃，故隐其事。宫中别有庙藏神主，世世祀之，不关宗伯。有司礼太监为彭恭庵言之。余少每闻燕之故老为此说，今始信焉。”

明末清初蒙古族萨囊彻辰撰《蒙古源流》，乾隆五十四年由内廷刊印汉译本。据该书记述：朱元璋攻占元大都后，即皇帝之位。当时元顺帝有第三福晋名叫格呼勒德哈屯，系洪吉喇特托克托太师之女，已怀孕七个月，被朱元璋纳为妃嫔：“越三月，是岁戊申生一男。朱洪武降旨曰：从前我汗曾有大恩于我，此乃伊子也。其恩应报，可为我子，尔等勿以为非。遂养为己子，与汉福晋所生之子朱代共二子。朱洪武在位三十年，岁次戊寅，五十五岁卒。”

乾隆四年张廷玉等撰修的《明史·成祖本纪》记载：“成祖启天弘道高明肇运圣武神功纯仁至孝文皇帝讳棣，太祖第四子也。母孝慈高皇后。”该书《诸王列传》又载：“太祖二十六子。高皇后生太子标、秦王樉、晋王㭎、成祖、周王橚。”

以上所列史料，《明实录》和张廷玉等撰修的《明史》均为官修史书，由史官集体编撰而成。《奉天靖难记》共计四卷，作者佚名，应是燕王僚属所撰。《明太宗实录》卷一至卷九就是在此书基础上增改而成。其余各书均出自私家之手，或为史书，或为笔记。综合这些史料，有关永乐帝的身世有七种说法：

第一种说法认为，朱元璋长子懿文皇太子朱标，第二子秦王朱樉，第三子晋王朱㭎，第四子永乐皇帝朱棣，第五子周王朱橚，都是马皇后亲生。持这种说法的是《奉天靖难记》《明太祖实录》《明太宗实录》《明史》等。

第二种说法认为，马皇后只生了两个儿子，即第四子永乐帝，第五子周王朱橚。持此说法的是《天潢玉牒》、郎瑛所见《鲁府玉牒》以及王世贞所引《皇明世系》。

第三种说法认为，马皇后共生了四个儿子，即懿文太子、秦王、晋王、永乐帝，其他都是各妃所生。持这种说法的是高岱的《鸿猷录》。

第四种说法认为，马皇后没有生育一个儿子，这五个男孩都是妃嫔所生，由马皇后抚养，而朱棣的生身之母为高丽碽妃。持此说者为张岱《石匮书》。另外刘振《识大录》和谈迁《国榷》，均说永乐帝生母为碽妃。谈迁还依据《南京太常寺志》和孝陵享殿里供奉的后妃牌位，认定朱棣生母为碽妃。他认为《玉牒》之所以记朱棣为马皇后所生第四子，是因为永乐帝自称嫡出，所以《玉牒》作者才曲意逢迎。

第五种说法认为，永乐帝为达妃所生，持此说者为《革除遗事》，此书为明代正德年间黄佐撰。《革除遗事》有不同版本，今本为六卷，原本为十六卷。有关永乐帝生母为达妃说法，在传世本中未见记载，王世贞所引用资料，应该是别本，此书在明清之际已不传。

第六种则是两说并存，如何乔远《名山藏》和查继佐《罪惟录》，既采纳马皇后生懿文太子、秦王、晋王、燕王、周王之说，又对此事颇有疑惑，并将成祖为碽妃所生记入书中。别认为查继佐模棱两可，其实他是赞同第二种说法的。因为在该书的《皇后列传》中，他又详细发表了个人看法，通过征引史料，证明这几个皇子都不是马皇后亲生。可见，有关永乐帝生母问题，在明代便已云山雾罩，成了一桩疑案。

第七种说法认为，朱棣生身之母是元顺帝的妃子，至于妃子是何人，或说是蒙古人洪吉喇氏，或说是高丽国进贡到元宫中的妃子。这些说法分别见于王世懋《窥天外乘》、刘献廷《广阳杂记》和萨囊彻辰《蒙古源流》。

这里先说明一个问题，古代皇宫内规矩，皇后和妃嫔属于嫡庶关系。皇后生养的子女为嫡出，妃嫔生养的子女为庶出。这些子女虽然都是皇帝这根藤蔓上结的瓜，但在名分上有尊卑之别。皇后不但母仪天下，还掌管六宫，无论这些子女是不是她亲生，在名分上她是当然之母，所有皇子都得称她为母后。妃嫔虽然生育了皇子，但并没有监护权，这种权力理所当然归之于皇后。凡是各种礼仪场合，妃嫔生养的孩子必须先拜见皇后，然后才能拜见生母。所以，即使马皇后不是朱棣的亲生之母，按照成规朱棣也得称呼她为母后。

前面所引刘献廷《广阳杂记》，说永乐帝的生身之母是元顺帝的妃子瓮氏，蒙古人。这是无稽之谈。朱元璋确实有一位蒙古族瓮妃，出自元朝大臣瓮吉剌带族系。但她不是元顺帝妃子，因为明军攻占元大都时，瓮妃还没有出生。这个瓮妃是大明南海卫正千户翁某女儿，而翁某正是瓮吉剌带后人。其女于洪武二十五年选入明宫，当时只有14岁。

以上列举的史书中，最不可靠的便是《蒙古源流》。因为这本书在永乐帝身世问题上，完全是道听途说粗制滥造，出现许多常识性错误，甚至有意造假。作者是蒙古人，出于民族成见或某种政治动机故意混淆视听。举例言之，书中说朱元璋于戊申年（1368年）先攻破大都，而后即大汗之位，时年25岁。其实登基那年朱元璋已经41岁，于正月初四日宣布即位，当年七月令明军攻占大都。书中又说，“朱洪武在位三十年，岁次戊寅，五十五岁卒”。其实，朱元璋在位31年，死时71岁。

该书还爆料：元顺帝有“第三福晋，系洪吉喇特托克托太师之女，名格呼勒德哈屯，怀孕七月，洪武汗纳之”。托克托即《元史》列传中所记载的太师脱脱，为一代名臣，但他出自蔑里乞家族，并非洪吉喇族。

据史书记载，元顺帝共有三个皇后，初娶答纳失里，出自钦察氏，为太平王燕铁木儿之女，因兄弟谋乱受到牵连被废，不久又被毒死。继任皇后是伯颜忽都，虽然出自弘吉剌氏，但她的父亲是毓德王孛罗帖木儿。再说明军攻占元大都是至正二十八年（1368年），而伯颜忽都死于至正二十五年。另一个受宠的皇后完者忽都，姓奇氏，为高丽贡女。由此可见，《蒙古源流》记述舛错百出。

该书中更不着边际的说法是，大都被攻破时，第三福晋格呼勒德哈屯已怀孕七个月，被明军得到后献给朱元璋，遂纳为妃子，三个月后生下一子，也就是后来的永乐帝。又说朱棣“于己卯年三十二岁即位”，“在位二十二年，岁次庚子年五十岁卒”。

这真是大谬特谬。朱棣并非出生于戊申年（1368年），而是庚子年（1360年），《蒙古源流》竟将他的生年延后了8年。朱棣死时也不是庚子年（1420年），而是甲辰年（1424年），享年不是50岁而是65岁。书中关于朱棣是元顺帝遗腹子的说法荒诞不经。

更为荒谬的是，该书记载朱元璋只有两个儿子，长子即元顺帝遗腹子朱棣，次子为汉福晋所生嫡子，名曰朱代。朱元璋死后，明朝大臣共议立朱代即位，“在位四越月十八日，即卒于是年，无子。其蒙古福晋所生子，于己卯年三十二岁即位”。此说简直信口开河，胡说八道。

众所周知，朱元璋生了儿子一大窝，除了懿文太子，被封为藩王的就有24人。另外，朱棣为朱元璋第四子，所有史籍均记载确凿，根本不存在仅有两子的说法。《蒙古源流》说朱元璋嫡子名叫朱代，简直荒唐，稍有历史常识的人都知道，朱元璋以五行为子孙命名，他的儿子们名字中都有从木偏旁，压根儿没有叫朱代的儿子。书中说的嫡子朱代，其实就是朱元璋孙子朱允炆。然而，朱允炆做了四年皇帝，并不是四个月。至于其他错谬，比比皆是。

那么，这部书为什么要编造这些谎言？其用意很明显，就是告诉世人，所谓大明天下并非汉人的，其实是蒙古人的。因为自朱棣之后，明朝历代皇帝都具有蒙古血统。由于作者是蒙古人，带有明显的民族偏见。

排位次席的造假史书，当属《明太祖实录》和《明太宗实录》。我们不否认《明实录》所具有的重要史料价值，因为其毕竟保存了大量原始资料。但是《明太祖实录》成书于永乐年间，前后经过三修，完全按照永乐帝旨意编写，其真实程度已打了折扣。《明太宗实录》完成于宣德五年，当朝皇帝正是永乐帝生前特别喜爱的皇太孙朱瞻基，而领衔监修的大臣是当年的靖难功臣张辅，总裁是永乐朝宠臣杨士奇、杨荣、金幼孜。

《明太宗实录》极力为永乐皇帝歌功颂德，在涉及朱棣的身世和隐私等问题时，肯定要为尊者讳。例如记述永乐帝奉天靖难光辉事迹时，整整耗费了九卷笔墨。虽然名曰《实录》，但并不是客观公允的信史，其中真伪掺杂。

《明太祖实录》最初修撰于建文年间，朱棣即位后全部推翻，命李景隆、解缙等人挑头重修。结果还是感到不满意，又于永乐九年更换写作班子，改由自己最信任的道衍和尚姚广孝总负其责。朱棣尽行删除于己不利的文字，完全按照自己意旨编撰，极尽歌颂靖难之功。此后成书的《明太宗实录》，也是依循这个既定标准修撰，其中肯定有许多虚妄之辞。

永乐帝对修史把关很严，不仅对《明太祖实录》的编撰定有取舍标准，还对建文时期保存的档案资料进行了清理。据《明史·王艮传》记载：“成祖出建文时群臣封事千余通，令（解）缙等编阅，事涉兵农钱谷者留之，诸言语干犯及他一切皆焚毁。”此外，凡建文帝所信任的官员，其著述一律焚毁。朱棣当时曾明确指令，一旦发现有人收藏方孝孺文章，便治以死罪。正如明史专家吴晗先生所说，现在我们所能看见的，只是明成祖系统下的片面文件。

至于《天潢玉牒》和《奉天靖难记》，都是歌功颂德的产物。《天潢玉牒》旧题解缙撰，即使不是解缙手笔，也肯定写于永乐年间。因为书中对永乐帝称谓使用“今上”，当朝人记当朝皇帝，肯定有许多顾忌。

另外还有一种资料，名曰《皇明玉牒》，也称解缙撰。书中记载：“太祖皇子二十四人：长懿文太子、第二子秦愍王、第三子晋恭王、第四子今上、第五子周王，高后所生也。”如果两部《玉牒》都出自解缙之手，很值得玩味。《天潢玉牒》说马皇后只生了二子，即永乐帝和周王，这种说法明显与《明太祖实录》抵牾。而《皇明玉牒》则与最后定稿的《明太祖实录》保持高度一致。《明太祖实录》经过三修，定稿本记载，马皇后生有懿文太子和秦王、晋王、燕王、周王。由此可以推知，《天潢玉牒》应该早于《皇明玉牒》，后者依据永乐帝意图做了改动。

除了前面介绍的各种资料，还有来自朝鲜国的私家记录，书名《奉使录》，作者是朝鲜李朝开国初期的吉昌君权近。洪武年间，权近奉国王李成桂之命两次出使明朝。朱元璋对朝鲜使者存有戒心，唯独赏识权近，称赞他是老实秀才。洪武二十二年，权近在途经北平时，曾赴燕王府拜谒朱棣。《奉使录》诗题有这样几句话：

> 到燕台驿，进见燕府。先诣典仪所，所官入启。以是日先太后忌日，不受礼，命奉嗣叶鸿伴接到馆。七月十五日也。

《奉使录》属于日记性质，无论诗文，都是出使期间的真实记录。值得注意的是“以是日先太后忌日，不受礼”这句话。由于当天正逢先太后忌日，权近未能面谒燕王。那么，这个先太后是否朱元璋原配马皇后？可能不是，因为马皇后死于洪武十五年八月初十日，而权近明确记录，当天是“七月十五日也”。这条信息很微妙，说明朱棣当天闭门谢客，可能正在追祀自己的生身之母。

官修史书，忌讳甚多，而某些私家所撰史书，由于出自某种信念，反而敢于秉笔直言。在前面所列举的史料中，既不能相信《蒙古源流》的荒诞说法，也不能轻易相信《明实录》等书的嫡生说。永乐帝的生母的确令人生疑，私家所修史乘或笔记中透露的信息，应该引起人们关注。

常言道无风不起浪。永乐帝究竟是嫡出还是庶出，其生母究竟是马皇后还是另有其人，还要打一个大大的问号。

此地无银三百两

还记得鲁迅小说《祝福》中的经典描写吗？儿子阿毛被狼吃了以后，祥林嫂几乎变了一个人，她逢人便讲“阿毛的故事”，并且反复念叨“我真傻”。祥林嫂肯定处于精神失常状态，产生了心理障碍。现代医学认为，心理或行为异常者统称为心理障碍，往往借助于反复表白来释放内心的压抑。

永乐帝当年似乎也患了此症，有件令人十分生疑的事情，就是他在靖难时期和即位之初的反常表现。朱棣曾多次发布檄令或声明，反复表白强调自己是朱元璋和马皇后的亲生儿子。这事如果出现在其他人身上，尚能理解。朱棣是何等人物？他处事果断，胸有主见，横戈跃马，叱咤风云，凡事拿得起放得下，为什么突然变得婆婆妈妈，絮絮叨叨？他的这些声明载于《明太宗实录》和《皇明诏令》等书中，现摘录于下。

建文元年（1399年）七月，削藩事态日益严峻，朱棣在北平举行誓师大会，在燕府将士面前慷慨陈词：“我太祖高皇帝、孝慈高皇后嫡子，国家至亲，受封以来，惟知循法守分。”

数日之后，燕王发布靖难檄令：“我乃父皇太祖高皇帝亲子，母后孝慈高皇后亲生，皇太子亲弟，忝居众王之长。”

建文元年七月，燕王上书建文帝：“切念臣于懿文皇太子同父母至亲也。”八月再次上书说：“陛下与臣，皆出太祖高皇帝、孝慈高皇后，于属最亲也。”

洪武三十五年（即建文四年）七月初一日，朱棣即位之后郊祀天地，在祝文中说：“朕惟高皇帝嫡子。祖有明训：朝无正臣，内有奸恶，兴兵讨之。”“朕乃整师入京，秋毫无犯。诸王大臣谓朕太祖之嫡子，应天顺人，天位不可以久虚，神器不可以无主，上章劝进。”

另外，他在颁布的即位诏书中又重申了这些话。

洪武三十五年八月癸亥，晋王济熺来朝，永乐帝在给他的赐书中谕曰：“吾与尔父，皆皇考妣所生，自少友爱深重。”

洪武三十五年十月，朱棣派遣使者赴朝鲜。在颁赐朝鲜国王的诏书中说：“建文为权奸逼胁，阖宫自焚。诸王、大臣、百官、万姓，以朕为高皇帝正嫡，合辞劝进，缵承大统。”

永乐元年二月，诏谕鞑靼可汗鬼力赤：“朕太祖皇帝嫡子，奉藩于燕，恭承天眷，入继大统，嘉与万邦，同臻安乐。”

永乐元年四月敕谕天下，再次强调：“朕太祖高皇帝嫡子，奉藩于燕，荷天地宗社之灵，肃清奸宄，遂正大统。”

永乐元年六月为朱元璋和马皇后上尊谥，祝文曰：“惟我皇考皇帝、皇妣皇后诞膺天命，化家为国，身致太平。”

仅仅靖难之役这几年，朱棣就不下十余次反复声称，自己是朱元璋和马皇后的亲生儿子。可见他心情焦虑，唯恐天下人不知道。

朱棣到底怎么了，为什么喋喋不休三番五次重复这些话？谁都知道你是天潢贵胄，谁都知道你是朱元璋的儿子，你究竟担心什么？自己不觉得啰唆，难道天下人心中就不厌烦？你反反复复声明，不就是想向世人表白，我的的确确是太祖高皇帝和高皇后的亲生儿子，根正苗红，绝非冒名顶替者，天下文武百官苍生万姓，你们一定要相信我呀。我举兵兴师不是谋反，而是匡扶社稷。

既然是朱元璋和马大脚的嫡生子，名正言顺，天经地义，申明一次就行了，这样不厌其烦地表白，反而令人心生疑窦，只能产生欲盖弥彰的效果。揆度情理，朱棣当时一定产生了心理障碍。这是一种心理强迫症，自己心中不踏实，便出现疑虑情绪，试图通过反复表白来证明自己没有撒谎。

朱棣的反常言行，古人已经有所注意。清初学者朱彝尊在《南京太常寺志》跋语中说：“汉之文帝自言‘朕高皇帝侧室之子’，于义何伤？而《奉天靖难记》每载长陵上阙下书，及宣谕臣民曰‘朕太祖高皇帝、孝慈高皇后嫡子’。考妣并举，壶浆欲掩，而迹反露矣。”这就是欲盖弥彰，适得其反，越想掩饰，越是露出破绽。

朱彝尊以汉文帝为例，意在证明朱棣这样做多此一举，弄巧成拙。但是朱棣并非低能儿，汉代初期情形与明代初期判然有别。正因为代王刘恒不是刘邦嫡子，他才没有当皇帝的奢望，之所以黄袍加身，那是由于文武百官主动迎接他进京，恳求他继承皇位。到了这个分上，代王自然要做做姿态。他心中十分明白，即使喊破嗓子，反复声明自己是“侧室之子”，皇位还是他的，而且还能博得谦恭美名。

燕王则不同，他是靠造反起家，凭借暴力手段从合法继承人手中夺取政权。虽然事出有因，被迫铤而走险，但毕竟犯有篡国谋逆重罪。既然名不正，言不顺，要巩固统治并非易事，只有打出嫡生这张王牌以正视听，才能收揽人心。同时还要极力诋毁建文帝违背祖制、倒行逆施种种罪行，把自己装扮成拨乱反正救国救民的英雄。

翻开《奉天靖难记》和《明实录》等史料看看，其中丑化建文帝的记述比比皆是，比如写建文荒淫无耻，日夜淫乱后宫，悖礼乱伦，连祖父的妃嫔也收用。又说建文重用奸宄，残害忠良，擅改祖制，乱国乱民等等。而自己作为高皇帝、高皇后嫡子奉天靖难，理所当然是正义壮举。

正如有的研究者所说，朱棣在冒称嫡子问题上可谓机关算尽，他之所以把懿文太子、秦王、晋王三个哥哥都说成是马皇后亲生，就是想为自己的嫡子身份做铺垫。诸兄既然都是嫡生，我当然也是嫡生子。太祖皇帝驾崩时，三个兄长已经相继去世，按照长幼伦序，理应由第四子入继大统。

朱棣既然口口声声说自己是嫡子，此后史臣撰修《实录》和《玉牒》，当然要迎合皇帝的意志，将懿文、秦、晋、燕、周均说成马皇后所生。永乐帝的用意是将五人牢牢捆绑在一起，既然是一母同胞，真则俱真，假则俱假。如果懿文太子也不是嫡子的话，他的儿子朱允炆自然也不是合法继承人。《明太祖实录》修成之后，永乐帝说了这样一句话："庶几少慰朕心。"这是一种如释重负的感受，是自我安慰的表现，很耐人寻味。

朱棣生身之母究竟是不是马皇后，重要的不是听他如何自我表白，还是让史料来说话。还是那句话，无风不起浪。为什么这样的事情没有发生在其他帝王身上，偏偏与朱棣结下了不解之缘？虽然永乐帝苦心孤诣地在《明太祖实录》中做了手脚，但是奉先殿和孝陵享殿的牌位却显露了马脚，这是他始料未及的。

奉先殿与孝陵享殿牌位

明清学者在质疑永乐帝生母问题时，所持有力证据便是《南京太常寺志》和孝陵享殿中供奉的牌位。在详细谈这个问题之前，我们先读一首明诗：

高后配在天，御幄神所栖。
众妃位东序，一妃独在西。
成祖重所生，嫔德莫敢齐。
一见异千闻，实录安可稽？
作诗述典故，不以后人迷。

这首诗收入清初朱彝尊所编《明诗综》卷四十九，题为《敬礼南都奉先殿纪事十四韵》。作者沈玄华，浙江嘉兴人，明代嘉靖壬戌（1562年）进士，历官南京太常寺卿，转任大理寺卿。诗前有编者所加诗话云："长陵每自称曰：'朕高皇后第四子也。'然奉先庙制，高后南向，诸妃尽东列，西序惟碽妃一人，具载《南京太常寺志》。盖高后从未怀妊，岂惟长陵，即懿文太子亦非后生也。世疑此事不实，诵沈大理诗，斯明征矣。”

沈玄华这首诗的题目是《敬礼南都奉先殿纪事十四韵》，原诗较长，这里只摘录十句。长陵即永乐帝，因为朱棣死后葬于北京长陵，所以成为其代名词。南都即南京。永乐十九年初正式迁都后，以北京为京师，明朝遂有南北两京，此后人们习惯将南京称作南都、留都。

奉先殿即皇帝家庙，虽然与太庙都是供奉祭奠祖先亡灵的场所，但有内外之别。按照《周礼》左宗庙、右社稷的规制，历代帝王都将太庙建于宫城之外左侧（东侧）。奉先殿，顾名思义，即奉祀先祖的殿宇，构建于皇宫之内。沈德符《万历野获编》卷一记载：“奉先殿者，太祖所建，以奉先灵。凡节候朔望荐新以及忌日，俱于大内瞻拜祭告，百官皆不得预列。循至列圣，追附先朝帝后，行礼如仪。”《明史·礼仪志》也有记载：“每日朝晡，帝及皇太子诸王二次朝享。皇后率嫔妃日进膳羞，诸节致祭，月朔荐新。”

虽然都是隆重的祭祖场所，但太庙与奉先殿有所区别。前者为国庙，是朝廷公祭场所，举行祭祀仪式时，文武百官都要参加。后者为皇帝家庙，与祭者仅限于皇室成员。按照祖制，应每天早晚朝享，由皇帝携带皇子入殿祭拜，皇后和众妃嫔负责摆设供品。

洪武年间，朱元璋在南京皇宫午门外左前方建有太庙。他认为还不足以体现敬祖追远孝心，又在宫城内乾清宫左侧另建奉先殿，设立先祖四代帝后牌位。以太庙象征外朝，作为公祭之地；以奉先殿象征内朝，属于家祭场所，故又称作小太庙。奉先殿正殿五间，殿前设轩室五间。

朱元璋死后，奉先殿内又增设他和马皇后以及妃嫔的牌位。靖难之役时南京城破，建文帝在宫中纵火，奉先殿化为灰烬，朱棣登基后，又在奉天殿西侧选址重建。所以，新建的奉先殿内安放的朱元璋诸妃牌位已不是建文时原貌，而是经过了永乐帝的刻意安排。

自永乐十九年初南京降为留都后，仍然设有六部和相应官僚机构，其中也包括太常寺。太常寺为国家礼仪部门，其职能就是主管礼乐、祭祀，诸如迎宾礼仪、祭天祭地、宗庙祭祀、祭奠皇陵等等，都由太常寺负责。再如奉先殿内各种时新祭品，也都由太常寺负责供献。太常寺的主管官员为太常寺卿。

对永乐帝生母产生质疑的人都提到了《南京太常寺志》。这部书共计十三卷，编撰者为汪宗元，嘉靖己丑年（1529年）进士，官至总理河道右副都御史。嘉靖中期他曾任职南京太常寺卿，在任期间编撰了《南京太常寺志》。这部志书包含十二门类，涉及朝廷各种祀典、祝文、陈设、乐章、乐器、荐献品物、应祀陵寝宫观等等。到了天启三年（1623年），又出了续修本《南京太常寺志》。但是无论哪种版本，记述孝陵享殿和奉先殿里供奉牌位的情况都是一致的。毫无疑问，这部详细记载太常机构各项工作的专志，具有较大的可靠性和真实性。不知什么原因，自清代乾隆之后，此书未能传世。

永乐年间迁都之后，北京虽然也建了奉先殿，但南京依然崇奉如故，只是冷清了许多。南京作为明朝都城时间短暂，所以奉先殿里只供奉朱家四代先祖和朱元璋以及后妃的牌位，此外还有永乐帝的皇后徐仪华的牌位。

按照中国传统礼仪建筑规制，奉先殿必须坐北朝南，殿内牌位摆设，中央朝南位置最尊。在朱元璋的享位区，他和马皇后的牌位理所当然居于中央。至于众位妃嫔，则按照位号尊卑分别排列在下方东西两侧，东侧牌位坐东朝西，西侧牌位坐西朝东，大体呈品字形。由于明代永乐之后各帝都是朱棣子孙，所以南京奉先殿内牌位依然保持原状，没有人敢随意移动。

朱元璋妃嫔众多，综合史料记载，至少有46人。其中一些妃嫔或因没有生育，或因获罪被废除了位号，按照规矩不得入祀享殿，但其他妃嫔的牌位仍有不少。古代神位排列，设在东西两侧的众妃嫔牌位，应该依照位号尊卑分昭穆定位。但令人诧异的是，这些牌位并非一东一西均衡分列，而是“众妃位东序，一妃独在西”。显然，这种排列不符合供奉常规，意在突出某个妃子的特殊地位。这个享受到特别待遇的妃子不是别人，正是高丽碽妃。

碽妃地位一般，比她尊贵的至少还有成穆孙贵妃、李淑妃、郭惠妃等人。是谁处心积虑将牌位这样安放？一般人不敢，太常寺官员也没这个胆，只有至高无上的皇帝敢这么做。

沈玄华诗中透露其中天机：“成祖重所生，嫔德莫敢齐。”原来碽妃是永乐帝的生身之母，他为了凸显其生母地位，特意将她拔高，在享祭中列于众妃之上。沈玄华接着发出“一见异千闻，《实录》安可稽？”的疑问。他为什么感到惊诧困惑？就是因为这样的事涉及僭礼越制，有悖常理，与封建传统礼仪制度不合。

沈玄华显然是读过《明太祖实录》和《明成祖实录》的，书中白纸黑字记载分明：永乐帝的生身之母是马皇后，而且成祖本人也多次申明，自己是孝慈高皇后嫡子。如今出现这样的怪事，难道还能再相信《实录》吗？沈玄华曾任南京太常寺卿，是专职南都祭祀的主官，他有条件有机会进入奉先殿，所以诗中透露的天机，其真实性不容置疑。

除了沈玄华之外，目睹南京孝陵享殿牌位和阅读过《南京太常寺志》的大有人在，例如何乔远、谈迁、查继佐、李清、张岱等人，我们没有理由一概斥之为空穴来风。

李清是崇祯辛未年（1631年）进士，先后在崇祯、弘光两朝为官，历任刑、吏、工科给事中。他撰有《三垣笔记》，该书所记内容都是作者耳闻目睹之事。李清不但阅读过《南京太常寺志》，而且为了证实书中相关记载，还进入孝陵寝殿亲眼观看牌位设置。这段记载如下：

> 予阅《南太常寺志》，载懿文皇太子及秦、晋二王均李妃生，成祖则碽妃生，讶之。时钱宗伯谦益有博物称，亦不能决。
>
> 后以弘光元旦谒孝陵，予语谦益曰："此事与《实录》《玉牒》左，何征？但本志所载，东侧列妃嫔二十余，而西侧止碽妃，然否？曷不启寝殿验之？"
>
> 及入视，果然，乃知李、碽之言有以也。惟周王不载所出，观太祖命服养母斩衰三年，疑即孙出。

孝陵就是朱元璋和马皇后的陵墓，寝殿即享殿，是构建于陵墓前的主要建筑之一，其作用就是为了享祭亡灵。这条记载透露了一些重要信息，值得重视。

从前面所引沈玄华诗作中，我们可知皇宫奉先殿牌位的摆放情况，意在突出碽妃地位。除了奉先殿，孝陵享殿里的牌位也被人做了手脚，其位次排列竟然与奉先殿如出一辙，即众妃嫔牌位列于东侧，西侧仅有碽妃一人牌位。这种情况与《南京太常寺志》记载吻合，而与《明太祖实录》《天潢玉牒》说法相左。

无论《实录》还是《玉牒》，都是供人阅读的文献，传播面自然广泛，当然要极力维护"嫡出"形象。孝陵享殿、奉先殿则不同，它是祭祀亡灵场所，能够进入这种神圣场所的人毕竟有限。永乐帝为使生身之母享受应得待遇，她的牌位自然要摆设在特殊显著位置。

当时和李清一同进入孝陵享殿的还有钱谦益等人，钱谦益是著名学者，精通文史，南明弘光时官任礼部尚书。关于《南京太常寺志》与《明实录》记载相左问题，连他也感到迟疑难决，可见此事确实令人困惑。于是他借弘光帝元旦谒拜孝陵良机，进入寝殿一探究竟。探秘结果，证实了《南京太常寺志》记载无误，马皇后并没有生育一男，朱元璋那么多儿子，都是各妃嫔所生。

钱谦益等人进入享殿验视的时间为南明弘光年间（1645年）正月初一，也就是说，自永乐年间至南明福王败亡，在长达200多年时间内，孝陵享殿内牌位摆放一直保持原状。

明末清初史学家谈迁在其所撰笔记《枣林杂俎》中说：

> 孝陵享殿，太祖高皇帝、高皇后南向。左淑妃李氏，生懿文皇太子、秦愍王、晋恭王。……俱东列。碽妃生成祖文皇帝，独西列。见《南京太常寺志》。
>
> 孝陵阉人俱云，孝慈高皇后无子，具如志中。……享殿配位出自宸断，相传必有确据，故志之不少讳，而微与《玉牒》抵牾，诚不知其解。

谈迁是阅读过《南京太常寺志》的，他记述的孝陵享殿内牌位摆放情况，就是从这部志书中获悉。南明弘光元年，谈迁曾在南京担任阁臣高弘图的记室，“阁老导之借故册府书纵观”，因此有机会阅读这部志书。他还就享殿内牌位摆放的疑问，专门走访守护孝陵的太监，获得情况与《南京太常寺志》记载相同。“享殿配位出自宸断”，一语道破天机，原来孝陵享殿内牌位的摆放，正是出自当年永乐帝旨意。

再看张岱《陶庵梦忆》卷一“钟山”条记载：

> 壬午七月，朱兆宣簿太常，中元祭期，岱观之。飨殿深穆，暖阁去殿三尺，黄龙幔幔之。列二交椅，褥以黄锦，孔雀翎织正面龙，甚华重。席地以毡，走其上必去舄轻趾。稍咳，内侍辄叱曰：“莫惊驾！”
>
> 近阁下一座稍前，为碽妃，是成祖生母。成祖生，孝慈皇后妊为己子，事甚秘。再下，东西列四十六席，或坐或否。祭品极简陋。……
>
> 岱所见如是。

这个张岱就是煌煌明史巨著《石匮书》的作者。

壬午，即崇祯十五年（1642年），这年农历七月十五日中元节——俗称“鬼节”——照例是祭祖日子，南京太常寺卿主持孝陵祭祀仪式，张岱目击了孝陵享殿内神主排列情况。殿内正面暖阁“黄龙幔幔之。列二交椅，褥以黄锦，孔雀翎织正面龙，甚华重”。显然这里是供奉朱元璋和马皇后神位处，仅次于太祖和皇后的祀位便是碽妃，单独摆放，享受特殊待遇。

张岱明确强调，碽妃“是成祖生母”，“事甚秘”。再联系他在《石匮书》卷六中所记，“成祖母碽妃，传之太常祀典及孝陵位次，确确不爽”，通过文献记载和享殿实际情况相互印证，永乐帝生母隐秘已昭然若揭。

这里我们再谈谈查继佐的明史巨著《罪惟录》，明亡之后，他花费29年时间才完成这部史书。在该书《皇后列传》末尾有这样一段话：

按《玉牒》：皇太子及秦、晋、燕、周俱皇后出。及考《南京太常寺志》，明书懿文及秦、晋李妃生，于燕书碽妃生。碽妃无所考，当时宫人姓李氏为贤妃者二，为淑妃者一。……又按寝庙碽妃一主，侧立御座之西，东则列诸妃，以下必非无为，在懿文不能明其所自出。

燕王既得国，亦何忌而不明其所自出也？……要知燕之内靖，方将托皇后以自亲且尊，必不自露。另立碽主，义与情俱矣。夫骨肉母子何等事，而《太常志》敢与天潢伊始乖异？

这里说得再明白不过了，当初燕王举兵靖难时，出于策略考虑，不得不自称是马皇后亲生。之所以打出嫡生招牌，无非是借此自尊自重，赢得人心。既然夺取了政权，就没有必要再隐瞒下去了，至少在享殿祀典中，他要尽尽孝心，给予生身之母以特殊待遇，于情于义，方能说得过去。俗话说，是亲的打不掉，这就是母子骨肉之情。《太常志》是官修志书，谁敢在皇家问题上造假，除非脑子进了水，不想活了。

关于《南京太常寺志》所记载的孝陵牌位问题，明清之际学者潘柽章也做了考证，他在《国史考异》卷四谈及此事：

余考《南京太常寺志》所载，孝陵神位，左一位淑妃李氏，生懿文太子、秦愍王、晋恭王。右一位碽妃，生成祖文皇帝。是皆享于陵殿，掌于祠官，三百年来未之有改者。

而《实录》顾缺不载，何也？惠宗固尝曰"此孝康皇帝同产弟也"，岂不知成祖为碽妃子而为是言耶？

史载洪武十七年十月册李氏为淑妃，摄宫中事，则淑妃之为孝康母疑有之，而碽妃则他无所考。闲尝质之中官故老，皆言孝慈皇后无嫡子，初养南昌王文正、岐阳王文忠等为子。厥后诸妃有子则自子，恩同己出，故中外无间言。若然，则螽斯麟趾，远配文母矣。而《南京太常寺志》所载非无故也。……

成祖果为碽妃子，则国史、《玉牒》何以讳言之？吾知成祖于此有大不得已者存焉。方靖难师起，既已自名嫡子，传檄中外矣。及入继大统，何敢复顾私恩，以忘高皇后均养之德与孝康一体之情。故于奉先殿则阙之，于陵殿则祀之，此亦恩义之不相掩者也。

从潘柽章这段文字可以获知几条信息：

其一，孝陵享殿内牌位摆设，“三百年来未之有改者”。换句话说，自永乐年间直至明亡，一直都是如此设置。这说明《南京太常寺志》记载属实，并非无缘无故或者捕风捉影。既然《太常寺志》真实可信，那么作为国史的《明实录》以及《玉牒》就有弄虚作假的嫌疑。从牌位摆设情况可知，李淑妃生懿文太子、秦愍王、晋恭王，碽妃生永乐帝。

其二，靖难时期，朝廷对燕王用兵，建文帝犹豫不决，曾对大臣说“此孝康皇帝同产弟也”，意思是燕王与懿文皇太子是一母同胞，建文生怕承担杀害亲叔罪名。潘柽章对这句话表示怀疑，因为这句话出自《奉天靖难记》。此后《明太宗实录》有关靖难各卷，就是依据《奉天靖难记》撰写而成。这两部史书旨在为永乐皇帝歌功颂德，其实并不可靠。

其三，根据《南京太常寺志》记载，马皇后并没有生育皇子。潘柽章曾就这个问题访问过原明宫中太监以及故老，“皆言孝慈皇后无嫡子”。这种说法并非出自一人之口，谈迁等人在调查此事时，也得到了相同回答。

潘柽章说，马皇后“初养南昌王文正、岐阳王文忠等为子，厥后诸妃有子则自子”。这话并非空穴来风，朱元璋和马皇后都喜欢收养养子，据《明史・沐英传》记载，朱元璋养子“多至二十余人”。例如沐英、何文辉、徐司马、平安、柴舍、马儿、金刚奴、也先、买驴、真童、泼儿、老儿、朱文逊、王驸马等，都是他们夫妇的养子，许多养子被赐以朱姓。其中朱文正是朱元璋侄子，朱文忠则是朱元璋外甥。此后朱元璋妃嫔陆续生下皇子，归于马皇后名下抚养，视为己出，恩同嫡子。

其四，朱棣既然是碽妃所生，《明实录》和《玉牒》为何讳莫如深？潘柽章认为，这是由于永乐帝有不得已的苦衷，当时正值靖难非常时期，出于策略考虑只得打出嫡生这张牌。后来朱棣当了皇帝，对于马皇后养育之恩不敢忘怀，所以在公开场合依然声称自己是嫡生，而在孝陵享殿则突出安排生母碽妃牌位。

这个分析不一定符合实情，永乐帝之所以这样做，并非念念不忘“高皇后均养之德与孝康一体之情”，而是不得已而为之，因为马大脚毕竟是开国皇后，其国母地位无人可以撼动。永乐帝为了巩固帝位并将接力棒顺利传递给子孙后代，必须长期维护嫡生形象，这是权力斗争和政治斗争的需要。

至于潘柽章所说，碽妃的牌位并没有出现在奉先殿里，仅摆设在南京孝陵享殿中，也不符合实际情况。因为沈玄华《敬礼南都奉先殿纪事十四韵》一诗说得非常明白，南京奉先殿里有碽妃牌位。其排列位置，同孝陵享殿一样。

清初朱彝尊《南京太常寺志跋》中有这样的记述：

> 史馆初设，彝尊尝以此质诸总裁前辈（指永乐帝生母问题），总裁谓宜仍《实录》之旧。今观天启三年《南京太常寺志》，大书孝陵殿宇中设高皇后主，左列生子妃五人，右只碽妃一人，事足征信。然则《实录》出于史臣之曲笔，不足信也。

朱彝尊于康熙十八年（1679年），举博学鸿词，授翰林院检讨，曾参与编修《明史》。从这段记载得知，他阅读的《南京太常寺志》是天启三年续修本。在此之前，还有一种版本为嘉靖年间南京太常寺卿汪宗元所编撰。无论哪种版本的《南京太常寺志》，有关孝陵享殿内牌位的记载都是一致的，可见牌位摆放情况一直没有发生变化。

关于永乐帝的生母问题，《明太祖实录》同《南京太常寺志》的记载相互抵牾，其原因不是《太常志》失实，而是由于《实录》造假。因为此书曾先后经过三修，完全是按照永乐帝意志完成的，当然存在许多不实之处。

清代史学家夏燮，专门对这个疑团进行剖析，他在《明通鉴》卷首《义例》中说：

> 明成祖于建文所修之《太祖实录》，一改再改，其用意在嫡出一事。盖懿文太子薨，则其伦序犹在秦、晋。若洪武之末，则秦、晋二王已薨，自谓伦序当立，借以文其篡逆之名也。并引周王为五人同母者，盖燕周本同母也。
>
> 《明史·黄子澄传》曰："周王，燕王之母弟，削周是翦燕手足也。"此初修本之仅存者。解缙奉诏再修，尽焚原草而独存此数语者，盖缙等欲取媚成祖，遂谓懿文太子、秦、晋二王皆诸妃出，惟燕、周二王同为高后生，以证立嫡立长，礼之所宜。是则缙之所谓同母，乃母高后，与《子澄传》中同母之语词同而意异矣。
>
> 缙之得罪在永乐九年，时必有谮之于成祖者，谓"懿文庶出之语骇人听闻，修《实录》者留此罅隙，以滋天下后世口实"。于是成祖并疑李景隆、茹瑺等心术不正（语见沈氏《野获编》），乃于九年复命姚广孝、夏原吉等为三修之役，而杨士奇等主之。因自懿文太子以下五人悉系之高后所出，遂

为定本。而忘却子澄“同母”一语，自相矛盾，未及追改。又入之《永乐实录》中，而燕、周二王之为庶生，反成铁证，是目论而不自见其睫毛者也。

夏燮的分析很有道理，当初编修《明太祖实录》时，朱棣之所以一再更换主修人员，就是因为对这部书稿不满意，他想遮掩某些真相。解缙没有揣摩透皇上心思，是好心办了错事，该他倒霉。后来被投入大狱，又被锦衣卫埋入雪堆中活活冻死，不能说与此事毫无瓜葛。

据崇祯朝大臣黄景昉所撰《国史唯疑》卷二透露，当年解缙被永乐帝处死，其中一条罪状就是私撰《实录》。黄景昉所获资料来自《解氏家谱》。我们有理由怀疑，解缙所撰的《天潢玉牒》和《实录》中都涉及永乐帝的生母问题，而这一敏感问题又与官方口径不统一，因此而获罪。

《明太祖实录》本是记述朱元璋光辉业绩的史书，但是书中也不乏美化永乐帝言语，例如“洪武十三年九月”卷，其中有这样一段文字：

今上（即朱棣）初生，有云龙之祥，后（即马皇后）甚异之。后尝梦微时携诸子在原野间，卒遇寇至，皆红巾，甚恐。适今上以马进，扶后上马，复跃马从。寇见今上，皆避易遁去。后与诸子从容而还，遂觉。故独钟爱于今上焉。

不要盲目或过分相信正史，否则会把我们引入误区。老一辈史学家的治学方法和研究态度，很值得我们学习。

80多年前的学术争论

永乐帝的生母问题令人疑惑，是明朝历史的斯芬克斯之谜，不但引起明清学者的兴趣，同样也引起民国时期一些学者的关注。80多年前，这个问题再度被人提起，从而引发了学术界一场争论。

当年最早重提此事的是傅斯年先生。傅斯年当时是中央研究院历史语言研究所所长，担任《历史语言研究所集刊》主编，同时还兼任北京大学教授。1932年他写了一篇《明成祖生母记疑》论文，发表在《历史语言研究所集刊》上，随即引起史学界关注，不少学者撰文发表自己的见解。

傅斯年撰写此文的起因，缘于民国十八年（1929年）冬季。某日他在北平一家旧书店偶然见到一册手抄本，有二三十页，内容杂抄自明代笔记。其中一节涉及永乐帝生母问题，大意是笔记作者与周王府中人熟悉，据周府传言，永乐帝与周王朱橚系一母所生，他们的生母并非马皇后。建文帝即位之初，大臣齐泰、黄子澄力主削藩，周王遭受迫害最大，燕王为此深感不安，于是举兵靖难。攻入京师之后，首先去搭救周王，二人相抱痛哭。此后周王骄侈放纵，由于同母关系，永乐帝始终对他袒护保全，赏赐也最为丰厚。

抄本还提到，当时民间传言，永乐帝是元顺帝的高丽妃子所生，并且记录了一首歌谣，最后一句大意是：洪武三十五年，仍是胡人之天下。由于抄本内容都是零星抄自其他书籍，书店又漫天要价，傅斯年当时并没有购买，加之有公事在身，几天后匆匆赶往南京。

大约过了一年半，傅斯年偶然翻阅刘献廷《广阳杂记》，书中提到朱棣生母并非马皇后，而是元顺帝妃子。由此勾起往事，傅斯年便急忙到书店寻找那册抄本，不料竟杳如黄鹤。他感觉这个问题很值得探讨，于是搜集明清文献资料，写了《明成祖生母记疑》这篇文章。

文章认为，永乐帝为马皇后嫡生一说，出自《明实录》和《明史》记载，朱棣本人也反复声明自己是嫡生，所以明代学者王世贞、郑晓等人的撰述都依据此说没有异议。然而也有不少人持相反观点，其根据大都来自《南京太常寺志》记载。《康熙字典》“碽”字下训诂：“《太常寺志》：明祖妃碽氏。”《南京太常寺志》属于官书性质，书中记录应该不会虚妄荒诞。何况当时目击奉先殿和孝陵享殿牌位的并非一人，大家不可能都撒谎。

永乐帝曾多次声称：朕高皇帝第四子、朕高皇后第四子。齐泰、黄子澄在削藩时，也没听说他们有斥责燕、周诸王庶出的言辞。由此可以证明，永乐帝之所以强调嫡出，其目的就是引高皇后以自重。由于正史过多忌讳，齐、黄等人当时真实言辞未能公布于世。《明史》所依据的史料来自《玉牒》，而《玉牒》隐藏生母，攀引高后为嫡母，意在表明子以母贵。面对这些相互抵牾的史料，只有一种较为合理的解释，即永乐帝生于碽氏，养于高后，碽氏为贱妾，所以不见于正史记载。

《明史》为清代官书，底稿出自万斯同等人所撰《明史稿》。这些人都是明朝遗民，虽然已经改朝换代，但依然不忘汉统，在修史时必然有一定取舍。尽管如此，仍然在不经意处显露一些破绽。例如《黄子澄传》记载：“子澄曰：今欲问罪，宜先周。周王燕之母弟，削周是剪燕手足也。”此处已经透露，燕王与周王为一母所生，进而推知，燕王和懿文太子并非同母兄弟。

碽妃事迹，在明代官书中不见记载，但有一点可以肯定，碽非汉姓。这个女人有可能是蒙古人，也有可能是高丽人或者色目人。其中高丽人可能性极大。

朱元璋当年转战江淮，击败的元朝官吏必然很多，将掠获的元官妻妾纳为姬妾，自在情理之中。据史书记载，朱棣生于元至正二十年（1360年）四月癸酉，这年陈友谅弑其主徐寿辉，与朱元璋决战于鄱阳，兵败身死。此时朱元璋已占据江淮大片土地，兵强马壮，完全有掠取元朝大官妻小的机会。当时风气，蒙古大官喜欢高丽女子，争相纳高丽女为妻妾，因此，这个碽氏极有可能是高丽人。也许由于生母是高丽人缘故，永乐帝特别喜欢高丽妃嫔。

至于明代民间流传的永乐帝是元顺帝妃子所生的传说，傅斯年认为是无稽之谈。理由是朱元璋生性猜疑阴狠，如果燕王来历不明，岂能将他封于最大之藩，最重之都，统领以朔方重兵？尤其到了晚年，朱元璋对燕王倚赖尤重，北边诸藩军权均由燕王节制。

朱元璋得到元宫女子是在洪武元年或二年，此时朱棣已经长到八九岁。朱棣封藩为燕王是在洪武三年，治兵凤阳在洪武九年，就藩北平在洪武十三年。假设朱棣出生于洪武二年或三年，这是不可想象的事。封王可以在襁褓中册封，但治兵不能在七八岁时就具备这种能力，十一二岁更不能远至北平独当一面。这个传说流传到塞外后，便产生了《蒙古源流》中的荒诞说法，该书漏洞百出，不攻自破。

傅斯年这篇文章发表后，引起史学界反响。中山大学文史研究所所长兼文学院史学系教授朱希祖先生，撰写了《明成祖生母记疑辩》，发表在中山大学《文史月刊》第二卷第一期。

与此同时，与傅斯年同所的李晋华先生也写了《明成祖生母续考》一文，交由傅斯年审阅。该文搜集文献资料较为丰富，结论与傅斯年文章相同，即明成祖生母并非马皇后，而是高丽碽妃。当时傅斯年抱病在身，准备病愈之后，再写一篇文章附于李文之后，然后一同发表。不料痊愈之后公务缠身，李晋华那篇文章竟忘其所在，直到一年后又在纸堆中翻检出来，因缺失最后两页，嘱李晋华补写。李晋华花费三个星期对文章作了补充和改写，内容更胜于初稿。

这篇文章题为《明成祖生母问题汇证》，分为上下篇，上篇包括三节：一、记太祖诸子生母异同诸说。二、傅孟真（即傅斯年）先生《明成祖生母记疑》提要。三、朱希祖先生《明成祖生母记疑辩》提要。下篇包含五节：一、太祖早年纳妃之多。二、太祖曾纳庚申帝妃。三、燕周同母说之由来及其影响。四、碽妃生成祖及碽妃汪妃瓮妃之异同。五、《国史玉牒》与《南太常志》乖反及《南太常志》不言周王所出之原因。

李晋华根据《明太祖实录》和《南京太常寺志》所载，认为朱元璋早年确实纳有数十位妃嫔，其来源有三个途径：有出自元宫者，有出自元之贵族者，有夺自敌国者（如陈友谅）。同其他流寇一样，朱元璋当年也是个恣意酒色之辈，举兵目的不过是为了美女玉帛而已。当群雄角逐之秋，更无所忌惮，后来由于得到知识分子辅助，才萌生了统一天下之志。

元顺帝仓皇逃离大都之后，朱元璋确实得到了元主一批妃嫔，其中就有高丽妃子。例如周妃，其兄周谊，为高丽礼曹判书，曾于洪武年间以使者身份数次来中国，并且在京师小住，得到朱元璋赏赐。此事在《明太祖实录》和《万历野获编》中都有记载。朱元璋纳元顺帝妃嫔之事虽然属实，但不等于永乐帝生母就是元顺帝的妃子，理由很简单，早在明军占领大都之前朱棣便已出生。

李晋华认为，燕王与周王为一母所生，二人休戚相关，非他王可比。证据是建文削藩时首先向周王开刀，将他流放到云南，不久又禁锢于京师，牵制朱棣不敢轻易举兵。朱棣即位后，周王封爵最崇，受禄最厚，秦晋二王禄米只有周王的一半，岷肃二王仅二十分之一。之所以相差悬殊，原因在于同母之弟与异母兄弟亲疏有别。永乐末年，周王图谋不轨，朱棣只是对他进行诫谕，而齐、谷二王却被囚系终身，同罪却采取双重处罚标准。

另外，《明太宗实录》记载齐泰、黄子澄议论削藩时的一番对话，《奉天靖难记》所载燕王上建文帝书，都隐约透露燕王与周王同母关系。永乐帝曾自称高后嫡子，包括周王也是嫡生，但又不敢否认懿文秦晋嫡生事实，所以将兄弟五人绑缚一起，并称为高皇后所生。

《国史玉牒》说永乐帝为高后所生，《蒙古源流》和《广阳杂记》说永乐帝生母是瓮妃或元顺帝妃，《南京太常寺志》则记碽妃为永乐帝生母。三种说法中有一说真实，其余二说均伪。燕周二王同母，与懿文秦晋不是一母所生，如果懿文秦晋为马皇后嫡生，那么燕周就不是嫡子。据孝陵太监透露，马皇后没有生育一个儿子，说明这五人都非嫡生。《明太祖实录》经过三修后，永乐帝曾对撰修官说：“庶几少慰朕心。”言外之意，是肯定史官对自己的意图能够心领神会。

懿文秦晋四个兄长已经不在人世，周王虽然活着，但他是燕王亲弟，按照伦序理应由朱棣继承大位。这样一来，篡位之迹便可以巧妙掩饰。朱棣生母既然不是高后，是否就是元顺帝妃子所生？当然不是，因为此说漏洞太多，讹错悖谬随处可见。仅举一例为证，元顺帝妃子进入明宫，是在大都被攻克之后，而此时朱棣已经长到八九岁。再说，当时收入明宫的高丽妃子周氏，在《明实录》中并没有讳言，为何偏偏隐瞒格呼勒德哈屯或瓮氏。退一步说，即使正史刻意隐瞒，为什么在其他书中没有一点痕迹？

永乐帝生母既然不是马皇后或元顺帝妃子，那么就应该是碽妃。自明代到清初，已有不少人读过《南京太常寺志》，还有一些人亲见孝陵享殿中牌位，这与以讹传讹不同，可信度极高。《南京太常寺志》已先后经过几次修撰，碽妃生成祖之说由来已久，必有所本。此外，据沈玄华《敬礼南都奉先殿纪事十四韵》所记，南京奉先殿里也摆放碽妃牌位，时间在嘉靖十三年之后。这些资料可以相互印证，不可能出于后人伪造。

永乐帝既然是碽妃所生，这个碽妃极有可能是高丽人。自至正以来，元朝达官贵人多蓄高丽女，江南诸省掌政治握兵权者多为元之贵族，随同这些贵族来江南的高丽女子必然不少。朱元璋于至正十二年起兵，转战江淮，数年间破元兵中丞蛮子海牙、右丞完者都、万户纳哈出伯颜不花等。当这些官将败亡之际，太祖乘其余威，虏其妻孥，自是常事。由此可知朱元璋获得高丽女子机会很多，被掳高丽女中有碽氏不足为奇。

马皇后并非没有生育一男，懿文太子就是她的嫡生子。查阅永乐帝诏敕、燕王令旨、燕王上书建文以及颁告天下诏书等史料，对建文极尽责难诋毁，唯独不敢攻击懿文太子，不敢否定他的嫡生身世。其原因在于，懿文嫡长子身份为当时天下共知，无法否定。

秦晋二王是否为马皇后亲生，尚待考证。燕王举兵时，秦王、晋王已相继去世，即使都是高后嫡出，对于朱棣夺国并无任何妨碍，引为同母嫡兄反而更为有利。既然燕王和周王同为碽妃所生，为何强附于懿文秦晋之列？这是出于策略考虑，因为起兵造反，不得不以嫡子名义号召天下。

燕王、周王既然同母，为什么孝陵享殿和《南京太常寺志》没有公开周王所出？这是因为天下已经归属朱棣，他的子孙追尊所生，必然昭示正统所在，岂能让周王与成祖并列。退一步说，既然朱棣可以借口嫡生夺取建文天下，又怎能排除周王后代没有这样的野心。他们也可以打着嫡生子孙旗号，篡夺永乐帝所传之天下，这就是不标明周王所出的深层原因。

专攻明史的吴晗先生，对这个问题也十分感兴趣。1935年7月，他在《清华学报》第十卷第三期发表《明成祖生母考》，对这个谜团做了详细考证。

吴晗首先考证燕王和周王是否同母，燕王、周王和懿文太子以及秦晋二王是否也是同母。他依据的官方史料是《明太宗实录》，尽管该书出自朱棣臣下之手，“有故意埋没事实厚诬敌人的嫌疑”，但仍然有不少破绽可寻。据《明太宗实录》记载，燕王靖难驱兵金陵城下，进城之后，首先去搭救身陷囹圄的周王。书中有这样一段记载：

周王见上拜且哭，上亦哭，感动左右。周王曰：“奸恶屠戮我兄弟，赖大兄救我，今日相见，真再生也。”言讫复哭……上曰：“身遭兵祸，无所容生，数年亲当矢石，濒万死，今日重见骨肉，皆赖天地皇考皇妣之祐，得至于此。”周王曰：“天生大兄，戡定祸乱，以安社稷，保全骨肉。不然，皆落奸臣之手矣。”

吴晗认为，这段话有两点值得注意：第一，周王是太祖第五子，却称他四哥为大兄。由此可知燕王和周王同母，和懿文、秦晋二王异母。第二，周齐二王并在京中，同为朱棣之弟，而出迎却只记周王，抚慰也只及周王，由此可见燕周之关系。此外，朱棣登基之后，给予周王种种特殊待遇和赏赐，每遇生日，先期必派驸马都尉前去赐物。同为藩王的谷王，曾打开金川门迎接燕王入京，居功至伟，然而获得的待遇却难望周王项背。

事实上燕周不但同母，而且都是庶出。燕王咬定自己是嫡出，连带将周王也算为高后亲子，起兵时口口声声抬出嫡子头衔，就是为了迎合传统的宗法观念。此时懿文及秦晋二王都已去世，建文虽然继承了帝位，却被朱棣在讨伐檄文中斥为变乱祖法、妻祖母乱伦，大逆不道，不应继承主器，在伦序上自己理应入继大统。燕王即位后下令焚毁建文朝“有言语干犯”文件，说明这些文件包含有指斥他冒嫡作假的内容。

《明太祖实录》和《明史》都记载，朱元璋长子懿文太子为马皇后亲生，于元至正十五年九月丁亥生于太平陈迪家。

据《明史》《皇明记事录》《开平王神道碑铭》等资料记载，九月丁亥之前，长江江面已被元军舟师封锁，而太平又处于四面包围之中。由于江路不通，马皇后以及将士家眷和辎重都在和州。直到至正十六年二月丙子之前，驻留和州的将士眷属仍然没有机会过江。因此，马皇后带领将士妻妾渡江，由和州到太平，应在至正十六年二月蛮子海牙失败，元兵扼江势衰之后。马皇后当时既然不在太平，那么懿文太子自然不是马皇后所生。

懿文太子既然与秦晋二王同母，说明他们三人都不是马皇后嫡生。《南京太常寺志》记载淑妃李氏生懿文太子、秦愍王、晋恭王，碽妃生成祖，此事应该可信。高后虽然无子，却喜欢收养子，以诸妃嫔之子养为己子，自在情理之中。懿文、秦、晋诸王都是她的养子，视为亲生。由于这个缘故，诸子遂自命为嫡子，其生母因之埋没，仅在陵寝及享殿中微露端倪。朱元璋初起兵时势力未盛，会有这么多姬妾吗？回答是肯定的，其中有记载可考的姬妾就有孙妃、郭妃、胡妃、郭宁妃、李淑妃等。

成祖、周王生母实为碽妃，碽妃来历不明。永乐帝起兵时自称嫡出，以后无法再换一个生母，只好讳莫如深。现在我们所见到的史料都经过永乐年间数度修改，自然不能和实际情形相合。碽妃不见于《实录》和《玉牒》记载，是因为这两部书都已经被故意删改过几次，不能过分相信官书。

自从明代中期沈玄华对永乐帝生母发出质疑，时间已流逝了400多年，至今依然没有确凿答案，正因为如此，才引发了许多人的好奇心。

历史之谜和自然之谜一样，都能引起人们极大的兴趣和关注。

大报恩寺的秘密

提起明朝南京的大报恩寺，在当时可谓名闻遐迩，因为它是金陵古城的标志性建筑，与灵谷寺、天界寺并称为金陵三大寺。这处古寺坐落在明朝故都南京聚宝门外（今中华门外雨花路东侧），处于金粉之地秦淮河北岸。

大报恩寺中有一座高耸云表的宏丽宝塔，曾被列为“金陵四十八景”之一，自从落成之后，为这座梵宫增添了许多神秘色彩。明清时期，大报恩寺塔知名度很高，来这里观光游览的文人墨客络绎不绝，留下了不少诗作和文字记述。官方修撰的地理总志也都作了记载，请看《大明一统志》卷六所记：

> 大报恩寺在聚宝门外，吴赤乌间，有康居国异僧领徒至长干里，结茅行道，能致如来舍利。孙权为建塔奉焉，名寺曰建初，实江南塔寺之始。梁名长干寺，宋改名天禧，本朝永乐初，悉撤其旧而斥大之，赐今名焉。

该寺又见于乾隆年间官书《大清一统志》卷五十二记载：

> 大报恩寺，在江宁县城南一里。吴赤乌间康僧会致舍利，吴大帝建寺及塔。明永乐间重建，赐额大报恩寺，规模宏壮，塔高百余丈。
>
> 本朝康熙三年修。二十三年圣祖南巡，登塔顶，每级有御书匾额。三十八年重修。
>
> 乾隆十六年翠华南巡，御制报恩寺六韵诗。登报恩寺塔，作歌诗，御书报恩寺匾额、对联、报恩寺塔九级匾。二十二年、二十七年、三十年、四十五年，翠华南幸，皆有御制大报恩寺诗。四十九年翠华六幸，有御制《雨中礼报恩寺》诗。

原来大报恩寺的前身是建初寺，兴建于三国时东吴大帝孙权当政的赤乌年间，除了寺院，还建了一座阿育王佛塔。由于当时佛教传入中国不久，这座佛教建筑堪称江南第一塔寺，又因为寺院住持来自西域，供养有佛宝舍利，所以这处伽蓝便成为江南名寺。

到了南北朝的梁朝时期，又出现一个虔诚崇佛的皇帝梁武帝萧衍，于大同八年（543年）对塔寺进行了改造，将佛寺命名为长干寺，佛塔随之更名为长干塔。至北宋真宗天禧年间，寺院又改为天禧寺，还建了一座圣感塔。到了元朝至元年间，再次改为天禧慈恩旌忠寺，由于元末江南战火频仍，佛塔遭到损坏。

洪武十三年（1380年），发生胡惟庸谋逆案之后，朱元璋认为这座佛塔所处方位妨碍大明国运，下令移至钟山东麓。就在搭建脚手架之际，发生了工人坠地身亡事故，老朱认为这是凶兆，于是下令停工，不久又对佛塔进行原地维修，耗金二万五千两。

永乐五年（1407年）七月，由于皇后徐仪华病逝，朱棣在天禧寺荐大斋超度。第二年，一个名叫本性的寺僧为泄私愤而故意纵火，寺院和佛塔化为一片灰烬。永乐十年，明成祖敕工部在原地重建，“征天下良工，准宫阙规制，依大内图式，造九级五色琉璃塔，曰第一塔，寺曰大报恩寺”。此事亦见于《明太宗实录》卷一三一记载：永乐十年八月丁丑，“重建天禧寺”。

人们感兴趣的不是建初寺、长干寺，也不是天禧寺，而是永乐年间在古寺废墟上重建的大报恩寺，因为它和朱棣的名字紧密联系在一起。这座新建寺院不是募资建造，全部费用都取之于国库，是当朝皇帝亲自过问的重点工程。寺院命名为大报恩寺，其中蕴意很值得玩味。

大报恩寺壮观吗？当然宏伟壮丽，这是前朝的建初寺、长干寺和天禧寺所无法相比的，无论规模还是形制，都后来居上。让我们看看乾隆年间官方编撰的《江南通志》卷四十三记载：

> 大报恩寺在府城南聚宝门外古长干里，吴赤乌间康僧会致舍利，吴大帝建寺及塔。晋太元九年，刘萨诃于越王城望气，得舍利于此，建长干寺。梁武帝发塔下舍利及爪发，发青绀色，帝命复修塔瘗之。南唐时寺废为营庐，久之，舍利数见感应。宋祥符中释可政表其状，复建寺，赐塔号圣感舍利宝塔。天禧二年，改为天禧寺。
>
> 明永乐十年，敕建塔九级，赐额大报恩寺，御制碑记。塔高百余尺，皆五色琉璃，顶冠黄金，照耀云日，江山城郭悉在凭眺。中篝灯百二十有八，

居民点烛无虚夜，数十里风铎相闻，星光灼烁。明嘉靖间大殿毁，惟塔存。

有关大报恩寺塔的壮观景象和建造情形，还见于明代王士性和清初张岱等人记载。王士性生活于嘉靖、万历年间，所著《广志绎》卷二“两都”条载：

> 大报恩寺塔，以藏康僧所取舍利。神龙人兽，雕琢精工，世间无比。
>
> 先是，三宝太监郑和西洋回，剩金钱百余万，乃敕侍郎黄立恭建之。琉璃九级，蜃吻鸱尾，皆埏埴成，不施寸木，照耀云日。内设篝灯百四十四，雨夜舍利光间出绕塔，人多见之。嘉靖末雷火，宫殿俱毁。

张岱《陶庵梦忆》卷一“报恩塔”条说：

> 中国之大古董，永乐之大窑器，则报恩塔是也。报恩塔成于永乐初年，非成祖开国之精神、开国之物力、开国之功令，其胆智才略足以吞吐此塔者，不能成焉。
>
> 塔上下金刚佛像千百亿金身。一金身，琉璃砖十数块凑砌成之，其衣折不爽分，其面目不爽毫，其须眉不爽忽。斗笋合缝，信属鬼工。闻烧成时，具三塔相，成其一，埋其二，编号识之。今塔上损砖一块，以字号报工部，发一砖补之，如生成焉。夜必灯，岁费油若干斛。
>
> 天日高霁，霏霏霭霭，摇摇曳曳，有光怪出其上，如香烟缭绕，半日方散。永乐时，海外夷蛮重译至者百有余国，见报恩塔必顶礼赞叹而去，谓四大部洲所无也。

这就是巍峨壮观的报恩寺塔，在当时堪称天下第一塔，是好大喜功的永乐帝亲自抓的一项重点工程。建造这座塔寺历时16年（一说19年），直到宣德三年才完工。耗银将近250万两，先后投入工匠役夫10多万人，可与同时营建的新都北京、天寿山长陵并列为三大建筑工程。

当年大报恩寺塔施工时极其考究，先在地基打入粗大木桩，然后纵火焚烧，使之变成木炭。之后再用铁轮滚石碾压夯实，在木炭上加铺一层朱砂，用来防潮、杀虫。

据《金陵大报恩寺塔志》记载，寺院周长九里，主要建筑坐东朝西，沿中轴线层层递进，依次为金刚殿、香水河桥、天王殿、大雄宝殿、琉璃塔、观音殿、法堂等。其中标志性建筑大报恩寺塔平面呈八角状，共有九层，高出地表将近80米。塔身覆瓦和拱门都使用五色琉璃构件，装饰飞马、飞羊、狮子、白象等浮雕图案。塔顶使用2000两黄金做成，日光映照之下金碧辉煌。各层塔檐共悬挂风铃152个，塔内安置长明灯146盏，每昼夜耗油达64斤。为了便于更换损毁的琉璃构件，当时每个部件都烧制了三套，一套用于安装，另外两套埋藏于地下备用，构件背后都有墨书的编号和标记。

永乐帝去世时，大报恩寺虽未完全竣工，但主要建筑已经落成。朱棣生前对这项建筑杰作感到十分满意，就在去世前五个月，亲自撰写了《御制大报恩寺左碑》碑文，其中有这样几句："殿堂廊庑，辉焕一新。重造浮图，高壮坚丽，度越前代，更名曰大报恩寺。"

洪熙、宣德年间，同中国有交往的国家或朝贡国达百余个，这些使者来到南京后，都以能够观览大报恩寺塔为快，"必顶礼赞叹而去"。在许多西方游客、商人和传教士眼中，大报恩寺塔具有迷人魅力，有人惊叹这座宝塔是东方建筑艺术中最豪华、最完美无缺的杰作；有人将它与古罗马大斗兽场、古亚历山大地下陵墓、意大利比萨斜塔等建筑并列为中世纪七大奇观。

也许有的读者会问，你说了这么多，大报恩寺究竟同永乐帝生母问题有何内在联系？联系大了，因为民间一直传说，朱棣大兴土木建造报恩寺塔，其深层隐秘就是为了报答生母碽妃的生育之恩。

在建造大报恩寺问题上，一直存在着两种声音。官方文献和史志宣称，永乐帝建造大报恩寺塔，是为了报答朱元璋和马皇后的养育之恩。由朱棣亲自撰文的《御制大报恩寺左碑》声称："朕皇考太祖圣神文武钦明启运俊德成功统天大孝高皇帝，皇妣孝慈昭宪至仁文德承天顺圣高皇后，开创国家，协心致理，德合天地，功在生民，至盛极大，无以复加也……所以祇灵迎贶，上资福于皇考、皇妣……用仰承我皇考妣之圣志，而表朕之孝诚。今将竣事，特志其本末于碑，用昭示如来之道，化我皇考皇妣之功德，配天地之广大，同日月之光明，而相为悠久于万万年。"

据《金陵梵刹志》记载，成祖感念皇考、皇妣罔极之恩，认为天禧寺不可终废，于是征调军匠夫役十万重建塔寺，取名大报恩寺。民国年间出版的《金陵大报恩寺塔志》也说："因欲报高皇帝深恩，于（永乐十年）六月十五日午时起工，至宣德六年八月初一日完工，共19年。敕工部侍郎黄立恭依大内图式，造九级五色琉璃宝塔一座，曰第一塔，以扬先皇太后之德。"

私家说法虽多，但涉及永乐帝建塔动机时，似乎与报答太祖和马皇后之恩无关。例如明代中期吴中才子祝允明所撰《野纪》卷三记载：

燕王将靖难，发念成功后当建一塔寺，以展报诚。既渡江，忽见江中涌出一宝塔，上悚然忆起前念。即位后一日，天禧寺浮图灭，有司入奏。上命兵为督人，遥卫于内外，勿令救火。寺即烬，命取其烬灰，投之入于江。就其地鼎建大刹，立塔十三重（应为九重），赐名大报恩寺，雄丽甲海内焉。

这条记载并没有说明建造报恩寺究竟是报谁之恩，既然朱棣许愿是在靖难时期，期望成功之后建塔寺报恩，那么所报答的对象不一定是朱元璋和马皇后。因为朱元璋并没有将皇位传给朱棣，而是传给了皇太孙朱允炆。

永乐帝虽然在《御制大报恩寺左碑》中声称，建寺造塔是为皇考、皇妣祈福报恩，但这种表白同他多次公开宣称自己是朱元璋、马皇后嫡生一样，意在借嫡出以自重。表面是一回事，实质又是一回事，分析问题，应该透过表面现象看本质。

清末学者陈作霖，江宁（南京）人，撰有《养和轩随笔》，书中有这样一段记述：

予幼时游城南大报恩寺，见正门内大殿封闭不开。问诸父老，云此成祖生母碽妃殿也。

妃本高丽人，生燕王，高后养为己子遂赐死，有铁裙之刑，故永乐间建寺塔以报母恩。与史志所载皆不合，疑为谰言。

后阅朱竹垞跋《南京太常寺志》，云长陵系碽妃所生。复见谈迁《枣林杂俎》，述孝慈高皇后无子，即懿文太子及秦、晋二王，亦李淑妃产也。乃仅齐东之语，不尽无稽也。

陈作霖的记述不一定可靠，因为他所获得的消息出自齐东野语。所谓大报恩寺内碽妃殿云云，都是街谈巷议之言。他连寺院大门都没进去，不可能获得什么意外发现。现有记载报恩寺种种传闻的资料出现时间太晚，其可信度便打了大大的折扣。民国时期学者王謇撰有《孤庐杂缀》，其中有这样的记述：

往余幼从吴梦辄师恩同游，师告余曰："克金陵时，官军得明成祖御碣于报恩寺塔座下，其文略谓成祖生母为瓮吉剌氏，翁故为元顺帝宫人，生成祖，距入明宫仅六阅月耳。明制：宫人入宫，七阅月内生子者，须受极刑。马后仁慈，遂诏翁以成祖为马后所生。实则成祖生日，距懿文太子之生，仅十阅月稍强也。翁自是遂抑郁而殁，易箦前，以己之画像一帧，授成祖乳母，且告以详，命于成祖成年就国后告之。成祖封燕王，乳母如命相告。于是，成祖始知己之来历，乃投袂奋起，而靖难之变作矣！"

如果情况属实，大报恩寺确实隐藏着朱棣生母的隐秘。但是王謇的记述有十分明显的硬伤。所谓成祖生母为元顺帝宫人瓮吉剌氏之说，与《蒙古源流》说法如出一辙，都属于无稽之谈。因为朱棣出生于元至正二十年（1360年），而明军攻取大都得到元顺帝宫人是洪武元年（1368年），这之间有八年误差。元顺帝确实有一个出自瓮吉剌氏的继任皇后，但是她已死于至正二十五年（1365年），如何还能再进明宫？所以王謇的记述令人难以置信。

我们排除《孤庐杂缀》中的奇谈，并非全盘否认大报恩寺存在的疑团，恰恰相反，这座由永乐帝钦令建造的塔寺确实迷雾重重。据《明史・郑辰传》记载：“南京敕建报恩寺，役囚万人。蜚语言役夫谤讪，恐有变，命辰往验。”虽然只有简短几句，但包含有重要信息，很值得琢磨。

当时朝廷正大兴土木，催工建造大报恩寺，究竟由于什么原因，导致工地出现流言蜚语？工匠役夫私下纷纷议论什么？既然定性为“谤讪”，显然与诽谤当今圣上有关，不然不会引起永乐帝如此警觉，派监察御史郑辰前去处理。这件事不能不使我们联想到朱棣生母问题，也许役夫们纷纷议论的正是这个话题。

民间最流行的说法是，永乐帝打着为马皇后祈福的幌子建造大报恩寺，其实是为了纪念生身之母碽氏，报答生母的孕育之恩。这些虽然都是小道消息，但是将有关报恩寺的传言同奉先殿以及孝陵享殿供奉的牌位联系起来，其中定有玄机。大报恩寺塔自建成之后存世400多年，1856年毁于太平天国战火，巍峨琉璃宝塔从此变为一片瓦砾。

时光荏苒，到了2007年，南京市为了彰显历史文化名城风貌，决定启动大报恩寺塔重建工程，规划恢复琉璃宝塔，在原址兴建遗址公园。不久，由当地文物部门组成的一支考古队进入工地，对大报恩寺遗址进行清理发掘。

随着考古工作的展开，工作人员寻找到一处塔基，并且发现了塔基下面的地宫位置。消息传出，立刻引起人们的兴趣和瞩目，尤其史学界和考古界人士，对于此次发掘寄予空前关注。人们期盼神秘的地宫中能够有惊人发现，从而彻底揭开永乐帝生母之谜。有人甚至十分乐观地预言，这次发掘将有可能改写现有《明史》。

发现的地宫入口呈圆形，直径约2.2米，深度达6米，里面填有一层层经过夯实的硬土。根据现场迹象判断，这处地宫没有遭到任何盗掘。也就是说，如果地宫中存有当年秘藏的物品，现在依然还存在。按照古代建造佛塔惯例，地宫内通常珍藏有贵重的法物或舍利，尤其是永乐帝钦令敕建的佛塔，肯定有价值连城的佛宝。这些文物，通常应该秘藏在石函或铁函里面的金棺银椁内。既然秘藏佛宝，还应该有相应的碑刻记载此事，记文理应出自永乐帝御制。如果一切都顺理成章，记文很可能提及建造大报恩寺缘由，永乐帝生母之谜自然浮出水面。

2008年8月初，古老的地宫终于撩开了神秘面纱。时至炎夏，人们的热情比炽热的气温更高。当地宫完全打开后，果然发现了石函，石板上面平铺了一层锈迹斑斑的铜钱。考古人员充满信心地断言，随着进一步发掘，围绕地宫的谜团终将被揭开！

这简直是个爆炸性消息，连续多日守候在发掘现场的媒体记者情绪高涨，一片沸腾，纷纷赶写新闻稿件。文章标题足以吊起读者胃口：

《南京大报恩寺塔地宫开启，将揭开历史谜团》

《金陵大报恩寺遗址考古震惊中外》

《学者破解朱棣生母之谜，大报恩寺不是报马皇后恩》

《为报父母之恩，朱棣兴建大报恩寺》

……

真是没有想到，新闻记者也成了标题党。

一段令人疑惑了500多年的谜案即将真相大白，人们能不心情振奋吗？

当石函开启后，里面有一只高达1.3米的大铁函，铁函内又发现一座金光闪闪的鎏金七宝阿育王塔。然而事实并非人们所期望的那样，这座神秘的地宫和秘藏的佛宝与永乐帝无关。通过对铜钱除锈处理，发现所有钱币不是铸有“开元通宝”便是“皇宋通宝”字样，说明这些铜钱的年代分别属于唐代和宋代，唯独没有见到明朝的“洪武通宝”或“永乐通宝”。

地宫内还出土了一块石碑，首行赫然镌刻“金陵长干寺真身塔藏舍利石函记”，还有“宋大中祥符四年”纪年。碑文记述了演化大师可政、守滑州助教王文等人得到宋真宗允准，奉旨修建九层宝塔的事情，还记载，佛塔奠基时，在地宫中秘藏“感应舍利十枚”“佛顶真骨”“金棺银椁”“七宝阿育王塔”等宝物。石碑传递的信息十分明确，当初这座地宫上面耸立的宝塔，是宋真宗大中祥符四年（1011年）建造。

笔者在前面曾提到乾隆年间编撰的《江南通志》，其中卷四十三有大报恩寺的相关记载：“宋祥符中释可政表其状，复建寺，赐塔号圣感舍利宝塔。天禧二年，改为天禧寺。”也就是说，北宋祥符年间，这处宝塔名为“圣感舍利宝塔”，寺院仍沿用前朝长干寺旧名。

到了宋真宗天禧二年（1018年），才将长干寺改为天禧寺。直至永乐十年后重建大报恩寺院和佛塔，再次更名为大报恩寺、大报恩塔。地宫碑文中出现的“演化大师可政”，就是北宋祥符年间金陵长干寺的住持僧，当年就是他请示宋真宗重修了长干寺，建造了“圣感舍利宝塔”。

既然塔基下的地宫与永乐帝建造的大报恩塔无关，当然不可能秘藏明朝的物品。

那么，永乐帝建造的大报恩塔又在何处？难道子虚乌有，出自史籍或野史笔记杜撰？不可能，绝不可能。

笔者分析，很可能有三个原因，一是大报恩塔利用圣感舍利宝塔基址兴建新塔，当年施工时，对原有地宫并未触动，所以地宫内不存在任何永乐年间遗物。二是大报恩塔地宫叠压在北宋圣感舍利宝塔地宫上面，可能处于地表之上，由于宝塔早已毁坏，地宫自然也荡然无存。三是大报恩塔可能建在寺内中轴线其他地点，这次考古发掘尚未发现。

永乐帝生母之谜没有寻找到答案，人们对于碽妃依然是雾里看花。

希望变为失望，笼罩在大报恩寺的迷雾仍然没有拨散。也许以后会有惊人的发现，也许这个谜团永远无法破解。

神秘的高丽碽妃

碽妃是朝鲜人，这或许可使我们心中盘结的疙瘩得以解开：为什么永乐帝特别喜欢朝鲜美女，多次派太监到朝鲜挑选贡女；为什么他特别喜欢朝鲜风味小菜，一日不用，便感觉饮食没有任何口味。

当初朱元璋当皇帝时，与朝鲜的关系一直处于僵冷状态，朝鲜国王虽然多次讨好，但总是得不到信任，不是被责难就是被训斥。朱元璋多次指责朝鲜国王心地不纯，对大明没有忠心。及至永乐帝上台，情况立即大变，明朝与朝鲜进入了蜜月期，这不是很耐人寻味吗？或许正因为永乐帝生母是朝鲜人，他的内心深处才有一种恋母情结。爱屋及乌，对于朝鲜的一切都颇感兴趣，他喜欢朝鲜女人，喜欢朝鲜饮食，甚至宫中许多太监杂役管事婆婆都是朝鲜人。

碽妃既然是朝鲜人，那她是如何进宫的呢？史料中没有记载。因为永乐帝上台之后，对于南京皇宫中所有档案资料都进行了认真清理，不可能留下与碽妃有关的任何记录。至于《实录》之类官修史书，那是按照永乐帝旨意编写而成，更不会留下任何线索，我们只能依据零星资料作间接推测。

首先应该排除碽妃为元宫中妃嫔的可能，因为元顺帝逃离京城、明军占领大都是洪武元年（1368 年）八月，当时徐达确实在元宫搜索到一批宫女和妃嫔，并且派人护送到南京。但是一个不容推翻的事实是，朱棣出生于元至正二十年（1360 年），早在元大都陷落之前八年便已呱呱坠地。

在朱棣出生这个时间段，朱元璋获得碽妃只能有三条渠道。第一是来自蒙古官员或将领。据史书记载，蒙古官员特别喜欢高丽美女，到了元顺帝当政时期，屡次要求高丽贡献美女。除了朝廷按照惯例公开索取外，蒙古官员也纷纷从各种渠道获取高丽女子。元朝末年，大批高丽处女涌入中国，无论文官还是将领，都以纳娶高丽女子为时尚。由于高丽女子婉媚，一旦成为蒙古官员妾室后，便容易获得专宠，以至于夺嫡，正妻只能被扫地出门。

据元末明初权衡《庚申外史》记载："祁宫（即元顺帝皇后奇氏）亦多蓄高丽美人，大臣有权者，辄以此女送之。京师达官贵人，必得高丽女然后为名家。"在元朝达官贵人眼中，年轻美貌的高丽女子成了抢手货。由于奇皇后本身就是高丽人，所以将一批批高丽美女罗致到元宫中。

至正二十年稍前，朱元璋已经据有集庆（南京），并且称吴国公，他派兵对盘踞在江南的元朝势力发动攻击，势如破竹。这个碽妃极有可能是当时元朝某个官员或将领的妻妾，后来成了朱元璋的战利品。老朱对部下管束极严，要求一切缴获都要归公，部将缴获女子财帛，一律不许打埋伏。朱元璋很赏识徐达，其中一个重要原因，就是徐达每次获胜得到美女后，都会毫无保留献给主上。徐达死后，朱元璋在御制碑文中特别称赞他的这个优点。

第二条渠道，可能来自卧榻之侧的张士诚。朱元璋占领金陵后，最大的对手和威胁便是张士诚。张士诚当时是元朝江浙行省丞相，又称太尉，据有江浙大片膏腴之地，尤其太湖附近的常熟、平江（苏州）、松江、常州等地是其中心领地。张士诚和高丽国王关系非同寻常，双方频繁派使者往来，互送聘礼，这些情况在《高丽史》中都有记载。

至正十八年到二十年这三年间，是张士诚同恭愍王交往最密切的时期，老张连番派使者携带沉香、山水精、山画木屏、玉带、金带、美酒、铁杖、玉斝、弓剑、彩缎等礼物赴高丽通好。恭愍王不但派使者回赠礼物，还多次在书信中吹捧张士诚。老张可不是省油的灯，他的妻妾多达数百名，其中就有不少高丽美女。

至正十八年到二十年，也是朱元璋为争夺江浙地盘，同张士诚打得不可开交的时期，每次交战都是张士诚溃败。所以，老朱从老张手里夺个把高丽女人并非难事。娶妻当娶高丽女，既然当时社会风气如此，老朱自然也要赶赶时髦，过把瘾。所以，碽妃有可能在那时进入老朱后闱。

第三条渠道，有可能从陈友谅手中获得。陈友谅同张士诚关系不错，二人曾谋划夹攻朱元璋。陈友谅也是个好色之徒，拥有的妻妾比张士诚还多，在对付老朱方面，双方利益一致。为了联络感情，共同对敌，张士诚赠送几个高丽美女给老陈自在情理之中。陈友谅的军队以舟师为主，他打仗有个习惯，总是喜欢将妻妾带在身边，乘坐楼船巨舟督战。

至正二十年（1360年）闰五月，陈友谅统率巨舟水师沿长江而下，直逼金陵。朱元璋在龙湾江渚摆出应战阵势，结果一鼓作气大破陈军，“并获其战舰”。《皇明本纪》评价：“此战太祖神谋妙算，高出千古，蹂躏巨敌，如玩弄婴儿于股掌之间。”很有可能就是在这次获取胜利的大战中，朱元璋得到了碽氏。

其实，朱元璋从陈友谅那里得到的女人绝非碽氏一个。此后他又在鄱阳湖同老陈展开最后对决，陈友谅中流矢身亡，楼船中美妾尽为老朱所得。接着朱家军又一举攻克陈友谅老窝武昌，将宫中美女财帛尽收为己有，朱元璋诸妃中有个达定妃，就是从陈友谅那里获得的。

从老对手那里获得美人财帛之后，朱元璋自然十分高兴，他在《大诰》中曾直言不讳提到此事：“朕当未定之时，攻城略地，与群雄并驱十有四年余，军中未尝妄将一妇人女子。惟亲下武昌，怒陈友谅擅以兵入境，既破武昌，故有伊妾而归。”无论如何粉饰，还是承认掠获了美人。

明代学者王世贞《史乘考误》也提到了这件事，该书引王文恪记述：

> 高帝克陈友谅，俘其妻孥，曰：“我自起兵以来，未尝纳人子女，今友谅三犯我金陵，四犯我太平，我甚恨之，其妻阇氏可没入掖庭。”未几生子，友谅遗腹也。封潭王，国于长沙。将之国，阇氏语之曰：“汝乃汉王陈友谅子，汝父被杀，吾为汝忍死于此，他日当为父复此仇也。”
>
> 故事：诸王来朝者皆止于宫中。潭王来觐，入止宫，不以礼自检，归国发兵反。高皇遣太傅徐达之子讨之，潭王坚闭城门，抱其幼儿绕城上行，取铜牌书其上云：宁见阎王，不见贼王。因掷于城外，遂举火阖宫尽焚，携其子投隍堑而死。

朱元璋声称“自起兵以来，未尝纳人子女”，这是撒谎。别以为大老粗不会说假话，有早在克陈友谅之前，老朱就已经占有濠州民女郭氏（即郭宁妃）和郭子兴的女儿（即郭惠妃）等数人。陈友谅这个爱妾阇氏，与达定妃应该是同一人。极有可能，朱元璋将敌妾收为己有后改了姓氏。据何乔远《名山藏》卷三十六记载：

> 潭王梓，母达定妃，洪武三年封，十八年之国。二十一年妃与民家生事，上召王，王惊，阖宫焚死。亦闻曰，达定妃故陈友谅姬，上妃之。妃居常为语所以为妃，故王不胜忿，闭城反，竟自焚。

此外，沈德符《万历野获编》卷三“国初纳妃”条也有记载：

> 伪汉（指陈友谅）违命最久，上心恨之，曾纳其妾，旋即遣去，深以为悔。野史讹传，曾生潭王梓，后叛诛。不知潭王与齐王榑同为达定妃所生，自坐犯家事自焚，初不叛亦不受诛也。

《明史·诸王列传》记载分明：齐王朱榑和潭王朱梓都是达定妃所生，在朱元璋诸子中分别排行第七、第八。朱梓自焚于洪武二十三年。至于自焚原因，说法不一，正史说由于潭王岳父于显受胡惟庸逆案牵连被处死，朱梓愤而自焚。野史则认为死因与憎恨朱元璋杀其父有关。

显然，潭王为陈友谅遗腹子之说十分荒诞，因为潭王出生于洪武二年，距陈友谅死亡已有十年。但这并不影响达妃是陈友谅姬妾之说，我们不能因为传闻失真而否定一切。朱元璋已坦陈收用陈友谅妻妾，而在他的众妃中又未见阇妃记载，很值得玩味，野史关于达妃即阇妃说法不一定是空穴来风。近世有学者指出，“阇”与“达”为双声，易混为一，阇妃和达妃极有可能就是一人。

前面已经提到，朱元璋从陈友谅那里得到的女人并非一个。如果碽妃是陈友谅爱妾之一，按时间推算，朱元璋得到她时不可能在鄱阳湖大战期间或抄老窝之时，应该在此之前的龙湾江渚大战，时间是至正二十年闰五月辛丑（1360年6月19日）。但据《明太祖实录》卷八记载：朱棣生于庚子年夏四月癸酉，即至正二十年农历四月十七日（1360年5月2日）。也就是说在龙湾大战之前一个半月朱棣便已出生。

千万不要被《明太祖实录》制造的假象蒙蔽，笔者前面已多次提到，《明太祖实录》并不可靠，它是完全按照永乐帝旨意编修的，尤其在朱棣的生母问题上做了不少手脚。为了服从“嫡生”这一政治大原则，难道就不能将生辰提前一两个月？

他为什么亲自抓《明实录》编修工作？为什么反复修改《明太祖实录》？为什么撤换负责修史的领导班子？其中玄机不言自明。如果朱棣果真出生于这一年的后半年某月，我们就可以触及真相，他很可能是陈友谅的遗腹子。当然，这只是推测，并没有切实证据。

碽妃是个谜，永乐帝的生身父母更是一个谜。由于当初保存在南京明宫中的文献资料已经被朱棣进行了清理，《明太祖实录》和《玉牒》又被他别有用心地做了手脚，因此我们很难获得事情的真相，要揭开这个谜团谈何容易。

第九章 帝星陨落与悲惨大结局

最后一次亲征

永乐二十二年（1424年）正月，朱棣决定第五次亲征漠北。

这年朱棣65岁，已步入了人生暮年，可谓垂垂老矣。曹操有诗说：“老骥伏枥，志在千里；烈士暮年，壮心不已。”朱棣的一生注定与沙场结下不解之缘，对他而言，马背上的感觉确实奇妙，一旦跨上鞍鞯，似乎立刻忘记了自己的年龄和病痛，仿佛又回到了血气方刚指点江山的英武岁月。

俗话说年纪不饶人，壮心再盛，也有体力不支的时候。就在半年前，他刚刚进行了第四次亲征，去年十一月才回到北京，人马都没有得到喘息。机器运转一段时间还得上油检修，何况血肉之躯的老人。

偏偏忠勇王金忠多事，反复劝请皇帝再次征讨阿鲁台。

金忠就是鞑靼王子也先土干。永乐二十一年十月永乐帝亲征时，师至饮马河附近，也先土干主动归降，永乐帝封他为忠勇王，赐姓名金忠。金忠与鞑靼太师阿鲁台有过节儿，上次北征时，阿鲁台闻风远逃，金忠心有不甘，所以一再恳请皇帝再次统兵出征。他说：“阿鲁台弑主残民，数为边患，请讨之，愿为前锋自效。”

由于刚刚还京，人马俱疲，永乐帝没有答应金忠的请求。他委婉地说：“你的主意虽然很好，但兵马不宜频繁调动。何况师出必须有名，如今阿鲁台没有犯边，我们不能盲目出兵，不妨静观几日。”

到了永乐二十二年正月，也就是永乐帝刚返回北京一个多月，忽然接到边报，报告阿鲁台发兵侵犯大同、开平。永乐帝坐不住了，这个阿鲁台真不识趣，有心放你一马，反而自寻死路，于是立即召集公侯大臣计议。群臣都了解皇帝秉性，纷纷进言：“逆贼不可纵，边患不可坐视，出兵不可避免，一切听凭圣上决定。”

大臣明知频繁出征劳兵伤财，为何一致主张出塞？关键是揣摩透了永乐帝的心思，知道他好大喜功，谁都不敢触逆龙鳞。

永乐十九年，朱棣打算第三次北征时，曾专门就此事征求大臣意见。当时兵部尚书方宾回答：“粮饷不足，未可兴师。”永乐帝又征求户部尚书夏原吉看法，夏原吉也说：“边粮仅够将士备御，无法满足大军需求。再说频年师出无功，戎马资储十伤八九，千万不能再劳累六师了。”

朱棣听了心中很不高兴。永乐帝每次北征，都在沿途刻石纪功，又令随驾文臣歌功颂德，你夏原吉莫非吃了熊心豹子胆，居然说频年师出无功。这不是触逆龙鳞，自己找死吗?

朱棣又让刑部尚书吴中谈谈个人看法，岂料他也实话实说，不同意出征。永乐帝终于控制不住情绪，火冲脑门，立即派锦衣卫抄了夏原吉的家，将原吉、吴中打入诏狱。兵部尚书方宾吓得心惊肉跳，畏罪自杀。永乐帝不解气，命人戮方宾尸首。他还想杀了夏原吉，多亏内阁大臣杨荣力救，才免除一死。

几年前发生的事犹在眼前，人人都心有余悸，谁敢再提不同意见。

永乐帝见大臣没有异议，当即传旨边将整备兵马，随时听候出征命令。又征调山西、山东、河南、陕西、辽东五都司以及西宁、巩昌、洮、岷各卫兵马，严令各部当年三月到位。其中山西都司兵马由都督李谦统领，开赴宣府等待，其他各都司、各卫兵马在北京会合。凡征调的军队，必须士马精强，兵甲坚利，不如令者或行事拖延者诛。

永乐二十二年三月戊寅，朱棣在北京举行盛大阅兵仪式，命安远侯柳升领中军，遂安伯陈英为副。英国公张辅领左掖，成国公朱勇为副。成山侯王通领右掖，兴安伯徐亨为副。武安伯郑亨领左哨，保定侯孟瑛为副。阳武侯薛禄领右哨，新宁伯谭忠为副。宁阳侯陈懋、忠勇王金忠率领壮士充当前锋。出征之前，命皇太子隆重祭告天地宗庙社稷，分遣官员祭旗纛山川诸神。

农历四月初三日（5月1日），诏令皇太子监国。次日清晨师发北京，一时间画角交鸣，鼍鼓震动，旌旗猎猎，数十万大军雄赳赳气昂昂奔赴疆场。这次亲征，永乐帝再次让大学士杨荣、金幼孜随驾同行。出征路线由京郊唐家岭至龙虎台，然后从居庸关出塞，经过岔道抵达怀来。又相继在土木堡、长安岭、赤城、云州、云门、独石等地宿营。

朱棣出生于元至正二十年（1360年）四月十七日，这次北征行军到长安岭时，正值他的生日，也就是万寿圣节。如果是在京城，肯定要举行盛大的庆祝活动，届时不但有本国百官庆贺，海外一些藩属国也要派庆贺使到帝京进贺。礼部尚书吕震不敢造次，请示百官行贺礼事宜。永乐帝下诏，因师行在外，免除一切庆贺活动。

四月底，北征大军来到隰宁，前锋金忠手下指挥同知巴里秃捕获一名敌军侦谍，经讯问得知，去年秋季，阿鲁台得知朝廷将要出兵，已带领部属逃遁。到了冬天，草原连降大雪，积有丈余深，冻死饿死许多人畜，部属都已离散。近日风闻朝廷大军逼近，阿鲁台已逃往答兰纳木儿河，准备越河到大漠深处躲避。

永乐帝获得敌情后判断，敌寇去此不远，不能错失机会，于是命诸将领兵速进。

一连多日急行军，北征大军经过西凉亭、开安、威虏镇、环州、双塔，于五月上旬来到军事重地开平（今内蒙古多伦）。这里曾经是元朝上都，明初设置开平卫，有重兵布防。这日老天爷突然降下一场冷雨，一些士卒由于断后掩护，结果遭受雨淋。塞北气候不同于内地，有早穿皮袄午穿纱的说法，士卒们衣服淋湿后，自然感觉寒冷。

永乐帝看在眼里，心中为之触动。他对身边将领说：士兵是将领的资本，只有依靠士兵，将领才能功成名就。你们懂得关心爱护他们，才能获得回报。古人有言，视卒如婴儿，可与赴深溪；视卒如爱子，可与之俱死。

永乐帝这番话符合辩证法，是他多年带兵征战的经验总结。奉劝那些自视甚高，一心想当元帅而又不懂得爱护关心士兵的人，你想打胜仗？没门。

队伍在开平驻扎时，永乐帝将笔杆子杨荣、金幼孜召入行帐，令二人起草敕书，内容大致是：

> 今王师之来，罪止阿鲁台一人，其所部头目以下，悉无所问。有能效顺天道，输诚来朝者，悉当待以至诚。优与恩赉，仍受官职，听择善地，安生乐业。朕之所言，上通天地，毋怀二三，以贻后悔。

这就是用兵之道，首恶必办，胁从不问，最大限度瓦解孤立敌酋。敕书写好后，派遣随军太监伯力哥前往阿鲁台诸部召谕，让那个就擒探子带路。又令安远侯柳升带领士兵收集沿途遗骸，集中埋葬在一处，在墓坑上堆土聚起丛冢，永乐帝亲自撰写祭文追悼。

北征大军从开平出发后，又一路北上，经过武平镇、威信戍、通川甸、长乐镇、香泉泊、环翠圃，抵达清平镇。清平镇是当年元朝设置的应昌路。永乐帝考虑到将士们连日奔波劳苦，于是在此处设宴款待文武群臣，又命内侍齐声高歌助兴，歌词是太祖皇帝朱元璋御制词五章。

次日抵达威远川，永乐帝再次设宴款待群臣，出示自制词五章，命中官当众歌唱。这两次宴会看似与征战没多大关系，其实用心良苦。如果说将领以士兵为本钱，那么皇帝就是以文武大臣为本钱，宴乐可以加强君臣凝聚力，从而调动每个人的积极性。毕竟出师在外已经两个月，经过长途跋涉，依然没有见到敌军踪影。兵法最忌师老懈怠，通过宴乐为将领打气，充满了人情味。

永乐帝御制歌词五章究竟什么内容？史书没有披露，大概是睥睨敌寇，抒发豪情壮志鼓舞士气之作。

队伍离开威远川后，又是多日急行军，先后在阳和谷、双泉海子、览秀川、锦绣冈、祥云屯、锦云碛、翠玉峰宿营。转眼已经进入农历六月，非但没有见到阿鲁台部众，就是零散游骑也了无踪影，永乐帝未免有几分着急。这天他召见前锋陈懋、金忠，责备道："用兵之道，贵乎先知。古之贤将之所以能够做到果断行动，动而胜敌，是因为已经预先获知敌情。如今兴师远出而未悉贼情，怎么能够成功？朕委任你俩充当前锋，尤其应该昼夜用心。要精选勇智之人，广布侦探哨马，一旦获得敌情，立刻飞马来报，朕时刻伫望你们消息。"

永乐帝急切想捕获敌兵动向，然而阿鲁台好像从大漠消失了，没有办法，北征大军只好继续深入。又是一连多日跋涉，大军经过鸣玉阙、清漠川、和鸾谷、紫驼冈、清泉泊、通流涧、金沙泺。这一天，宁阳侯陈懋终于获得敌人遗弃的战马九匹，亲自送到永乐帝面前。朱棣马上做出判断：丑虏素来多诈，说不定是在玩引诱花招，千万加强防范，不可忽怠。

大军继续北上，又经过秀水河、玉垒峰、宝屏山。

永乐帝警惕性很高，唯恐中了敌军埋伏，他传令诸将：大军如今已经深入虏地，尤其注意戒备，严哨瞭，肃部伍，明约束，昼夜勿怠。孙武兵法说，无恃其不来，恃吾有以待之。必敬慎如此，才能万全。这句话出自《孙子兵法·九变篇》，意思是：不要寄希望于敌人不来进攻，而要依靠自己的充分准备，严阵以待。永乐帝确实熟知兵法，懂得打有把握之战。匹夫之勇往往误事，理论和实战结合才能有胜算。

六月十四日（公历7月9日），北征大军来到凌云峰，次日抵达玉沙泉。这里距答兰纳木儿河（今蒙古国东部哈拉哈河上游）还有几日路程，据当初捕获的敌探供称，再往前就是阿鲁台出没之地。永乐帝不敢大意，令诸将严兵等待前锋部队消息。将士们听说快要接近敌人，无不摩拳擦掌，踊跃思战。永乐帝见士气旺盛，心中感到高兴，他自言自语："兵可用矣！"

六月十六日，队伍来到距答兰纳木儿河不远的龙武冈，但令人纳闷的是，依然没有发现敌人踪迹。永乐帝当机立断，命令前锋陈懋、金忠率领部众继续前进。并且叮嘱：遇到敌兵后要相机行事，如果双方兵力相当，敌人表示愿意弃戈下马投降，一律视为良民，不能杀戮。如果敌人上前迎战，先发射神机铳，然后再以长弓劲弩继之。一旦发现阿鲁台，不要贸然将他杀死，务必生擒。

第二天，永乐帝挥大军跟进，来到天马峰，没有得到前锋交战的消息，于是又继续前进数十里。这时宁阳侯陈懋派人回来禀报：臣等已抵达答兰纳木儿河，没有发现敌兵，四处远望，只有荒尘野草，见不到一兵一卒身影。地面车辙马迹也都漫漶湮灭，看来阿鲁台早就逃遁到大漠深处了。永乐帝不甘心，命令英国公张辅、成山侯王通等人带领兵马分别到各处山谷搜索，又令陈懋、金忠继续向北方挺进，仔细打探敌情。

六月十九日，永乐帝率领主力沿河行进，来到了苍石冈。

英国公张辅等将领陆续回来报告，已将方圆三百里范围仔细搜查，没有发现阿鲁台一人一骑。第二天，大军来到连秀峰驻扎，这时前锋陈懋、金忠也从前方回来，报告说引兵远至白邛山，依然旷无人迹，由于口粮已尽，只得返回。张辅不甘心，主动请求："愿借臣等一月军粮，率骑深入，罪人必得。"

永乐帝却向他当头泼了一盆凉水："今出塞已久，人马俱劳。虏地早寒，一旦有风雪之变，归途尚远，不可不虑。卿等且休矣，朕更思之。"

永乐帝先后五次北征，唯独这次没有获得敌人一兵一卒，可以说是兴师动众长途奔波，结果无功而返。对于好大喜功的他来说，简直没有一点面子，情绪也低落到极点。

据《明史·金幼孜传》记载，此次北征，大军刚出发不久，将士们便已显现疲劳之状。想想看，距上次出征回来仅隔半年再次远征，铁打的汉子也吃不消哇。兵书说，"师不宜久，行不宜远"，就是担心师老兵疲，将士会产生厌战情绪。当时永乐帝对此已有所觉察，他曾经询问随征群臣，结果大多数人都不敢说实话，只有金幼孜直言，劝谏大兵不宜深入。

一个月前，当队伍行到清平镇和威远川时，永乐帝接连两日设宴款待文武官员，就是想借这个时机鼓舞士气，统一认识。他经常用兵法提醒将士，但此次出征，恰恰有悖于兵法。

永乐帝似乎意识到这次出征有些仓促，当队伍驻扎开平时，他将杨荣、金幼孜召到帷幄，对二人说："朕昨夜三鼓时分做了一个梦，梦见神人反复对我说：'天帝好生'。难道天意同情胡虏吗？请二位分析分析，究竟是什么征兆？"杨、金二人何等聪明，当然明白皇帝用意，他这是假托做梦表达自己的心思。于是回答："陛下好生恶杀，此举固在除暴安民。然火炎昆冈，玉石俱毁，惟陛下留意。"永乐帝当即说："卿言甚合朕意，岂以一人有罪，罚及无辜。"

看来，当时永乐帝心中已打起了退堂鼓。

六月二十日，北征军来到翠云屯驻扎，永乐帝将张辅等将领召集到行帐，说道："昨日你们提出率骑继续深入，朕当时没有答应。思虑了一夜，朕已拿定主意，决意班师。古王者制夷狄之道，驱之而已，不穷追也。如今孽虏所存无几，在茫茫广漠之地搜寻，其难度犹如沧海求粟。我宁可担当一切责任，决不再让将士们吃苦受累。"

兵部尚书李庆听了皇帝这番话，立即随声附和：皇上如今已经铲虏之穴，破虏之众，塞北万里无虏迹。虽有数辈，如犬羊栖栖，偷生穷漠之地。陛下天地大德，难道会将他们赶尽杀绝斩草除根吗？

永乐帝听了很高兴，于是下令班师。他将队伍分为两路南归，自己统率骑兵走东路，命武安侯郑亨等领步卒走西路，然后在开平会师。

第二天一早，两路大军分别移兵，由东、西两路同时南下。永乐帝率领骑兵经过清流峡、富平川、长清戍、宁远镇等地，于七月初二日来到回流湾。接着又是多日行军，先后在清虏镇、峭石川、群玉峰、双清岛、清水源宿营。

当年秦始皇巡行天下时，曾在各地刻石纪功，歌颂秦德，垂于后世，化及无穷。永乐帝好大喜功，也喜欢这种做法，每次北征都要留下点纪念，这次也不例外。清水源道旁耸立一处石崖，高数十丈。永乐帝令大学士杨荣、金幼孜刻石纪行，题刻文字是：使万世后知朕亲征过此也。此后又是接连多日行军，经过丰润屯、长林壑、广平川、远安镇、通津戍、盘石镇。

农历七月十四日，队伍驻扎于翠微冈。永乐帝在幄殿凭几而坐，只有大学士杨荣、金幼孜和太监海寿、马云随侍身边。永乐帝吩咐海寿计算一下路程，看看何时可以回到北京。海寿回答：还有一个月路程，八月中旬便可抵京。永乐帝若有所思，又对杨荣、金幼孜说道："东宫（指皇太子朱高炽）历涉年久，政务已熟，还京后，军国事悉付之。朕惟优游暮年，享安和之福矣。"

古人云：天高任鸟飞，海阔凭鱼跃。鸟飞得再高，也有落在枝头的时候；鱼跃得再欢，也要寻求栖息。几十年的马背生涯，无数次的出生入死，草原的风风雨雨，大漠的黄尘沙暴，终于使这位不知疲惫的大明天子感到了倦息。

永乐帝感觉自己累了，他想好好休息。永乐帝感觉自己老了，他想安度晚年。永乐帝感觉力不从心了，他想把接力棒传递到下一代。他已经65岁了，正步入人生的暮年。人都有衰老的时候，谁也无法抗拒大自然的法则。无论他当初如何叱咤风云，如何雄风盖世，如何壮志凌云，随着年事渐高，也会日益感到心有余而力不足。

自从将建文帝赶下台后，他已经在皇帝宝座上稳稳坐了22年，亲手拨乱反正，开创了大明朝的永乐盛世，凭借文治武功展示了自己的治国才能。如今宇内升平，海外来仪，万方乐奏。他可以毫无遗憾地退居二线，心情愉快地"优游暮年，享安和之福矣"。

然而，事情往往出乎人们的意料，谁也没有预见到，死神正悄悄向一代雄主走来。四天之后，永乐帝突然与世长辞。

猝死榆木川

永乐二十二年，朱棣统兵进行第五次北征时，内阁大学士杨荣是随行大臣之一。他撰有《北征记》，记录了此次出征经过。据《北征记》记述，七月十四日这天，由东路南归的队伍驻扎在翠微冈，永乐帝当时在幄帐谈到打算让皇太子接班一事。杨荣发表了个人看法：“殿下（指皇太子）孝友仁厚，天下属心，允称皇上之托付。”

永乐帝听了此言，感到很高兴，令太监马云取来羊肉和酒，赏赐杨荣、金幼孜，二人谢恩退出。接着，下面是这样几句简短记述：

> 戊子（七月十五日），次双流泺。以旋师，遣礼部尚书吕震赍书谕皇太子，并诏告天下。己丑（七月十六日），次苍崖戍。上不豫，下令大营五军将士，严部伍，谨哨瞭，毋忽。庚寅（七月十七日），次榆木川。上大渐，召英国公张辅受遗命，传位皇太子。且云丧服礼仪，一遵太祖皇帝遗制。辛卯（七月十八日），上崩。

《明太宗实录》卷二百七十三也有类似记载：

> 己丑，车驾次苍崖戍。上不豫，下令大营五军将士严部伍，谨哨瞭，毋忽。庚寅，车驾榆木川。上大渐，遗命传位皇太子。且云丧服礼仪，一遵太祖皇帝遗制。辛卯，上崩。

再看《明史·成祖本纪》记载：

> 己丑，次苍崖戍，不豫。庚寅，至榆木川，大渐。遗诏传位皇太子，丧礼一如高皇帝遗制。辛卯，崩，年六十有五。

经对比可知，这三种资料所记内容几乎一样。其中《北征记》出自当时随征大臣杨荣记录，《明太宗实录》于宣德五年（1430年）正月修成，而杨荣就担任这部史书的总裁之一。《明史》完成于清代乾隆年间。《明太宗实录》和《明史》虽然都是官修史书，但所依据的原始资料都来源于《北征记》。

据上述资料透露，永乐帝行军来到苍崖戍突然患病，至榆木川病亡。那么，这两处地点究竟在何处呢？清初顾祖禹《读史方舆纪要》有记载：“翠微冈在漠北，其南为双流泺。又东南为苍崖峡，亦名苍山，亦曰苍崖戍。成祖北征时，尝驻此。又东南即榆木川矣。”“榆木川在卫西北，当碛口往来之冲。成祖晏驾处也。”也就是说，苍崖戍距榆木川仅一日路程，而榆木川又在开平卫西北，大约十日路程。开平就是东、西两路大军由翠云屯回师时，约定会合的地方。

榆木川得名，是因为这里的河川两岸生长着茂密的天然榆树林，其地应在今内蒙古多伦西北方向。

现在我们需要弄明白的问题是，永乐帝究竟因为什么疾病猝死？他在苍崖戍患病，到榆木川死亡，前后不到三天。如果确是因病而亡，一定是急症。有关具体病因，史书没有说明，只是使用了“不豫”“大渐”词语。不豫，专指帝王患病；大渐，意思是病情加剧。如果是头痛脑热发烧感冒，不会夺人性命，大病也不会在两三天便致人死亡。这种病一定是十分凶险的急症，极有可能是高血压引起的脑血管破裂，或者是急性心肌梗死引起的猝死。此病最忌情绪波动，心情不佳。另外气候急剧变化，低温、大风、阴雨也都是诱因。

如果是低温引起的心脑血管急病，似乎也值得推敲，因为当时是农历七月中旬，正值一年中最热的三伏时节。

永乐帝这次北征无功而返，对于一向意气孤傲的他而言，心中一定十分郁闷，感觉没有面子。在临死前他说过这样一句话：“原吉爱我。”当初，户部尚书夏原吉因为劝阻皇帝出征，被打入监狱，差点丢了性命。如果当时能够纳谏，不至于劳兵伤财白跑一趟。

除了病死，也不能断然排除其他意外的可能。

永乐帝这次亲征，朝鲜《世宗庄宪大王实录》也有记载，在“甲辰六年”（即永乐二十二年，公元1424年，朝鲜国王李裪即位第六年）五月条下有这样一句：“四月初四日，皇帝动驾北征。”日期准确，与明朝史料完全一致。接下来，又在当年九月条下记载：

> 九月癸酉，平安道监司金自知启：使臣支应差使员判三登县事朴得年回自辽东，赍誊写皇太子令谕一本。其文曰：“皇太子令谕天下文武官员军民等：仰惟大行皇帝为天下生灵讨贼胡寇，班师回至榆木川，不幸于七月十八日宾天，遗命中外臣民丧服礼仪，一遵太祖高皇帝遗制，布告天下，咸使闻之。”
>
> 王贤与得年潜说：“皇帝与鞑靼相遇交兵，阿禄大战死。”头目李瑛云：“忠勇王自请招安鞑靼，扈驾而行，未知去向。皇帝行在所雨冰如瓦，军人或折臂或碎头而死，马亦多折项而死，皇帝以此劳心而崩。”上为大行皇帝率群臣举哀如仪。

朝鲜《世宗庄宪大王实录》乙巳七年（洪熙元年，1425年）二月条下，还有这样一段记载：

> 辛亥，使臣内官尹凤、朴实入京。……尹凤谓总制元闵生曰：“总制年前赴行在，艰难而还？”闵生答曰：“皇帝特赐羊酒与料而送，何艰难之有？”凤曰：“其时事，不可说，不可说！北京距榆木川不迩，自榆木川以北，奚止八九倍？”銮舆入幸，逐中山王阿禄，大王使人曰：‘予自昔受赏与爵，不可以拒大军。自东逐我，则我乃西走。自西逐我，则我乃东走。终不与战。’不幸皇帝病亟，还至榆木川而崩。崩后大军与三卫兀良哈再战，我军被虏，不知其几千人也。”

现将上面两条记载作简要说明。永乐二十二年九月初一这天，朝鲜平安道官员向国王李祹报告：本国使臣朴得年护送大明天使王贤回国，如今已从辽东返回平安道。他在辽东抄写了一份大明皇太子朱高炽发布的告示，其主要内容是：大行皇帝（皇帝刚去世称作大行）北征鞑靼，在返回途中，不幸于七月十八日驾崩于榆木川。尊奉遗命，令中外臣民服丧举哀。

朴得年还获得一个小道消息，透露这个消息的人就是明朝使臣王贤。王贤于永乐二十二年六月到汉城公干，归国后得知永乐帝驾崩，他将了解到的内部消息私下透露给得年：“皇帝与鞑靼相遇交兵，阿禄大战死。”

阿禄，史书也写作阿錄、阿鲁、阿噜，属于东部蒙古部落，主要活动于今锡林郭勒盟地域。《朝鲜李朝实录》提到的阿禄，指的是阿禄部落首领，与鞑靼关系密切。

另外还有一个名叫李瑛的头目透露：忠勇王金忠（即也先土干）当初主动请求招安鞑靼，这次北征随同永乐帝同行，并且充当前锋，此人居然在返回路上不知去向。皇帝行在（指帝王行幸所至之处）突然遭遇冰雹袭击，落下的雹子巨大如瓦，许多军人被砸伤，甚至被击碎头颅而死亡，不少战马也死于雹击。皇帝为此心力交瘁，不幸驾崩。

《世宗庄宪大王实录》记载的情况很重要，至少可以澄清一些疑问。《北征记》《明太宗实录》以及《明史》在记载永乐帝回师时，对于归途所遭遇的战斗一字未提。其实，明军在返回路上肯定遭到了敌兵伏击。

第一，永乐帝此次北征之前，由于接到边报，报告阿鲁台发兵侵犯大同、开平，这才决定亲自提兵北征。如果边报属实，说明敌人并没有远遁漠北。

第二，永乐二十二年四月，北征大军在隰宁捕获敌军侦谍，据他交代，去年秋季阿鲁台已率部逃遁，因冬季连降大雪，冻死饿死许多人畜，部属都已离散。近日听说朝廷发兵北征，已逃往答兰纳木儿河。既然阿鲁台于永乐二十二年正月发兵侵犯大同、开平，说明他依然拥有重兵，所谓冻死饿死许多人畜，部属都已离散等语，纯属谎言。而且短时间之内，也不可能逃到遥远的答兰纳木儿河（今蒙古国东部）。显然俘虏没有说实话，其目的是想把明军引向误区。

第三，北征大军经过艰难长途跋涉抵达答兰纳木儿河，四处远望，只有荒尘野草，非但见不到一兵一卒，连地面车辙马迹也都湮灭。张辅、王通等人奉命在周边搜索，方圆三百里内没有发现一人一骑。前锋陈懋引兵深入白邛山，依然旷无人迹。这些情况表明，阿鲁台根本就没有来这个地方，由于永乐帝轻信俘虏所言，又过于自信，从而导致重大失误。

第四，也先土干归降是否有诈？永乐二十一年朱棣第四次北征，也先土干主动归降，朱棣封他为忠勇王。当年十月十三日颁布的诏书中有这样几句话："也先土干率部落及其家属、马驴牛羊以数万计远来降附。然也先土干骄悍勇猛，乃胡虏中之最狡黠者，虏共畏服。"诏书的意思是，连这样骄悍勇猛的胡酋都主动归降，足以说明"天命在朕，不敢违越"。然而，诏书也透露这样一个事实，即也先土干不但骄悍勇猛，而且是胡虏中最狡黠者，所有部落都对他畏服。

永乐帝第四次北征刚刚回来，接着又仓促进行第五次北征，就是在也先土干反复恳请下才行动的。但是这次出兵，一直深入答兰纳木儿河以北的白邛山，却没有见到一个敌兵，在班师途中遭遇敌军袭击，也先土干突然神秘消失。这说明也先土干的归降是假，好大喜功的永乐帝很可能中了鞑靼圈套。

据《世宗庄宪大王实录》提供的资料，永乐帝班师时移兵东行，先后经过屈裂儿河（即归勒里河）、涛遇河（即洮儿河），曾与盘踞在这一带的兀良哈诸部发生过战斗，致使其耕牧之地"尽为荒墟"，而明朝史料刻意回避战事。如果一路没有发生过任何战事，永乐帝不会在行军途中反复强调，"令大营五军将士严部伍，谨哨瞭，毋忽"。

永乐帝班师所经之地，正是兀良哈人长期控制地带。兀良哈，是明人对漠北蒙古东部的称呼，在蒙古语中又称作乌力扬海、乌瑞杭盖，意思是高原山林，所以，兀良哈部落其实就是山林部落。兀良哈人分布地域面积广阔，地形复杂，处于大宁卫北部，东接海西，西连开平，北抵北海，榆木川就处于这个地域内。

前面已经说过，漠北气候往往风云突变，夏季突降冷雨冰雹是常有的事。行军路上突然遭遇冰雹袭击，人马损失当然惨重。透过这些微妙信息，不排除永乐帝被冰雹击中的可能性。中国史书之所以没有如实记载，可能是因为出于顾忌。孔子说，迅雷风烈必变。当朝天子死于天变之灾，毕竟是一件影响国运大不吉利之事，谁敢秉笔直书？

此外，不排除永乐帝遭到偷袭意外身亡的可能性。朝鲜《世宗庄宪大王实录》分明记载，明朝官员王贤私下向朴得年透露："皇帝与鞑靼相遇交兵，阿禄大战死。"第二年（洪熙元年，1425年）二月，明朝使臣尹凤等人出使朝鲜。尹凤虽然是明宫太监，但他的故乡在朝鲜，当他与朝鲜官员元闵生相见时，特别提到去年元闵生出使中国一事。永乐二十二年四月初，元闵生作为朝鲜奏闻使来到中国，时值永乐帝亲征，已经离开北京。元闵生直接赶往开平以北，于五月十六日面见永乐帝，禀报女真野人等事项，接着返回北京。

尹凤与元闵生交谈时，话题自然而然转到永乐帝北征这件事上来，他连连发出慨叹："其时事，不可说，不可说！"

为什么不可说呢？因为事情发生突然，出乎意料。接着，尹凤又说出这样一番话："北京距榆木川不迩，自榆木川以北，奚止八九倍。銮舆入幸，逐中山王阿禄，大王使人曰：'予自昔受赏与爵，不可以拒大军。自东逐我，则我乃西走。自西逐我，则我乃东走。终不与战。'不幸皇帝病亟，还至榆木川而崩。崩后大军与三卫兀良哈再战，我军被虏，不知其几千人也。"这又证明，永乐帝在归途中曾与敌军发生多次战斗，而且失利。

起初，明军与兀良哈阿禄部交战，阿禄早先曾接受过明朝封赏，又因为双方兵力相差悬殊，所以采取回避战术，在丛林中牵着明军鼻子走。但是交锋毕竟是不可避免的。还记得王贤对朴得年说的话吗："皇帝与鞑靼相遇交兵，阿禄大战死。"这句话可以理解为双方发生了激烈交战，阿禄首领阵亡。也可以理解为永乐帝在与阿禄大战时被流矢射中，导致不治身亡。至于所谓"皇帝以此劳心而崩"，只是掩人耳目而已。

永乐帝这次远征，可以说是祸不单行，先是与阿禄部交战，接着又遇到冰雹袭击。永乐帝身亡后，明军又同兀良哈三卫发生激烈交战，仅被虏将士，"不知其几千人也"。所谓兀良哈三卫，又名朵颜三卫，其首领都是蒙古人。早在洪武二十二年（1389年），朱元璋为了确保大明帝国东北境安宁，在朵颜山一带设置了泰宁卫、朵颜卫、福余卫指挥使司。由于朵颜卫居于突出地位，其部大都是兀良哈人，所以史书又将这三卫统称为兀良哈三卫。

朱元璋去世之后，燕王朱棣发动"靖难之役"，在攻打宁王朱权封地大宁时，曾得到兀良哈三卫援助，他承诺将来把宁王封地分给三卫首领。但即位之后，迟迟不兑现承诺，因而引起兀良哈三卫首领不满，转而投靠阿鲁台，成为鞑靼东侧羽翼。永乐帝素来吃软不吃硬，决定教训教训兀良哈人，永乐八年和二十年北征鞑靼时，都捎带惩罚了兀良哈。这次永乐帝班师时，又来到兀良哈领地，结果没有讨到便宜。

俗话说瓦罐不离井台破。永乐帝起家于马背上，扬威于马背上，最后又在马背上终结了自己的戎马一生。中国历史上的雄主，屈指可数的有秦始皇、汉武帝、乾隆大帝等数人，但是他们都没有披挂上阵在沙场上统兵厮杀。秦始皇续六世之余烈，振长策而御宇内，统一天下，威震四海。他依靠的是王翦父子、桓齮、蒙恬等一大批名将扫平宇内。汉武帝常年发兵抗击匈奴，犁庭漠北，肃清河西，是因为拥有卫青、霍去病、李广等名将尽忠效力。乾隆大帝崇文宣武，其武功主要是用兵西陲，巩固新疆，两次平定准噶尔叛乱。但他是个承平皇帝，并没有戎马征战经历。只有永乐帝的一生，与戎马、沙场、征战、兵戈有着不解之缘。

秦始皇热衷巡狩、封禅，但其中并非完全为了帝国利益，他将许多时间消耗在寻访仙人、仙山上。汉武帝也喜欢巡狩、封禅，为了长生不死，足迹遍于东部沿海，访求燕齐方士。乾隆帝六下江南，外出巡狩不外乎游山玩水，欣赏大好河山。永乐帝践祚22年，他没有闲情逸致游玩，也没有沉湎于方术寻访长寿秘籍，他的每次巡狩，都与出兵征战有关。

永乐帝与秦始皇相似之处在于，二人都死于外地，随行大臣都严密封锁了消息，采取了秘不发丧的措施。据《史记·秦始皇本纪》记载，嬴政于三十七年（前210年）十月癸丑出游，当时伴驾巡狩的文臣有左丞相李斯等人。这次出游行至云梦，望祀于九嶷山，浮江而下至钱塘，又到会稽祭大禹，从江北取道琅琊。

当行至平原津时，秦始皇感觉身体不适，由于他平时最忌讳死亡，所以随驾的群臣都讳莫如深。随着时间一天天迁延，病情日益加剧，秦始皇终于意识到死亡无法避免，于是留下遗书，加盖玺印密封。遗书是赐给长子扶苏的，主要内容是：遗体运到国都咸阳后，由扶苏主持葬礼，并且指定扶苏为皇位继承人。当时握有实权的赵高篡改了遗诏，密谋拥立秦始皇小儿子胡亥为接班人。

秦始皇死于半途，丞相李斯深为忧虑，他担心噩耗一旦传出，可能会引发内忧外患，天下从此大乱。毕竟秦始皇的儿子不止一个，如果诸子为争夺皇位同室操戈，将上演一场内战。另外，秦始皇虽然统一了天下，但六国的残余势力还在，心不死，一有风吹草动，便会兴风作浪趁机复辟。

鉴于这些不确定因素，李斯等人决意严守秘密，秘不发丧。他们将秦始皇棺木载于辒凉车（丧车）中，仍然让皇帝平日最宠幸的宦者驾驭车辆，每天按时上膳献食，照常奏事。又让一名宦官躲藏在车内，冒充皇帝处理臣下奏事。当出巡车骑抵达九原时，由于连日炎暑，尸体已经发生腐烂，从车中散发出一股股臭味。为了掩人耳目，又假传秦始皇诏令，在车中装载上百斤鲍鱼，以乱其臭。然后车骑选择驰道直奔咸阳，举行国葬，将大行皇帝葬于郦山陵寝。

那么永乐帝突然死亡于回师途中，随驾大臣们又是如何处理的呢？据《明史·金幼孜传》记载：“还军至榆木川，帝崩。秘不发丧。荣讣京师，幼孜护梓宫归。”《明史·成祖本纪》也记载："辛卯，崩，年六十有五。太监马云密与大学士杨荣、金幼孜谋，以六军在外，秘不发丧，熔锡为椑以敛，载以龙舆，所至朝夕上膳如常仪。壬辰，杨荣偕御马监少监海寿驰讣皇太子。"

永乐帝与秦始皇的丧事处理方式，居然惊人的相似。两个皇帝都死于路途中，都是第五次远行，都死在七月，都由亲信太监和心腹大臣密谋后事，都面临着潜伏的危机，都采取了秘不发丧的措施，都朝夕上膳进食如故。当年秦始皇死后，为了防止尸体臭味散溢，在车中装载许多鲍鱼。而对于永乐帝的尸体处理，则采取了更加严密的保存方式，将军中所有锡器收集起来，熔化后浇铸成锡棺密封，然后将锡匠杀死灭口。

六师无主意味着什么？兵变、内乱、遭遇袭击……各种意想不到的情况都可能发生。永乐帝死时，面临的局势比秦始皇驾崩时更为严峻，外忧内患，危如累卵。因为队伍远在塞外，处于陌生的山野丛林中，时有鞑靼和兀良哈兵马袭扰，一旦真实情况透露出去，后果将不堪设想。另外，国内局势也是危机四伏，桀骜不驯的汉王和野心膨胀的赵王久蓄异志，都想当大明皇帝，一旦走漏消息，随时会爆发内战。

在这种千钧一发的时刻，需要的是沉着、冷静和应变能力。大学士杨荣、金幼孜等人充分运用自己的智慧，终于化解了一场迫在眉睫的危机。

隆重的国丧

永乐帝生命的最后时刻，只有马云等几名亲信太监守候在御幄内。这倒不是文武大臣有意躲避，原因在于永乐帝与老爹朱元璋不同，对太监十分倚重，视为心腹走狗。朱棣两腿一蹬，双眼一闭，马云等人立刻慌了神，一时不知所措，只得将杨荣、金幼孜请到御幕中商议后事。

杨、金二人毕竟是饱学之士，熟知礼仪古制。当年燕王率领靖难之师直捣金陵，金川门洞开之后，燕王抖缰纵马正要入城，当时就有一个人迎了上来，挡在马头前禀告："殿下是直接进城还是先到孝陵拜谒？"一句话提醒了朱棣，他恍然大悟，自己既然是洪武皇帝嫡子，奉天靖难来到京师，理所当然应该先谒陵。当时不失时机提醒燕王的人，正是后来受到重用的大学士杨荣。

杨荣、金幼孜来到御幄后，立刻提出主张：既然皇帝大行，当务之急是依循《周礼》规矩，为皇帝更衣饭晗，衣衾殡殓。马云自然连连应诺。这时一名太监提出，以皇帝名义写敕书一道，揿盖御用宝玺，然后派人星夜到京城报信。杨荣、金幼孜当即反驳："假传圣旨，谁有吃天之胆？先帝在世，以圣上名义颁发的文书称敕，如今先帝已宾天，再称敕就是欺诈，获罪不轻。"

那几个太监听了登时无语，一切都由杨荣、金幼孜拿定主意。当下，拟就一份讣告，记明大行皇帝崩逝具体时间以及临终遗命传位等事。经过紧急商议，决定派大学士杨荣和太监海寿即刻动身，入京驰报皇太子。

一切事宜安排妥当后，东路军又踏上了路途，盛殓永乐帝的锡棺就秘存于皇帝乘坐的龙舆内，仪卫、銮驾出行场面一如往日。每日早晨出发，黄昏宿营，近臣照常启奏事情，假戏真唱，不露任何形迹。毕竟知道皇帝宾天噩耗的只限于极少数人，绝大多数将士还蒙在鼓里，所以军心士气并没有涣散。至于鞑靼和兀良哈方面，做梦也不会想到大明天子已经归天。好在榆木川距离开平只有十日路程，经过连日行军，七月二十九日这天，东路军终于来到开平以北的武平镇，顺利与武安侯郑亨等率领的西路步军会师。

八月初二日，杨荣和海寿等人星夜兼程赶到京师，向皇太子报告噩耗。朱高炽闻听讣告，感到十分吃惊和悲痛，当即恸哭。皇太孙和亲王以下皇亲国戚、大臣无不痛哭流涕，当即改穿孝服，在宫中设立祭案牌位，朝夕哭奠。

朱高炽虽然感到事情发生得太突然，但并没有乱了方寸，他要急办的事情很多。首先要稳固阵脚，紧急调兵遣将，加强京师内外戒备。鉴于六军在外，京师守备虚弱，急召宁阳侯陈懋和阳武侯薛禄率精骑三千驰归，负责守御北京。又令皇太孙朱瞻基驰赴开平，恭迎大行皇帝龙舆来京。

皇太孙此去开平，还负有节制出征在外的兵马等重任，但要行使权力，必须有符信印玺之类的信物，当时皇太子还没有即位，自然没有洪熙皇帝宝玺。好在永乐帝生时，曾赐予太子一枚东宫印章，朱高炽将这枚印章交给儿子，嘱咐道："一旦有事，就在文书上加盖此印为标记。"

八月初七，护送永乐帝龙舆的将士们来到雕鹗谷（今河北赤城县南），皇太孙赶到军中哭迎，宣布正式发丧。消息传出，六军号恸，声震原野。同时传达皇太子命令，行营大小官军一律听从皇太孙节制。

八月初十日，装载永乐帝灵柩的龙舆来到京郊，皇太子率领亲王以及朝中文武群臣到郊外哭迎。所有人员都披麻戴孝，将灵柩迎入大内，奉安于仁智殿，再进行隆重殡殓。八月十五日，这天正是中秋佳节，距永乐帝灵柩安放于仁智殿仅仅五天。朱高炽以嗣位国君名义，派遣官员告祭天地宗庙社稷，随即登皇帝之位，接受群臣朝见。同时宣告，以明年（1425年）为洪熙元年。

永乐帝临终之时，曾经留下遗诏，"丧服礼仪，一遵太祖皇帝遗制"，也就是说，完全依照朱元璋当年的丧葬规格来料理。据《明史·太祖本纪》记载，朱元璋临终遗诏指示："丧祭仪物，毋用金玉。孝陵山川因其故，毋改作。天下臣民，哭临三日，皆释服，毋妨嫁娶。诸王临国中，毋至京师。诸不在令中者，推此令从事。"

单从这道遗诏看，朱元璋似乎主张薄葬，不允许随葬贵重器物。死后葬入孝陵，不得随意扩大陵寝规模。为了不影响老百姓日常生活，天下臣民只哭临三日便可除去孝服。其实不然，历史上哪个皇帝不口是心非，即使他个人有这个遗愿，人死之后，一切也都由不得他了。

有关朱元璋的丧仪，礼部曾专门做出规定：所有京官接到丧讯后，必须在次日改换素服，乌纱帽、黑角带，赴内府听遗诏，然后在本人供职的官署斋戒守夜，每日早晚，到灵位前哀悼痛哭。三日之后，改穿孝服，服孝时间为二十七天。依旧每日早晚哭临，直到大行皇帝下葬后停止。官员的母亲和妻子服孝期间一律不许佩戴首饰，由西华门进入灵堂前哀哭。凡是诸王、世子、王妃、郡主、内使、宫人，全部斩衰三年，实际上满二十七个月便可除去丧服。所谓斩衰，在丧仪中最重，指丧服用粗麻布制成，边缘断处不得用针线缝齐，因为这些人是死者的至亲或身边人，服重孝表示竭尽哀痛。

服丧期间，官员照常工作，凡是临朝办公，一律素服、乌纱帽、黑角带，退朝之后再改穿丧服。官员丧服统一为麻布圆领衫、麻布冠、麻鞋，腰间系麻布条带。官员妻子服麻布大袖长衫，麻布盖头。外地官员，自诏书到日一律素服、乌纱帽、黑角带，举哀，行四拜礼。三日之后改穿孝服，每日早晨设香案哭临，时间为三天。此外，各地官府都要派人赴京致祭。

新皇帝即位之后，须行三年之丧，上朝服粗麻冕裳，退朝齐衰杖绖。所谓齐衰，在丧服中仅次于斩衰，指孝衣边缘可以缝齐。杖绖，行走时手扶哀棍，腰间系麻带。服丧期间每日吃稀饭，不得动荤腥。

我们再看看朱元璋的陵寝是否很节俭。皇帝葬处通常称作山陵，大都依山而建，看重风水，崇高崇大，讲究气派壮观。朱元璋的陵墓称作孝陵，坐落在南京钟山（又名金陵山、紫金山、神烈山）南麓独龙阜玩珠峰下，此地因山势蜿蜒，状若游龙，自古便有"钟阜龙蟠"之誉。

孝陵于洪武十四年（1381年）正式动工，至永乐三年（1405年）建成，历时25年。动工之前曾进行大规模拆迁，将陵区内分布的数十座前朝寺庙、寺塔、古墓进行迁移或清理。建造陵墓共征调军士和工匠10余万人，耗费物力、财力惊人。整个陵园苑墙长22.5公里，驻守护陵卫兵5700多人，称作孝陵卫。陵区内建筑分为主体建筑和神道建筑两大部分，自下马坊北至方城圜丘，纵深2.6公里。主要建筑自北向南依次为宝城、明楼、具服殿、宰牲殿、左右庑、享殿、文武方门、神道石刻。大型建筑普遍使用石质须弥座为基座，整个建筑物厚实、稳固、庄严、雄壮气派。

孝陵神道长约1800米，沿途排列石像生12对，由狮子、獬豸、骆驼、象、麒麟、马等所谓神兽、仁兽组成，不但起到镇祟辟邪作用，还充分显示帝王的威严、威仪和威权，寓意江山永固，化及方外。神道两侧还有成对的浮雕云龙华表以及4对文臣武将雕象。陵墓最主要的建筑是宝城，四周石壁使用规整条石砌成，顶部堆聚直径约400米的圆形土丘，其下就是朱元璋和马皇后合葬的地宫。

朱元璋虽然在遗诏中禁止用金玉随葬，但这只是一种掩饰而已，千万不要被这种假象所迷惑。他在临死前曾明确表示想让妃嫔殉葬，死后为他殉葬的妃嫔和宫女将近50人，活生生的人都可以充当随葬品，金玉又算什么？

永乐帝既然在遗诏中指示，“丧服礼仪，一遵太祖皇帝遗制”，那就说明他的丧事规格绝不会比老爹低。朱棣的陵墓称作长陵，坐落在北京昌平天寿山下。这处风水宝地由江西派堪舆大师廖均卿选定，于永乐七年五月正式动工，至永乐十一年正月粗具规模。还有一些附属建筑，陆续建于洪熙、宣德年间。

天寿山共分布明朝皇陵十三座，数长陵营建时间最早，规模最大。陵区外围建筑以神道为主。南京孝陵神道只设立4对文臣武将雕像，这里却有6对，增设了2对勋臣雕像。长陵主体建筑分布在天寿山中峰之下，坐北朝南，占地12万平方米。平面布局呈前方后圆形状，象征天地，其实就是缩小的宇宙空间。

陵墓前面方形部分，由前后相连的三进院落组成，后面圆形部分为宝城。第一进院落前面设有单檐歇山顶陵门，面阔五间，饰以琉璃构件。下开三道红券门，东西设角门。院内布局左神厨、右神库，都是面阔五间，神厨之前建有碑亭。所谓神厨，就是专门为祭祀活动宰杀牲畜和制作祭品的地方；神库则是贮存祭品的库房。

第二进院落前面的殿门称作祾恩门，为单檐歇山顶建筑，面阔五间、进深二间，重门三道。台基为须弥座式，围绕汉白玉栏杆。中间门道为御道，铺石上装饰精美浅浮雕图案。祾恩门两侧开有角门，门内东西各设神帛炉一座，用来焚燎祭品。院内北面正中矗立巍峨祾恩殿，又称作享殿，里面供奉永乐帝和徐皇后神主，也就是通常所说的牌位。这是一座面阔九间重檐式雄伟建筑，殿内中央四柱均装饰金莲。享殿左右分布廊庑各15间，殿后又设一座三个通道大门。

通过白石坊是一座石台，台上安放一炉、一对花瓶和一对烛台，都采用白色大理石制成。石台北面便是陵墓核心建筑宝城，高耸的明楼是陵寝标志性建筑，坐落在方城之上，重檐四出陛，匾额题榜“长陵”。宝城直径300米左右，中部隆起部位称作宝顶，地下深处就是玄宫，永乐帝和徐皇后便长眠在这里。

按当时丧礼规定，永乐帝下葬之前，全国军民人等要为大行皇帝举哀。自接到讣告那日起，皇太子以下全部改穿孝服，在宫中设置灵位，朝夕哭奠。百官素服，每日朝夕哭临于思善门外。思善门位于宫殿区西路，是前朝与后寝的分界线，门西北就是仁智殿，俗称白虎殿，永乐帝的灵柩就停放在那里，为了防止发生混乱，百官只能在思善门外号哭。

朱棣庙号太宗，又是大明朝迁都北京后的第一个皇帝，丧仪自然不能草率。据《皇明典礼志》记载，礼部为此专门制定丧礼细则：宫中皇太子以下及诸王、公主，一律斩衰服孝三年，满二十七个月即可除去孝服。笔者在前面已经介绍，斩衰在丧仪规格中属于重孝，只有大行皇帝的至亲才能穿这种丧服。服丧期间，严禁一切歌舞娱乐活动。

在京文武官员自接到通知次日，必须到思善门外哭悼，行五拜三叩头礼。官员在家中住宿，难免发生性行为，而这种行为无疑是对国丧的亵渎。为防患于未然，所有官员必须在官署过夜，不得饮酒食肉。四日后改穿孝服，服孝二十七日，连续三天朝夕到思善门外哀哭。此后每日早晨哭临，持续十日。官员入朝或在衙署办公，一律用白布裹纱帽、垂带、素服、腰绖、麻鞋。退朝之后依然着孝服。过了二十七日，可以改穿浅色便服，乌纱帽、黑角带，二十七个月之后恢复平时穿戴。

官员的母亲、夫人，凡是受过诰命的，自接到通知第四日起，由西华门入，哭临三日，一律身穿素服，二十七日除服。大丧期间，京城普通军士和百姓全部素服。凡婚嫁之事，官员停百日，军民停一月。

京城之外官员，从接到丧讯之日始，三日后服孝，可就近在本地官署哭临哀悼。命妇一律素服，举哀三日，二十七日除孝。京城之外军民男女，皆素服十三日。京官所服孝衣，由国家发给麻布自己制作。外国使臣孝服，由工部统一制作。自闻丧之日开始，京城所有寺观都要鸣钟三万杵，禁屠宰四十九日。

从治丧仪式看，朱棣的丧礼显然比朱元璋更隆重。老朱虽是开国皇帝，但朱棣却是名副其实的守成皇帝。古话说，打天下难，守天下更难。老朱的功劳主要体现在武功方面，朱棣的功劳是文治武功兼备。

再看永乐帝出殡场面，据史书记载，新即位的洪熙皇帝为老爹举行的出殡仪式很气派。出殡之前，有许多事情要做，其中一件大事就是为大行皇帝上尊谥。自西周以来，国丧逐渐形成程式化规制，凡是帝王和朝廷大臣死后，都要根据其生平事迹授予一种称号，充分体现死者的人品、荣誉和功绩。朱棣生前位居九五至尊，文治武功昭彰，所获谥号自然与众不同。洪熙帝为他上的尊谥是体天弘道高明广运圣武神功纯仁至孝文皇帝，庙号曰太宗。嘉靖年间升格为成祖。

所谓庙号，只有死去的帝王才能享用。每个朝代都建有太庙，里面供奉已经作古的列祖列宗的神主牌位，按照左昭右穆顺序（昭穆制，始祖在太庙中居于中央显赫位置，二世、四世、六世位于始祖的左方，称作昭；三世、五世、七世位于右方，称作穆）排列。庙号就是后人在太庙中奉祀时，为某个帝王所追尊的荣誉名号。

当时还出现一个小插曲，就在上尊谥次日，礼部尚书吕震为了谄媚新帝，恳请洪熙帝除去孝服，让皇帝以日代月，服孝二十七日即象征二十七月。除孝之后就可以饮酒作乐近女色，这当然是件美事。但洪熙帝没敢答应，你想，他严格要求所有官员和老百姓为大行皇帝服孝，自己却不遵守，不被天下人嘲骂才怪。

居丧期间，另外两件大事便是册封皇后和确立储君。新皇帝既然已经登基即位，就得固国本。十月初八日，洪熙帝册封原配张氏为皇后。我们已经介绍，张氏是彭城伯张麒女儿，其兄张昶有靖难之功。张氏姿貌出众，聪明伶俐，当年她还是太子妃时，因殷勤侍奉公婆保住了丈夫的皇太子位置，如今朱高炽即位，张氏顺理成章被册封为皇后。

朱高炽和张氏所生长子朱瞻基，是永乐帝最疼爱并引以为豪的皇长孙，当年朱高炽能保住皇太子位置，也有儿子的一份功劳。十月十一日，洪熙帝向全国公布，立朱瞻基为皇太子，另外还将其余九个儿子全部封为藩王。

永乐二十二年十二月十九日（1425年1月8日），正值四九节气首日，距新正春节还有12天。当日天气严寒，朔风凛冽，永乐帝在驾崩150天之后，葬入北京西北约50公里的天寿山长陵。

据史料记载，在大行皇帝出殡前三日，百官一律斋戒，礼官告祭天地宗社。洪熙皇帝到先帝灵堂祭奠，皇太子以下皆衰服随班行礼。百官披麻戴孝，于清早来到停丧场所行礼，连续三日。出殡前一日，官员祭金水桥、午门、端门、承天门、大明门、德胜门以及出殡沿途所经过的河桥、神祠，祭品用酒果肴馔。这样做的目的，就是祈求冥冥中神灵保佑出殡顺利，不要发生意外事情。

当天晚上，还要举行辞奠仪式，皇帝、皇后、太子以下全部穿孝服，按照尊卑顺序致祭。司礼监、礼部、锦衣卫督促执事人员准备大升舆，在午门外和大明门外陈列丧葬仪仗。大升舆就是载运大行皇帝灵柩的丧车，因为皇帝死亡称作龙驾宾天，用“大升”命名柩车，意味大行皇帝将要升天。

次日早上即将发丧时，还要举行启奠仪式。启奠，是指皇帝灵柩在启行前所行的奠礼。届时皇帝和皇太子以下均衰服四拜，接着便是奠帛、献酒、读祝、举哀、望瘗等烦琐程式。仪式完毕，执事人员撤除灵堂帷幙，拂拭梓宫，进龙輴于几筵殿下。

梓宫就是装殓死者的棺材，因为皇帝身份尊贵，所用葬具形制宏丽，材质名贵，早在西汉时期，便将帝王专用葬具称作梓宫。龙辅，是装载天子灵柩的轻便小车，因车辕部位装饰龙纹而得名。龙辅主要用于宫内和下葬场合，因为灵堂和宫殿区有许多台陛，大升舆不易行驶，必须先将梓宫装运在龙辅上，出宫之后，由大升舆运载梓宫抵达陵墓。下葬时，再用龙辅将梓宫送入地宫。

此外，在灵殿丹陛之上祭奠的丧具还有神亭舆、神帛舆、谥册宝舆等。神亭舆，是装载死者神主牌位的车驾。神帛舆，装载有招魂所用布帛。谥册宝舆，包含两种丧礼物品，一是谥册，也就是刻有为皇帝上谥诏书的简册。谥宝，是大行皇帝的玺印，仿照生前玺印规制制作，但印文不同，上面刻有谥号。永乐帝的谥宝印文是“体天弘道高明广运圣武神功纯仁至孝文皇帝之宝”。

按照明初制定的礼仪，谥册和谥宝均用玉石制作，分别装入朱漆镂金册匣和印匣中。在发丧时，这两件物品用专车运送，这种车舆称作谥册宝舆。发丧之前，要对神亭舆、神帛舆、谥册宝舆进行祖奠。祖奠就是祭祖道神，也就是路神，祈祷路神保佑出殡时一路平安。

启奠和祖奠仪式完毕，大行皇帝的灵柩就要出发了。

这时洪熙皇帝来到梓宫前，面向西站立。皇太子、亲王依顺序侍立。内侍恭立于梓宫前启奏，请灵驾进发，皇帝亲自捧册宝、神帛放置于车舆中。然后神亭舆、神帛舆、谥册宝舆和铭旌都在陛阶下排好顺序，等待梓宫运出灵殿。

铭旌起源很早，据《周礼·春官宗伯·司常》记载：“大丧，共铭旌。”《礼记·檀弓上》也说：“铭，明旌也。以死者不可别也，故以其旌识之。”古时铭旌多用绛帛粉书，上面书写死者姓名身份。天子所用铭旌自然十分气派，绘有日月升龙，大书“天子之柩”四字。发丧时必须张打铭旌，所处位置在柩车之前。

大行皇帝灵柩抬下陛阶后，内侍官负责将梓宫装载到龙辅上，执事官用彩色帷幕遮盖梓宫，侍卫持伞打扇翼护。明朝出殡礼仪规定，大行皇帝发丧队列顺序是：仪仗人员行走在最前面，接着是册宝舆、神帛舆、神亭舆和铭旌，其后是运载梓宫的大升舆。

出殡队列来到午门内暂驻，洪熙帝率领后妃、皇太子、亲王以及宫妃由宫殿左门出，在午门举行遣奠仪式。大行皇帝即将上路，这是为他举行最后送行。仪式完毕，内侍恭请灵驾进发，自皇帝以下全部举哀痛哭，然后皇帝和后妃全部还宫。于是，运载梓宫的龙辅行驶到午门外，执事人员将灵柩转移到大丧车上。皇太子、亲王以下跟在后面，将灵车哭送出端门外，再行辞祖礼。

辞祖礼在太庙举行，皇太子更换常服，双手捧神帛（即魂帛）由左门入，到香案前俯伏下跪，奏太宗孝文皇帝谒辞，五拜三叩头，然后将神帛转交礼官。礼官奉神帛安放到神帛舆中，请灵驾进发。于是皇太子再次更换为丧服，和亲王以下随同灵车而行。

梓宫由大明中门出，皇太子以下由左门出，一起步送至德胜门外，然后乘马前往长陵。

送葬队伍由护丧卫士和治丧人员组成，一路上浩浩荡荡。由京城到天寿山有百里之遥，途中还要朝夕哭奠。诸王、百官、军民耆老、四品以上命妇，都要依循尊卑顺序，等候在沿途设祭。

出殡队伍抵达天寿山皇陵后，执事官先将龙辅陈放于献殿门外，等待大升舆抵达。这时礼官请灵驾降舆，执事官将梓宫移放到龙辅上，运载到献殿内。皇太子、亲王由左门入，待梓宫安奉完毕，行安神礼。皇太子四拜，奠酒，读祝，俯伏，四拜，举哀，亲王以下陪拜。行毕安神礼，还要遣官祭告后土神和天寿山神灵，设迁奠礼。

当时人们迷信，认为人世既然有衙门官员，冥冥中也有相应的管理机构和官员，而负责掌管陵区的神灵就是这里的土地老儿和山神爷，所以必须向他们祭祀打招呼，以便换取神灵的庇护。

祭告仪式结束，用龙辅运送天子梓宫徐徐进入玄宫，安放于皇堂。玄宫就是地宫、墓室，处于陵墓巨大封土堆下方，有斜坡墓道和甬道可以抵达。在即将封闭玄宫石门之前，皇太子以下亲人还要在梓宫前下跪，这是最后告别。接着，内侍将玉册宝和五花八门的随葬品按一定位置摆放，行赠礼举哀。一时间，阴暗幽僻的地宫内烛光惨淡，哀声回旋，笼罩着神秘而又恐怖的氛围。

皇堂摆放着阴森森的灵柩，里面静悄悄躺着一代雄主。他征战厮杀了一生，已经十分疲倦劳累，他需要卸下沉重的负荷，寻求永恒的安息。

玄宫厚重的石门终于缓缓封闭了，随着最后一声沉闷声响，地宫又恢复了宁静。朱棣走完了自己传奇豪迈的人生，他又来到了仁孝皇后徐仪华身边。

别以为宏伟的长陵只有他们夫妇二人，就在朱棣下葬之前，还有16名年轻妃嫔同时入土。她们都不是正常死亡，而是被人强迫自尽。这些美丽的女人，最终成了长陵可怜的殉葬者。

悲惨的一幕

说到中国古代的殉葬制度，几乎所有人都感到残酷、残忍，不可理喻。

甭说是现代社会，就是生活在2500多年前的孔子，也对这种野蛮行径深恶痛绝，进行谴责。据《孟子·梁惠王上》记载，孔子曾说过这样的话："始作俑者，其无后乎！"翻译成白话就是：最早在丧葬中使用俑的人，他大概断子绝孙没有后代吧！

所谓俑，就是用木头刻制或者用陶土烧制的人偶，古时常用来随葬。孔夫子连墓葬中随葬木俑、陶俑都反对，何况是活生生的人。

古代用人殉葬，一般分为两种形式，或者直接将活人投入墓穴掩埋，为墓主充当殉葬品，或者先将殉人处死，然后再为墓主陪葬。不管哪种形式，都极其惨烈没有人性。能够享受人殉待遇的，其生前社会地位非同一般。

有人认为，用活人殉葬，应该是奴隶制社会才有的残酷制度。这显然是一种误解。其实早在原始社会晚期，氏族部落的首领死亡后，人们便普遍使用活人或处死的人殉葬。当然，这些殉人大都是从敌对部落掠获的俘虏。考古发掘的新石器时代晚期墓地中，凡是规格高的首领墓葬，经常发现人殉现象。

商代就不用说了，因为是典型奴隶制社会，所以用人殉葬十分普遍。例如在安阳殷墟发掘的奴隶主墓葬中，都有数人或数十个人殉葬，有的大墓竟殉葬二三百人。这种风气直到春秋战国时期依然盛行，《墨子·节葬》篇说："天子杀殉，多者数百，寡者数十；将军大夫杀殉，多者数十，寡者数人。"据《史记·秦本纪》记载，秦穆公死后下葬，"从死者百七十七人"。秦始皇死后，殉葬人数更多，后宫嫔妃宫人，凡是未生育子女者一律殉葬。

到了封建社会，是不是就没有殉葬现象了？不是，不仅汉族政权的皇帝依然使用人殉，就是边疆异族入主中原后，也都热衷人殉。皇帝或汗王死了，大都强迫宫人殉葬。到了明朝，这种野蛮风气依然延续。别以为朱元璋曾生活于社会最底层，就对吃人礼制深恶痛绝。社会地位变了，他当然要死心塌地巩固皇权和封建礼制。他不想死，但又无法抗拒自然规律，于是便挖空心思让妃嫔一起殉葬。活着时钟鼎玉食，妃嫔簇拥，死后自然也希望众多美女守在自己身边。

有人可能以为，殉葬妃嫔这件事老朱并不知情。自己两腿一蹬，啥都不知道了，都是孙子建文帝为他安排的。然而情况并非如此，老朱在咽气前，已多次表达用妃嫔殉葬的强烈愿望。例如，有一次瓮妃和李淑妃正在病床前伺候，朱元璋曾当面试探，要求她们为自己殉葬。

据清初毛奇龄《胜朝彤史拾遗记》记载："太祖以四十六妃陪葬孝陵，其中所殉，惟宫人十数人。洪武三十一年七月，建文帝以张凤、李衡、赵福、张弼、汪宾、孙瑞、王斌、杨忠、林良、李成、张敏、刘政由锦衣卫所试百户、散骑、带刀舍人，进为本所千、百户，其官皆世袭。以诸人皆西宫殉葬宫人父兄，世所称朝天女户者也。"

从这条记载看，为老朱殉葬的妃嫔多达46人，其中包括12名宫女。另外清代赵翼《廿二史札记》也记载："太祖崩，宫人多从死者。建文、永乐时，相继优恤。如张凤、李衡、赵福、张弼、汪宾诸家，皆世袭锦衣卫千、百户，人谓之朝天女户。历成祖、仁宗、宣宗皆然。"

当时为朱元璋殉葬的妃嫔和宫女，称作朝天女，其娘家则称作朝天女户。殉葬者的父兄可以享受朝廷特别优待，分别提拔为锦衣卫百户、千户，子孙可世袭其职。自明成祖至明仁宗、明宣宗，这三个皇帝死后，“丧服礼仪，一遵太祖皇帝遗制”，所以也都用宫嫔殉葬。

据史料记载，当时为老朱殉葬的女子有的自缢身亡，有的被灌注水银，有的活活被封闭在地宫内。这些宫女的家人虽然都沾了光，做了官，但付出的代价毕竟太惨重，那一顶顶官帽都是亲人用身家性命换来的！

《明宫词》中收录的一首诗，反映了朝天女的悲惨命运：

掖廷供奉已多年，恩泽常忧雨露偏。
龙驭上宾初进爵，可怜女户尽朝天。

永乐帝登上帝位之后，言必称遵洪武之制，他费尽心机在昌平天寿山营建长陵，死后能不殉葬妃嫔宫女吗？即使死得突然，没来得及在遗诏中说明，他的儿子洪熙皇帝也会精心料理操办。据《胜朝彤史拾遗记》记载：“成祖以十六妃葬长陵，中有殉者。”此事在《太常续考》卷二也有记载：“长陵十六妃，止以数目为次，并无谥号姓氏，俱从葬。”

从葬就是随葬、殉葬，这些命运悲惨的女子充当了大明皇帝的殉葬品，死后连姓名都没有留下，谥号更无从谈起。无论长陵享殿还是奉先殿里，都无法安放牌位，太常祀典中自然也没有她们的位置。

据史籍记载，为永乐帝殉葬的女子共有16名，其实远不止这些。当时殉葬的女子多达30余人。《胜朝彤史拾遗记》和《太常续考》所记16名朝天女，其身份都是妃嫔，并没有包括宫女在内。而《朝鲜李朝实录》记载，总共有30多人成了可怜的殉葬者，其中还有将近20名宫女。

为朱棣殉葬的朝天女究竟是如何死的？当然是逼迫而亡。年纪轻轻，无病无恙，谁想自己寻死。尚未出殡之前，永乐帝灵柩停放在思善门西北白虎殿中，每日早晚，由皇太子带领诸王、公主、妃嫔到灵前哭丧。俗话说若要俏，须戴孝。这些妃嫔本来就容貌出众，挂孝之后，越发楚楚动人。然而万万没有想到，死神正一步步逼近。20多天后，她们被迫自缢，心不甘情不愿地为大行皇帝殉葬。

在停灵附近有座配殿，事先已做了布置。大行皇帝发丧前一天，被圈定的朝天女由太监引领来到这里，当她们的双脚刚迈入门槛后，立刻惊呆了。原来殿中梁头之间横架起一根硕长圆木，上面垂挂许多打了圈套的白绫，每条绫带下方都摆着一张四方软凳。妃嫔们先是吃惊，继而发呆，接着便发出一片惊叫声和恸哭声。哭声简直撕心裂肺，响彻殿宇。

这些即将朝天的妃嫔，事先是否知道自己即将命终？当然不知道。如果事先告诉她们，必然会引起一些不必要的麻烦。那么，她们是否知道当年洪武皇帝强迫妃嫔殉葬之事？肯定不知道。因为此事属于宫闱秘事，外人难以获悉，即使个别官员有所风闻，因顾及个人性命，也不敢私下传播。至于朝天女父兄受赐获官一事，朝廷也有合理解释，这些朝天女都是出于自愿随龙驾上天。

当时，朝天女见死亡迫在眉睫，个个悲痛交加，难以移动脚步。监督太监不耐烦了，一再催促上路，又花言巧语劝说："你们陪侍大行皇帝这些年，皇帝对你们恩重如山。如今皇上龙驾升天，你们随同他一起上天，在天堂里继续享受荣华富贵，这是天大福气啊！再说，你们平时在宫中，经常诵习女德闺训，如今更应该率先垂范，发扬美德。娘娘们放心，朝廷绝不会亏待你们的家人。"

又迁延了片刻，有几个性情刚烈的宫妃意识到，横也是死，竖也是死，晚死不如早死。于是挥拭泪水，毅然踏上软凳投缳自尽。剩下的宫妃依然恸哭不已，不肯移步。管事太监不耐烦了，于是吩咐手下小太监行动，两个人架一个，分别扶到软凳上，随即套上绫带，移去脚下小凳。只见这些宫妃双脚乱蹬，浑身晃动，片刻之后逐渐安静下来。殿内顿时一片沉寂，气氛恐怖。

在殉葬的妃子中还有两名朝鲜贡妃，一个是惠妃崔氏，另一个是丽妃韩氏。崔惠妃是朝鲜畿内左道水原府人，父亲崔得霏官任中军副司正。永乐六年明朝使者到朝鲜选妃，崔氏和权贤妃一同入宫，她当时只有14岁。永乐十九年发生屠戮妃嫔宫人的惨案，当时崔惠妃由于患病留在南京，逃过了一劫。

韩丽妃是朝鲜副司正韩确妹妹，于永乐十五年被进献到大明宫，不仅貌美，而且伶俐，受到永乐帝爱重。朱棣曾让使者向朝鲜国王传话，说"送来韩氏女儿好生聪俐"。永乐十九年发生屠戮宫人惨案时，韩丽妃因其他过错，被幽闭在空室中，一连多日不给饮食，幸亏守门太监可怜她，偷偷将食物从门缝塞进去，才保住了性命。没想到这两个宫妃只多活了三年，随着永乐帝死亡，她俩的生命也就此终结。

为永乐帝殉葬这件事，除了中国明清史料有所披露，在《朝鲜李朝世宗实录》中也有记载。永乐二十二年八月十五日，洪熙皇帝即位后，派遣登极使臣到朝鲜通报情况。这两个使臣是礼部郎中李琦和通政司参议彭璟。当年十月十七日，使臣对朝鲜国王说："前后选献韩氏等女，皆殉大行皇帝。"接着，《世宗实录》又较详细记述了宫人被逼自尽的场面：

及帝之崩，宫人殉葬者三十余人。当死之日，皆饷之于庭。饷辍，俱引升堂，哭声震殿阁。

堂上置木小床，使立其上，挂绳围于其上，以头纳其中，遂去其床，皆雉经而死。韩氏临死，顾谓金黑曰："娘，吾去！娘，吾去！"语未竟，旁有宦者去床，乃与崔氏俱死。

诸死者之初升堂也，仁宗亲入辞诀。韩氏泣谓仁宗曰："吾母年老，愿归本国。"仁宗许之丁宁。

从这段记载得知，当时为永乐帝殉葬的30多名中外女子，都是强迫上吊身亡。生死大事，没有一个人想自愿结束生命。不想死也没有办法，旁边还有监视的太监，他们负责移去自尽者脚下的坐床。

此处提到的金黑，是韩丽妃的奶妈，永乐十五年韩妃入宫时，随同韩妃一起来到大明宫中。妃子们临死之前，洪熙帝前来与她们诀别，虽然这些可怜女子的年龄比朱高炽要小许多，但毕竟有"母子"名分。人都即将被逼死了，还假惺惺前来探视，从这件事也可以看出，大肥仔朱高炽何等虚伪。

为永乐帝殉葬的妃嫔们自尽场面，在中国史料中没有披露，倒是《朝鲜李朝世宗实录》中，做了比较具体的记载。那么，朝鲜方面是如何得知这些情况呢？原来明宫中有个太监叫尹凤，他是朝鲜人，也是这次悲惨场面的目击者之一。后来尹凤奉旨出使朝鲜，透露了事情梗概。

另一个目击者便是韩丽妃奶妈金黑。宣德十年四月，金黑由于年迈，被恩准回国养老。回到朝鲜后，她详细讲述了这件事的整个经过。当时金黑曾反复要求回国，洪熙皇帝答应让她探亲。半年之后，洪熙帝驾崩，这件事便搁置下来。一晃又过去十年，年仅38岁的宣德帝也崩于乾清宫，正统皇帝朱祁镇即位，就是明朝历史上的英宗。此时，永乐年间的皇太子妃张氏，如今已是太皇太后。

自从韩丽妃死后，金黑就伺候张太后，深得恩遇。宣德皇帝刚死，金黑便恳求太皇太后，声称自己年迈，至今离乡已近二十年，想回到朝鲜老家养老。张太后当即答应。新即位的正统皇帝是太皇太后的长孙，能不照办吗？于是明英宗下旨："妇女金黑等五十三名，久留京师，朕悯其有乡土之思，亦有父母兄弟之望，今遣内官李忠、内史金角、金福送回。"与金黑同时归国的52人，都是永乐年间和宣德年间进献到大明宫的唱歌婢和炊事婢。于是，深宫秘事便这样透露出去。

依照明初丧制，殉葬的妃嫔不能葬入长陵地宫，因为地宫是皇帝和皇后的寝宫，妃嫔和宫女没有资格享用，只能埋入东西二井中。所谓井，其实就是一种墓葬形制，因为墓坑不设置墓道，形如深井，故有此名。清初梁份《帝陵图说》解释："东井、西井，当天寿山正东、正西之地，永乐间所置，取金井之义。下窆穿圹不隧，为成祖十六妃殉葬之所，以次而附也。"

别以为这种陪葬墓坑用工草率，其实也都有垣墙、享殿等建筑。据《昌平山水记》记载，二井"并重门，门三道，殿三间，两庑各三间，绿瓦周垣"。

自下葬那日算起，这些殉葬的妃嫔在天寿山下沉睡了500多年。而今而后，她们还将陪伴一代雄主度过无尽岁月。

用妃嫔为死去的皇帝殉葬，简直惨无人道。然而，明朝皇帝却以遵循祖宗之制为名将其延续下去。据史书记载，洪熙帝即位不到一年驾崩，殉葬5名妃子。宣德帝死后，用10名妃子殉葬。这种极其残忍的殉葬制度，直到明朝第六个皇帝英宗时才被废止。他在临终遗诏中声明："用人殉葬，吾不忍也。此事宜自我而止，后世勿复为。"明英宗先后两次称帝，在位22年，当皇帝期间并无亮点，但是在废除殉葬这件事上，却顺应了历史潮流。

大明朝从建立那天起，一直面临着边患威胁，好在明太祖朱元璋、明成祖朱棣父子都有过人之处，凭借他们的雄才大略确立了大明国的强势地位。一代伟人毛泽东点评《明史》，认为明朝皇帝中，只有明太祖、明成祖搞得比较好。

以文治武功扬名的永乐帝，堪为明代诸帝中之翘楚，他以征战登上帝位，最终又死于征伐途中。他即位之后，五次北征，在大漠深处留下了一处处铭刻，那些历尽风雨沙尘洗磨的铭辞，见证了历史的沧桑。

无独有偶，清朝康熙大帝也曾统兵三次北征。康熙三十五年（1696年）正月，大清皇帝下诏第二次亲征，决心荡平盘踞在漠北的蒙古噶尔丹分裂势力。在北征途中，康熙大帝见到一处石刻，正是当年永乐帝第一次亲征时勒铭。

康熙帝深有感触，当即作诗一首。这首题为《经明成祖勒铭处指示扈从诸臣》的五言长诗有序，诗序内容如下：

> 朕率师行四十五日，至我哨界。界内外高阜坡陀，大抵皆黄白沙、五色石。北行十一里，有石莹然独出。明成祖北伐，刻铭其上，时则永乐八年庚寅四月十六日。
>
> 朕今过此，适在四月十四日，山原犹昔，时日同符。朕谓明成祖之率师而行也，与今日异。其时出边皆敌人也，今蒙古悉我效力之人；其时皆汉人步卒，今我兵悉骑士，且熟习边外之行。由此观之，明成祖深入敌中数千里，纵横若行无人之境，亦诚难矣！

我军若不及彼，良可愧也。凡闻斯语者，当人人自奋焉。爰纪其事，而系之以诗。

朱棣和玄烨均为一代雄主，都曾亲自统军亲征漠北，都为中华江山安定而戎马倥偬。自永乐八年到康熙三十五年，时间一晃过去了286年。当年风云变幻的草原大漠已经归入大清版图，当年与明朝兵戈不断的蒙古诸部，也都相继为大清朝效力。昔日永乐帝统率的北征军大都是步兵，而今的大清朝军队皆为骑兵，可谓兵强马壮。正如康熙帝发出的感叹："明成祖深入敌中数千里，纵横若行无人之境，亦诚难矣！"诗序流露出惺惺相惜之意，诗中更称赞朱棣是一世之雄。

历史是一条川流不息的长河，奔腾而来，呼啸而去，不断冲刷着人们的记忆。然而有些人和事，将永远保留在史籍和口碑中。

清代史学家万斯同这样评价朱棣："帝刚果善断，能决大谋。用兵常以少击众，开阖如神。身先士卒，所向克捷。知人善任，使士有一艺辄录用弗遗。……在位二十二年，励精勤政，威德远被。穷荒绝域，受朝命修职数十国。其建司置卫，设官世守者以千百计，有明功烈于斯为盛矣！"

马克思说过："每一个社会时代都需要有自己的伟大人物，如果没有这样的人物，它就要创造出这样的人物来。"

朱棣是一代帝王，是一个具有影响力的历史人物，同时他也是那个社会时代的杰出人物。

后记

经历数年笔耕，这部数十万字的书稿终于画上了句号。其间辛苦劳累，只有个人有深切体味。从广泛搜集史料，披阅古籍，甄别真伪到动笔写作，可以说是经过了一次炼狱过程。有付出就有收获。通过阅读和写作，自己汲取了新的知识，开阔了视野，加深了对明代历史的了解，从而进一步明白了去粗取精、去伪存真，由此及彼、由表及里的重要性。

唯物史观认为，人民是历史的创造者，是社会变革的决定力量。

但是历史唯物主义并不否定领袖、英雄、杰出人物在历史上发挥的作用。纵观古今，每逢历史转折关头，往往因为某个出类拔萃人物的一个偶然或长思苦虑的决策，而引发重大历史事件，甚至出现新的历史拐点。杰出人物虽然不能决定社会发展的基本趋势，但能对历史发展的某个阶段产生深刻的影响。有时甚至能够决定个别事件的结局，从而导致历史发生这样或那样的重大变化。

明朝初期的历史形势正是这样。由于燕王朱棣身陷困境，危机重重，为了争取一线生机，毅然决然破釜沉舟，铤而走险，发动了震惊天下的靖难之役。由此改变了大明朝既定的发展进程，也改变了朱氏王朝宗室继承谱系，并且催生了有明一代许多人事兴废和革除更新举措。

时势造英雄。朱棣是中国历史上重量级人物，被世人誉为永乐大帝。同时他也是一位杰出人物，曾在中国历史上产生过重要影响力。朱棣在位期间政绩斐然，推行的各种措施有利于富民兴国强邦。尤其是重视并发挥监察机构作用，建立了分遣御史巡行天下制度。这一政治举措，对于惩治官员腐败和各种违法乱纪现象起到了震慑作用，无疑为后世留下了治国理政的宝贵经验。

毛泽东曾造访朱棣葬身之处长陵。他这样评价："这个成祖永乐皇帝朱棣，敢在北京建都城，敢把自己的陵墓放在这里，不怕蒙古人的铁骑，是个有胆识的人。这个皇帝长住土木行宫，理政练兵，很少在京城金殿办公，不忘戎武，这很不容易了。"

朱棣在位期间，虽然推行过许多兴利除弊有利于国计民生的重大措施，但也做过不少事与愿违的糗事、错事和不光彩的事。他生性狐疑，经常采用极端和高压手段处置臣下，冷酷残忍，嗜杀成性。他格外重用宦官，但凡出使、专征、监军、分镇、缉捕、刑讯等大权，均由心腹宦官把持。这一弊端一直延续到明末，相继出现了英宗年间王振、成化年间汪直、武宗年间刘瑾、熹宗年间魏忠贤擅政专权的现象。流毒天下，祸国殃民。

朱棣的一生，是戎马倥偬的一生，是勤于理政的一生。他为富国强兵、开创永乐盛世付出了应有的努力。

《明史·成祖本纪》对朱棣这样评价："文皇少长习兵，据幽燕形胜之地，乘建文孱弱，长驱内向，奄有四海。即位以后，躬行节俭，水旱朝告夕振，无有壅蔽。知人善任，表里洞达，雄武之略，同符高祖。六师屡出，漠北尘清。至其季年，威德遐被，四方宾服，明命而入贡者殆三十国。幅员之广，远迈汉、唐。成功骏烈，卓乎盛矣！”

历史是一个巨大的宝库，蕴藏了无比丰厚的物质文化和精神文化财富。

历史是一面珍贵的铜鉴，知古方能鉴今。

2020年10月作者跋于古承水河畔庐舍